ERIA Economic Research Institute for ASEAN and East Asia

TCER Tokyo Center for Economic Research

ERIA-TCER Series in Asian Economic Integration,

Vol. 1
ERIA=TCERアジア
経済統合叢書第1巻

アセアン ライジング

ASEAN Rising

西村英俊　編著
Edited by Hidetoshi Nishimura

勁草書房

ERIA=TCER アジア経済統合叢書刊行に当たって

　東アジア・アセアン経済研究センター（Economic Research Institute for ASEAN and East Asia, ERIA）は，東アジア，その中でも特に東南アジア諸国連合（ASEAN）に加盟する国々，における経済発展の実現および経済統合の推進に資する研究および政策提言を実施することを目的として，東アジア 16 カ国（ASEAN 加盟 10 カ国，日本，中国，韓国，インド，オーストラリア，ニュージーランド）の首脳の合意に基づき 2008 年にインドネシア・ジャカルタに設立された国際機関である。ERIA での研究は，「経済統合の深化」「発展格差の是正」「持続的経済発展」を主要な 3 つの柱として進められている。

　東アジア地域は，世界の他の地域と比べると，高成長を達成しているが，諸国間の発展格差が大きく，また，経済成長に不可欠なエネルギー供給における不確実性や質の高い経済成長の実現には欠かせない環境問題の改善など，持続的経済発展の実現にあたって，多くの課題を抱えている。ERIA での研究は，これらの課題の実態を的確に把握し，課題克服にあたって学術的裏付けのある処方箋を提示することを重視している。

　本叢書では，英文で発表されている ERIA での研究の中で，特に注目すべき研究を選び，それらを日本語に翻訳するだけではなく，日本の読者諸氏にとって，取り上げられたテーマを理解するにあたって必要な情報を加えながら執筆された研究成果を刊行する。

　なお，本叢書の刊行に当たっては，公益財団法人東京経済研究センター（Tokyo Center for Economic Research, TCER）のご助力を得ている。TCER は，米国の全米経済研究所（National Bureau of Economic Research, NBER），欧州の経済政策研究センター（Centre for Economic Policy Research, CEPR）と並び称される日本における先端的経済学研究の中心であり，本叢書の内容の充実および研究成果の普及のためにお力をいただくことになっている。

　本叢書が日本の読者諸氏にとって，東アジアおよび ASEAN の経済への関

心を高め，知識を深めるだけではなく，同地域における経済発展に対して日本の果たしてきた貢献や果たすべき役割について考える一助となることを期待している。

2016 年 7 月

ERIA チーフ・エコノミスト　木村福成

ERIA シニア・リサーチ・アドバイザー　浦田秀次郎

謝　辞

　アセアンライジングと題する本書は，多数の個人の方々および機関の協力と支援がなければ，実現しなかったであろう。東アジア・アセアン経済研究センター（ERIA）は，本書に盛り込まれた見解またはイシューペーパーを通じてアイデアを共有した東アジア・ASEAN 地域の 30 名以上の専門家に感謝の意を表する。また，ERIA は経済統合に関するハイレベルタスクフォース（HLTF-EI）に対して，本プロジェクトの実施期間中，特に，2013 年 11 月，ジャカルタ，クアラルンプール，ヤンゴンおよびマニラにおいて開催された一連の 4 つのワークショップ期間中において提供していただいた継続的な支援に心から感謝の意を表する。これらのワークショップの成功は，以下の研究所および政府機関の協力および共同研究がなければ，可能ではなかったであろう。ERIA は，以下の研究機関および政府機関に惜しみない感謝の意を表する。

ジャカルタ：　　　戦略国際問題研究センター（CSIS）および商業省（MOT）

クアラルンプール：戦略国際問題研究所（ISIS）および国際貿易産業省（MITI）

ヤンゴン：　　　　ヤンゴン経済大学（YIE）および国家計画経済開発省（MNPED）

マニラ：　　　　　フィリピン開発研究所（PIDS）および貿易産業省（DTI）

　ERIA は，2013 年の 1 年間および本書の作成期間中，本プロジェクトの活動を見事にコーディネートしたシニアチームを誇りに思う。

Ponciano Intal, Jr.（シニアリサーチャー）

木村　福成（チーフエコノミスト）

福永　佳史（シニアポリシーコーディネータ）

Dionisius Narjoko（リサーチャー）

　また，ERIA は，論文の水準を上げ，本書の作成に貢献した他のスタッフおよびエコノミストのすべて（Han Phoumin, Sothea Oum, Lili Yan Ing, Fauziah Zen および磯野生茂）に満足している。このように，いろいろな意味において，2015 年以降の ASEAN と AEC プロジェクトは，ERIA 全体の努力の賜物であり，『アセアンライジング』は，本プロジェクトの成果を最終的にとりまとめたものである。

　『アセアンライジング』は，ASEAN および東アジアにおける ASEAN と地域統合へ向けての努力に対する ERIA の絶え間のない支援における直近の努力の成果である。ASEAN およびこの地域が協力・協調しながら課題に取り組み，地域統合の深化が提供する機会を利用しているように，ERIA は本書に具体化されている楽観主義を共有している。ERIA は，本書に盛り込まれた提案が ASEAN およびこの地域が 2015 年に向け，また 2015 年以降，自信をもって前進することに資することを期待する。ERIA は，アセアンライジングの実現に貢献する準備ができている。

2014 年 1 月 20 日

西村　英俊

ERIA 事務総長

まえがき

　本書は 2014 年に東アジア・アセアン経済研究センター（ERIA）から発表された, *ASEAN Rising: ASEAN and AEC beyond 2015* の日本語翻訳書である。原著ができた由来を簡単に紹介したい。東南アジア諸国連合（ASEAN）は 2007 年に ASEAN 共同体の完成を 5 年早めて 2015 年とすることを宣言した。ERIA はその ASEAN 共同体, 特に ASEAN 経済共同体（AEC）の設立を支援するための国際機関として 2008 年に設立された。ASEAN 経済共同体の創設のための行程表である AEC ブループリント 2015 は 2007 年に ASEAN 首脳会議で署名され, そこには 2015 年までの経済統合の目標と, その進捗状況を「AEC スコアカード」によりモニタリングすることが記載されていた。ERIA は ASEAN 経済大臣からの要請に応える形で, 独自の AEC スコアカードプロジェクトを実施し, ASEAN の公式のスコアカードを補完した。このプロジェクトの成果を利用し, 再び ASEAN 経済大臣からの要請に基づき, ERIA は AEC ブループリント中間評価を実施し, 約 5,000 頁にわたる報告書を ASEAN 経済大臣に提出した。中間評価において ERIA は 2015 年までには 12 の優先分野に絞り, AEC ブループリントの達成を目指すべきとの政策提言を行った。この『アセアンライジング』は, スコアカードプロジェクトや中間評価において培った, AEC のあらゆる項目に関する基礎研究をベースとして, 2015 年の AEC の完成以降も, ASEAN が地域経済統合の深化に向けて取り組むべき課題を整理し, 実現すべき政策を提言したものである。本書の研究成果は 2014 年にミャンマーで開催された第 46 回 ASEAN 経済大臣会合に提出され, ASEAN 政府関係者から高く評価されるところとなった。また, 2015 年に発表された, 2025 年までの行程表である, AEC ブループリント 2025 作成における, 基礎報告書として活用され, 本書の示した政策提言は AEC ブループリント 2025 の思想的な下敷きとなった。

　2015 年の AEC の創設や 2018 年の後発加盟国を含めた ASEAN 全体での関

税全廃が実現された現在，ASEAN はさらなる地域経済統合と共同体形成に向かうため，2025 年までに何をすべきか。また ASEAN は国際社会で存在感を増すなかで，共同体として世界規模の課題にどのように対処すべきか。本書を一読いただくと，ASEAN にとっての政策課題とその処方箋について理解が深まるものと編者・訳者一同確信している。

　原著が 2014 年出版であるため，本書のデータはやや古くなってしまってはいるが，その問題意識は今なお有益であるということは，読者の皆様にはご理解いただけるであろう。また，巻末には，2 編の補論を収録した。これは，ERIA が 2017 年にフィリピン政府と発表した ASEAN 創設 50 周年記念の ASEAN 公式刊行物の第 1 巻（全 5 巻）に収録された編者の論文の翻訳であり，ASEAN の戦略的政策ニーズと対話国の貢献，および ERIA の活動の歴史について記載されている。これらを参照していただくことによって，2015 年以降，AEC 創設後の ASEAN 経済統合に関しても幾ばくか理解が深まるものであると考えている。

　本書の翻訳に関しては多くの専門家，研究者の方々からご意見とご助力を頂戴した。特に，原著の編者である木村福成 ERIA チーフエコノミスト，ポンチアノ・インタル ERIA シニアエコノミスト，福永佳史経済産業省貿易経済協力局貿易振興課長には翻訳作成の中で生じた疑問点等に関し，意見を頂戴した。お世話になったすべての方々に編者・訳者一同感謝申し上げるとともに，紙幅の関係上すべての人のお名前をここで挙げることがかなわないことをお詫び申し上げたい。

　最後に本書の構想が挙がった 2016 年ごろより一貫して出版に向けて励まし続けてくださった，勁草書房編集部の宮本詳三氏にはこの場を借りて感謝申し上げたい。氏の支えがなければ，ERIA 創設 10 周年というこの年に本書を出版することはかなわなかったであろう。改めて御礼申し上げたい。

2018 年 10 月

編者・訳者一同

vii

目　　次

ERIA=TCER アジア経済統合叢書刊行に当たって
謝　　辞
まえがき
略　語　表

第1章　ASEAN と AEC：進展と課題　　　　3

　1. 経済および社会のめざましい進展　3
　　1.1　経済の進展　3
　　1.2　経済構造の変化　8
　　1.3　社会の進展　19
　2. 経済統合のめざましい進展　28
　3. 課　　題　38

第2A章　ビジョンと成果指標　　　　51

　1. 2015年以降のビジョンの実現に向けて　51
　　ボックス A　包摂的で，強靭性があり，持続可能で，かつ人間中心の ASEAN
　　　　共同体　56
　2. 望まれる成果：望みを高く持つ！　57
　　2.1　成果指標（案）およびその提案理由に関する議論　62

第2B章　ASEAN における持続的な高く公平な成長の実現に向けた　枠組み　　　　91

　1. 枠　組　み　91
　　1.1　第1の柱：統合され高度に競争可能な ASEAN　94
　　1.2　ASEAN 単一市場とは？　95

viii 目　次

　　1.3　統合され高度に競争可能な ASEAN　98

　　1.4　第 2 の柱：競争力のあるダイナミックな ASEAN　101

　　1.5　第 3 の柱：包摂的で強靭性のある環境調和的な ASEAN　102

　　1.6　第 4 の柱：グローバルな ASEAN　108

　　1.7　基盤：感動する ASEAN　110

　2.　AEC と ASEAN における地域統合・発展モデル　112

第 3 章　ASEAN 単一市場と単一生産基地の実現に向けた統合され高度に競争可能な ASEAN　119

　1.　関　　税　121

　2.　非関税措置／非関税障壁　121

　3.　貿易円滑化および物流　130

　4.　中長期の提案：2020 年以降　137

　5.　ASEAN における貿易の技術的障害への対応：基準適合性　139

　6.　高度に競争可能な市場：サービス分野，投資分野および競争政策　145

　7.　連結された ASEAN　155

第 4 章　ASEAN の競争力とダイナミックス　165

　1.　はじめに　165

　2.　第 2 のアンバンドリング，生産ネットワーク　167

　3.　ダイナミックで競争力ある産業クラスター　179

　4.　イノベーティブな ASEAN に向けて　192

第 5A 章　包摂的で強靭な ASEAN の実現　209

　1.　はじめに　209

　2.　ASEAN における中小企業発展　210

　3.　ASEAN 域内の発展格差の縮小：IAI とミャンマー　221

　4.　連結性，地理的包摂性，インフラ投資　228

　5.　農業開発と食料安全　237

　6.　ASEAN の災害マネジメントとセーフティネットの設計　245

目　次　　ix

第5B章　強靭で環境調和的な ASEAN に向けてのエネルギーの
強靭性とエネルギー安全保障の実現　257

1. はじめに　257
2. エネルギー消費とエネルギー保存が経済に及ぼす影響　259
   - 2.1　一次エネルギー消費　259
   - 2.2　最終エネルギー消費　262
   - 2.3　省エネルギーとエネルギー節約への投資が経済に及ぼす影響　264
3. ASEAN のエネルギー強靭化と環境調和的な開発に向けて　265
   - 3.1　エネルギー安全保障のための備蓄　265
   - 3.2　ASEAN 地域における石炭のクリーン利用　267
4. 再生可能エネルギーの推進　271
5. エネルギー強靭性と環境調和的な開発を追求する ASEAN における
   再生可能エネルギーの波と適切なエネルギー政策に対するニーズ　277
6. 結　　論　280
7. 政策提言　282

第6章　グローバルな ASEAN　285

1. はじめに　285
2. 東アジア地域包括的経済連携（RCEP）　286
   - 2.1　「ASEAN 中心性」：プロセスの進行役，実質的な主導役としての
     ASEAN　289
   - 2.2　信頼できる AEC 2015　294
   - 2.3　RCEP の実施とその他の課題　294
   - 2.4　TPP，RCEP ならびに FTAAP　300
3. ASEAN の制度的強化　304
4. APEC とのパートナーシップの深まり　312
5. 国際社会における ASEAN の意見　314

第7章　感動する ASEAN　319

1. はじめに　319

x　　　　　　　　　　　　　目　次

2. ASEAN のビジネス環境：進捗状況と課題　320
3. 即応的な規制制度：枠組み　326
4. 確かな情報に基づく規制当局による対話　332
5. 問題を解決する価値があるか？　336
6. 成し遂げることができるか？　339
7. 今後とるべき策　341

第 8 章　ASEAN および AEC の 2015 年以降の前進：
AEC ブループリントの 2015 年以降後継計画の最重要点，
まとめ，同計画への主な提言　　　　　　　　　　　　345

1. ASEAN および AEC：進捗状況と課題　345
2. ビジョン，明示的な成果，枠組み　347
　2.1　第 1 の柱：統合され高度に競争可能な ASEAN　350
　2.2　第 2 の柱：競争力のあるダイナミックな ASEAN　363
　2.3　第 3 の柱：包摂的で強靭な ASEAN　367
　2.4　第 4 の柱：グローバルな ASEAN　374
　2.5　基盤：感動する ASEAN　378
3. アセアンライジング：まさに ASEAN が楽しむべき時　380

補論 1　ASEAN 変遷の概要：ASEAN の戦略的
政策ニーズと対話国の貢献　　　　　　　　　　　389

西村英俊

補論 2　ERIA ストーリー　　　　　　　　　　　　　　421

西村英俊

参考文献　447
索　　引　461

略 語 表

AADMER（ASEAN Agreement on Disaster Management and Emergency Response）　ASEAN 防災緊急協定

AANZFTA（ASEAN-Australia-New Zealand Free Trade Agreement）　ASEAN オーストラリア・ニュージーランド FTA

ABIF（ASEAN Banking Integration Framework）　ASEAN 銀行統合枠組み

ABIS（ASEAN Business Investment Summit）　ASEAN ビジネス投資サミット

ACCSQ（ASEAN Consultative Committee on Standards and Quality）　ASEAN 標準化・品質管理諮問評議会

ACDM（ASEAN Committee on Disaster Management）　ASEAN 防災委員会

ACFTA（ASEAN-China Free Trade Agreement）　ASEAN 中国 FTA

ACIA（ASEAN Comprehensive Investment Agreement）　ASEAN 包括投資協定

AC-SPS（ASEAN Committee on Sanitary and Phytosanitary）　ASEAN 衛生植物検疫措置に関する評議会

ACT（ASEAN Consultation to Solve Trade and Investment Issues）　ASEAN 貿易投資問題解決

ACTD（ASEAN Technical Dossiers）　ASEAN 共通技術関係書類

ACTR（ASEAN Common Technical Requirement）　ASEAN 共通技術要件

ACTS（ASEAN Credit Transfer System）　ASEAN 単位互換システム

ACWL（Advisory Center for WTO Law）　WTO 法諮問センター

AEC（ASEAN Economic Community）　ASEAN 経済共同体

AEM（ASEAN Economic Ministers）　ASEAM 経済大臣会合

AFAFGIT（ASEAN Framework Agreement on the Facilitation of Goods in Transit）　ASEAN 通過貨物円滑化に関する枠組み協定

AFAFIST（ASEAN Framework Agreement on the Facilitation of Inter-State Transport）　ASEAN 国際輸送円滑化に関する枠組み協定

AFAMT（ASEAN Framework on Multimodal Transport）　ASEAN 複合一貫輸送枠組み

AFAS（ASEAN Framework Agreement on Services）　ASEAN サービスに関する枠組み協定

AFSIS（ASEAN Food Security Information System） ASEAN 食料安全情報システム

AFTA（ASEAN Free Trade Agreement） ASEAN 自由貿易協定

AHTN（ASEAN harmonized tariff nomenclature） ASEAN 統一関税品目

AIF（ASEAN Infrastructure Fund） ASEAN インフラ基金

AIFDR（Australia-Indonesia Facility for Disaster Reduction） オーストラリア―インドネシア防災デザイン文書

AIFS（ASEAN Integrated Food Security） ASEAN 統合食料安全保障

AIFTA（ASEAN-India FTA） ASEAN インド FTA

AJCEP（ASEAN-Japan Comprehensive Economic Partnership） 日・ASEAN 包括的経済連携協定

AKFTA（ASEAN-Korea Free Trade Area） ASEAN 韓国 FTA

AMCHAM（American Chamber of Commerce） 米国商工会議所

AMRO（ASEAN+3 Macroeconomic Research Office） ASEAN+3 マクロ経済リサーチオフィス

AMSs（ASEAN Member States） ASEAN 加盟国

ANZ（Australia-New Zealand） オーストラリア・ニュージーランド

APBSD（ASEAN Policy Blueprint for SME Development） ASEAN 中小企業発展のための政策ブループリント

APEC（Asia Pacific Economic Cooperation） アジア太平洋経済協力

APS（Alternative Policy Scenario） 代替政策シナリオ

APSA（ASEAN Petroleum Security Agreement） ASEAN 石油安全保障協定

APTERR（Asian Plus Three Emergency Rice Reserve） ASEAN+3 緊急米備蓄

ARDEX（ASEAN Regional Disaster Emergency Response Simulation Exercise） ASEAN 地域災害緊急対応シミュレーション演習

ARIC ADB（Asia Regional Integration Center Asian Development Bank） アジア開発銀行アジア地域統合センター

ARPDM（ASEAN Regional Program on Disaster Management） 災害マネジメントに関する ASEAN 地域プログラム

ASAM（ASEAN Single Aviation Market） ASEAN 単一航空市場

ASCOPE（ASEAN Council on Petroleum） ASEAN 石油評議会

ASEAN（Association of Southeast Asian Nations） 東南アジア諸国連合

ASEC（ASEAN Secretariat） ASEAN 事務局

ASTP（ASEAN Strategic Transport Plan） ASEAN 戦略的交通計画

略 語 表　　　xiii

ASW（ASEAN Single Window）　ASEAN シングルウィンドウ

ATIGA（ASEAN Trade in Goods Agreement）　ASEAN 物品貿易協定

ATR（ASEAN Trade Repository）　ASEAN 貿易情報リポジトリ

ATS（Alternative Technologies）　代替技術

AUN（ASEAN University Network）　ASEAN 大学ネットワーク

AUN-SEEDS Net（ASEAN University Network-Southeast Asia Engineering Education Development Network）　ASEAN 大学ネットワーク − ASEAN 工学系高等教育ネットワーク

BAPPENAS（Badan Perencanaan Pembangunan Nasional/National Development Planning Agency）　国家開発計画庁（インドネシア）

BCLMV（Brunei, Cambodia, Lao PDR, Myanmar, Viet Nam）　ブルネイ・カンボジア・ラオス・ミャンマー・ベトナム

BOCM（Bilateral Off-set Credit Mechanism）　二国間オフセットクレジット制度

BSEC（Black Sea Economic Community）　黒海経済協力機構

CADP（Comprehensive Asian Development Plan）　アジア総合開発計画

CCA（Coordinating Committee for Implementation of ATIGA）　ATIGA 協定実施のための調整委員会

CCRIF（Caribbean Catastrophic Risk Insurance Facility）　カリブ海諸国災害リスク保険機構

CCT（Clean Coal Technology）　クリーンな石炭利用技術

CEPEA（Comprehensive Economic Partnership for East Asia）　東アジア包括的経済連携

CEPT（Common Effective Preferential Tariff）　ASEAN 域内関税

CERM（Coordinated Emergency Response Mechanism）　協調的緊急対応措置

CGE（Computable General Equilibrium）　応用一般均衡

CJK-FTA（China-Japan-Korea FTA）　日中韓 FTA

CLMV（Cambodia, Lao PDR, Myanmar, Viet Nam）　カンボジア・ラオス・ミャンマー・ベトナム

CMIM（Chiang Mai Initiative Multilateralisation）　チェンマイイニシアチブのマルチ化

COMESA（Common Market for Eastern and Southern Africa）　東南部アフリカ市場共同体

COO（Certificates of Origin）　原産地証明書

CSME（Caribbean Single Market and Economy）　カリコム単一市場経済

DRR（Disaster Risk Reduction）　災害リスク削減
DSM（Dispute Settlement Mechanism）　紛争解決メカニズム
DVA（Domestic Value Added）　国内付加価値
EAFTA（East Asian FTA）　東アジア自由貿易協定
EAS（East Asia Summit）　東アジアサミット
EASG（East Asia Study Group）　東アジア研究グループ
EAVG（East Asia Vision Group）　東アジアビジョングループ
EDSM（Enhanced Dispute Settlement Mechanism）　発達した紛争解決メカニズム
EEC（Energy Efficiency）　エネルギー効率
EFTA（European Free Trade Association）　欧州自由貿易協定
EIB（European Investment Bank）　ヨーロッパ投資銀行
ERIA（Economic Research Institute for ASEAN and East Asia）　東アジア・
　ASEAN 経済研究センター
ESB（Eastern Seaboard Development）　東部臨海開発
EU（European Union）　欧州連合
FDI（Foreign Direct Investment）　海外直接投資
FIT（Feed-in-Tariff）　固定価格買取制度
FSI（French-Singapore Institute）　フランス−シンガポールインスティチュート
FTAAP（Free Trade Area of the Asia-Pacific）　アジア太平洋自由貿易圏
GATS（General Agreement on Trade in Services）　サービス貿易に関する一般協
　定
GCI（Global Competitiveness Index）　グローバル競争力指標
GDP（Gross Domestic Product）　国内総生産
GII（Global Innovation Index）　グローバルイノベーション指標
GMS（Greater Mekong Subregion）　大メコン圏地域
GSI（German-Singapore Institute）　ドイツ−シンガポールインスティチュート
GTAP（Global Trade Analysis Project）　グローバル貿易分析プロジェクト
GVC（Global Value Chain）　グローバルバリューチェーン
HDI（Human Development Index）　人間開発指数
IAI（Initiative for ASEAN Integration）　ASEAN 統合イニシアチブ
ICT（information and communication technology）　情報通信技術
IEA（International Energy Agency）　国際エネルギー機関
IMF（International Monetary Fund）　国際通貨基金
IPR（Intellectual Property Rights）　知的財産権

IRENA（International Renewable Energy Agency）　国際再生可能エネルギー機関

JETRO（Japan External Trade Organization）　日本貿易振興機構

JICA（Japan International Cooperation Agency）　国際協力機構

JSI（Japan-Singapore Institute）　日本－シンガポールインスティチュート

JV（Joint Ventures）　合弁企業

LAIA（Latin American Integration Area）　ラテンアメリカ統合連合

LCOE（Levelised Cost of Energy）　均等化発電原価

LPI（logistics performance index）　物流パフォーマンス指標

LSPs（logistics services providers）　物流サービス提供者

MAAS（Multilateral Agreement on Air Services）　航空輸送に関する多国間合意

MAFLAFS（Multilateral Agreement on the Full Liberalisation of Air Freight）　航空輸送の完全自由化に関する多国間合意

MAFLPAS（Multilateral Agreement on the Full Liberalisation of Passenger Air Services）　旅客航空の完全自由化に関する多国間合意

MCDV（Myanmar Comprehensive Development Vision）　ミャンマー総合開発ビジョン

METI（Ministry of Economy, Trade and Industry）　経済産業省（日本）

MNC（multinational corporations）　多国籍企業

MNPED（Myanmar Ministry of National Planning and Economic Development）　ミャンマー国家計画経済開発省

MPAC（Master Plan on ASEAN Connectivity）　ASEAN 連結性マスタープラン

MTR（Mid-Term Review）　中間評価

NAFTA（North American Free Trade Agreement）　北米自由貿易協定

NEDA（National Economic and Development Authority）　国家経済開発庁（フィリピン）

NRE（New Renewable Energy）　新再生可能エネルギー

NSW（National Single Window）　国内シングルウィンドウ

NSWs（national single windows

NTB（Non-Tariff Barriers）　非関税障壁

NTM（Non-Tariff Measures）　非関税措置

ODA（Official Development Assistance）　政府開発援助

OECD（Organisation of Economic Co-operation and Development）　経済開発協力機構

PBCE（Project Bond Credit Enhancement）　プロジェクト債券信用補完措置

PDC（Penang Development Corporation） ペナン開発公社

PIDS（Philippine Institute for Development Studies） フィリピン開発学研究所

PPP（Public-Private Partnership） 官民連携

PPP（Purchasing Power Parity） 購買力平価

PSDC（Penang Skills Development Center） ペナン技能開発センター

QAB（ASEAN Qualified Banks） ASEAN 適格銀行

RCEP（Regional Comprehensive Economic Partnership） 東アジア地域包括的経済連携

RIA（Roadmap for Integration of ASEAN） ASEAN 統合に向けたロードマップ

RIA（Regulatory Impact Assessment） 規制影響評価

RIATS（Roadmap for Integration of Air Travel Sector） 航空輸送分野統合に向けたロードマップ

RIN（Research Institutes Network） 研究機関ネットワーク

ROK（Republic of Korea） 大韓民国，韓国

ROO（Rules of Origin） 原産地規則

RORO（Roll-on/Roll-off） ロールオン / ロールオフ

RPS（Renewable Portfolio Standard） 再生可能エネルギー・ポートフォリオ基準

S&C（Standards and Conformance） 基準適合性

SAPASD（Strategic Action Plan for ASEAN SME Development） ASEAN 中小企業発展のための戦略的行動計画

SAR（Search and Rescue） 捜索救難

SEOM（Senior Economic Officials Meeting） 経済高級事務レベル会合

SKRL（Singapore-Kunming Railway Link） シンガポール昆明鉄道

SMEs（Small and medium enterprises） 中小企業

SPA-FS（Strategic Plan of Action on Food Security） 食料安全保障に関する戦略的行動計画

SPR（Strategic Petroleum Reserve） 戦略的石油備蓄

SPS（Sanitary and Phytosanitary） 衛生植物検疫

STOM（Senior Transport Officials Meeting） 交通次官級会合

SWOT（Strengths, Weaknesses, Opportunities, Threats） 強み，弱み，機会，脅威

TBT（technical barriers to trade） 貿易の技術的障害

TFP（Total Factor Productivity） 全要素生産性

TPES（Total Primary Energy Supply） 一次エネルギー総供給量

TPP（Trans-Pacific Partnership） 環太平洋パートナーシップ

略 語 表　　　　xvii

TPRM（Trade Policy Review Mechanism）　貿易政策検討メカニズム

TRIPS（Trade Related Aspects of Intellectual Property Rights）　知的所有権の貿易関連の側面

UNCED（United Nations Conference on Environment and Development）　国連環境開発会議

UNCTAD（United Nations Conference on Trade and Development）　国連貿易開発会議

UNISDR（United Nations International Strategy for Disaster Reduction）　国連国際防災戦略

USA（United Sates of America）　アメリカ合衆国

USAID（United States Agency for International Development）　アメリカ国際開発庁

WIPO-ASEAN（World Intellectual Property Organization-ASEAN）　世界知的所有権機関－ASEAN

WIPO-INSEAD（World Intellectual Property Organization - Institut Europeen d'Administration des Affaires）　世界知的所有権機関－インシアード

WTO（World Trade Organization）　世界貿易機関

ERIA = TCER アジア経済統合叢書
第 1 巻

アセアンライジング

第1章 ASEAN と AEC：進展と課題

1. 経済および社会のめざましい進展

ASEAN は，この四半世紀の間に多少の激動はあったもののめざましい発展を遂げた。多くの ASEAN 加盟国がこの四半世紀の間に大きな経済の構造的変化を経験してきた。ASEAN の経済発展は社会発展につながり，特に域内の貧困率および貧困ギャップ率が大幅に低下するとともに，健康および識字率など他の社会指標においても明らかな進展が見られた。

1.1 経済の進展

ASEAN は，1980 年代後半から 1990 年代前半までの「黄金の 10 年」に GDP の大変力強い伸び率を達成し，平均成長率は 10 年間でほぼ 2 倍近くになった（表 1.1 参照）。ASEAN の 1 人当たり GDP は，タイで発生した 1997 年アジア通貨危機の影響で 1998 年に急激に減少した。ASEAN の 1 人当たり GDP は，2001 年から 2007 年までの間に徐々に増加した後，世界金融危機と 2008 年以降に続いて発生した世界市場の乱高下によって再度打撃を受けたが，全般的に，2000 年代の ASEAN の GDP は緩やかに伸びた。

過去四半世紀の間の ASEAN の全般的な経済パフォーマンスについては，ASEAN の 1 人当たり実質 GDP の伸び率を，ASEAN の 2 大近隣国で過去 15 年間の東アジアにおける発展・成長物語を独り占めしてきた中国およびインドのそれと比較することにより把握することができる。図 1.1 は，ASEAN と中国・インドの成長パフォーマンスを表したものである。この図は，過去四半世

表 1.1　世界の主要地域の平均成長率

(単位：%)

国名	1991-1995	1996-2000	2001-2005	2006-2011
中国	12.28	8.64	9.76	10.87
インド	5.18	5.80	6.99	7.93
アジア途上国	6.92	5.43	6.45	7.15
すべての途上国	5.05	4.60	5.32	6.12
ASEAN	7.48	2.82	5.09	5.14
ラテンアメリカ統合連合	2.98	3.18	2.65	3.90
韓国	7.90	5.35	4.50	3.81
ロシア	-8.50	1.77	6.14	3.80
黒海経済協力機構	27.97	2.29	5.50	3.50
オーストラリア・ニュージーランド	3.29	3.71	3.53	2.54
世界全体	2.10	3.43	2.87	2.36
EU	1.63	2.91	1.91	1.03
アメリカ	2.55	4.35	2.40	0.86
日本	1.42	0.85	1.20	0.17

出典：UNCTAD Stat（2013）.

紀にわたる中国のめざましい成長パフォーマンスを明確に示している。中国は1980年代半ばに1人当たりGDPが低く孤立していたものの，自由化を押し進めたことによって，現在では世界2位の経済大国に変貌を遂げた。本書の後の議論で十分に示されることになるが，中国のめざましい経済変化はASEAN加盟国を含む近隣諸国に著しい影響を与えた。また，図1.1が示すように，ASEANは1988年から1996年までの間，インドよりもはるかに速い経済成長を遂げている（インドは，1991年に経済危機に直面したことが自由化の契機となった）。しかしながら，2000年代，インドがASEANよりも輝いていたことは明らかである。このように，この10年間，経済力のグローバルなシフトに関する一般の議論が白熱したことから，報道のトップ記事を独り占めしたのが中国とインドであったことは驚くに当たらない。

　当然のことながら，ASEANはひとつの一枚岩の国ではなく，10か国から成る連合である。このように，表1.2に示したように，図1.1のASEAN平均値はASEAN10加盟国の各国の成長パフォーマンスによって構成されている。同期間において，ASEAN加盟国の各国パフォーマンスは基本的に大きく3つ

1. 経済および社会のめざましい進展

図 1.1: ASEAN，中国およびインドの 1 人当たり GDP 成長率

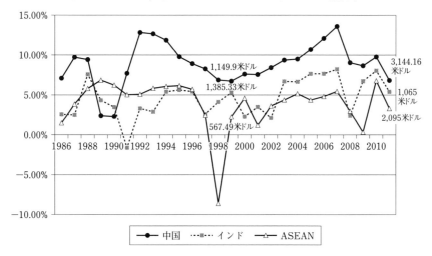

注：データラベルは，1 人当たり実質 GDP（基準年 2005 年）を意味している。
出典：UNCTAD Stat（2013）．

のグループに分かれる。

第 1 のグループであるインドネシア，マレーシア，シンガポールおよびタイが，1997 年に通貨危機が発生する前の 1980 年代後半から 1990 年代前半までの ASEAN の黄金の 10 年を支えていた。工業化がさらに進展し，工業製品の輸出が急増したことは，1980 年代半ばのプラザ合意に基づく通貨調整によって当初促進された東アジアの生産ネットワークの出現と関連付けられることが多い。この 4 か国はすべて，新興アジアに関する世界銀行の有名な書籍において，成長率が高い国の中で顕著な国として登場している。

1997 年のアジア通貨危機の発生により高成長段階は終わりを告げ，数年間の国内調整およびマクロ経済安定化を導いた。それにもかかわらず，中国主導の商品・資源ブーム（とりわけインドネシアおよびマレーシアにとって重要であった），域内生産ネットワークの深化（タイにとって最も重要であった），地域の拠点としての発展と技術フロンティアを目指した躍進（シンガポール）が，(1990 年代前半に比べ緩やかであるにしても）2000 年代のほとんどの期間において力強い経済成長パフォーマンスの原動力となった。

表 1.2　GDP 平均成長率と 1 人当たり GDP 平均成長率

（単位：%）

GDP 成長率	1986-1990	1991-1995	1996-2000	2001-2005	2006-2011
ブルネイ	-1.65	3.17	1.35	2.08	0.94
カンボジア	8.49	6.46	7.18	9.36	6.80
インドネシア	6.93	7.83	1.06	4.71	5.86
ラオス	4.47	6.19	6.17	6.33	7.99
マレーシア	6.70	9.47	4.99	4.76	4.57
ミャンマー	-1.98	5.90	8.35	12.87	10.30
フィリピン	4.74	2.19	3.59	4.60	4.75
シンガポール	8.69	8.57	5.84	4.83	6.33
タイ	10.34	8.50	0.87	5.45	3.09
ベトナム	4.16	8.21	6.96	7.51	6.83
ASEAN（全体）	7.02	7.48	2.82	5.09	5.14
1 人当たり GDP 成長率	1986-1990	1991-1995	1996-2000	2001-2005	2006-2011
ブルネイ	-4.37	0.35	-1.08	-0.03	-1.26
カンボジア	4.54	3.14	4.89	7.83	5.59
インドネシア	4.98	6.15	-0.29	3.40	4.73
ラオス	1.60	3.38	4.00	4.67	6.40
マレーシア	3.66	6.68	2.46	2.51	2.84
ミャンマー	-3.60	4.42	6.96	12.20	9.52
フィリピン	2.03	-0.17	1.33	2.50	2.96
シンガポール	6.38	5.50	3.37	3.06	2.93
タイ	8.44	7.55	-0.27	4.30	2.38
ベトナム	1.96	6.11	5.64	6.35	5.67
ASEAN（全体）	4.84	5.63	1.28	3.74	3.94

出典：UNCTAD Stat（2013）.

　第 2 グループは，CLMV（カンボジア・ラオス・ミャンマー・ベトナム）の
みからなる。表 1.2 が示すように，事実上すべての CLMV が 2000 年代のほと
んどの期間において，めざましい GDP 成長率を達成している。ベトナムが
CLMV 4 か国の手本で，同期間において，著しい経済変化および（後述する
ように）貧困率の急速な低下について中国に次ぐ成果をあげたことはほぼ間違
いない。カンボジアの成長パフォーマンスは一貫してめざましいもので，ごく
最近ではラオスもまためざましい。ミャンマーの GDP データについては，信
頼性が相当程度低いことが知られていることから，同期間のミャンマーの経済
成長の真の大きさについてははっきりとしない。それにもかかわらず，ミャン
マーは 1988 年までの 10 年間に比べ，同期間の経済成長率ははるかに高かった

ことは確かである。灌漑および開墾に対する（国の）投資が急増したことにより，農業生産量が著しく増加した一方，多くの先進国がミャンマーの輸出に輸入禁止措置を課したにもかかわらず，エネルギー資源が 2000 年代の輸出急増の重要な要素となっていた。現在，ミャンマーは経済ブームへの転換期にあり，CLMV の成長物語の締め括りとなる可能性があると考えられる。

CLMV の成長物語は，ASEAN のひとつの成功物語であり，とりわけ経済統合および外国投資・貿易の開放がもたらす潜在的利益について，途上国世界にとって教訓となる。CLMV のめざましい成長パフォーマンスは，「比較的貧しい」CLMV と「より進んだ」ASEAN 6 か国間の発展格差が過去 10 年間で縮小してきていることを意味している。

最後のグループは，ブルネイおよびフィリピンからなっており，表 1.2 が示唆するように，過去四半世紀の間の成長パフォーマンスの点で，むしろ他の ASEAN 加盟国からはかけ離れた存在である。ブルネイは，所得水準が高い国で，人口は約 42 万人，基本的にエネルギー資源に依存しており，対 GDP 貿易黒字（および経常収支黒字）は一貫して大きく，実際，資本輸出国となっている。ブルネイは資源を慎重に管理しなければならず，高い成長率はブルネイにとって優先順位の高い事項とはされていない。

同期間のフィリピンの比較的より緩やかな成長パフォーマンスは，(a) 1980 年代前半の過剰債務および経済危機から生じた同期間のほとんどの期間におけるマクロ経済面での制約，(b) 比較的高い賃金・電気料金，インフラの未整備，域内の競合国と比べた規制による制約があるなかで経済開放を実施したことから生じた産業構造改革の困難かつ長期にわたるプロセス，(c) 同時に比較的より多くの海外直接投資を誘致できなかったことに原因があった。それにもかかわらず，フィリピンはサービスのアウトソーシングの分野においてグローバルな輸出拠点の地位を確保することに成功している。最近では，投資環境が著しく改善し（インフラ開発の急速な改善を含む），フィリピンは，力強い成長を遂げている大規模な国内市場の他，比較的より熟練労働集約的な製品分野における輸出拠点に対してより多くの投資を誘致し始めている。その結果，過去 2 年間の成長率ははるかに高いものとなり，事実上他のすべての ASEAN 加盟国の成長パフォーマンスを凌駕している。

1.2 経済構造の変化

　過去20年ほどの間の経済成長により，多くのASEAN加盟国において重要な経済構造の変化が見られた。このことはベトナム，ミャンマー，ラオスおよびカンボジアについて最も明らかであり，この4か国においては同期間にGDPに占める工業の割合が著しく伸び，農業の占める割合が大幅に低下している。ブルネイおよびインドネシアについてもGDPに占める工業の割合が大幅に増加しているものの，これは，主としてGDPに占めるサービス業の割合の低下によるものである点は興味深い。フィリピンおよびシンガポールは，これとは反対のケースで，GDPに占める工業の割合が低下したのに対してサービス業の割合が大幅に増加している。また，フィリピンの場合には，農業が占める割合も低下している。マレーシアおよびタイについては，同期間のGDPに占める部門間の割合は比較的安定していた（図1.2参照）。

　ASEAN加盟国における経済部門の割合の変化に差があるのは，ある程度，発展水準と比較優位との差異を反映している。このようにカンボジアおよびベトナムにおいて，同期間に特にベトナムにおいて農業（林業および水産業を含む）の生産量が著しく増加しているにもかかわらず，GDPに占める工業の割合が急増したのは，労働集約的輸出指向型の製品の生産量が爆発的に増加した結果であった。ラオス（鉱業およびエネルギー）およびミャンマー（天然ガス）において，GDPに占める工業の割合が急増したことが輸出指向型資源ブームの中心となった。インドネシアの場合，基本的に2つの部分からなっている。第1の部分は，ASEANの黄金の10年の間における輸出指向型労働集約的製造業の生産量の急増であった。第2の部分は，2000年代における主として工業製品に対する国内需要の急増に対応するための資源・商品ブームによる工業生産量の増大と並行した資源ブームである。

　マレーシアおよびタイは，同期間において，よりバランスのとれた成長経路を経てきたように見える。マレーシアについては，パーム油が大部分を占める農業部門の大きな牽引役となった2000年代の中国の商品ブームからも恩恵を受けていた。また，マレーシアは観光業の爆発的な成長も経験していた。他方，インドネシアとは対照的に，マレーシアの国内市場規模はインドネシアに比べ格段に小さく，マレーシアの電子機器，電気機械・機器などの産業には中国と

図 1.2 産業別経済構造（GDP 総額に占める割合）

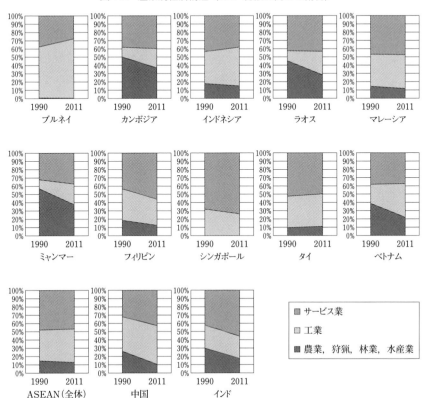

出典：UNCTAD Stat（2013）.

いう強力な競争相手国があることから，その工業発展はより緩やかなものであった。タイは，同期間において，より均衡のとれた部門横断的な成長を経験した国であるように思われる。タイは農業ベースの加工食品分野において競争力を維持しており，特に自動車製造分野において ASEAN の生産ネットワークの拠点となっており，同期間において観光業の他，近隣諸国の物流拠点としての強みを深化させていた。

ASEAN 加盟国の中でサービス業が GDP の 2 分の 1 を超えているのはフィリピンおよびシンガポールの 2 か国だけである。シンガポールのきわめて高い

賃金水準を維持できるのが，地域・グローバル金融，地域拠点としてのサービス，地域物流など高度技能労働集約的産業および技術集約的産業またはそのいずれかだけであることから，シンガポールがサービス部門にシフトしていることは驚くことではない。フィリピンの場合，ビジネスプロセスの重要なアウトソーシング先としてフィリピンが出現したほか，多額かつ増加し続けている海外からの送金から生まれている国内消費の力強い成長がGDPに占めるサービス部門の割合が大幅に増加している主要な理由となっている。それにもかかわらず，直近四半期の成長率を見ると，フィリピンは，2000年代のインドネシアの場合と同じように国内市場の力強い拡大により，近年，製造業の復活を経験しているように思われる。

経済成長および経済構造の変化の牽引役と誘発要因
　国民所得勘定の支出勘定から，過去約20年間のASEAN加盟国の経済構造の変化および経済成長の牽引役と誘発要因を看取できる（表1.3参照）。表1.3を見ると投資および貿易の2つが傑出している。表1.3は，高い経済成長率が高い投資率または大幅に伸びている投資率と相関があることを示唆している。また，国内生産に占める貿易の割合が比較的高い傾向も見られる。このことはおそらく驚くべきことではない。労働資源が比較的豊富であることを考慮に入れると，経済の長期的成長を決定付けるのは希少資源である資本の成長速度と考えられる。同様に，ASEAN加盟国は，貿易への参入の拡大または参入の高さから，比較優位を徐々に発展させ，変化する比較優位を梃子に，資源をより有効に活用・展開していることがわかる。
　シンガポールは歴史的に地域において中継貿易としての役割を果たしていることから，シンガポールの貿易GDP比率が例外的に高いことを除き，表1.3は，多くのASEAN加盟国（たとえば，マレーシア，タイ，ベトナム，この3か国ほどではないがカンボジア）の貿易指向が比較的高いことを示している。シンガポール，マレーシアおよびタイが，ASEAN加盟国の中で域内生産ネットワークの主要な参加国となっている。このことは，この3か国の貿易比率が高いことを部分的に説明している。またこの表は，1990年代から2000年代までのベトナムおよびカンボジアの貿易比率が著しく上昇したことを示している。

1. 経済および社会のめざましい進展　　　11

表1.3　支出別経済構造（GDP 総額に占める割合）

（単位：%）

国名	支出項目	1990	1995	2000	2005	2011
ブルネイ	支出合計	100	100	100	100	100
	民間（家計）消費支出	26.49	36.65	24.83	22.46	19.87
	政府消費（支出）	22.02	26.75	25.82	18.41	17.33
	総資本形成	18.68	36.66	13.06	11.37	13.36
	物品・サービスの輸出	61.81	59.72	67.35	70.17	81.28
	物品・サービスの輸入	37.27	55.83	35.82	27.29	29.13
	統計上の差異	8.27	-3.95	4.77	4.88	-2.71
カンボジア	支出合計	100	100	100	100	100
	民間（家計）消費支出	90.43	90.91	88.81	84.29	82.86
	政府消費（支出）	7.23	5.1	5.23	5.8	6.02
	総資本形成	8.31	13.4	17.53	18.47	17.1
	物品・サービスの輸出	2.44	32.7	49.85	64.08	54.08
	物品・サービスの輸入	8.4	43.92	61.76	72.75	59.5
	統計上の差異	0	1.81	0.35	0.1	-0.56
インドネシア	支出合計	100	100	100	100	100
	民間（家計）消費支出	52.98	56.75	61.63	64.36	54.58
	政府消費（支出）	8.05	7.13	6.62	8.11	8.99
	総資本形成	27.91	29.06	22.27	25.08	32.77
	物品・サービスの輸出	24.18	25.12	40.93	34.07	26.33
	物品・サービスの輸入	21.6	25.16	30.51	29.92	24.92
	統計上の差異	8.48	7.11	-0.94	-1.7	2.26
ラオス	支出合計	100	100	100	100	100
	民間（家計）消費支出	89.11	90.11	93.5	69.93	63.2
	政府消費（支出）	7.25	7.27	6.69	8.22	11.46
	総資本形成	16.83	16.73	13.9	36.35	31.13
	物品・サービスの輸出	11.33	23.22	30.03	25.81	22.83
	物品・サービスの輸入	24.52	37.33	44.11	38.97	28.76
	統計上の差異	0	0	0	-1.35	0.13
マレーシア	支出合計	100	100	100	100	100
	民間（家計）消費支出	52.72	48.8	43.12	44.19	47.5
	政府消費（支出）	12.53	11.24	9.44	11.47	13.02
	総資本形成	35.68	48.12	30.11	22.4	23.58
	物品・サービスの輸出	68.92	87.09	115.15	112.9	91.56
	物品・サービスの輸入	67.03	90.73	96.69	90.96	75.66
	統計上の差異	-2.82	-4.52	-1.14	0	0
ミャンマー	支出合計	100	100	100	100	100
	民間（家計）消費支出	74.74	78.4	68.75	76.5	70.18
	政府消費（支出）	13.57	8.23	18.9	10.44	10.28
	総資本形成	13.38	14.24	12.45	13.19	19.3
	物品・サービスの輸出	1.94	0.83	0.5	0.16	0.11
	物品・サービスの輸入	3.63	1.7	0.59	0.09	0.1
	統計上の差異	0	0	0	-0.2	0.22
フィリピン	支出合計	100	100	100	100	100
	民間（家計）消費支出	69.45	72.25	72.2	75.01	73.37
	政府消費（支出）	10.09	11.37	11.42	9.04	9.41
	総資本形成	27.77	25.81	18.37	21.55	21.81
	物品・サービスの輸出	23.62	31.21	51.37	46.14	31.19
	物品・サービスの輸入	30.52	40.51	53.36	51.74	36.21
	統計上の差異	-0.41	-0.14	0	0	0.42

表 1.3 支出別経済構造（GDP 総額に占める割合）

(単位：%)

国名	支出項目	1990	1995	2000	2005	2011
シンガポール	支出合計	100	100	100	100	100
	民間（家計）消費支出	45.36	41.39	41.94	40.13	39.37
	政府消費（支出）	9.54	8.39	10.89	10.49	10.32
	総資本形成	35.05	33.27	33.18	19.97	22.44
	物品・サービスの輸出	177.45	183.01	192.34	229.68	208.95
	物品・サービスの輸入	167.38	166.25	179.49	200.27	182.28
	統計上の差異	-0.02	0.19	1.14	0	1.2
タイ	支出合計	100	100	100	100	100
	民間（家計）消費支出	53.29	51.22	54.04	55.93	52.85
	政府消費（支出）	10.03	11.27	13.52	13.65	15.75
	総資本形成	41.62	42.93	22.33	30.53	25.47
	物品・サービスの輸出	33.08	41.6	64.97	68.64	71.99
	物品・サービスの輸入	40.56	48.3	56.57	69.69	68.47
	統計上の差異	2.55	1.28	1.71	0.93	2.42
ベトナム	支出合計	100	100	100	100	100
	民間（家計）消費支出	89.55	73.61	66.46	63.53	64.31
	政府消費（支出）	7.54	8.19	6.42	6.15	6.48
	総資本形成	14.36	27.14	29.61	35.57	32.62
	物品・サービスの輸出	26.42	32.81	55.03	69.03	74.58
	物品・サービスの輸入	35.66	41.91	57.5	73.21	86.53
	統計上の差異	-2.22	0.15	-0.02	-1.08	8.53
ASEAN（全体）	支出合計	100	100	100	100	100
	民間（家計）消費支出	55.37	55.07	55.72	57.28	54.36
	政府消費（支出）	9.73	9.53	10.09	10.19	10.79
	総資本形成	32.3	34.94	24.8	24.98	27.43
	物品・サービスの輸出	48.2	58.43	82.8	83.07	67.11
	物品・サービスの輸入	48.74	59.92	73.55	75.17	61.61
	統計上の差異	3.13	1.95	0.14	-0.35	1.92
中国	支出合計	100	100	100	100	100
	民間（家計）消費支出	48.85	44.88	46.44	38.99	35.05
	政府消費（支出）	13.64	13.25	15.86	14.11	13.11
	総資本形成	34.87	40.29	35.28	41.61	49.22
	物品・サービスの輸出	15.51	19.45	23.44	36.63	30.57
	物品・サービスの輸入	12.87	17	21.02	31.17	27.08
	統計上の差異	0	-0.86	0	-0.16	-0.87
インド	支出合計	100	100	100	100	100
	民間（家計）消費支出	65.9	62.78	63.7	58.29	56.03
	政府消費（支出）	11.81	10.83	12.61	10.87	11.7
	総資本形成	27.81	29.27	24.16	34.28	35.52
	物品・サービスの輸出	7.11	10.92	13.23	19.28	24.64
	物品・サービスの輸入	8.54	12.11	14.15	22.03	29.85
	統計上の差異	-4.08	-1.69	0.44	-0.69	1.97

出典：UNCTAD Stat（2013）.

1. 経済および社会のめざましい進展　　13

ベトナムは，域内生産ネットワークへの参入を進めている。このことは部分的に，ベトナムの GDP に占める貿易額の割合が急増していることを説明している。カンボジアおよびベトナムにおいては，工業製品の輸出は，輸入部品への依存度が高い。したがって，GDP に占める輸出入の割合が同時に上昇している。域内生産ネットワーク，域内生産ネットワークへの ASEAN 加盟国の参加，品目別域内貿易の結合度については，本書の第 4 章において，さらに論じる。

　表 1.3 はインドネシアおよびフィリピンの同期間の貿易比率が上昇していることを示しているものの，両国は ASEAN 主要国の中では貿易指向が低い。インドネシアについては，貿易指向が他の ASEAN 加盟国と比較して低いのは，国内市場が大きく，産業が国内指向になっているためである。インドネシアは域内生産ネットワークに十分結びついていない。フィリピンは，域内生産ネットワークとの結びつきが大変強いものの，製品の範囲はきわめて限られている。1990 年代 から 2000 年代までの大部分においてフィリピンの製造業の調整が困難を極め，同時に同期間の大部分において対内直接投資が低水準であったため，フィリピンの重要な工業製品の輸出の範囲の深化・拡大が進まなかった。インドネシアおよびフィリピンの場合，2000 年代の輸出拡大は輸入依存度が比較的低かった。インドネシアの場合，農産物および天然資源の輸出ブームがあり，フィリピンの場合，ビジネス関連サービス輸出の急増があった。

　投資については，1980 年代後半から 1990 年代前半までの ASEAN の黄金の10 年の間に高い伸び率を達成した ASEAN 加盟国は，投資 GDP 比率が高く上昇傾向にあり，30％近く（インドネシア）から 50％近く（マレーシア）となっている（表 1.3 参照）。また，表 1.3 は，1997 年の危機によって最も打撃を受けた ASEAN 加盟国（インドネシア，マレーシア，フィリピン，シンガポールおよびタイ）において，1990 年代後半から 2000 年代前半に投資 GDP 比率が著しく低下していることも示している。この 5 か国のうち，インドネシアの投資 GDP 比率だけが 2000 年代に完全に回復し，1997 年の危機発生前の投資率を上回っている。これは，インドネシアが他の 4 か国と比較して 2000 年代に一貫してはるかに力強い経済成長率を遂げたことが主要な理由である可能性がきわめて高い。

　ベトナムの投資 GDP 比率は，過去 20 年間に大幅に上昇しており（1990 年

のGDPの約14％から2010年の約39％まで上昇），ベトナムのめざましい経済構造変化を効果的に下支えしていた。同様に，カンボジアにおいても1990年代に，ラオスにおいても2000年代に投資GDP比率が大幅に上昇している。カンボジアとラオスが高い経済成長を経験していた2000年代の両国の投資GDP比率に大きな差があるのは，ある程度，両国が成長の牽引役として依存していた産業の性質を反映している点に留意する必要がある。具体的には，ラオスの比較優位は，資本集約的な鉱業・エネルギー部門にあるのに対して，カンボジアは成長の牽引役として基本的に資本集約度が低い衣料品・観光・農業に依存していた。

外国直接投資（FDI）は，ほとんどのASEAN加盟国の投資の高い伸び率または力強い伸び率を達成するうえで重要な役割を果たしてきた。ASEAN地域全体として見た場合，総資本形成に占める対内直接投資の割合は，1990年から1996年までの期間の平均が約11％であったのに対して，2005年から2011年までの期間の平均は約19％であった。しかしながら，固定資本形成に対する直接投資の相対的寄与度は，ASEAN加盟国間において大きく異なっている（表1.4参照）。一方で，シンガポールの固定資本形成については，過去10年間，直接投資の割合が圧倒的に多かった。他方，インドネシアおよびフィリピンの固定資本形成に占める直接投資の割合については，1990年代以降，1桁台で推移している。この両極端のケースの比較は，ある程度興味深いことである。経済が直接投資にほぼ依存しているシンガポールは，自由貿易推進の先駆的存在である。資本ストックの大部分を国内資本が所有しているインドネシアおよびフィリピンは，自国の投資・貿易自由化についてより慎重な姿勢をとっている。また，表1.4は，シンガポールが過去20年間，直接投資を誘致することにインドネシアおよびフィリピンよりもはるかに成功してきたことを示唆している。実際，ASEAN内への直接投資においては，シンガポール内への直接投資が際立っていた。

他のASEAN加盟国は，シンガポールとインドネシア／フィリピンの間に位置する。ブルネイおよびCLMVは，シンガポール同様，固定資本形成を（ASEAN）平均以上に直接投資に依存している。ブルネイは，原油資源を自国で開発する能力を有していないため，主要なグローバル石油会社および石油

1. 経済および社会のめざましい進展　　　15

表 1.4　総固定資本形成に占める対内直接投資の割合

(単位：平均%)

期間	1990-1995	1996-2001	2002-2007	2008-2011
ブルネイ	6.20	53.62	86.32	30.91
カンボジア	23.97	42.04	26.34	39.59
インドネシア	4.95	-2.24	4.45	5.66
ラオス	13.89	24.47	8.37	11.83
マレーシア	16.73	12.48	14.32	13.50
ミャンマー	23.27	48.87	20.54	17.81
フィリピン	6.44	7.13	7.75	4.50
シンガポール	32.06	46.56	82.57	65.45
タイ	4.30	15.86	14.70	9.54
ベトナム	33.52	23.08	13.70	23.65
ASEAN（全体）	10.77	16.52	20.03	15.58
中国	9.69	12.20	7.78	4.49
インド	0.82	3.11	4.30	7.15

出典：UNCTAD Stat（2013）.

　サービス会社との合弁事業やこれらの会社からの直接投資を必要としていることから，ブルネイのケースは想定の範囲内である。特にベトナムおよびカンボジアといった CLMV におけるめざましい経済成長率の高さ，並びに大きな経済構造の変化と，CLMV における投資比率の急上昇に対する直接投資の高い寄与度との強い相関関係が際立っていることから，CLMV ケースのほうがより洞察に満ちたものである。

　直接投資の相対的重要性を見るもうひとつの方法として，1 人当たり直接投資フローまたは 1 人当たり直接投資残高の ASEAN 諸国間比較および時系列比較がある（図 1.3 参照）。ここでも，シンガポールにおける 1 人当たり直接投資フローおよび 1 人当たり直接投資残高のきわめて高い水準が ASEAN 加盟国，中国およびインドの中で際立っている。他国に比べ，ブルネイの 1 人当たり対内直接投資および 1 人当たり直接投資残高もきわめて高い水準にある。図 1.3 が示すように，シンガポールおよびブルネイの 1 人当たり直接投資フローおよび 1 人当たり直接投資残高は，過去約 20 年間，ASEAN 平均の数倍の水準である。偶然にも，ブルネイとシンガポールは，現在では高所得国である。少なくとも 20 年間にわたり 1 人当たり直接投資がきわめて高かったことが，ブルネイおよびシンガポールが繁栄国家としての今日の地位を築く要因となっ

図1.3 1人当たり対内直接投資フローおよび対内直接投資残高
（ASEAN 全体に占める割合および 2000 年価格との比較）

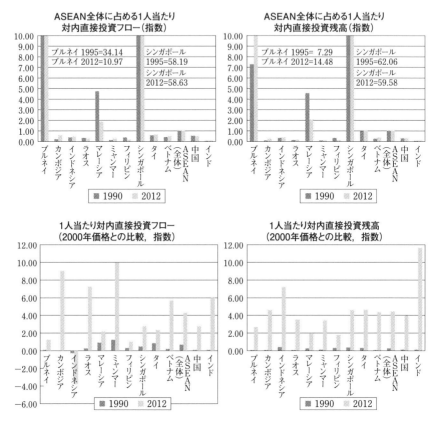

出典：UNCTAD Stat (2013).

たとほぼいえるかもしれない。しかしながら，ブルネイおよびシンガポールは基本的に国土面積の小さい都市国家であり，そのために両国の1人当たり直接投資は，インドネシアのような人口の多い国の他，タイおよびマレーシアといった国の1人当たり直接投資を上回ることが予想できる点に留意しなければならない。

現在，ASEAN の高中所得国であるマレーシアおよびマレーシアほどではな

1. 経済および社会のめざましい進展   17

いがタイについても，過去約 20 年間のほぼ全期間（マレーシア）または過去約 20 年間のほとんどの期間（タイ），ASEAN 平均を上回る 1 人当たり直接投資を受け入れてきた。直接投資は，この 2 国の経済構造の変化において主要な役割を果たしており，マレーシアおよびタイが東アジアの域内生産ネットワーク，特に電子・電気機械・部品（マレーシアおよびタイ）および自動車産業（タイ）の生産ネットワークにおいて重要なプレイヤーとなることを可能としている。

他の ASEAN 加盟国については，1 人当たり対内直接投資は ASEAN 平均を下回っているものの，特に，カンボジア，インドネシアおよびベトナムにおいて，近年，1 人当たり対内直接投資の水準が著しく上昇している。1 人当たり対内直接投資の水準がこのように著しく上昇しているのは，世界全体の対内直接投資に占める ASEAN の割合が 2007 年から 2009 年までの平均 3.7％から 2010 年から 2011 年までの平均 7.4％まで急上昇したことを反映している。ASEAN が占める割合がこのように著しく上昇している点は，中国の割合の上昇がより緩やかなこと（2007 年から 2009 年までの平均 6.1％から 2010 年から 2011 年までの平均 8.5％への上昇），インドの割合が低下していること（2007 年から 2009 年までの 2.2％から 2011 年から 2012 年までの 2.0％に低下）と比較すると一目瞭然である。

製造業付加価値および工業製品の輸出について対内直接投資フローおよび対内直接投資残高を単純回帰した結果は（表 1.5 参照），特に決定係数の数値（R^2）を考慮した場合，多くの ASEAN 加盟国において工業部門のパフォーマンスと対内直接投資の間に強い正の関係があることを示している。この結果は，特にカンボジア，インドネシア，シンガポールおよびベトナムについて顕著である。予想したように，決定係数は対内直接投資フローに比べ，対内直接投資残高のほうがはるかに高い。直接投資と工業のパフォーマンスのダイナミックスは複雑である可能性が高く，単純回帰は自己相関の問題を抱えている可能性がある。それにもかかわらず，回帰分析の結果は，域内における生産ネットワークおよび経済活動の急速な活発化の中核である直接投資－投資－貿易－製造の連鎖の重要性を際立たせている。

当然のことながら，対内直接投資は全く突然に決定されるわけではない。直接投資の意思決定は，ASEAN 加盟国における投資環境を形成する要因の他，

表 1.5　1990 年から 2011 年までの期間の各 ASEAN 加盟国における対内直接投資フロー
および対内直接投資残高が製造業付加価値および輸出に及ぼした影響

国名／FDI の区分	対内直接投資フロー			対内直接投資残高		
	回帰係数	切片	決定係数	回帰係数	切片	決定係数
ブルネイ	0.14	872.18	0.04	0.09	457.65	0.84
カンボジア	1.73	270.30	0.79	0.28	192.51	0.94
インドネシア	7.79	48599.00	0.76	0.94	36241.00	0.89
ラオス	1.63	61.94	0.69	0.33	−5.00	0.95
マレーシア	3.72	13605.00	0.37	0.57	5537.80	0.89
ミャンマー	4.87	−511.16	0.80	0.87	−1332.10	0.77
フィリピン	6.24	15206.00	0.21	1.26	8058.10	0.90
シンガポール	0.66	13012.00	0.80	0.06	13386.00	0.92
タイ	6.08	21057.00	0.48	0.58	23249.00	0.94
ベトナム	2.23	2038.10	0.81	0.38	1020.10	0.98
ASEAN（全体）	4.15	63777.00	0.87	0.36	85774.00	0.97
国名／FDI の区分	対内直接投資フロー			対内直接投資残高		
	回帰係数	切片	決定係数	回帰係数	切片	決定係数
ブルネイ	0.0325	298.34	0.042	−0.0055	361.36	0.0426
カンボジア	4.3494	642.8	0.7833	0.8246	101.49	0.9455
インドネシア	1.7558	30258	0.6718	0.2169	25951	0.8176
ラオス	0.4098	163.58	0.3883	0.0935	126.39	0.6916
マレーシア	5.8995	60701	0.3833	0.8594	41454	0.7407
ミャンマー	0.0909	704.99	0.0167	0.081	352.2	0.269
フィリピン	4.997	23094	0.1708	0.6981	19948	0.3026
シンガポール	3.3861	81940	0.727	0.315	79662	0.9151
タイ	11.4	10226	0.5017	0.8877	21448	0.9714
ベトナム	5.8398	−1456.9	0.7382	1.017	−7430.3	0.9765
ASEAN（全体）	5.4158	168817	0.8465	0.463	193122	0.9304

注：回帰式は線形で，対数線形ではない。
基礎データの出典：UNCTAD Stat（2013）.

グローバルな要因の影響を受けている。投資環境問題については，本書の第 7 章において，さらに論じる。研究開発など，経済の全要素生産性の伸び率に影響を与える要因など経済のめざましい成長に影響を与える要因が他にもある。この点に関して，過去 15 年間の全要素生産性の伸び率に関する ASEAN 加盟国のパフォーマンスについては，はっきりとした結果が得られていない。生産性の伸び率と技術移転・イノベーションとの関係の問題については，本書の第 4 章において，さらに論じる。

1.3 社会の進展

　ASEAN における社会の進展は，域内における貧困率および貧困ギャップ率の著しい低下と中所得者層の大幅な増加に最もよく要約できる。図1.4 は，ASEAN（全体），多くの ASEAN 加盟国，中国およびインドの貧困率を表している。図1.5 は，上記の諸国における貧困ギャップ率を表している。貧困率は，1 人当たり 1 日当たり所得が 1.25 米ドル未満（購買力平価ベース）の人口割合を表したものである。貧困ギャップ率は，貧困ライン所得と貧困ライン未満で暮らしている者の平均所得の差を百分率で表したものである。貧困率は，比較可能にするため 1 人当たり 1 日 1.25 米ドルの共通貧困ライン（購買力平価ベース）を採用している世界銀行 PovCalNet データベースからすべて算出した。貧困ギャップ率の推計値についても世界銀行 PovCalNet データベースから算出した。図1.6 は，域内における貧困削減および中所得者層の増加についての ASEAN のパフォーマンスを要約したものである。

　図1.6 が示すように，ASEAN の貧困率は，1990 年の約 45％から 2010 年の約 14％（ミャンマーを除く）または約 15.6％（ミャンマーを含む）に著しく低下している[1]。ASEAN のパフォーマンスは，1990 年の約 60％から 2009 年の約 12％まで急激に低下した中国の貧困率に比べればめざましいものではないものの，1993 年の約 49％から 2009 年の約 33％まで低下したインドに比べればはるかに速いペースである。

　ASEAN の貧困削減の力強いパフォーマンスについては，同期間のベトナム，カンボジア，インドネシア，さらに 1990 年代前半からのラオスにおける急激な低下に顕著に表れている。貧困率低下については，1990 年代前半から 2000 年代半ばまでのタイにおいてもめざましいものがある。マレーシアおよびタイについては，2000 年代半ばから後半までの間の貧困率はほぼゼロであった（図1.7a 参照）。フィリピンにおける貧困率の低下は，他の ASEAN 加盟国に比べ

---

1)　ASEAN 全体の貧困率は，貧困ライン未満の所得で暮らしている総人口を ASEAN の総人口で割ったものである。この算出にあたり，データ（家計所得および家計支出データ）を入手できなかったことから，ASEAN にはブルネイ，ミャンマーおよびシンガポールが**含まれていない**。ミャンマーを含む推計について，ミャンマーの貧困率の算出には，ミャンマーの国家貧困ラインを使用したが，この貧困ラインは，ASEAN 7 か国の算出において使用した PovCalNet において使用されている 1 人当たり 1 日 1.25 米ドル（2005 年購買力平価ベース）とは同じでない可能性がある。

図1.4 ASEAN加盟国，中国，インドおよびブラジルの貧困率

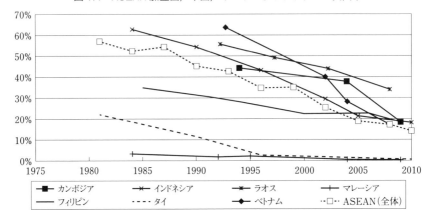

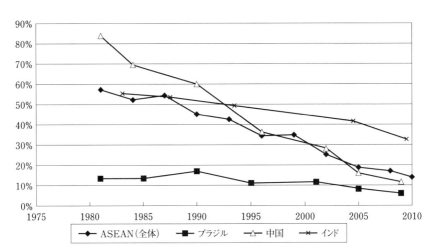

注：ASEAN全体の貧困率は，共通の貧困ライン（1日当たり1.25米ドル/1か月当たり38米ドル（購買力平価ベース））に基づき利用可能なすべてのASEAN加盟国のデータを使用して算出した。ASEAN全体の算出にあたり，データを入手できなかったため，全期間にわたりブルネイ，ミャンマーおよびシンガポールを含んでおらず，2008年および2010年についてのみマレーシアを含んでいない。

出典：PovcalNet：世界銀行開発研究グループが開発した貧困測定オンラインツール（http://iresearch.worldbank.org/PovcalNet/index.htm?0）。

1. 経済および社会のめざましい進展　　21

図 1.5　ASEAN 加盟国，中国，インドおよびブラジルの貧困ギャップ率

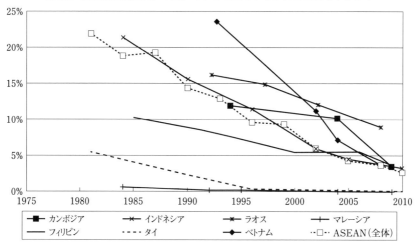

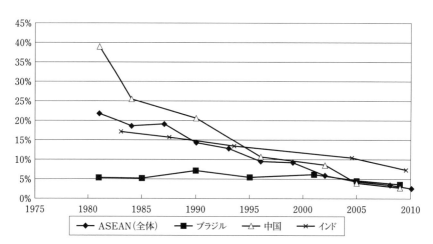

注：ASEAN 全体の貧困率は，共通の貧困ライン（1 日当たり 1.25 米ドル /1 か月当たり 38 米ドル（購買力平価ベース））に基づき利用可能なすべての ASEAN 加盟国のデータを使用して算出した。ASEAN 全体の算出にあたり，データを入手できなかったため，全期間にわたりブルネイ，ミャンマーおよびシンガポールを含んでおらず，2008 年および 2010 年についてのみマレーシアを含んでいない。
出典：PovcalNet：世界銀行開発研究グループが開発した貧困測定オンラインツール（http://iresearch.worldbank.org/PovcalNet/index.htm?0）。

図1.6 ASEANの貧困者層および中所得者層のダイナミックス

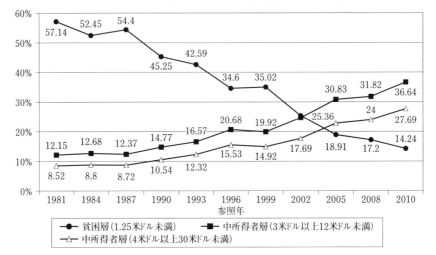

注：参照年における調査を入手できない場合，直近の調査を利用。参照年が2つの調査年の間にある場合，参照年における貧困率は2つの調査年の貧困率を利用して，線形補間法により貧困率を推計。
各グループ国の貧困率の合計にあたり，地方と都市部が含まれている。
出典：PovcalNet：世界銀行開発研究グループが開発した貧困測定オンラインツール（http://iresearch.worldbank.org/PovcalNet/index.htm?0）。

はるかに緩やかなものであった。これは，同期間のフィリピン全体の経済成長パフォーマンスが比較的より緩やかであったことと，所得格差が比較的大きかったことを反映している。

　ASEANにおける貧困率が著しく低下したのに伴い，それに対応して域内の貧困ギャップ率は1990年の約14％から2010年の約3％まで大幅に低下している。ベトナムおよびインドネシアが最も急速な低下を記録しており，ASEAN加盟国において両国の貧困削減パフォーマンスが最も高かった。タイの貧困ギャップ率が1980年代後半から1990年代半ばまでにほぼゼロに低下したこととカンボジアの貧困ギャップ率が2000年代後半に急速に低下したことも注目に値する。貧困ギャップ率がわずか約3％まで著しく低下したことは（依然として貧困ギャップ率が比較的高水準であるラオスを除く），ASEANの持続的な急成長が低所得者の貧困からの脱却を容易にするとともに，中所得者層に移行させる点に留意する必要がある。

1. 経済および社会のめざましい進展　　23

　図1.5 が示すように，ASEAN はインドに比べ，貧困ギャップ削減に成功してもいる。ASEAN およびインドは，1980 年代以降，貧困ギャップ率がはるかに低かったにもかかわらず，貧困撲滅に失敗したブラジルに比べ成功している（タイは貧困撲滅に成功している）。過去 10 年間，1 人当たり所得が高く，経済成長が力強いにもかかわらず，長期間にわたり貧困ギャップ率がゼロにならないブラジルのケースは，所得分配がきわめて不平等な場合には経済成長が必ずしも有効な貧困削減につながらないことを示唆している（ブラジルは，かなり長い間，世界で最も所得分配が不平等である国のひとつである）。

中所得者層の増加　過去 20 年間，ASEAN の人口の多くの部分が中所得者層に移行したことが図1.7a から明確にわかる。図 1.7a は，ASEAN，中国およびインドの国民を多くの所得者層に階層化したものである。データの出典は，世界銀行 PovCalNet データベースである。図1.7a で使用した所得分類は，次のとおりである（注：PPP とは購買力平価（Purchasing Power Parity）のことである）。

　　　貧困層　　　　1 日当たり 1 人当たり所得が1.25 米ドル未満（購買力平価ベース）
　　　低所得者層　　1 日当たり 1 人当たり所得が1.25 米ドル以上 3 米ドル未満（購買力平価ベース）
　　　中所得者層　　1 日当たり 1 人当たり所得が3 米ドル以上 12 米ドル未満（購買力平価ベース）
　　　高所得者層　　1 日当たり 1 人当たり所得が12 米ドル以上（購買力平価ベース）

上記の所得分類は，Banerjee and Duflo（2007）および中国に関するマッキンゼー論文（Farrel et al. 2006）の中所得者層の基準に基づいている。
　中所得者層のより厳格な基準は，1 人当たり 1 日当たりの所得範囲が4 米ドル以上 30 米ドル未満（購買力平価ベース）で，経済産業省（2010）と同じ基準である。図1.7b は，経済産業省の基準と同じ中所得者層の別の基準に基づい

24　第1章　ASEAN と AEC：進展と課題

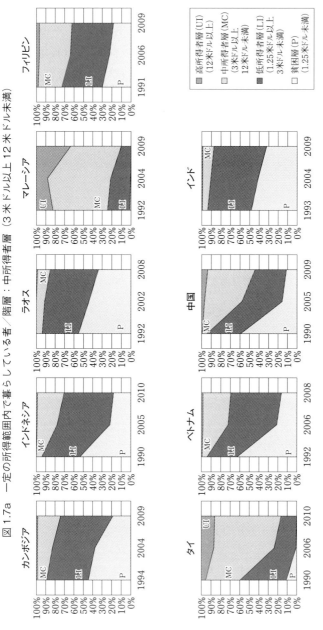

図1.7a　一定の所得範囲内で暮らしている者／階層：中所得者層（3米ドル以上 12米ドル未満）

出典：PovcalNet：世界銀行開発研究グループが開発した貧困測定オンラインツール（http://iresearch.worldbank.org/PovcalNet/index.htm?0）。

1. 経済および社会のめざましい進展　　25

て算出した推計値を表している（国別推計値については，章末の付表1を参照）。中所得者層の分類については，一般に認められた定義がないことから，本質的に恣意的なものになる点に留意する必要がある。

図1.7aは，ASEAN 7か国（データ未整備のためブルネイ，シンガポールおよびミャンマーを除く）における中所得者数が1990年の約5,900万人から2010年の約1億9,700万人（総人口の約37%）まで増加したことを示している。インドと比較すると，ASEANの中所得者数はインドの1億4,300万人（インドの総人口の約12%）よりも多い。より厳格な中所得者層の定義を用いた場合のASEANの比較可能な中所得者数は約1億4,900万人（2010年）で，人口の28%を占める（ブルネイおよびシンガポールは，1人当たり所得で見た場合，世界で最も豊かな国に分類されることから，両国の人口は少なくとも中所得者層グループに分類される。このように，ASEANの中所得者の全体規模に400万〜500万人を恣意的に追加することは可能である）。

インドネシアは，人口が域内最大で，同期間のほとんどにおいて，一貫して力強い経済成長パフォーマンスを遂げたことから，ASEANにおいて中所得者数が最も増加している。ベトナムは，同期間，経済成長が急速であり，所得分配が比較的より公平であった結果，中所得者数の急増が傑出している。図1.7aからわかるように，マレーシアおよびタイにおいては現在，中所得者層および高所得者層が大部分を占めている。

ASEANにおける経済成長によって生じた所得移動のパターンについては，図1.7aからよくわかる。貧困者の数・割合の低下については，ある程度，過去20年間の限界非貧困者および低所得者の数・割合の増加に反映されている。実際，限界非貧困者および低所得者は多くのASEAN加盟国において総人口の半分超を占めている。少なくとも総人口の5分の1が中所得者層の境目におり，貧困者が限界非貧困者層および低所得者層に移行し，特に貧困ギャップ率が縮小しゼロに近づいているように，持続的な力強い経済成長によって所得が増加すると予想される。このような 所得移動のパターンは，ちょうど過去20年間にタイおよびマレーシアにおいて起きたように，（上述した貧困ラインに基づき定義された）貧困を撲滅し，低所得者層の大部分を中所得者層に移動させるためには，持続的な高い公平な経済成長を達成・維持することの重要性を

26　第1章　ASEANとAEC：進展と課題

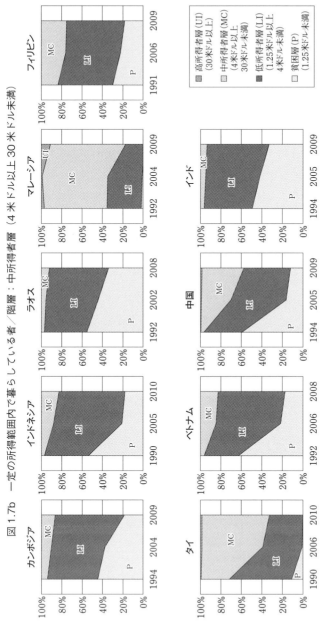

図1.7b　一定の所得範囲内で暮らしている者／階層：中所得者層（4米ドル以上30米ドル未満）

出典：PovcalNet：世界銀行開発研究グループが開発した貧困測定オンラインツール（http://iresearch.worldbank.org/PovcalNet/index.htm?0）。

明確に示している。

人間開発　ASEAN における社会の進展は，貧困率および貧困ギャップ率の低下においてのみ明確に示されたわけではない。過去 20 年間，特に CLMV における乳児死亡率の急速な低下および若年層の識字率のめざましい上昇などにより健康および教育の成果において著しい進歩が見られた。成人就学年数（年）および寿命についても緩やかに上昇している。それにもかかわらず，CLMV における成人就学年数は依然として比較的低く，ASEAN 6 か国との格差は相当大きい。域内の工業化が進展し，同時に高度熟練労働者需要が増えるに伴い，CLMV における比較的低い成人就学年数は将来，成長の重要な制約条件となりうる。この点は，CLMV がこれまでの高い経済成長を将来においても持続するために取り組む必要がある重要な政策課題の領域である（**表 1.6** 参照）。

　将来の経済および社会をさらに進展させるための ASEAN が直面している課題については，本章の後半においてさらに論じる。

表 1.6　ASEAN の主要社会指標：1990 年，2005 年，2012 年

国名	人間開発指数 (HDI)		教育指数		健康指数		所得指数	
	1990	2012	1990	2012	1990	2012	1990	2012
ブルネイ	0.782	0.855	0.620	0.757	0.844	0.917	0.919	0.904
カンボジア	N/A	0.543	0.391	0.520	0.561	0.687	N/A	0.449
インドネシア	0.479	0.629	0.380	0.577	0.664	0.785	0.436	0.550
ラオス	0.379	0.543	0.304	0.453	0.542	0.754	0.331	0.471
マレーシア	0.635	0.769	0.532	0.731	0.789	0.859	0.612	0.726
ミャンマー	0.305	0.498	0.267	0.402	0.588	0.721	0.182	0.428
フィリピン	0.581	0.654	0.581	0.679	0.712	0.773	0.476	0.535
シンガポール	0.756	0.895	0.607	0.804	0.877	0.966	0.815	0.925
タイ	0.569	0.690	0.413	0.599	0.828	0.856	0.540	0.642
ベトナム	0.439	0.617	0.374	0.539	0.719	0.874	0.315	0.501

出典：Human Development Report 2013.

2. 経済統合のめざましい進展

1990年代から2000年代までの期間，ASEAN および東アジアでは経済統合の努力がめざましく加速し，東アジアにとって ASEAN は東アジア統合の努力の支えとしての役割を果たしていた。 経済統合の努力の加速は，ASEAN 加盟国間，ASEAN 加盟国と東アジアの他の国との間の経済結合の深化とともに見られた。

ASEAN 経済統合の努力　ASEAN 統合の努力は，過去20年間，1980年代の ASEAN 特恵関税協定（PTA）から1990年代前半の ASEAN 自由貿易地域（AFTA）創設の決定までめざましいスピードで加速し，2020年までに（後に2015年までに前倒し）ASEAN 経済共同体（AEC）を含む ASEAN 共同体を創設する決定が2000年代前半に行われ頂点に達した。

域外の発展が ASEAN における統合プロセスの加速に貢献した。1989年までに，欧州連合（EU）のもとで潜在的な「要塞ヨーロッパ」が構築される懸念，北米自由貿易協定（NAFTA）の創設が予想されること，アジア太平洋経済協力（APEC）の創設，これらすべてが ASEAN の経済大臣が ASEAN 統合を深化させる必要性を認識することに寄与した。ASEAN は，1990年代前半に AFTA を締結した。同様に，中国への投資家の関心の大きなシフトは，当初2020年までに（後に2015年までに前倒し）ASEAN 経済共同体を創設する決定（2002年および2003年）と時期が一致していた。

それにもかかわらず，ASEAN における経済統合の深化の推進力と考えられるのは，域内協力の深化に向けた ASEAN のプロセスの内部の原動力である。AFTA が締結された数年後の1997年に ASEAN ビジョン 2020 が 第2回非公式首脳会議（クアラルンプール）において ASEAN 首脳によって採択されたが，これは東アジア通貨危機がタイにおいて発生したわずか数か月後であった点は注目に値する。21世紀の ASEAN の計画策定を目的とした文書には，最終的に AEC ブループリントの内容となる核心的要素の多くが盛り込まれた。 当時の域内に拡大する経済危機に対する ASEAN 首脳の対応は，前向きなもので，

ASEAN 加盟国間，ASEAN 加盟国と世界の他の諸国間の経済統合および経済協力を一層深化させるものであったことは実に驚くべきことである。

「AEC ブループリント 2009-2015」は，「ASEAN 共同体 2009-2015 のロードマップに関するチャアム・ホアヒン宣言」において ASEAN 首脳によって2009 年に承認された。この宣言には，ASEAN 政治・安全保障共同体および ASEAN 社会・文化共同体のブループリントも含まれている。

ERIA は，2012 年に「AEC ブループリントの実施に関する中間評価」を実施した。この中間評価においては，AEC 2015 に向けた ASEAN の数多くの重要な達成項目について明らかにしている。すなわち，

- ASEAN 域内関税（CEPT）については，過去の 10 年間で大幅に引き下げられた。実際，ASEAN 6 か国については，CEPT により適用品目の関税率が 0 ％となった割合は，2000 年の 40 ％から 2012 年の 99.11 ％まで上昇している。同様に，CLMV の CEPT により適用品目の関税率が 0 ％となった割合は，2000 年の約 10 ％から 2012 年の 67.6 ％まで上昇している。CLMV の 2012 年の CEPT の平均関税率 は 1.69 ％であったのに対して，ASEAN 6 か国の CEPT の平均関税率 は 2010 年以降，0.05 ％と事実上ゼロとなっている（図1.8 参照）。関税撤廃は，自由貿易地域の必要条件であり，ASEAN はまさにその達成途上にある。このことは，域内における政治的コミットメントの成功物語であることは明らかである。

- ASEAN は，全面的に機能する国内シングルウィンドウ，最終的には ASEAN シングルウィンドウを導入するため熱心に取り組んでいる。シングルウィンドウは，「AEC ブループリント 2015」における貿易円滑化措置の最重点項目である。現在，ASEAN 加盟国のうち 5 か国（インドネシア，マレーシア，フィリピン，シンガポールおよびタイ）が国内シングルウィンドウを導入しており，ブルネイは，2013 年第 4 四半期に運用可能な国内シングルウィンドウを構築している。完全に開発され全面的に機能するシングルウィンドウを構築するには相当の期間，多数の貿易関連政府機関の緊密な機関間協力，多額の資金を要することを考慮に入れると，そのような全面的に機能し完全に開発されたシングルウィンドウを構築して

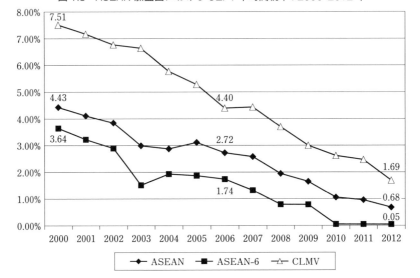

図1.8 ASEAN加盟国におけるCEPT平均関税率：2000-2012年

出典：ASEAN Tariff Database 2013.

いるのは，主としてシンガポールとシンガポールほどではないにせよマレーシアである。島嶼大国であるインドネシアおよびフィリピンの他，ある程度そのような特徴を有するベトナムについては，全面的に機能し完全に開発されたシングルウィンドウを全国に開発するには港湾の数が多すぎ，機関が分散していることから不利な立場にある。それにもかかわらず，インドネシアおよびフィリピンについては，主として主要な港湾だけではあるものの，運用可能なシングルウィンドウが構築されており，フィリピンについては現在，非常に多くの関係機関が相互の技術的微調整・統合を進めている。

CLMについては，国内シングルウィンドウの導入は依然として先のことであり，ベトナムについてはちょうど導入の途上にある。この4か国には国内シングルウィンドウの導入について強い政治的意志があるように思われる。それにもかかわらず，2015年までわずか2年しか残されていないことを考慮に入れると，CLMはせいぜい主要な港湾（または陸地に囲まれたラオスの場合に

は，主要な越境ポイント）およびわずかな政府機関を含むパイロットスキームを 2015 年までに導入できるにすぎないとしても驚くことではない。手続きの簡素化の他，すべての関連する規則・規制の統合などシングルウィンドウの構築に向けた準備プロセスの着手から多大な便益をすでに得ることができていることを指摘する必要がある。

ASEAN における域内貿易円滑化制度の協調改善努力は，すでにある程度の成果をあげているように思われる。AEC の実施に関する中間評価の一部である ASEAN における民間ビジネスセクターに関する ERIA 調査の結果によれば，調査回答者の大多数が 2009 年から 2011 年までの期間に輸出入・通関手続について大小の改善が見られたと述べている（図 1.9 参照）。

- ASEAN 包括投資協定（ACIA）に基づく投資自由化約束により，ASEAN 加盟国のほとんどは物品セクター，とりわけ製造業において比較的自由な

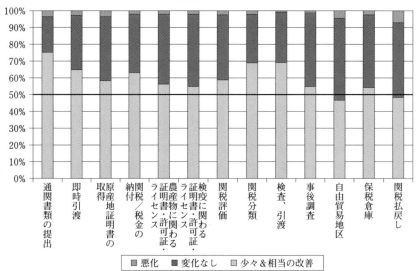

図 1.9 顕著な改善：通関パフォーマンスが改善したと回答した ASEAN の回答者数の割合（2009 年から 2011 年までの期間）

出典：Intal と Laksono による計算結果。

投資制度を構築している（図1.10参照）。このように，かなりの程度まで，ASEAN加盟国はちょうど比較的自由な投資フロー実現の途上にある。自由な投資フローの実現は，ASEANビジョン2020において明確に述べられ，AECブループリントにおいて詳細に述べられているASEANにおける経済統合の主要な戦略のひとつである。

「AECブループリントの実施に関する中間評価」によるASEANにおける民間部門に関する調査結果によれば，域内の民間部門が近年，ASEAN加盟国において投資円滑化の他，全般的な投資環境に改善が見られたと回答していることも注目に値する。また，在ASEAN米国商工会議所の『ASEANビジネスアウトルック調査2014』の結果も，ASEANの多くの加盟国，特にフィリピンにおいて，投資家の現地環境への満足度に影響を与える多くの要因について漸進的な改善があったことを示している（Amcham 2013, p.28）。

- ASEANは，「ASEANマイナスX方式」に基づき，航空輸送の完全自由

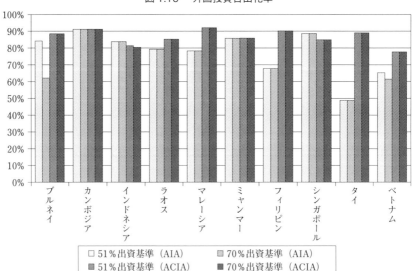

図1.10　外国投資自由化率

出典：Intal et al. (2011), Intal and Panggabean によりアップデート。

化に関する多国間合意（MAFLAFS），航空輸送に関する多国間合意（MAAS）および旅客航空の完全自由化に関する多国間合意（MAFLPAS）を署名・批准し，航空輸送について著しい進展を遂げている。ASEAN 域内貿易，ASEAN 域内観光客および低価格航空サービスの増加とともに域内の航空旅客者数が大幅に増加してきている。それにもかかわらず，すべての ASEAN 加盟国が上述の多国間合意を署名・批准していないように，単一の ASEAN 航空市場は未だ存在していない。

- 困難はあるものの，ASEAN サービスに関する枠組み協定（AFAS）交渉の一連のラウンドが，いくつかの合意された方式により，明確に合意された最終目標を達成するために行われている。サービス分野における自由化約束については，GATS を超える大きな進展があった。サービス自由化は，WTO に基づく多国間貿易交渉において特に困難なもので，そのため，よりセンシティブな分野を対象とするにつれより困難なものになるが，自由化交渉の継続的な進展は，全体として ASEAN 地域にとって有意義なもので円滑化に資するものである。

- 基準適合性，エンジニア・会計士などの専門的サービス提供者の移動の相互承認取決など他の領域において，より限定的ではあるものの，ある程度の進展が見られる。また，たとえば，食料安全保障（APTERR），競争政策，知的財産権，農業などの多数の地域協力合意・イニシアチブも実現している。これらすべてが域内の共同体意識を力強く高めることに寄与している。

　上述した重要な達成があるにもかかわらず，ASEAN 経済共同体に基づく全面的に統合された経済地域の実現への道のりは長い。2015 年に向け，そして 2015 年以降，取り組まなければならないことが数多くある。2015 年以降の ASEAN の姿を描く作業は，ASEAN の政府関係者および地域のステークホルダーにとって興味深く充実した課題であることが期待できる。本書が，このプロセスに資することを期待している。

東アジア・世界との ASEAN の統合の努力　ASEAN は，東アジアにおける

統合イニシアチブの最前線にいるが，対話国，とりわけ中国および日本と積極的に関わっている。興味深いことに，1997 年から 1999 年までのアジア通貨危機が東アジア経済協力・統合の深化・拡大の主要な契機であり，第 1 回 ASEAN+3 首脳会議（1997 年 12 月，クアラルンプール）が開催されたのは，通貨危機が発生した数か月後であった（「1997 年 ASEAN ビジョン 2020」についても ASEAN サミット期間中に ASEAN 首脳によって同時に承認されている点に留意する必要がある）。東アジア協力・統合イニシアチブの深化の制度上のプラットフォームを提供してきたのは，ASEAN 首脳会議の関連首脳会議としての ASEAN+3 首脳会議（中国，日本および韓国を含む），その後の東アジア首脳会議（EAS）（オーストラリア，インドおよびニュージーランドが参加）である。中国が 2001 年に ASEAN 中国 FTA を提案したことが一連の ASEAN+1 FTA を促進した。2004 年に中国（ASEAN 中国 FTA），その後，2006 年に韓国（ASEAN 韓国 FTA），2008 年に日本（AJCEP），2009 年にオーストラリアおよびニュージーランド（ASEAN オーストラリア・ニュージーランド FTA），同じく 2009 年にインド（ASEAN インド FTA）と締結されている。包括的な内容を一括受諾する ASEAN オーストラリア・ニュージーランド FTA を除き，他の協定は物品貿易協定から始まり，その後，サービス貿易協定および投資協定が締結されている。

　ASEAN を中心とする FTA は，関税撤廃水準およびサービス・投資の自由化度の点でそれぞれ大きく異なっている。ASEAN を中心とする FTA は，東アジア共同体の統合に向けた最初の重要な一歩として見られている。東アジアの首脳は，2000 年代前半に東アジアビジョングループ（EAVG）および東アジア研究グループ（EASG）を創設している。この 2 つのグループは，東アジア共同体実現のためのロードマップの基礎を構築するため，当初韓国が提案したものであった。中国が提案した東アジア自由貿易協定（EAFTA）および日本が提案した東アジア包括的経済連携（CEPEA）の検討が進められ，東アジア経済統合に向けたプロセスを促進することになった。東アジア共同体の実現に向けた 2 つの対立する構想および提案を考慮して，ASEAN は最終的に EAFTA および CEPEA の両方を器用に採用するとともに，東アジアに構築されつつある地域的枠組みに「ASEAN 中心性」を投影した東アジア地域包括的

経済連携（RCEP）の提案で対応した。

　現在，交渉中であるものの，RCEP は ASEAN と他の東アジア諸国との深化する経済関係の主要な枠組みとなると予想される。また，RCEP は現在，東アジアにおける経済統合および経済協力を深化させるための公式の構想の主要な枠組みでもある。ASEAN にとって主要な課題は，交渉に参加している 16 か国の大きく異なる発展レベルおよび大きく異なる関心事項を考慮に入れて，交渉を合意に向けて舵をとることである。この問題については，本書の第 6 章において詳細に論じる。

市場統合の深化　公式の地域統合構想とともに，ASEAN および東アジアにおける実際の市場統合の深化がこのような構想を推進してきた。より重要なことは，公式の地域統合構想の実体およびその進展のスピードに著しく影響を及ぼしてきたのが，市場深化の性格であるという点である。具体的には，東アジアにおける成長およびますます複雑化が進む生産（および流通）ネットワーク，サプライチェーンのジャストインタイムによる運営の重要性から，地域統合へ向けての努力は，WTO 貿易交渉において主として重視されてきた自由化問題のみを重視できないことを余儀なくされている。代わりに，とりわけ円滑化問題，物流・連結性問題，基準適合性問題，国内規制問題が特に目立ち，域内生産ネットワークのパフォーマンスを向上させ，効率化を図り，生産・輸出プラットフォームとしての地域の競争力を向上させるため，地域統合へ向けての努力においてこれらの問題に取り組む必要がある。

　ASEAN および東アジアにおける貿易結合度の指標を表 1.7 に示した。表 1.7 は，ASEAN，中国，日本および ASEAN+3 と ASEAN との輸出・貿易の結合度および ASEAN，中国，日本および ASEAN+3 との貿易で ASEAN が占める輸出入の割合を示している。表 1.7 は，ASEAN 加盟国の貿易は，他の ASEAN 加盟国との結合度が最も高いことを示している。すなわち，世界貿易における ASEAN 加盟国間の貿易フローの重要性を考慮に入れると，ASEAN 加盟国間の貿易フローは，予想をはるかに上回っている。結合度が 1 を上回っていることに反映されているように，ASEAN と中国，日本および ASEAN+3 の貿易関係についても結合度は比較的高い。表 1.7 は，2000 年代に入り，中

表 1.7　ASEAN および主要貿易相手国の輸出入割合および貿易結合度

指標	国 / 地域	1990	1995	2000	2005	2010	2012
輸出割合 （%）	ASEAN	18.94	24.41	22.98	25.33	25.03	25.92
	中国	1.82	2.69	3.84	8.05	10.85	11.35
	日本	18.89	14.23	13.44	11.12	9.84	10.27
	ASEAN+3	43.00	44.44	43.93	48.32	50.01	51.96
輸入割合 （%）	ASEAN	15.22	17.95	22.47	24.34	24.17	23.18
	中国	2.93	3.04	5.05	10.50	13.58	14.77
	日本	23.13	23.45	19.08	13.95	12.23	11.05
	ASEAN+3	44.42	48.88	51.40	53.47	55.98	55.24
貿易 結合度	ASEAN	4.06	3.32	3.68	4.24	3.74	3.57
	中国	1.21	0.78	0.94	1.23	1.20	1.27
	日本	2.82	2.53	2.45	2.35	2.34	2.36
	ASEAN+3	2.84	2.35	2.38	2.39	2.18	2.18

出典：ARIC ADB（2013）.

国の輸出入の割合が著しく増加しており，それに伴い対 ASEAN 貿易におい
て日本が占める輸出入の割合が低下していることを示している。これが，過去
15 年間の東アジア地域における貿易関係の主な動向のひとつである。すなわ
ち，中国が東アジアの域内生産ネットワーク拠点として出現し，たとえこのよ
うな方向の変化の重要な牽引役が中国および東南アジアにある日本の多国籍企
業であるにしても，このようなネットワーク関係の方向が日本から中国に変化
してきている。ASEAN と日本間の貿易結合度の低下の大部分は，輸入に見ら
れる点に留意する必要がある。すなわち，日本は ASEAN にとって輸入先と
しての重要性を低下させている。

　表 1.7 は，ASEAN 域内貿易の結合度が 1990 年代から 2000 年代前半までの
期間に上昇した後，2000 年代後半に若干低下したことを示している。この低
下は，主として他の ASEAN 加盟国からの輸入が減少したことによるもので，
ASEAN の輸入総額に占める中国の割合が引き続き増加していることに反映さ
れているように，中国からの輸入が増加している結果のように思われる。2000
年代後半，ASEAN の輸出総額に占める ASEAN の割合が横ばいで推移して
いたのが明らかであったのに対し，主として中国への輸出増のため，ASEAN
の輸出に占める ASEAN+3 の割合が増加していることに留意する必要がある。
ASEAN 貿易における中国の重要性の高まりについては，図 1.11 において明

確に観察される。ASEAN・中国間貿易については ASEAN 域内貿易との比率で見て，大部分の期間において，一貫して増加している。ASEAN 貿易の中国中心の要素が大きくなっていることは，ある程度，最終工業製品の組立国としてではなく，部品の主要な輸出国としての中国の出現を反映しているのかもしれない。また，中国は，製品のほとんどは西側諸国に輸出されているベトナムおよびカンボジアの衣料品輸出産業にとって，重要な原材料の供給国ともなっている。

ASEAN 域内における貿易結合度の低下は，2015 年に向けた ASEAN 経済共同体の創設の一環として域内の自由化を推進した期間に起きていることに留意する必要がある。この貿易結合度の低下は，ASEAN 域内貿易の相当の部分が米，パーム油，砂糖，原油および天然ガスなど農産品・天然資源製品であることから，ある程度，近年の国際商品価格が軟化した結果であった可能性がある。それにもかかわらず，中国が ASEAN の工業製品の原材料・部品の大変競争力の高い輸入先になっている可能性も高い。このことは，以下のとおり，ASEAN および AEC にとって 2 つの重要な意味を持つように思える。

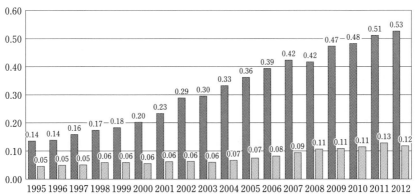

図 1.11 ASEAN 域内貿易に占める ASEAN・中国間貿易および ASEAN・インド間貿易の比率：1995-2012 年

出典：UNCTAD Stat (2013).

- ASEAN は，規模の経済，産業クラスターの深化およびジャストインタイムシステムの運用の点において，中国に対して競争力を持つほど統合がまだ十分に進展していない。このことは，ASEAN は，連結性，貿易・輸送の円滑化，非関税措置などの領域においてひとつの統合された生産基地となるため，まだ取り組むべき課題が多いことを意味している。同時に，または，
- ASEAN は，バリューチェーンの点において競争力が十分ではない。すなわち，ASEAN は，中国に比べ技術面での階段を急速に駆け上がっていない。その場合，地域・生産基地としての一層の統合だけではなく，競争力およびダイナミズムの一層の向上が ASEAN にとって課題となる。このことは，ASEAN は，技能向上，イノベーションの重要な人的資本要素となる高等・大学院教育の範囲および質の拡充が必要であるとともに，研究開発投資を大幅に増加させる必要があることを意味している。このような側面において，特に研究開発支出および研究・イノベーション能力において，中国はほとんどの ASEAN 加盟国よりもさらに先を進んでいることに留意する必要がある。

3. 課　　題

　これまでの議論において，過去 20 年ほどにわたり ASEAN において見られた進展について論じた。それにもかかわらず，貧困の撲滅および ASEAN の人々の中間層への移行という目標の道のりは長いことがこれまでの議論から明らかである。依然として人口の大きな部分が貧困者または低所得者のいずれかという状況において，多くの ASEAN 加盟国が気候・食料供給・エネルギーの変化に対する一層の強靭性を確保するという課題に直面している。また，ASEAN 経済共同体（AEC）の統合に向けた取り組みはまだ終わっておらず，東アジアの統合については，さらに未達成であることも明らかである。東アジアおよび世界，特に中国およびインドにおけるダイナミックな発展に鑑み，ASEAN は前進し，取り組みを継続しなければならないことも明らかである。
　したがって，2015 年以降の ASEAN の主要な課題は，次のとおりである。

3. 課　題　　　39

- **依然として，ほとんどの ASEAN 加盟国において多数の貧困者および限界非貧困者がいる。**ミャンマーを除く ASEAN には，2000 年代後半，依然として貧困層に属する者が約 8,000 万人いた。ミャンマーについては，比較可能なデータおよび推定値が存在しない。そのような状況であるが，公式の貧困ラインを適用した場合の 2010 年のミャンマーの貧困率は約 29 ％（または約 1,750 万人）である。このように，2000 年代後半，ASEAN には貧困層に属する者が依然として少なくとも約 1 億人いた。1 人当たり 1 日 1.25 米ドル（購買力平価ベース）に基づくと 1 億人程度の貧困者がいる他，1 人当たり所得が，より厳格な貧困ラインとして時々利用されている 1 人当たり 1 日 2 米ドル（購買力平価ベース）未満である境界非貧困者が 2000 年代後半に約 1 億 2,100 万人いた（ミャンマーを除く）。このことは，2000 年代後半，ASEAN 人口の半分近くが依然として貧困層または限界非貧困層に属していたことを意味している。貧困者数および最終的には限界非貧困者数も含めゼロにすることは依然として，現在および 2015 年以降，ASEAN にとって重要な課題であることは明らかである。ASEAN 加盟国および ASEAN 全体の関連する政策・地域協力に関する課題は，貧困者および限界非貧困者が食料品の大幅な価格上昇，災害およびエネルギー不足に対してより脆弱な存在である傾向が見られることである。食料品は貧困者および限界非貧困者の支出項目の中で最も金額が大きいことから，それらの価格の大幅な上昇は貧困者および限界非貧困者の厚生を大幅に低下させる。貧困者および限界非貧困者のほとんどが地方に居住している傾向があり，貧困者および限界非貧困者の多くが洪水および土砂崩れが起きやすい地域に居住している。したがって，貧困者および境界非貧困者は，洪水および干ばつによる負の効果を含め自然災害に対してより脆弱である。多くの貧困者が農場，漁場および小規模な農外企業で働き，何とか生計を立てている。したがって，ディーゼル燃料を含むエネルギー源の急激な価格上昇および不足は，貧困者および限界非貧困者の雇用および生活が依拠している小規模企業，農場および漁場の運営の実行可能性を大きな危険にさらすことになる。このように，高い経済成長の実現に向けた ASEAN 加盟国および ASEAN の取り組みとともに，ASEAN 加盟国

および ASEAN は，食料安全保障およびエネルギー安全保障を改善する
ほか，域内における災害に取り組むための準備を強化する域内協力を一層
重視する必要があると考えられる。

• **所得分配の不平等に関する記録は一様ではない。**ある程度，このことはす
でに議論した貧困削減問題に関連している。全般的に ASEAN 加盟国の
パフォーマンスは中国および主要なラテンアメリカ諸国のパフォーマンス
を上回っているものの，過去 30 年ほどの成長期の ASEAN 加盟国の所得
分配の不平等に関する記録は一様ではない（図 1.12 参照）。

図 1.12 が示すように，インドネシアおよびラオスについては，他の
ASEAN 加盟国に比べ所得分配がより公平であるにもかかわらず，両国に
おける所得分配の不平等は悪化してきている。

マレーシアについては，1980 年代から 1990 年代前半までの大部分の期間，
ASEAN 加盟国の中で所得分配が最も公平ではなかった。マレーシアの所
得分配の不平等は 1990 年代後半から 2000 年代前半までの期間に大幅に改
善されたものの，2000 年代後半に劇的に拡大し，再度，ASEAN 加盟国
の中で所得分配が最も不平等である国になった。

フィリピンは現在，マレーシアに次いで 2 番目に所得分配が不平等な国で
ある。フィリピンにおける所得分配の不平等は 1990 年代に悪化し，1990
年代後半から 2000 年代前半までの期間，ASEAN の中で最も不平等な国
となった。その後，所得分配の不平等は 2000 年代に改善したが，わずか
な改善にすぎず，フィリピンは現在依然として ASEAN の中で 2 番目に
所得分配が不平等な国となっている。フィリピンの貧困削減パフォーマン
スを ASEAN 加盟国の中で非常に低い水準に止めているのは，このよう
に所得分配が比較的不平等であることとフィリピンの経済成長が緩やかな
ことに留意する必要がある。フィリピンのパフォーマンスは，以下で述べ
るように，ベトナムのケースとはきわめて対照的である。

タイについては，過去 20 年間の成長期に，より平等な所得分配を生み出
すことに比較的成功した。1980 年代後半から 1990 年代前半までの期間，
タイはマレーシアに次いで 2 番目に所得分配が不平等な国であったが，そ
の後，タイの所得分配の不平等は著しく改善し，それ以降，マレーシアお

よびフィリピンは別として他の ASEAN 加盟国に比べ依然高いものの，タイの最近のジニ係数（図1.12で使用した所得分配の不平等の測定値）は基準値である 40% 未満に低下した。

カンボジアの所得分配の不平等は，1990 年代から 2000 年代半ばまでの期間，大幅に悪化し，その後，2000 年代後半に劇的に改善した。ジニ係数は劇的には変化していない傾向があることから，この所得分配の不平等の劇的な改善の理由を知ることは興味深いことである。これは，商品価格の変動，農産物，特に米の生産量の増加の他，労働集約的な衣料品製造および観光業におけるカンボジアの成功による労働市場の逼迫と関連がある可能性が高い。

ベトナムについては，おそらく過去 20 年間，高くかつ公平な成長を遂げたという点において ASEAN 加盟国の中で最も成功した国である。過去 20 年間の大部分の期間の成長率がきわめて高かったにもかかわらず，ベトナムにおける所得分配は比較的安定している。この点がベトナムが貧困率の劇的な低下に成功した理由であり，ベトナムの貧困削減の成功は，中国の見事な成功に次ぐ世界で 2 番目の素晴らしい成功事例であることはほぼ間違いない。

　ASEAN 加盟国のパフォーマンスは一様ではないものの，図1.12 は，ラテンアメリカ諸国（ブラジルおよびチリが良い例）は，事実上すべての ASEAN 加盟国に比べ，所得分配の不平等が大きいことを明確に示している。同様に，中国は急速な経済成長を遂げるとともに所得分配が著しく悪化しているように思われる[2]。各国の初期段階から中所得段階にかけて，所得分配の不平等が悪化する傾向が見られる（すなわち，いわゆる逆 U 字仮説）ものの，発展レベルを考慮に入れると，所得分配の不平等の程度には構造的な理由があることが明らかである。このように，過去 20 年間，ベトナムにおいて見られたと思われるケースのように，より公平な成長を遂げる一連の政策および戦略をどのように策定するかが課題となる。

---

2)　特に何百万という規模の季節労働者が主として中国東部沿岸部の都市部に移住していることを考えると，中国のケースには複雑な要因がある可能性がある。

図1.12　1970年代半ばから2000年代後半までのASEAN，南アジアおよびラテンアメリカ諸国におけるジニ係数

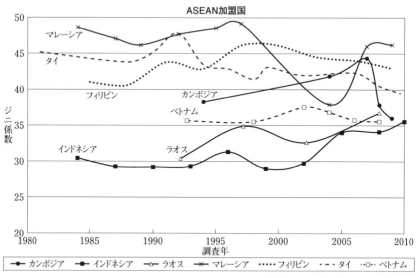

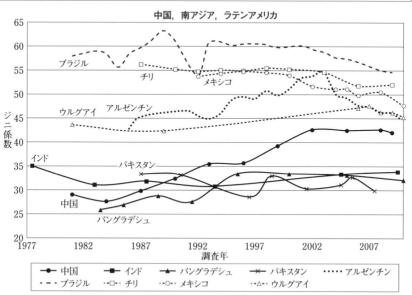

出典：Povcalnet, World Bank（2013）．

3. 課 題　　　43

- **ASEAN の競争力を向上させる必要性**　ASEAN 加盟国の長期的競争力は，相当の期間にわたる他の諸国と比較した全要素生産性の伸び率によって決まる。ASEAN 加盟国の他，中国，インド，韓国，台湾，日本，アメリカおよびラテンアメリカ諸国について，1996 年から 2011 年までの労働生産性の伸び率および全要素生産性の伸び率の推計値を図 1.13 に示した。Conference Board から引用した推計値は，同じ方法論を用いているため，比較可能である。労働生産性の伸び率は，資本ストックの伸び率，資本利用の効率性，知識の向上，イノベーションまたは技術進歩の影響を受ける。全要素生産性の伸び率は，資本・労働の利用の効率性の他，知識の向上，イノベーションまたは技術進歩の影響を受ける。

図 1.13 の結果は，全期間において，特にカンボジアおよびベトナムにおいて労働生産性が力強く伸びており，同時に，2000 年代後半にインドネシアおよびフィリピンにおいて，労働生産性の伸び率が著しく加速していることを示している。しかしながら，全要素生産性の伸び率については，ほとんどの ASEAN 加盟国においてきわめて緩やかなものである。実際，ベトナムについては，同期間の全要素生産性の伸び率はマイナスであった。これは，生産の伸び率に比べ資本の伸び率のほうがはるかに高かったことを反映している可能性が高い。カンボジアの全要素生産性の伸び率は最も高かった。また，フィリピンについても，労働生産性の伸び率に比べ全要素生産性が大幅に上昇している。

ASEAN 加盟国における全要素生産性の伸び率がきわめて緩やかであることは，ASEAN 加盟国と直接競争関係にある中国，インド，韓国および台湾における伸び率がより力強いのとは対照的である。このような観点から，ASEAN は，ASEAN の近隣国，特に中国に比べ長期的競争力が悪化しているように思われる。ASEAN が競争力の向上，バリューチェーンの上流への移行，輸出で成功するために比較的低賃金な労働力からの脱却を目指す場合，ASEAN 加盟国は全要素生産性の伸び率を高める必要があることは明らかである。

競争力が向上していることを示唆しているひとつの指標として，すべての途

図1.13 ASEANおよび主要貿易相手国の労働生産性および全要素生産性の伸び率（年平均）

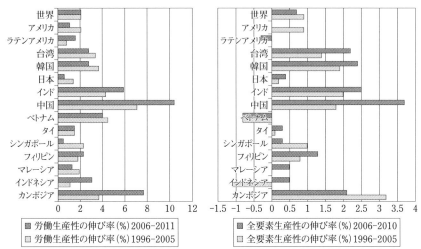

■ 労働生産性の伸び率(%)2006-2011
□ 労働生産性の伸び率(%)1996-2005

■ 全要素生産性の伸び率(%)2006-2010
□ 全要素生産性の伸び率(%)1996-2005

出典：The Conference Board（2013）.

上国の貿易・生産総額に占めるASEANの割合がある。たとえば，すべての途上国の生産総額（GDP）に占めるASEANの割合は，1990年から1992年までの期間に平均8.6％であったが，2009年から2011年までの期間に平均8.1％まで低下した。対照的に，中国の割合は，1990年から1992年までの期間の10.7％から2009年から2011年までの期間の平均26.5％まで劇的に増加し，インドの割合は，1990年から1992年までの期間の6.5％から2009年から2011年までの期間の8.4％まで増加している（図1.14参照）。2015年以降においてASEANの競争力向上を実現するには，すべての途上国の生産総額に占めるASEANの割合を1990年当時の割合以上に高めることにする必要がある。このことは，ASEANは，2015年以降，中国の経済成長率を上回らないまでも，それに匹敵する高い経済成長率を実現し持続する必要があることを意味しているる可能性が高いと考えられる。

図1.14から，ASEANはより大きなラテンアメリカ統合連合（LAIA）の他，黒海経済協力機構（BSEC）およびインドに比べ，すべての途上国および世界全体の貿易総額に占める割合が高いことに留意する価値がある。このことは，

図 1.14 全途上国の GDP, 貿易, FDI 総額に占める割合：ASEAN および主要貿易相手国

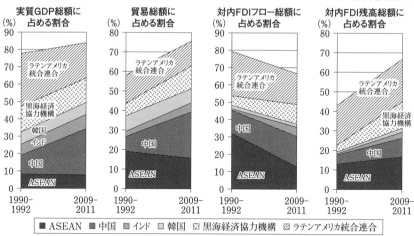

出典：UNCTAD Stat (2013).

ASEAN は経済規模に比べ国際貿易において世界的に大きな役割を果たしていることを反映している。このことは，国際貿易が途上国の他の主要な統合地域に比べ，ASEAN 加盟国においてより大きな役割を果たしていることも反映している。

　ASEAN の競争力が向上していることを示唆しているもうひとつの指標は，すべての途上国の貿易総額に占める ASEAN の割合である。すべての途上国の貿易総額に占める ASEAN の割合は，1990 年から 1992 年までの期間，19.3％であったが，2009 年から 2011 年までの期間，15.9％まで低下した（図1.14 参照）。この低下は，主として同期間にすべての途上国の貿易総額に占める中国の割合が急激に増えたことから起きたものである。すなわち，中国の割合は，1990 年から 1992 年までの期間の 7.7％から 2009 年から 2011 年までの期間の 23.7％に増加している。中国の貿易の伸び率は目を見張るほどで中国は現在，世界最大の輸出国である。すべての途上国の GDP 総額に占める ASEAN の割合のケース以上に，すべての途上国の貿易総額に占める ASEAN の割合の増加は，国際貿易における ASEAN の競争力向上の重要な指標になると考えられる。このことは，ASEAN の貿易の伸び率がすべての途上国の貿

易の伸び率を上回ることを必要としていると考えられ，また世界全体の貿易の
伸び率を上回ることも必要としていると思われる。

　すべての途上国の生産・貿易総額に占める ASEAN の割合を増加させるには，
ASEAN の生産・貿易の大変力強い増加が必然的に必要となると考えられる。
ASEAN においては，依然として資本不足であることを考慮すると，さらに
FDI を誘致する必要がある。したがって，ASEAN はすべての途上国の対内
FDI 総額に占める ASEAN の割合を増加させる必要がある。また，世界の対
内 FDI 総額に占める ASEAN の割合を増加させる必要がある可能性も高い。
図 1.14 から，1990 年代前半，途上国への対内 FDI 総額に占める ASEAN の
割合は最も大きかった点に留意する必要がある。しかしながら，ASEAN の割
合は，1990 年代後半から 2000 年代前半にかけて劇的に低下した。世界の対内
FDI 総額に占める ASEAN の割合が著しく増加したのはごく最近のことであ
る。このように，すべての途上国および世界の GDP・貿易総額に占める
ASEAN の割合を増加させるため，ASEAN は 世界の対内 FDI 総額に占める
ASEAN の割合をさらに高める必要があるかもしれない。

- **全面的に機能する ASEAN 経済共同体（AEC）の構築はまだ終わっていな
  い。**
  すでに議論したように，AEC 措置の実施について多大な成功を収めてい
  るものの，全面的に機能する ASEAN 経済共同体を実現するには，まだ
  多くのことに取り組まなければならない。2015 年に向けて，また 2015 年
  以降に取り組む必要がある主要な障害として，次のものがある。
  - 多くの ASEAN 加盟国において，「コア非関税措置の中でも特に数量制
    限 」がかなりの範囲において残っている。共通効果特恵関税が短期間
    のうちに引き下げられ，ASEAN 6 か国について事実上ゼロとなってい
    ることを考慮に入れると，現在，ASEAN 加盟国間における貿易に対す
    る潜在的障壁として特に顕著なのが非関税措置である。
  - ほとんどの ASEAN 加盟国において国内シングルウィンドウはまだ完
    全に運用されていない。実際，ASEAN 加盟国のうち 3 か国については，
    国内シングルウィンドウはまだ導入されていない。ASEAN シングル

3. 課 題 47

ウィンドウはまだ運用されていない。さらに，2015 年までの運用が予定されている ASEAN シングルウィンドウについては，ASEAN 間，ASEAN 加盟国と ASEAN 以外の諸国間の効果的な貿易円滑化に範囲が限られている。これに関連して，域内において事業展開する企業および個人の利益のために域内の貿易関連の政策・ルール・規制の透明性向上に必要とされる国内・地域貿易情報リポジトリの全面的な運用が必要である。

- 基準適合性の他，専門サービスの相互承認取り決めに一定の進展が見られるものの，域内における基準・技術規制の一層の集約，適合性評価・認証に対する一層の信頼，専門技能を有する専門職の移動の円滑化を確保するためには，さらに多くのことに取り組む必要がある。

- 各 ASEAN 加盟国が直面している政治経済上の課題が異なることを考慮に入れると，ASEAN 加盟国はサービス・投資の自由化の実績は一様ではない。第 8 パッケージ以降の ASEAN サービスに関する枠組み協定の交渉については，サービス自由化の深化および拡大により各 ASEAN 加盟国のよりセンシティブな分野にほぼ確実に手がつけられることから，一層困難を極める可能性が高い。ASEAN 加盟国は，域内のサービス部門に競争力を持つ他の主要国に対抗できる範囲でサービス分野の自由化の程度を決定する必要があるかもしれない。

　ASEAN の経済統合を深化させ，ひとつの共同体となるために ASEAN が構想した構想はたくさんあるが，その多くが依然として未完成か，あるいは，継続中である。

　全体として，上述した事例が示していることは AEC プロジェクトが 2015 年までに完了する可能性はほとんどない。ASEAN および ASEAN 加盟国の担当者は，AEC 2015 を真に統合された ASEAN 経済共同体となるための ASEAN の継続的な推進における重要な道標で，かつ初期段階として捉えており，完成には程遠いことを十分認識している。おそらく，在 ASEAN アメリカ政府代表部大使がこの点について最もうまく要約している。AEC に関して最も重要なことは，AEC 2015 それ自体ではなく，大望と勢いであると大使は

述べている。ASEAN 首脳は，ASEAN 経済共同体プロジェクトを支える決意
およびビジョンに深く関与している。ASEAN 以外の東アジアおよび世界と深
く統合され，高度に競争的で，競争力があり，ダイナミックで，包摂的で，強
靭性があり，持続可能な地域の実現に向けて 2015 年以降，勢いを維持し一層
強化することが ASEAN の課題である。

付録

付表1　一定の所得範囲／階層において暮らしている人口：経済産業省の定義に基づく

（単位：百万人）

所得階層	1日当たり1人当たり米ドル	カンボジア			中国			インド			インドネシア			ラオス			マレーシア			フィリピン			タイ			ベトナム		
		1994	2004	2009	1990	2005	2009	1993 5月	2004 5月	2009 5月	1990	2005	2010	1992 2月	2002 2月	2008	1992	2004	2009	1991	2006	2009	1990	2006	2010	1992 7月	2006	2008
貧困者層	1.25米ドル未満	4.8	5.0	2.6	683.2	211.9	157.1	458.5	467.6	394.7	100.0	48.7	43.3	2.5	2.4	2.0	0.3	0.1	0.0	19.4	19.7	16.9	6.6	0.7	0.3	43.6	17.8	14.3
低所得者層	4米ドル未満	5.4	7.0	9.5	429.7	718.6	615.1	443.5	603.9	737.7	80.0	152.4	156.7	1.9	2.9	3.5	6.6	8.8	5.0	33.7	46.8	52.1	34.6	26.2	22.8	22.9	53.1	56.4
中所得者層	4米ドル以上30米ドル未満	0.6	1.2	1.9	22.2	371.2	550.4	26.1	51.2	74.6	4.4	25.9	39.8	0.1	0.2	0.4	11.7	16.4	20.6	10.0	20.6	22.6	15.6	39.4	45.1	2.0	12.4	14.4
高所得者層	30米ドル以上	0.0	0.0	0.0	0.1	2.1	8.8	0.1	0.2	0.7	0.0	0.3	0.0	0.0	0.0	0.0	0.6	0.3	2.3	0.1	0.0	0.1	0.3	1.0	0.9	0.0	0.0	0.0
合計		10.9	13.2	14.0	1135.2	1303.7	1331.4	928.2	1123.0	1207.7	184.4	227.3	239.9	4.4	5.5	6.0	19.2	25.6	27.9	63.2	87.1	91.7	57.1	67.3	69.1	68.5	83.3	85.1

総人口に占める割合

（単位：％）

所得階層	1日当たり1人当たり米ドル	カンボジア			中国			インド			インドネシア			ラオス			マレーシア			フィリピン			タイ			ベトナム		
		1994	2004	2009	1990	2005	2009	1993 5月	2004 5月	2009 5月	1990	2005	2010	1992 2月	2002 2月	2008	1992	2004	2009	1991	2006	2009	1990	2006	2010	1992 7月	2006	2008
貧困者層	1.25米ドル未満	44.5	37.7	18.6	60.2	16.3	11.8	49.4	41.6	32.7	54.3	21.4	18.1	55.7	44.0	33.9	1.6	0.5	0.0	30.7	22.6	18.4	11.6	1.0	0.4	63.7	21.4	16.9
低所得者層	4米ドル未満	50.0	53.0	67.8	37.9	55.1	46.2	47.8	53.8	61.1	43.4	67.0	65.3	41.8	51.9	58.6	34.2	34.5	17.9	53.4	53.7	56.8	60.6	38.9	33.0	33.4	63.7	66.3
中所得者層	4米ドル以上30米ドル未満	5.5	9.2	13.5	2.0	28.5	41.3	2.8	4.6	6.2	2.4	11.4	16.6	2.5	4.2	7.4	61.0	64.1	73.8	15.8	23.7	24.7	27.3	58.6	65.3	2.9	14.9	16.9
高所得者層	30米ドル以上	0.0	0.1	0.1	0.0	0.2	0.7	0.0	0.0	0.0	0.0	0.1	0.0	0.0	0.0	0.1	3.2	0.9	8.3	0.1	0.0	0.2	0.5	1.6	1.4	0.0	0.0	0.0
合計		100	100	100	100	100	100	100	100	100	100	100	100	100	100	100	100	100	100	100	100	100	100	100	100	100	100	100

出典：PovcalNet：世界銀行開発研究グループが開発した貧困測定オンラインツール（http://iresearch.worldbank.org/PovcalNet/index.htm?0）。

付表2　一定の所得範囲／階層において暮らしている人口

（単位：百万人）

所得階層	1日当たり1人当たり米ドル	カンボジア			中国			インド			インドネシア			ラオス			マレーシア			フィリピン			タイ			ベトナム		
		1994	2004	2009	1990	2005	2009	1993年5月	2004年5月	2009年5月	1990	2005	2010	1992年2月	2002年2月	2008	1992	2004	2009	1991	2006	2009	1990	2006	2010	1992年7月	2006	2008
貧困者層	1.25米ドル未満	4.8	5.0	2.6	683.2	211.9	157.1	458.5	467.6	394.7	100.0	48.7	43.3	2.5	2.4	2.0	0.3	0.1	N/A	19.4	19.7	16.9	6.6	0.7	0.3	43.6	17.8	14.3
低所得者層	1.25米ドル以上2米ドル未満	3.3	3.7	4.3	277.7	269.7	205.2	300.1	381.6	435.8	55.9	73.6	67.3	1.3	1.8	1.9	1.8	1.9	0.6	15.6	19.5	21.2	14.6	4.5	2.5	15.0	22.2	22.6
中所得者層	2米ドル以上3米ドル未満	1.6	2.3	3.5	119.5	276.9	234.2	113.0	170.6	228.6	18.7	56.1	59.3	0.4	0.8	1.2	2.5	3.5	2.2	12.0	17.1	19.3	13.0	11.0	8.9	5.9	20.6	22.2
	3米ドル以上12米ドル未満	1.1	2.1	3.4	54.0	514.8	657.0	55.3	99.4	142.5	9.6	46.9	67.9	0.2	0.5	0.8	11.2	17.2	14.9	15.1	28.3	31.6	20.5	42.9	48.4	3.9	22.1	25.1
高所得者層	12米ドル以上	0.0	0.1	0.2	0.8	30.4	77.9	1.3	3.8	6.2	0.1	2.0	2.0	0.0	0.0	0.0	3.4	3.0	10.2	1.1	2.5	2.8	2.5	8.2	9.1	0.0	0.6	0.9
合計		10.9	13.2	14.0	1135.2	1303.7	1331.4	928.2	1123.0	1207.7	184.4	227.3	239.9	4.4	5.5	6.0	19.2	25.6	27.9	63.2	87.1	91.7	57.1	67.3	69.1	68.5	83.3	85.1

総人口に占める割合

（単位：%）

所得階層	1日当たり1人当たり米ドル	カンボジア			中国			インド			インドネシア			ラオス			マレーシア			フィリピン			タイ			ベトナム		
		1994	2004	2009	1990	2005	2009	1993年5月	2004年5月	2009年5月	1990	2005	2010	1992年2月	2002年2月	2008	1992	2004	2009	1991	2006	2009	1990	2006	2010	1992年7月	2006	2008
貧困者層	1.25米ドル未満	44.5	37.7	18.6	60.2	16.3	11.8	49.4	41.6	32.7	54.3	21.4	18.1	55.7	44.0	33.9	1.6	0.5	N/A	30.7	22.6	18.4	11.6	1.0	0.4	63.7	21.4	16.9
低所得者層	1.25米ドル以上2米ドル未満	30.7	28.4	30.9	24.5	20.7	15.4	32.3	34.0	36.1	30.3	32.4	28.1	29.1	32.9	32.1	9.6	7.4	2.2	24.7	22.4	23.1	25.5	6.6	3.7	22.0	26.6	26.5
中所得者層	2米ドル以上3米ドル未満	14.3	17.4	25.3	10.5	21.2	17.6	12.2	15.2	18.9	10.2	24.7	24.7	9.9	14.6	19.4	12.8	13.5	7.9	19.0	19.6	21.0	22.7	16.4	12.8	8.6	24.7	26.1
	3米ドル以上12米ドル未満	10.0	15.6	24.0	4.8	39.5	49.4	6.0	8.8	11.8	5.2	20.7	28.3	5.2	8.4	14.0	58.4	67.1	53.3	23.9	32.5	34.4	35.9	63.8	70.0	5.6	26.5	29.4
高所得者層	12米ドル以上	0.4	0.9	1.1	0.1	2.3	5.9	0.1	0.3	0.5	0.0	0.9	0.8	0.0	0.2	0.6	17.6	11.5	36.6	1.8	2.9	3.0	4.3	12.2	13.1	0.0	0.7	1.1
合計		100	100	100	100	100	100	100	100	100	100	100	100	100	100	100	100	100	100	100	100	100	100	100	100	100	100	100

出典：PovcalNet：世界銀行開発研究グループが開発した貧困測定オンラインツール（http://iresearch.worldbank.org/PovcalNet/index.htm?0）。

第2A章　ビジョンと成果指標

1. 2015年以降のビジョンの実現に向けて

　スシロ・バンバン・ユドヨノ・インドネシア大統領は，2011年5月にジャカルタで開催された第18回 ASEAN 首脳会議の開会式において，ASEAN に対して「ポスト2015年 ASEAN ビジョンに関する実り多い議論」を開始するように，最初の明快な呼びかけを行った。ユドヨノ大統領にとって，ASEAN 共同体が2015年に実現し，ASEAN 地域が「前途に待ち受けるグローバルな課題に対応するため ASEAN の役割を高める」ことが十分できるようになったことから，グローバルなコミュニティにおける ASEAN 共同体の役割に関して議論・合意することが ASEAN にとって重要かつ喫緊であった。

　第18回 ASEAN 首脳会議の議長声明は，「競争力があり，公平（equitable）・平等で，包摂的（inclusive）で，環境調和的（green）で，持続可能で強靱性のある（resilient）2015年以降の ASEAN」のビジョンについて強調していた。2011年11月にバリにおいて開催された第19回 ASEAN 首脳会議の議長声明は，「公平な発展が2015年以降の ASEAN のビジョンのうちのひとつの重要な要素である」と強調している。また，第19回 ASEAN 首脳会議の議長声明は，「ASEAN 2015 その後の前進に向けて」に関するインドネシア政府・ERIA・ハーバード大学主催シンポジウムの報告書に対する ASEAN 首脳の感謝の意も表明している。この報告書は，「競争力があり，ダイナミックで，内包的で，持続可能でグローバルな2015年以降の ASEAN についての創造的アイデアを提供している」。2013年4月にバンダル・スリ・ブガワンにおいて開

催された第 22 回 ASEAN 首脳会議の議長声明において，「ASEAN のポスト 2015 ビジョンの中核要素として真に『人間中心』の ASEAN を実現すること」の重要性が追加された。人間中心の ASEAN の本質は，ASEAN 共同体構築において人が果たす役割を強調した 2013 年 ASEAN 首脳会議のテーマであった「Our People, Our Future Together」から引用されたものである。

　2015 年が段々と近づくにつれ，「ポスト 2015 ASEAN ビジョン実現のために緊急性がある事項についての議論が成功することを確保するため」2011 年 5 月のユドヨノ大統領の呼びかけに注意を払うことが真に必要である。第 18 回，第 19 回および第 22 回 ASEAN 首脳会議における議長声明は，良いスタートである。ただし，ASEAN 共同体 2009-2015 の現行のロードマップの期間終了後における，ASEAN が「ポスト 2015 ASEAN ビジョン」作成にあたって必要とされるロードマップの指針となるよう，ASEAN のために，このビジョンの内容についてより明確に示すとともに議論を行う必要がある。

　この目的のために，いろいろな意味で 1997 年の ASEAN ビジョン 2020 は今日および近い将来においても際立った存在であり続けていることから，ASEAN ビジョン 2020 に戻って言及することは有益である。おそらく，現在の課題は，現在および予想される将来の現実の観点から ASEAN ビジョン 2020 の見直しおよび現行化を行うことと，最近の調査研究・分析から得られた新たな視点および 2015 年以降の ASEAN のために ASEAN 首脳がより重視する不可欠な事項（上述の議長声明によって例示されている）の観点から ASEAN ビジョン 2020 を可能な限り拡大・深化させることである。

1997 年 ASEAN ビジョン 2020　1997 年 12 月 15 日にクアラルンプールにおいて開催された ASEAN 非公式首脳会議において採択された 1997 年 ASEAN ビジョン 2020 は，ひとつには域内において金融危機・経済危機が発生している間に採択されたこと，もうひとつは文書に盛り込まれた決意・ビジョンが明確であることから，現在においても興味深い文書である。1997 年 ASEAN ビジョン 2020 に記載された基本的なビジョンは，次のとおりである。

　「ASEAN は，東南アジア諸国の協調の場として，外に目を向け，平和・

安定・繁栄の中で暮らし，ダイナミックな発展と思いやりのある社会の共同体においてパートナーシップで共に結ばれている」

ダイナミックなパートナーシップに関する節において，ASEAN 首脳は以下の声明を出している。

「われわれは，一層緊密なつながりと経済統合の実現に向けて前進し，ASEAN 加盟国間の発展水準の格差を縮小し，多国間貿易制度が公正かつオープンであることを確保し，グローバルな競争力を達成することを確約する。

われわれは，物品，サービス，投資の自由な移動，資本のより自由な移動，公平な経済発展，貧困削減，社会経済格差の削減が実現する安定し，繁栄し，高度に競争的な ASEAN 経済地域を創設する」(p.3)

同節の残りの部分では，上述の声明が必要とする事項に関するより具体的な要素について詳しく述べている。上述の声明およびそれに伴う方策は，最終的に AEC ブループリント 2009-2015 となる本質的要素および重要な構成要素の事実上多くの部分を要約したものである（実際には，はるかに詳細かつ具体的なスケジュールが策定されている）。

1997 年 ASEAN ビジョン 2020 の「思いやりのある社会の共同体」に関する節には，上述したダイナミックな発展におけるパートナーシップのより広範なビジョンおよびより深化した内容（ASEAN ビジョン 2020 の最重要項目）が記載されている。以下の「思いやりのある社会の共同体」に関する節に盛り込まれている数多くの ASEAN 首脳の声明について強調する価値がある。

「われわれは，すべての人が総合的な人間開発の機会を公平に得られる活気に満ち開かれた社会を実現する……

われわれは，飢餓，栄養失調，生活必需品の不足，貧困がもはや基本的な問題ではない，社会的に結束が固く，思いやりのある ASEAN を構想する……

われわれは，戦略的および効果的技術を有する技術的に競争力があり，技術的に能力があり訓練を受けた人的資源が十分にあり，科学技術の研究所・中核的研究機関の強力なネットワークがある ASEAN を構想する。
われわれは，持続可能な発展のための完全に確立されたメカニズムを持つクリーンで環境調和的な ASEAN を構想する……
われわれは，人々の同意と一層の参加によって統治される国を構想する……
われわれは，ASEAN がビジョンを実現し，来る世紀の課題に対応できるよう，ASEAN の体制とメカニズムを発展・強化することを決意する。また，われわれのビジョンの実現を支援するため，高められた役割をもつ ASEAN 事務局の強化の必要性があるとわれわれは考える」。(p.5)

また，「外に目を向ける ASEAN」の節において，ASEAN 首脳は次のような声明を出している。

「われわれは，国際舞台において中心的な役割を果たし，ASEAN の共通利益を前進させる，外に目を向ける ASEAN を実現する……」(p.5)

バリ共和宣言 III インドネシア・バリにおいて 2011 年 11 月 17 日に開催された ASEAN 首脳会議において ASEAN 首脳が署名した国際的な国家共同体における ASEAN 共同体に関するバリ宣言は，国際舞台において中心的な役割を果たすとともに，ASEAN の共通利益を前進させる，外に目を向ける ASEAN について十分に表現している。バリ共和宣言は，次のように述べている。

「…… ASEAN 共同体を構築・強化し，徐々に発展する地域枠組みにおける ASEAN 中心性と ASEAN の役割を高め維持する継続的な努力を補完する……共通の利益・関心を有するさまざまなグローバル課題に関する ASEAN が共有するビジョンと ASEAN の協調行動を前進させる」(Bali Concord III, p.3)

共通の利益および関心を有する広範な領域として，(a) 特に平和，安全保障，安定，政治の発展に関連した政治・安全保障協力，(b) 特に経済統合，経済安定および経済発展に関連した経済協力，(c) 特に災害マネジメント，持続可能な発展，環境・気候変動，健康，科学・技術，教育，人的資源，文化および高度な生活の質を中心とした社会・文化協力に関する領域がある。

1997 年の ASEAN 首脳たちの声明の多くが 15 年ほど前のものであるものの，ASEAN の将来にとって今日においても存在意義が高く，大変顕著なもので，重要性は高いことが上述の引用から明らかである。過去 10 年間ほどの AEC の作業・イニシアチブ，ASEAN 首脳会議の議長声明の多くの部分が基本的に1997 年に ASEAN 首脳が明記したビジョンを拡充し運用可能なものにしたものであることはほぼ間違いない。また，バリ共和宣言 III は，ASEAN ビジョン 2020 を拡充し，徐々に発展する地域枠組みにおいて ASEAN 共同体の構築・中心性を強化したもので，グローバル課題に関する ASEAN 共通プラットフォームを特に次のように特徴付ける必要があることを強調している（Bali Concord III, p.3）。

- 「共有された ASEAN のグローバルな考え方に基づく，共通利益・関心を有するグローバル課題に関して協調し，結束力が高く，首尾一貫したASEAN の立場は，関連する国際舞台における ASEAN の共通の声をさらに高める。
- 共通の利益・関心を有する主要なグローバル課題に貢献・対応する ASEAN の能力を高めることは，すべての ASEAN 加盟国とその国民の利益となる。
- ASEAN を中心とする，強化された ASEAN 共同体は……」

2015 年以降の ASEAN および AEC に関するビジョン：ポスト 2015 ASEAN ビジョン　1997 年 ASEAN ビジョン 2020 の多くの部分が引き続き重要なものであることを考慮に入れると，2015 年以降の ASEAN および AEC の前進に関する 2013 年のビジョンは，基本的に 1997 年の ASEAN 首脳のビジョンと同じ内容であると考えられる。より深い視点，現実の変容，事情・環境の変化，

地域が直面している新たな課題を認識するため，1997年のビジョンの洗練，
見直し，深化，更新，拡充を行うことが課題となる。

ボックスAは，2015年以降のASEANに関するビジョン（案），具体的には
ASEANビジョン2025/2030である。**2015年以降のASEANビジョン（案）
は経済領域に重点を置いており**，ASEAN共同体構築の社会－政治的領域その
他の非経済的領域の多くの部分については言及していない。このような理由か
ら，2015年以降のASEANビジョン（案）はASEANにとって完全で包括的
なビジョンに関する文書にはならないと考えられる。

ボックスA　包摂的で，強靱性があり，持続可能で，
かつ人間中心のASEAN共同体

2015年以降のASEANは，貧困，非識字および栄養失調がもはや基本的な問題
ではない，開放的で，活力があり，包摂的で，強靱性があり，環境調和的で，持
続可能で，かつ参加型の社会の共同体である。

2015年以降のASEANは，地域の歴史を十分認識し，地域の多様性を受け入れ，
歓迎し，地域共通のアイデンティティによって結ばれた，活力があり，開放的な
社会の共同体である。

2015年以降のASEANは包摂的で，公平な発展に真剣に取り組んでおり，すべ
ての人々が総合的な人間開発の機会を公平に得られ，周辺層と中心部，地方と都
市部，貧困者層と高所得者層の間の発展格差が著しく縮小している。その結果，
中所得者層がさらに増加し，内包的なASEANは，地域の力強い経済成長に貢献
する。

2015年以降のASEANは，強靱性があり，弱い立場にいる人々と家計が食料お
よびエネルギーの価格と供給量の変動，天候・気候変動，自然災害にうまく適応
できるよう，各国・地域において力強い枠組が存在し，適切に運用される。
ASEANにおける食料安全保障とエネルギー安全保障は，域内協力と適切に機能
するASEAN経済共同体によって高められる。

2015年以降のASEANは，地域の環境を保護するとともに，天然資源を適切に
管理する枠組を確立し，環境調和的で持続可能な発展を積極的に支援し，地域に
とって経済的機会となる環境調和的な発展の機会を生み，強靱性のあるASEAN
の実現に向けた地域の環境調和的な発展へのポジティブな貢献を強化する。

2015 年以降の ASEAN は，人間中心で，参加型であり，時代の要求に応えるため，国内と国際社会において，戦略，政策，規制の監視，分析，改善および修正を行うため，また，地域における共同体意識を深めるためのイニシアチブを設計・実施するため，積極的に国民を活用し，関与させる。

力強く，外に目を向けた，グローバルに取り組む ASEAN

ASEAN 加盟国は，ASEAN が統合され，高度に競争的で，ダイナミックで，包摂的で，持続可能で，強靭性があり，人間中心の共同体のビジョンを実現できるよう，ASEAN 事務局を含め，ASEAN の組織と仕組の強化に努める。

ASEAN 共同体は，諸国のグローバルなコミュニティにおいて中心的な役割を果たす。ASEAN 地域は，東アジアにおける地域統合の深化の支点である。ASEAN は，アジア太平洋地域と世界における平和，正義および緩和のための有効な力である。ASEAN は，多国間貿易体制が開放的で公正であることを確保するため積極的に関わる。ASEAN は，すべての ASEAN 加盟国とその国民の利益となる共通の利益と関心について，主要な問題に対応する国際社会の努力に貢献するため，積極的に結束して協力し，平和と繁栄の共有のための規範と有効な円滑化により，グローバル社会における発言権を高める。

2. 望まれる成果：望みを高く持つ！

ダイナミックで，強靭性があり，人間中心で，包摂的で，深く統合し，グローバルに重要な ASEAN という ASEAN 首脳の永続的なビジョンおよび決意については，地域の統合，改革，体制構築および協力の勢いを引き続き活気づけ持続させるため，定義可能な高い成果指標を使うことで，示すことができる。

本書においては，2030 年までの次の 15 年間の成果指標を提案している。提案されている成果指標は，3 つの主要な領域に分類されている。最初に，提案されている 成果指標について要約し，次に，成果指標（案）の提案理由について詳細に論じる。

1. 持続する高い包摂的な成長を達成する「ASEAN の奇跡」を実現し，2030

年までに最貧困を撲滅し，地域人口の大部分を中所得者層とする。これに必然的に伴う成果指標は，次のとおりである。

- **2030 年までに ASEAN における最貧困（すなわち，1 人当たり 1 日当たり 2005 年購買力平価で 1.25 米ドル未満で暮らしている人々）を撲滅すること。**これに付随する望まれる成果は，1 人当たり 1 日当たり 2005 年購買力平価で 2 米ドル未満で暮らしている人口の割合を 2010 年の約 42％から 2030 年までに約 12％に劇的に低下させることである。また，2030 年までに ASEAN における非識字率および深刻な栄養失調をゼロにすることも意味する。
- **低所得・低中所得 ASEAN 加盟国の 1 人当たり所得の高い成長率を持続すること：2030 年までに年間平均成長率を 5.2％から 7.3％の間で持続する。**この成長率は，2025 年から 2030 年までの間に域内の最貧困を撲滅するために必要とされる成長率である。
- **ASEAN においてより公平な成長を生むこと。**ASEAN 加盟国間における発展格差の縮小に加え，包摂的な成長とは，ASEAN 加盟国における，より公平な成長を意味する。適切な成果指標としては，遅くとも 2020 年代後半までには各 ASEAN 加盟国についてジニ係数を 40 未満（100 を最も不公平とした指数）とすることである。もうひとつの重要な指標は，事実上すべての ASEAN 加盟国において中所得者層が大部分を占めるようになることである。すなわち，緩やかに，あるいはより厳格に定義した中所得者層が 2030 年までにほとんどの ASEAN 加盟国の人口の 50％を超えることである。

2. 競争力があり，ダイナミックで，投資誘致力が高い経済共同体を生みだすこと。持続的に高い，包摂的な成長を達成する ASEAN の奇跡の実現には，ASEAN が内外の投資家にとってきわめて魅力的であること，ASEAN が国際市場・国内市場において競争力があることを必要とする。提案されている成果指標の数値は，次のとおりである。

2. 望まれる成果：望みを高く持つ！ 59

- 2030年までにすべての途上国および世界の貿易，GDP，特に直接投資の総額に占めるASEANの割合を大幅に増加させること。すべての途上国の貿易総額に占めるASEANの割合は，1990年代前半の約19.3％から2009-2011年の約15.9％まで劇的に低下している。本書は，成果指標として2030年までに約17.5％まで高めることを提案する。すべての途上国のGDP総額に占めるASEANの割合は，1990年代前半の約8.6％から2009-2011年の約8.1％まで低下している。1990年代前半のASEANの割合まで戻すという目標は，同期間のほとんどの期間において中国およびインドよりもはるかに速い成長率を達成しなければならないことを意味することから，難しいと考えられる。しかしながら，ある程度の割合の増加については可能性がある。比較的高い貿易およびGDPの割合の成果指標を考慮に入れると，ASEANは，すべての途上国の対内直接投資総額に占める割合を大幅に増加させる努力を必要とする。すべての途上国に流入する直接投資総額に占めるASEANの割合は，1990年代前半の約32％から2009-2011年の約13％まで劇的に低下している。本書は，2020年代後半までに割合を少なくとも16％まで増加させることを目標とすることを提案する。

- 2020年代前半までにビジネス活動の容易度指標，物流パフォーマンス指標，グローバル競争力指標，2020年代後半までにグローバルイノベーション指標を向上させ，ASEAN加盟国の国際的地位を劇的に向上させること。すべての途上国の直接投資，貿易およびGDP総額に占める割合を増加させるという目標には，ASEAN（少なくともASEAN加盟国の多く）がより魅力的な投資先となり，事業環境が好ましいものとなることが必要である。本書は，2020年代前半までにビジネス活動の容易度指標，物流パフォーマンス指標およびグローバル競争力指標について，すべてのASEAN加盟国が世界ランキングの上位半分，ほとんどのASEAN加盟国が上位3分の1に入る成果指標を提案する。また，本書は，ほぼすべてのASEAN加盟国が2020年代後半までにグローバルイノベーション指標について，世界ランキング上位半分に入ることも提案する。グローバルイノベーション指標ランキングは，ASEAN以外の諸外国と比較した

ASEAN 加盟国のイノベーション能力を測定したものである。

- **2020 年代前半までにすべての ASEAN 加盟国の ASEAN 中小企業政策指標を大幅に向上させること。**中小企業の政策環境を大きく改善することは，より密度が高く競争力の高い産業クラスター（中小企業が産業クラスターの大部分を形成している）およびより公平な成長に寄与する雇用創出の増加を通じて，ASEAN の奇跡を実現するために重要である。ASEAN 中小企業政策指標は，東アジア・アセアン経済研究センター（ERIA）および ASEAN 中小企業ワーキンググループによって開発されたものである。本書は，ASEAN 中小企業政策指標を ASEAN において制度化し，定期的なモニタリング（たとえば，3 年ごと）を行うことを提案する。また，本書は，ASEAN 加盟国がすでにほぼベストプラクティス水準にある場合を除き，各 ASEAN 加盟国について 2020 年代前半までに，指標をたとえば 50％向上させることを ASEAN が合意することも提案する。

- **2030 年までに ASEAN 貿易総額に占める ASEAN 域内貿易の割合を現行の 25％から，たとえば，30％まで大幅に増加させること。**しかしながら，東アジア地域包括的経済連携（RCEP）が東アジア内の事実上すべての貿易障壁を撤廃する場合，東アジアの他の諸国に比べ，AEC の貿易転換効果は RCEP によって失われてしまうことから，RCEP の成功と力強い東アジア生産ネットワークの構築は，30％の目標割合の達成を困難にする可能性があることに留意する必要がある。それにもかかわらず，割合の増加は，AEC の下の ASEAN 域内の経済統合の深化を測定するための重要な指標である。貿易円滑化の大幅な改善，規制の収斂，基準適合性の一層の促進および非関税措置の一層の簡素化は，RCEP が締結されても，ASEAN 域内貿易の割合増加に資する可能性がある要因である。これらの要因については，通常，グローバル貿易分析プロジェクト（GTAP）のようなシミュレーションモデルでは分析されていない。

3. **一層強靭な ASEAN の実現。**過去 10 年ほどの首脳声明，大臣声明，地域構想から明らかにされた強靭な ASEAN は，食料安全保障，エネルギー安全保障または強靭性，災害強靭性に重点を置いている。現時点において，

ASEAN は，食料・エネルギーショックおよび自然災害に関する地域の強靭性の向上度を地域が測定することができる一連の指標を未だに整備していない。本書は，ASEAN がこの一連の指標を開発し，2 年ごとなど定期的にモニタリングを行うことを提案する。また，本書は，ASEAN が 2030 年までの期間にわたり指標のパーセントで表示した向上目標について合意することを提案する。具体的に，本書は以下の事項を提案する。

• **各 ASEAN 加盟国における食料体制の力強さおよび食料安全保障の測定値として ASEAN 用ライスボウル指標を採用し適応すること。**Syngenta が開発し，農場水準，需要，貿易，政策，環境の各要因を取り入れたライスボウル指標が運用可能な状態にあり，多くの ASEAN 加盟国について結果を利用できる状態にある。ライスボウル指標または「ASEAN 仕様」版がすべての ASEAN 加盟国について利用できるようになっている。

• **ASEAN および東アジアのエネルギー安全保障および強靭力に関する一連の指標を開発し，モニタリングを行うこと。**エネルギー効率の向上がなかった場合と比べてエネルギー効率の高い工場，機器および車両を使用し，エネルギー効率化のみから生じた向上による，エネルギー需要削減率について 2030 年までに 10%，2035 年までに 15% といったようにパーセント表示で合意された数値を成果指標とする。

• **ASEAN を対象とした災害強靭力指数またはスコアカードを構成する一連の指標を開発し，定期的にモニタリングを行うこと。**ERIA および ASEAN 防災人道支援調整センター（AHA センター）がこのような指標開発の可能性の探求に着手していることから，おそらくこの作業は，これらの 2 つの機関が共同で行うことになるだろう。兵庫行動枠組みは，このような災害強靭力指数またはスコアカードの開発への重要なインプットとなりうる。

• **ASEAN 加盟国は，指標が開発され，最初の結果が利用可能となった後，2030 年までの期間にわたり一連の指標，指数またはスコアカードの改善（%）について合意すること。**

2.1 成果指標（案）およびその提案理由に関する議論

成果指標およびその提案理由について，以下，本章において詳細に論じる。

1. 2030 年までに ASEAN において，最貧困を撲滅すること，拡大貧困率を少なくとも 3 分の 2 削減すること，非識字および深刻な栄養失調を（ほぼ）ゼロにすること。

> 「われわれは，飢餓，栄養失調，生活必需品不足，貧困がもはや基本的な問題ではない ASEAN を構想する……」(1997 年 ASEAN ビジョン 2020, p.5)

今後 20 年ほどの期間の域内における国別**貧困削減**課題について，**表 2A.1a** にまとめた。また，**非識字および深刻な栄養失調**に関する国別削減課題について，**表 2A.1b** にまとめた。深刻な栄養不良については，5 歳未満児の消耗性疾患罹患率を代理データとした。

提案理由：

絶対的貧困の一般的に通常利用されている指標として，**1 日当たり 1 人当たり 1.25 米ドル（2005 年購買力平価）**未満の所得者の割合がある。本書においては，この値を**最貧困率**と呼ぶことにする。貧困の別の比較的より厳格な指標として，**1 日当たり 1 人当たり 2 米ドル（2005 年購買力平価）**未満の所得者の割合がある。本書においては，この指標を**拡大貧困率**と呼ぶことにする。

2010 年，約 **9,500 万人**が 1 日当たり 1 人当たり 1.25 米ドル（2005 年購買力平価）未満の最貧困ラインで生活していた[1]。この人数は，ASEAN（ミャンマーにおける推計貧困者数を含む）における（最）貧困率約 15.6％に相当する[2]。ASEAN の人口は，2012 年の 6 億 840 万人から 2025 年には 6 億 9,470 万人，

---

[1] 約 9,500 万人の内訳は，PovCalNet データベースを使用した ASEAN 7 か国（ブルネイ，ミャンマーおよびシンガポールを除く）の 7,660 万人と，ミャンマー独自の貧困ラインに基づき推計したミャンマーの 1,750 万人である。ミャンマー国家貧困ラインは，PovcalNet データベースを使用した推計において用いた 1 日当たり 1 人当たり 1.25 米ドル（2005 年購買力平価）と同じではない可能性がある。

[2] ミャンマーを除く 2010 年の最貧困率は，約 14％である。

2. 望まれる成果：望みを高く持つ！

表 2A.1a　人口および貧困者数：予測

国名	2012 年 総人口 （百万人）	2030 年予測 総人口 （百万人）	2010 年貧困者数 （百万人） （1.25 米ドル未満・ 購買力平価）	2030 年までに 貧困から脱却 した貧困者数 （百万人）
ブルネイ	0.41	0.50	N/A	N/A
カンボジア	14.86	19.14	2.08	2.82
インドネシア	246.86	293.48	43.32	53.00
ラオス	6.65	8.81	1.61	2.29
マレーシア	29.24	36.85	N/A	N/A
ミャンマー	52.80	58.70	N/A	17.02
フィリピン	96.71	127.80	17.18	23.54
シンガポール	5.31	6.58	N/A	N/A
タイ	66.79	67.55	0.26	0.26
ベトナム	88.78	101.83	12.14	14.22

出典：UN Data, World Bank Data, Povcalnet-World Bank.

表 2A.1b　ASEAN，中国，インドの識字率および（子供）栄養失調率（2020 年代後半）

国名	識字率（全体に 占める割合 %） 成人層	若年層	栄養失調率： 消耗性疾患罹患率 （5 歳未満児総人口 に占める割合 %）	成果指標
ブルネイ	95.45	99.75	N/A	
カンボジア	73.90	87.13	10.80	成果指標：
インドネシア	92.81	98.78	14.80	
ラオス	72.70	83.93	7.30	
マレーシア	93.12	98.42	N/A	若年層非識字率，
ミャンマー	92.68	96.10	7.90	0.5% 未満
フィリピン	95.42	97.75	6.90	
シンガポール	95.86	99.75	N/A	
タイ	93.51	98.05	4.70	栄養失調による
ベトナム	93.36	97.07	9.70	消耗性疾患罹患率，
中国	95.12	99.64	2.30	1.0% 未満
インド	62.75	81.13	20.00	

出典：WHO-Global health Repository Data, and UNESCO Institute of Statistics.

2030 年には 7 億 2,120 万人まで増加すると予想されている。このことは，2030
年までに ASEAN において最貧困を撲滅するには，2010 年から 2030 年までの
期間に約 1 億 1,250 万人を貧困から引き上げる必要があることを意味する。

図 2A.1a　1 人当たり所得と貧困率（1.25 米ドル未満（2005 年購買力平価））の関係：
ASEAN，中国およびインド

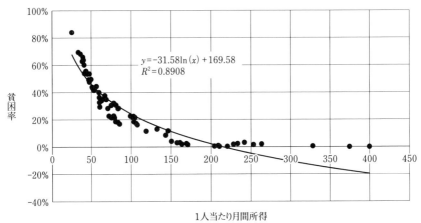

● ASEAN，中国，インド　──対数（ASEAN，中国，インド）

注：(i) 1 人当たり所得は，調査から入手した月次平均 1 人当たり所得／消費支出（各国において入手できたデータによって異なる）（2005 年購買力平価）である。(ii) 回帰分析結果に基づき，貧困率を「ゼロ」にするために必要とされる 1 人当たり家計所得（2005 年購買力平価ベース）は，214.8 米ドル（1 か月）/2,578 米ドル（1 年間）である。
基本データの出典：PovcalNet, World Bank.

　これは現実的な目標であろうか。2025 年から 2030 年までの間に貧困率をゼロにするために必要とされる成長率は何％となるか。図 2A.1a は，ASEAN，中国およびインドの過去のデータを利用し，貧困率と購買力平価の 1 人当たり家計所得の関係をまとめたものである[3]。図 2A.1b は，同じ関係について ASEAN のデータのみを利用してまとめたものである。2 つの図から，貧困率と 1 人当たり家計所得の間に負の関係が予想されることがわかる。2 つの図は，平均して，貧困率がゼロとなる 1 人当たり家計所得の基準値が ASEAN，中国およびインドのデータを利用した場合，2005 年購買力平価で 1 年当たり約2,600 米ドルまたは ASEAN のデータのみを利用した場合，2005 年購買力平価

---

[3]　1 人当たり家族（または家計）所得と 1 人当たり GDP には違いがあることに留意する必要がある。家計所得は，家計所得・支出調査に基づいている。このため，家計所得は，家計が受け取った金額を記録している。1 人当たり GDP には，民間部門および政府部門の所得が含まれている。

図 2A.1b　1人当たり所得と貧困率（1.25米ドル未満（2005年購買力平価））の関係：ASEAN加盟国

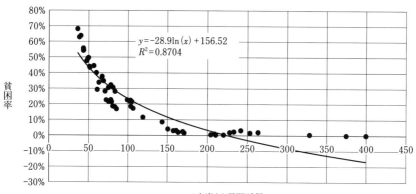

注：(i)1人当たり所得は，調査から入手した月次平均1人当たり所得／消費支出（各国において入手できたデータによって異なる）（2005年購買力平価）である。(ii)回帰分析結果に基づき，貧困率を「ゼロ」にするために必要とされる1人当たり家計所得（2005年購買力平価）は，**225米ドル（1か月）/2,700米ドル（1年間）**である。

基本データの出典：PovcalNet, World Bank.

で1年当たり若干高い約2,700米ドルとなることを示唆している。

　次項において示すように，必要とされる成長率は高いものの，実行可能性があり現実に達成可能な数値である。

　貧困の基準値として1日当たり1人当たり2米ドル（2005年購買力平価）を利用した拡大貧困率の定義では，ASEANでは2010年に約2億3,700万人が1日当たり1人当たり2米ドル（2005年購買力平価）未満で暮らしており，拡大貧困率は約42%であった[4]。2030年までに貧困者（拡大貧困の定義に基づく）の総数をゼロにするためには，約3億300万人を貧困から引き上げる必要があ

4）　この推計値には，ミャンマーの推計値が含まれている。ASEAN 7か国については，2010年の貧困者総数は1億9,630万人，または拡大貧困率は約39%である。ミャンマーを含めるため，ミャンマーにおいて，1人当たり1日当たり1.25米ドル未満の所得を得ている人口に対する1人当たり1日当たり1.25米ドルから2米ドル（購買力平価）の間の所得を得ている人口の比率が，カンボジアとラオスの比率の単純平均であると仮定した。この結果，ミャンマーの1人当たり1日当たり2米ドル未満（2005年購買力平価）で暮らしている人口は約4,030万人，または拡大貧困率は約80%である。

図2A.2a　1人当たり所得と貧困率（2米ドル未満（2005年購買力平価））の関係：ASEAN, 中国およびインド

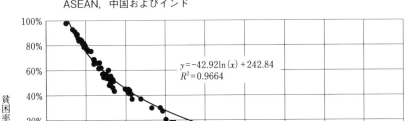

注：(i)1人当たり所得は，調査から入手した月次平均1人当たり所得／消費支出（各国において入手できたデータによって異なる）（2005年購買力平価）である。(ii)回帰分析結果に基づき，貧困率を「ゼロ」にするために必要とされる1人当たり家計所得（2005年購買力平価）は，286.6米ドル（1か月）/3,438.8米ドル（1年間）である。
基本データの出典：PovcalNet, World Bank.

ると考えられる。

　この目標はきわめて難しく，2030年までに現実に達成不可能であることは明らかである。図2A.2aおよび図2A.2bは，1日当たり1人当たり2米ドル（2005年購買力平価）で定義した貧困率と1人当たり家計所得の間に負の関係が予想されることを示している。この結果によれば，2米ドル未満の貧困率をゼロにするのに必要とされる1人当たり家計所得の基準値は，平均して年間約3,471米ドルである。2つの図は，1年当たり1人当たり基準値3,471米ドル未満でも正の貧困率を示しているケースであることから，貧困をすべて撲滅するためには，カンボジア，インドネシア，フィリピンおよびベトナムの1人当たり所得を2030年までに**4倍**にする必要がある可能性が高い。必要とされる成長率はきわめて高く，達成できない可能性が高い。

　おそらくより現実的な目標は，拡大貧困率を2010年の**42%**から2030年に**12.5%**まで劇的に低下させることである。これは，図2A.2aに基づく拡大貧困

2. 望まれる成果:望みを高く持つ!

図2A.2b　1人当たり所得と貧困率(2米ドル未満(2005年購買力平価))の関係: ASEAN加盟国

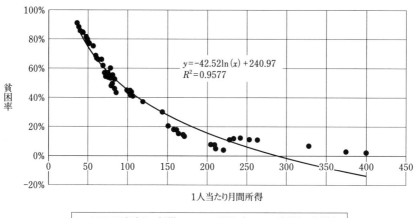

注:(i)1人当たり所得は,調査から入手した月次平均1人当たり所得／消費支出(各国において入手できたデータによって異なる)(2005年購買力平価)である。(ii)回帰分析結果に基づき,貧困率を「ゼロ」にするために必要とされる1人当たり家計所得(2005年購買力平価)は,289.2米ドル(1か月)/3,470.7米ドル(1年間)である。

基本データの出典:PovcalNet, World Bank.

率で,最貧困の撲滅に必要とされる1年当たり1人当たり家計所得基準値2,700米ドル(2005年購買力平価)と一致している[5]。このことは,約2億1,300万人を2030年までにすべて貧困から引き上げることを意味している。約9,000万人が2030年まで貧困層に属したままである(1日当たり1人当たり2米ドル(2005年購買力平価)未満で生活)ことを考慮すると,このことは,最貧困(1日当たり1人当たり1.25米ドル未満で生活)から引き上げられた1億1,250万人のうち2,250万人が2030年までにすべて貧困(1日当たり1人当たり2米ドル未満で生活)から引き上げられることに成功することを意味している。

最貧困の撲滅および拡大貧困率の急激な低下とともに,ASEAN加盟国は域内の非識字および深刻な栄養失調をほぼ撲滅することを目標にする必要がある。非識字および深刻な栄養失調が家計の社会的流動性の機会にとって有害である

---

[5] この数値は,ミャンマーについて調整したものである。ASEAN 7か国の推計値が11.7%であるのに対して,ミャンマーについては,2030年までに拡大貧困率を約20%とすると仮定している。

ため，家計の貧困からの脱却の機会にとっても有害である。

2. ASEAN 加盟国の低所得国および低中所得国の 1 人当たり所得の高い成長率を持続させること。2030 年まで年 5.2％から 7.3％を維持する。

「われわれは，われわれの現行の協力努力を土台とし，われわれの達成をひとつにまとめ，われわれの集団的努力を拡大し，相互援助を広げることにより，ASEAN の高い経済パフォーマンスを維持することを確約する。」
（1997 年 ASEAN ビジョン 2020，p.3）

表 2A.2 は，2030 年までの各 ASEAN 加盟国について，GDP 成長率の成果指標の範囲（案）を示したものである。「低い GDP 成長率」シナリオの場合，（最）貧困の撲滅は 2030 年までに実現すると想定されている。そのために，2030 年の 1 人当たり所得は，インドネシア，フィリピンおよびベトナムについては 2012 年の 2.5 倍，カンボジアについては 3 倍，ラオスおよびミャンマーについては 3.5 倍になると想定されている。マレーシアおよびタイについては，2030 年までに 1 人当たり所得は 2 倍になると想定されている。ブルネイおよびシンガポールについては，1 人当たり所得は 50％高くなると想定されている。

表 2A.2　2012 年から 2030 年までの成長率成果指標の範囲（年率）

国名	1 人当たり GDP		GDP	
	低い成長率	高い成長率	低い成長率	高い成長率
ブルネイ	2.3	3.2	3.4	4.2
カンボジア	6.3	7.3	7.7	9.1
インドネシア	5.2	7.3	6.2	8.6
ラオス	7.2	7.3	8.8	9.2
マレーシア	3.9	5.5	5.2	6.8
ミャンマー	7.2	7.3	8.1	8.2
フィリピン	5.2	7.3	6.8	9.0
シンガポール	2.3	3.2	3.5	4.4
タイ	3.9	5.5	4.0	5.5
ベトナム	5.2	7.3	6.0	8.4

出典：著者。

2. 望まれる成果:望みを高く持つ!　　　69

「高いGDP成長率」シナリオの場合，インドネシア，フィリピンおよびベトナムの1人当たり所得は，2025年までに2.5倍になり，マレーシアおよびタイの1人当たり所得は，2025年までに倍増すると想定されている。これらの成長率は，2030年まで維持される。実際，インドネシア，フィリピンおよびベトナムにおいては，2030年ではなく2025年までに（最）貧困率がゼロになると想定されている。カンボジア，ラオスおよびミャンマーについては，2025年の1人当たり所得は2.5倍となり，ブルネイおよびシンガポールの1人当たり所得は50％増加すると想定されている。

　国内総生産（GDP）の成長率の成果指標の範囲を算出するため，1人当たり所得の目標増加率に人口の予想年間増加率を追加した。表2A.2は，最近の増加率を考慮に入れると，「高いGDP成長率」目標はインドネシア，フィリピン，そしておそらくベトナムなどの国について，かなり高いことを示している。表2A.2から，GDPの低い成長率および高い成長率を単純平均すると，ラオス，ミャンマー，カンボジアおよびフィリピンが10年以上かけて確実に貧困を根絶するため，最も高い成長率を達成しなければならないことが示唆される。タイのGDP成長率の目標値はほどほどであることに留意する必要がある。これは，人口の増加率がきわめて低いことを反映している。実際，今後15年間にわたりタイの人口がほとんど増加しない場合，他のASEAN加盟国に比べ力強い成長率を実現するため，タイは近隣国から大量の労働者を受け入れる必要があるか，または全要素生産性の増加率を高める必要があると考えられる。タイの場合，このどちらも実現可能であることから，タイの目標GDP成長率は控えめなものであると考えることができる。

提案理由：

　2025年から2030年までに貧困率をゼロにするために必要とされる成長率は何％であろうか。この成長率は，ASEAN加盟国ごとに異なる。前項において述べたように，ASEAN加盟国は，最貧困を撲滅するため，2005年購買力平価で1年間に少なくとも2,700米ドルの1人当たり家計所得を達成する必要がある。

　マレーシアおよびタイについては，2010年（2005年購買力平価）の1人当た

り家計（または家族）所得がそれぞれ4,800米ドルと2,644米ドルに達し，両国は1日当たり1人当たり基準値である1.25米ドル（購買力平価）に基づき，事実上貧困率ゼロを達成している。

2010年の1年当たり1人当たり家計所得（2005年購買力平価）が1,000米ドルから1,270米ドルに達していることから，最貧困を撲滅するため，平均して1人当たり家計所得を2.1倍（フィリピン）から2.7倍（カンボジアおよびインドネシア）増加させる必要があると想定される。しかしながら，フィリピンは所得分配が比較的不平等であるのに対して，インドネシアおよびベトナムは所得分配が比較的平等である（カンボジアの所得分配測定値は不安定であるが，所得分配は不平等であり，フィリピンの状況に近いと思われる）。このことは，フィリピンは，貧困を撲滅するため，1人当たり家計所得を2.1倍超にする必要があることを示唆している。これに対して，インドネシアの所得分配は比較的公平であることから，インドネシアは，貧困率をゼロにするため，おそらく1人当たり家計所得を2.7倍にする必要はない。このように，2025年から2030年までの期間に貧困率をゼロにするため，2010年の水準に比べ，インドネシア，フィリピンおよびベトナムについては，1人当たり家計所得を約**2.5倍**，カンボジアについては，約**2.7倍**に増加させる必要がある可能性が高い。

1人当たり家計所得の増加率が1人当たり所得の増加率を反映していると仮定した場合，このことは，インドネシア，フィリピンおよびベトナムについては，2025年までに貧困を撲滅するため，1人当たり所得の平均増加率を年**7.3%**または2030年までに貧困を撲滅するため，1人当たり所得の増加率を年**5.2%**とする必要があることを意味している。カンボジアの目標成長率は，インドネシア，フィリピンおよびベトナムに比べ若干高くなると想定される。カンボジアにおいては，**2030年までの期間にわたり1人当たり所得が3倍に増大すれば**，貧困を撲滅することができる。

ラオスについては，貧困率をゼロにするため，2010年に比べ1人当たり家計所得を約**3.2倍**にする必要がある。ラオスが資本集約的な鉱業およびエネルギーに依存していること，高地に住む住民が比較的孤立していることを考慮に入れると，貧困率をゼロにするため，1人当たり所得を2010年の水準の約**3.5倍**にする必要がある可能性が高い。このことは，ラオスについては，貧困を撲

2. 望まれる成果：望みを高く持つ！　　　71

減するため，1人当たり所得の平均増加率を2030年まで年7.2%とする必要が
あることを意味している。

　ミャンマーについては，比較可能な信頼できる家計所得データが整備されて
いない。しかし，2030年までにミャンマーにおいて貧困を事実上撲滅するため，
ラオスと同じ増加率またはおそらくラオスよりも高い増加率を必要とする可能
性が高い。これはミャンマーにとって比較的無理な注文であるものの，ミャン
マーの国家総合開発計画に盛り込まれている表向きの目標指標の平均増加率は，
年約7.5%である。

　要約すると，低所得および低中所得ASEAN加盟国において，2030年まで
に最貧困を撲滅し，（拡大）貧困者数を劇的に削減するためには，1人当たり
所得の平均増加率を年5.2%から7.3%とする必要がある。これらの増加率は高
い水準であるものの，実現可能なものである。1991年から1995年までの期間
のASEANの1人当たり所得の平均増加率は，実際のところ年5.6%であった。
過去20年間のベトナムの1人当たり所得の平均増加率は，年約6%であった。
カンボジアの2001年から2005年までの期間の1人当たり所得の平均増加率は，
年7.8%であり，タイの1986年から1990年までの期間の1人当たり所得の平
均増加率は，年8.4%，タイの1991年から1995年までの期間の1人当たり所
得の平均増加率は，年7.6%であった。多くのASEAN加盟国が上述した指標
となる目標成長率に匹敵する増加率を経験している。課題は，今後15年間に
わたり高い増加率を持続することである。15年間というのは，ベトナムを除
くほとんどのASEAN加盟国の経験よりも長い期間である。

　マレーシアについては，2010年，事実上，最貧困層は存在せず，約40万人
が1日当たり1人当たり2米ドル（購買力平価）未満で暮らしていた。タイに
ついては，2010年，最貧困者数は30万人弱で，約2,800万人が1日当たり1
人当たり2米ドル（購買力平価）で暮らしていた。マレーシアの場合，数年間
の経済成長率は緩やかであるものの，1日当たり1人当たり2米ドル未満で暮
らす絶対的貧困者が生まれないことは明らかである。実際，マレーシアはすで
に高所得国に移行する直前の段階にある。2030年までの期間に1人当たり所得
をたとえば2倍にすることが可能なタイの目標成長率は，同国における絶対
的貧困（1日当たり1人当たり2米ドル（購買力平価））をすべて撲滅するのに

十分なものである。タイの目標成長率およびマレーシアの目標成長率は，2025年から2030年までの間に高所得国グループに加わるまたは高所得国グループの中で確固たる地位を築くことを目標としている。

　高所得国であること，生活空間が非常に限られており，生活費が年々上昇していることを考慮し，移住または一時的な雇用による人口増加を厳格に管理する必要性があるブルネイおよびシンガポールについては，今後15年間はるかに緩やかな成長率を想定するのが現実的であると考えられる。

3. ASEANにおいてより公平な成長を実現する： ジニ係数40未満（100のうち）を目標とする。

> 「最近のわれわれの作業と今後の発展に関するわれわれの期待は，2015年以降のASEANが，公正かつ平等で，包摂的になっていることである。」
> (2011年5月8日，第18回ASEAN首脳会議議長声明（ジャカルタ))
> 「われわれは，国民が経済統合と経済協力から恩恵を受けられるよう，公平な発展がわれわれの行動計画の策定に資するように真剣に取り組んでいる。」(2011年11月17日，第19回ASEAN首脳会議議長声明（バリ))

　経済発展において長期間にわたって使われている定型化された事実のひとつに「逆U字曲線」または「クズネッツ曲線」がある。これは，経済発展の過程において，1人当たり所得が一定の水準に達するまでは，所得分配の不平等が悪化することを意味している。しかしながら，図2A.3が示すように，所得不平等の改善が始まる1人当たり所得の変曲水準にはバラツキがある。図2A.3は，ASEAN加盟国，中国，インドおよびラテンアメリカ諸国・アフリカ諸国の数か国の所得分配の不平等と1人当たり所得のパターンを示したものである。図2A.3から，逆U字曲線またはクズネッツ曲線の関係が明らかである。同時に，図2A.3は，ラテンアメリカにおける所得分配の不平等のほうがアジア諸国（およびアフリカの数か国）に比べかなり高い傾向にあることを示している。マレーシアだけがラテンアメリカの経験にやや近いように思われる。これらの国々において比較的高い所得分配の不平等が観察されるのは，構造的

図 2A.3　1 人当たり家計所得とジニ係数の関係：ASEAN，中国，インド，ラテンアメリカ諸国および北アフリカ諸国（国別）

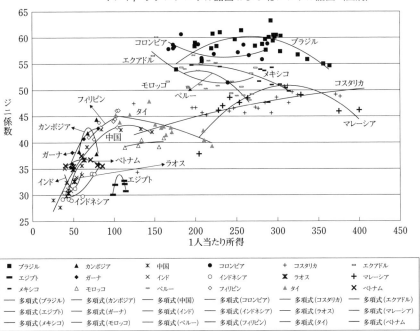

注：1 人当たり所得は，調査から入手した月次平均 1 人当たり所得 / 消費支出（2005 年購買力平価）（各国において入手可能なデータにより異なる）。
基本データの出典：Povcal Net, World Bank（2013）.

な理由がある可能性が高い。

　図 2A.4a，図 2A.4b，図 2A.4c および図 2A.4d は，1 人当たり所得の変曲がそれぞれ異なるサンプル国または参照国を使用したクズネッツ曲線を表したものである（所得分配の不平等が最も高くなった後に，所得分配の不平等が経時的に改善）。図 2A.4a，図 2A.4b，図 2A.4c および図 2A.4d は，1 人当たり所得の変曲水準がマレーシアを含めた（図 2A.4b）ASEAN において最も高く，さらにラテンアメリカ・アフリカ諸国の数か国，中国およびインドを含むよりグローバルな経験に基づく推計値よりも高いことを示している。同時に，図 2A.4a，図 2A.4b，図 2A.4c および図 2A.4d は，1 人当たり所得の変曲水準が最も低いのは，マレーシアを除く ASEAN であることを示している。すなわち，

図 2A.4a　ジニ係数と 1 人当たり所得の関係：ASEAN，中国，インド，ラテンアメリカ諸国および北アフリカ諸国

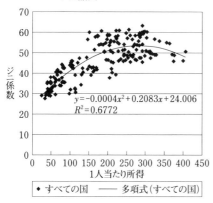

平等の改善が始まるのに必要とされる 1 人当たり所得の変曲上の基準値：
260.4 米ドル（1 人当たり 1 か月）/3,124.5 米ドル（1 人当たり 1 年間）

図 2A.4b　ジニ係数と 1 人当たり所得の関係：ASEAN 加盟国

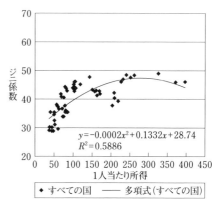

平等の改善が始まるのに必要とされる 1 人当たり所得の変曲上の基準値：
333 米ドル（1 人当たり 1 か月）/3,996 米ドル（1 人当たり 1 年間）

図 2A.4c　ジニ係数と 1 人当たり所得の関係：ASEAN 加盟国（マレーシアを除く）

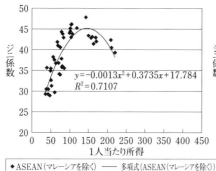

不平等の改善が始まるのに必要とされる 1 人当たり所得の変曲上の基準値：
143.65 米ドル（1 人当たり 1 か月）/1,723 米ドル（1 人当たり 1 年間）

図 2A.4d　ジニ係数と 1 人当たり所得の関係：ASEAN 加盟国（マレーシアを除く），エジプト，ガーナ，モロッコ，中国およびインド

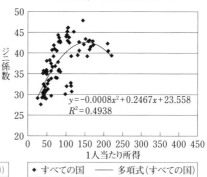

不平等の改善が始まるのに必要とされる 1 人当たり所得の変曲上の基準値：
154.19 米ドル（1 人当たり 1 か月）/1,850.3 米ドル（1 人当たり 1 年間）

出典：PovcalNet, World Bank（2013）．

マレーシアを除く ASEAN 加盟国における構造的要因および成長プロセスの
ほうがラテンアメリカなど他の地域に比べより公平であったように思われる。

図 2A.4c によると，マレーシアおよびタイの 1 人当たり所得は，1 人当たり
所得の変曲水準に比べ高く，両国は現在，所得分配の不平等が経時的に改善し
ている。また，フィリピンについても所得の不平等がある程度改善し始めてい
るように見えるものの，これまでのところ若干改善しているにすぎない。ベト
ナムについては，これまでのところめざましい公平な成長を遂げている。イン
ドネシアおよびラオスについては，比較的平等な水準からではあるが，軌道は
依然として不平等が比較的大きいところにある。

ASEAN および ASEAN 加盟国にとって，より公平な成長プロセスを生む
ことまたは持続することが課題である。公平な成長を支える合理的に適切な<u>成
果指標</u>は，ジニ係数を 40 以下（100 のうち，100 が最も不公平な場合）にする
ことである。このことは，次のことを意味している。

- マレーシアおよびフィリピンは，所得分配の平等の一層の改善を確保する
  とともに，ジニ係数を 40 以下に低下させるために一層の努力を行う必要
  がある。
- タイは，ジニ係数 40 未満を目指し，軌道を持続させる。
- カンボジア，インドネシアおよびラオスについては，ジニ係数が 40 を超
  えないようにするため，より公平な成長経路に乗ることを確保する。
- ベトナムは，比較的公平な成長経路を持続させる。

一般的により公平な成長経路に乗れば，農業所得・地方の所得が国の平均よ
りも高くなり（農業国・地方に内陸部を持つ国の場合），特に給与水準の高い
雇用が増加し，生産性の増加率に一致しながら実質賃金が上昇する。供給サイ
ドについては，このことは労働者の技能，国民・労働者の教育・健康に対する
投資の増加を必要とする。

4. ASEAN 貿易総額に占める ASEAN 域内貿易の割合を現行の 25 ％ から
2030 年に 30 ％まで高める。

> 「われわれは，一層緊密な結びつきと経済統合の実現に向け前進すること
> に真剣に取り組んでいる……」(1997 年 ASEAN ビジョン 2020，p.3)
> 「われわれは，ASEAN 共同体の創設の加速に対する確約を再確認する
> ……」(ASEAN 共同体のロードマップに関するチャアム・ホアヒン宣言 (2009-
> 2015)，p.1)

　ASEAN 貿易総額に占める ASEAN 域内貿易の割合は，1993 年に 25.1 ％，
2003 年に 24.5 ％，2011 年に 25 ％であった（ASEAN Secretariat 2013a, p.20）。こ
のように，過去 20 年間，ASEAN 域内貿易の割合は，ASEAN 貿易総額の約
25 ％でほぼ一定している。過去 20 年間，ASEAN 先発加盟 6 か国について
ASEAN 域内関税が撤廃されていることを含め，ASEAN 域内において地域統
合構想がめざましく拡大されてきていることを考慮に入れると，ASEAN 域内
貿易の割合が事実上一定であることは，ASEAN 域内における地域統合構想が
これまでのところほぼ効果がなかったことを示唆しているように思われる。
　しかしながら，これは誤解を招きやすい解釈である。実際の発展を見ると，
上述の解釈とは大きく異なる微妙な違いが生じ，実際，肯定的な解釈が生まれ
る。図 2A.5 は，1990 年代前半以降の各 ASEAN 加盟国の貿易相手国を示した
ものである。かつて貿易面で ASEAN に大変大きく依存していた ASEAN 加
盟国のうちの 3 か国については，ASEAN 以外の輸出市場を確保したため，
ASEAN への依存度が大幅に低下した。特に，カンボジア，そしてカンボジア
ほどではないがラオスについて依存度が低下しており，ミャンマーに対する制
裁が事実上解除されていることから，将来，ミャンマーについても依存度が低
下する可能性が高い。ベトナムについても主要輸出品目の一部の ASEAN 域
外への輸出額が増加していることを考慮に入れると（たとえば，衣料品，靴），
輸出相手国は多様化し，ASEAN 以外の国・地域も増えている。
　CLMV とは対照的に，インドネシアおよびフィリピン，かなりの程度まで，
タイは，輸出入において ASEAN との結合度を高めている。1990 年代前半に

図 2A.5 各 ASEAN 加盟国の貿易総額に占める ASEAN 貿易額（輸出入金額）の割合

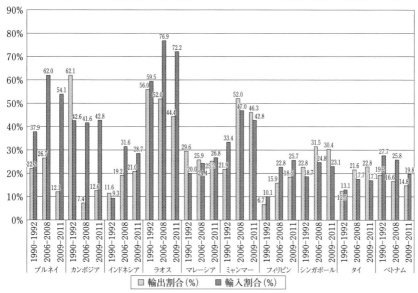

基本データの出典：ARIC ADB Indicator（2013）.

ASEAN 域内貿易が占める割合が高かったマレーシアおよびシンガポールについても，輸入に占める ASEAN の割合（マレーシア）および輸出に占める ASEAN の割合（シンガポール）が増えている。本書において明らかになるように（後述），ASEAN 加盟国の貿易に占める ASEAN の割合に見られる実際の変化は，ASEAN，東アジア，世界の他の地域（主として西側先進国）内における市場アクセスの改善などによって促進された各 ASEAN 加盟国の比較優位に従い，貿易の相手国が変化したことを反映している。

いずれにせよ，AEC のもとでの，ASEAN 域内の経済統合の深化の重要な顕れとして，将来，ASEAN 貿易総額に占める ASEAN 域内の割合を**現行の 25％から，2030 年までにたとえば約 30％に高めること**を目標にすることは妥当である。しかしながら，15 年間に ASEAN 貿易総額に占める ASEAN 域内貿易の割合を 20％高めることは，この間における ASEAN+1 FTA および RCEP の実施が，東アジアの他の諸国からの製品に比べ ASEAN の製品の特恵マージンが事実上ほとんどなくなることを意味していることから，**たやすい**

ことではない。そのような状況においては，ASEAN 企業にとって，輸入相手国または輸出相手国を東アジアの他の諸国から ASEAN に転換するインセンティブはほとんどないだろう [6]。

　このように，ASEAN 域内貿易の割合の上昇は主として，ASEAN 域内における域内生産・流通ネットワークの結合度の上昇，ASEAN 域内における新たなサプライチェーンの構築，増加する中所得者層の消費パターンの多様化から生じる最終製品を含む産業間貿易の大幅な増加から生じると考えられる。このような発展には，ASEAN 域内における物品の効率的な移動，連結性の大幅な改善，基準・技術規制の一層の調和および適合性評価手続の一層の改善・効率化またはそのいずれか，他の ASEAN 加盟国からのさまざまな商品・ブランドに関する情報提供および ASEAN の消費者による一層の受け入れが必要とされると考えられる。

5.　2030 年までにすべての途上国および世界の貿易総額，GDP 総額および直接投資総額に占める ASEAN の割合を大幅に高める。

　　「われわれは，高度に競争力のある ASEAN 経済地域を創設する……」
　　（1997 年 ASEAN ビジョン 2020，p.3）

　すべての途上国および世界の貿易総額，GDP 総額および直接投資総額に占める ASEAN の割合は，途上国世界における競合する主要な生産国・地域，輸出国・地域および直接投資受入国・地域と比較した ASEAN の影響度の合理的に適切な指標として考えることから，ASEAN に関して示唆に富んだものとなりうる。

　表2A.3 は，GDP，貿易，直接投資について，ASEAN が占める割合を表し

---

6)　Itakura（2013）のベースライン・シミュレーション結果は，ASEAN 貿易総額に占める ASEAN 域内貿易の割合は，RCEP 地域の関税率がゼロになり，サービス分野の貿易障壁・貿易費用が大幅に改善・低下すると仮定した場合，2030 年までに 30% まで上昇しないことを示している。この結果は，RCEP の実施を考慮した場合に AEC から貿易転換効果がなくなることに原因があると考えられる。ただし，Itakura の仮定には，達成すべき AEC の目標を深化させる ASEAN 域内の連結性向上，基準適合性の一層の円滑化，規制の一貫性などから考えられる ASEAN 域内貿易創出効果が含まれていない。

2. 望まれる成果：望みを高く持つ！　79

表 2A.3　全途上国および世界の GDP, 貿易および直接投資総額に占める割合：
ASEAN および主要貿易相手国

指標	国名／地域	全途上国に占める割合（％）			世界に占める割合（％）		
		1990-1992	1999-2001	2009-2011	1990-1992	1999-2001	2009-2011
実質GDP総額に占める割合	ASEAN	8.6	8.6	8.1	1.5	1.8	2.3
	中国	10.7	17.2	26.5	1.9	3.6	7.6
	インド	6.5	7.2	8.4	1.2	1.5	2.4
	韓国	7.1	8.0	6.9	1.3	1.7	2.0
	BSEC	14.6	15.7	14.0	2.6	3.3	4.0
	LAIA	30.9	26.4	20.8	5.5	5.6	6.0
貿易総額に占める割合	ASEAN	19.3	20.2	15.9	4.7	5.9	6.4
	中国	7.7	12.2	23.6	1.9	3.6	9.4
	インド	2.3	2.5	4.7	0.6	0.7	1.9
	韓国	8.3	8.1	7.1	2.0	2.4	2.9
	BSEC	6.8	9.0	11.5	1.7	2.7	4.6
	LAIA	14.3	17.1	13.2	3.5	5.0	5.3
対内直接投資フロー総額に占める割合	ASEAN	31.8	10.6	13.1	7.6	2.4	5.8
	中国	13.9	17.9	17.6	3.7	4.1	7.8
	インド	0.4	1.6	5.0	0.1	0.4	2.2
	韓国	2.2	3.0	1.6	0.5	0.6	0.7
	BSEC	5.5	3.8	11.9	1.4	0.9	5.3
	LAIA	25.6	31.9	17.7	6.5	7.1	7.9
対内直接投資残高に占める割合	ASEAN	13.0	14.6	17.0	3.2	3.4	5.3
	中国	4.8	11.2	9.4	1.2	2.6	3.0
	インド	0.3	1.0	3.1	0.1	0.2	1.0
	韓国	1.1	2.7	2.1	0.3	0.6	0.7
	BSEC	3.4	5.0	14.0	0.8	1.2	4.4
	LAIA	20.7	24.2	21.8	5.1	5.7	6.8

出典：UNCTAD Stat（2013）.

たもので，中国，インド，黒海経済協力機構（BSEC）およびラテンアメリカ
統合連合（LAIA）など他の競合する地域・国と比較したものである。

　外国貿易については，すべての途上国の貿易総額に占める ASEAN の割合は，
1990 年代前半の約 19.3％から **2009-2011 年の 15.9％**に低下している。この低
下は，主として途上国の貿易総額への中国の寄与度が 1990 年代前半の平均
7.7％に比べ，2000 年代後半に約 4 分の 1 に急上昇したことによる。インドお
よび黒海経済協力機構が占める割合は，1990 年代前半の比較的低い水準から
ではあるものの，同期間に経時的に増加している。

ASEAN は，好転を目指して，途上国の貿易総額に占める **ASEAN の割合**をたとえば **20％高め，2030 年までに約 19％** とすることが可能であろうか。このことは，実際，ASEAN が失った 1990 年代前半のすべての途上国の貿易総額に占めていた割合を回復することを意味している。このことは，ASEANの国際貿易が中国および多くの途上国に比べ速いペースで伸びなければならないことを意味していることから，きわめて困難な課題である。しかしながら，中国におけるコスト上昇および中国の国内市場重視傾向から，ある程度可能性があるかもしれない。また，ASEAN 域内の経済統合の深化・拡大により，途上国の貿易総額に占める ASEAN の割合が上昇することも予想できる。

それにもかかわらず，ASEAN 地域が途上国世界の主要な統合地域・国において最も大きな割合を占めていた過去の栄光を取り戻すことは，実際，実現困難であり，そのためには国際舞台において ASEAN の競争力を抜本的に向上させる必要があると考えられる。<u>**穏健な成果指標**</u> では，途上国の貿易総額に占める ASEAN の割合の上昇を現行の 15.9％から約 10％高め（20％ではなく）**2030 年までに約 17.5％**になると考えられる。

生産については，すべての途上国の GDP 総額に占める ASEAN の割合は，1990 年代前半の約 8.6％から **2009-2011 年までの約 8.1％**まで低下している。ASEAN は，ASEAN が占める割合を 10％上昇させ，2030 年に 8.9％に上昇させ，1990 年代前半の割合を上回ることを目標とすることができるだろうか。中国の伸び率が地域で事実上最も高く維持されることと，インド，おそらくアフリカが割合を上昇させる可能性が高いことを考慮に入れると，この目標はおそらく大変難しい。それにもかかわらず，中国の伸び率がさらに減速した場合，表 2A.3 に示す ASEAN 加盟国の<u>指標となる</u>目標伸び率を達成すれば，すべての途上国の GDP 総額に占める ASEAN の割合は上昇する可能性がある。

すべての途上国の貿易・生産総額に占める ASEAN の割合の<u>成果指標</u>が相当高いことを考慮に入れると（世界の貿易・生産総額に占める途上国の割合が上昇していることを考慮に入れた場合，世界全体の貿易・生産総額に占めるASEAN の割合の成果指標が相当高いこと），ASEAN はすべての途上国の対内直接投資総額に占める ASEAN の割合を大幅に上昇させる努力を行うことが絶対必要である。過去 20 年間，実際に ASEAN の割合は 1990 年代前半の

非常に高い**31.8%**から2009-2011年の約**13%**に著しく低下している。中国およびインドがまだそれほど目立った存在ではなかった1990年代前半に戻ることは非現実的であるかもしれない。

より現実的なのは，ASEANが占める割合を約20％上昇させ，2020年代後半または2030年までに約**15.6%**とすることである。この割合は，それでも2000年代の中国のパフォーマンスに比べれば低く，直接投資については，アフリカなど他の地域が主要な競争相手となると考えられる。おそらく，この点に関してより重要なことは，世界の対内直接投資に占めるASEANの割合である。ASEANが1990年代，**世界の対内直接投資に占めていた割合である7.6%を回復するには**，現在の先進国が対内直接投資に占める割合を新興市場または途上国よりも大幅に低下させることが必要であると考えられる。

上述した直接投資に関する野心的な目標は，ASEANは際立って魅力的な投資先である必要があることを意味している。この点については，以下で再度論じる。

6. ビジネス活動の容易度指標，物流パフォーマンス指標およびグローバル競争力指標において，（後発）ASEAN加盟国の国際的地位（評価点および順位）を劇的に上昇させる。2020年代前半までに，すべてのASEAN加盟国が上位2分の1に入り，ほとんどのASEAN加盟国が上位3分の1に入ることを目標とする。
ASEAN加盟国のグローバルイノベーション指標の順位および評価点を大幅に上昇させる。2020年代後半までに，ほとんどのASEAN加盟国が世界での順位の上位2分の1に入ることを目標とする。

「新規投資と再投資を持続的に受け入れることにより，ASEAN加盟国のダイナミックな発展を促進し，確保する。」（ASEAN共同体に関するロードマップ2009-2015, p. 27）

投資および事業展開に関する事業環境は，企業，特に多国籍企業にとって，どこで事業を展開するか意思決定するうえで重要な要因となる。ビジネス活動

の容易度指標，物流パフォーマンス指標およびグローバル競争力指標など国の事業環境に関する指数および指標の人気が高まっている主要な理由がここにある。驚くことではないが，多くの国が事業環境を改善し，特に外国投資を誘致するため，これらの指標を利用している。

表 2A.4 は，上述した指標における ASEAN 加盟国の評価点およびランキングを表したものである。表 2A.4 から明らかなように，事実上世界の上位クラスにランクされている国から最下位クラスにランクされている国まで ASEAN 加盟国の順位には非常に大きな開きがある。後発 ASEAN 加盟国の課題は，評価点および順位をさらに上げることである。表 2A.4 が示しているように，シンガポールは世界で 1 位または 2 位のいずれかにランクされている。マレーシアおよびタイについても，世界の上位 20％ にランクされている。ラオスお

表 2A.4　事業環境指標における ASEAN 加盟国のランキングおよびスコア

国名	物流パフォーマンス指標				グローバル競争力指標				ビジネス活動の容易度指標：順位	
	2007		2012		2006		2013		2006	2013
	順位	評価点	順位	評価点	順位	評価点	順位	評価点		
ブルネイ*	N/A	N/A	N/A	N/A	39	4.54	26	4.95	78	79
カンボジア	81	2.5	101	2.56	105	3.44	88	4.01	133	133
インドネシア	43	3.01	59	2.94	54	4.18	38	4.53	115	128
ラオス	117	2.25	109	2.5	N/A	N/A	81	4.08	147	163
マレーシア	27	3.48	29	3.49	19	5.15	24	5.03	21	12
ミャンマー	147	1.86	129	2.37	N/A	N/A	139	3.23	N/A	N/A
フィリピン	65	2.69	52	3.02	75	3.98	59	4.29	113	138
シンガポール	1	4.19	1	4.13	8	5.46	2	5.61	2	1
タイ	31	3.31	38	3.18	28	4.76	37	4.54	20	18
ベトナム	53	2.89	53	3	64	4.09	70	4.18	99	99
中国	30	3.32	26	3.52	34	4.55	29	4.84	91	91
インド	39	3.07	46	3.08	42	4.47	60	4.28	116	132
合計	150		155		2006: 122/ 2008: 134		148		2006: 155/ 2008: 178	185

注：*=ブルネイのグローバル競争力指標およびビジネス活動の容易度指標のデータは，2008 年以降のものである。
出典：The World Bank（2013）.

2. 望まれる成果：望みを高く持つ！　　　　83

よびミャンマーについては，世界の下位 3 分の 1 にランクされている傾向が見
られる。ASEAN 加盟国は，ビジネス活動の容易度指標に比べ，物流パフォー
マンス指標の方が上位にランクされている傾向が見られる。実際，インドネシ
アおよびフィリピンについては，物流パフォーマンス指標およびグローバル競
争力指標のパフォーマンスの方がはるかに高いのに比べ，ビジネス活動の容易
度指標のランクは低い。同時に，インドネシア，フィリピンおよびカンボジア
については，グローバル競争力の世界での順位が大きく上昇している。

　指標に不完全さはあるものの，表 2A.4 は，多くの ASEAN 加盟国において
ビジネス活動の容易度指標を改善するため，取り組むべきことが多数あること
を示唆している。同時に，AEC ブループリントその他の ASEAN の構想に盛
り込まれた措置のほとんどが経済統合を促進するだけではなく，ASEAN 域内
の事業環境も改善することを考慮に入れると，評価および順位を上げるという
目標は，無意味なものではなく，また根拠がないものではないと考えられる。

　このように，**ASEAN 加盟国の成果指標**については，すべての ASEAN 加
盟国がこれらの指標において世界順位の**上位 2 分の 1** に入る必要があることを
提案する。また，ASEAN 加盟国のうち 3 か国がすでに上位 3 分の 1 に入って
いることを考慮すると，**すべての国ではないにしても，ASEAN 加盟国のほと
んどの国が** 2020 年代前半までに世界のすべての国の中で**上位 3 分の 1** に入れ
ば状況は改善する。高成長の持続には事業環境の一層の改善を必要とする高い
投資率が必要なことから，目標達成日を 2020 年代前半としていることに留意
する必要がある。したがって，特に後発 ASEAN 加盟国において，事業環境
をかなり早い時期に改善する必要がある。

　技術の適用・普及・イノベーションが ASEAN 加盟国の生産性の向上およ
び長期ダイナミズムにとって重要であることから，ASEAN 加盟国が技術・イ
ノベーション能力を向上させるため協調することが重要である。すべての国で
ないにしても，ASEAN 加盟国のほとんどの国が 2020 年代後半までにグロー
バルイノベーション指標に関して上位 2 分の 1 に入ることを提案する。
ASEAN 加盟国は，実際，グローバルイノベーション指標の世界順位を上げて
きたものの，取り組むべきことはまだ多い。

7. ASEAN における食料安全保障を実現する強固な制度を確立する。
   a. 2030 年までに栄養不足の割合を 5%未満に削減する。
   b. 2030 年までに ASEAN 加盟国のライスボウル指標を少なくとも 60
      （100 のうち）に引き上げる。

   「われわれは，飢餓，栄養失調，生活必需品の不足，貧困がもはや基本的
   な問題ではない ASEAN を構想する……。」（1997 年 ASEAN ビジョン 2020,
   p.5）

　貧困者および栄養失調者は食料供給ショックや食料価格ショックに最も脆弱
であることから，食料安全保障は飢餓・栄養不足において，最も顕著な課題で
ある。同時に，特にコメなどの基本食料品の食料不足および大幅な価格上昇は
事実上すべての人々に影響を及ぼし，過去 10 年間の経験が示すように，特に
社会・政治に重大な影響を及ぼしかねない。このように，食料安全保障は，
ASEAN 首脳にとって特段の懸念事項となっている。また，食料安全保障は，
ASEAN の強靭性に関する重要な指標にもなっている。
　食料安全保障は，多面的な概念で，「すべての人が，いかなる時にも，活動
的で健康的な生活に必要な食生活上のニーズと嗜好を満たすために，十分で安
全かつ栄養のある食料を，物理的にも経済的にも入手可能」（国連食糧農業機関
［FAO］）な状況を意味する。食料安全保障には 4 つの主要な側面があり，その
すべてを同時に充足させる必要がある。すなわち，食料の物理的供給可能性，
食料への経済的・物理的なアクセス，食料の利用，および，これらの 3 つの側
面の長期間にわたる安定性の 4 つの側面がある。食料不安は，慢性的または一
時的なものであることがあり，それぞれ，食料不安に対処するため異なるアプ
ローチを必要とする。
　本書では，ASEAN 域内における食料安全保障を確保する ASEAN 加盟国
の努力の指針となる 2 つの指標を提案する。第 1 の指標である**ライスボウル指
標**は，食料安全保障を確保するため，国のシステムの力強さを測定する能力指
標のようなものである。第 2 の指標である**栄養不足蔓延率**は，家計レベルにお
いて，飢餓および栄養失調の問題の程度によって明確に表される食料安全保障

の重要な課題を測定するものである。栄養不足蔓延率は，ミレニアム開発目標の「飢餓」を測定するために FAO が採用している指標である。

この他にも重要な 3 つの指標があるが，数値目標を設定することが困難である。このうちの 2 つの指標である一般物価に対する食料価格の比率および当該食料価格比率の変動率については，食料価格の上昇や一般物価の上昇は最貧困者および栄養失調者の幸福に多大な悪影響を及ぼすことから，最貧困者および栄養失調者にとって特に重要である。3 つ目の指標は，国内・地域のセーフティネット取り決めの利用可能性（たとえば，一時的な食料不足に対応する ASEAN+3 緊急米備蓄［APTERR］）に関する情報を提供する指標である。これまでのところ，3 番目の指標に関するすべての必要な情報を把握する，たとえば食料セーフティネット指数といった指標はまだ存在しない。

a. **ライスボウル指標**　これは，国の制度が食料安全保障を確保するのに，どの程度力強いかを示す指標として Syngenta が開発した指数である。この指数は，4 つの要素で構成されており，それぞれの要素を加重評価した指標で（各要素の占める割合はそれぞれ 25％），各要素は適切に定義された質問項目に対応している（Syngenta 2012, pp.16, 26）。以下の記述は，同報告書から直接引用したものである。

- **農場レベル要因（30％）**：農家は，長期にわたり高い生産性を維持する能力および手段を有しているか。農家が高い生産性を維持する能力および手段を有している場合，評価点は高くなる。
- **政策・貿易要因（25％）**：貿易・政策環境は，継続的に開放的な市場，投資およびイノベーションを促進しているか。貿易・政策環境が，食料安全保障を支援する開放的な市場，投資およびイノベーションを促進している場合，評価点は高くなる。
- **環境要因（15％）**：当該国の環境能力は，長期の農業生産性・持続可能性を可能にしているか。当該国の環境能力が，長期の農業生産性・安定性の確保に役立っている場合，評価点は高くなる。
- **需要・価格要因（30％）**：当該国における食料安全保障上のニーズは，数量面，価格面，アクセス面においてどのように推移するか。需要および価

格要因から生じる食料安全保障上の圧力が比較的低い場合，評価点は高くなる。

　図2A.6は，2008年から2011年までの期間について，ASEAN加盟国の一部，中国および日本のライスボウル指標を表したものである。図2A.6は，2008年から2011年までの期間，ベトナムにおいて農場レベル要素は改善したものの，政策・貿易要素は若干悪化していることを示している。ミャンマーについては，需要・価格要素は改善しているが，政策・貿易要素は悪化している。他のASEAN加盟国については，要素の動きに明確なパターンは見られなかった。それにもかかわらず，ミャンマーおよびフィリピンについて，政策・貿易要素の評価が特に低く，両国において貿易・投資について保護主義が比較的強いことを示唆していることに留意する価値がある。サンプルのASEAN加盟国の事実上すべての国の評価点が依然として，最高の評価点から大きく離れている。実際，中国および日本は，ほとんどの要素で，特に農場要素および政策・貿易要素でASEAN加盟国を上回っている（方法論および結果の詳細については，Syngenta（2012）参照）。

b. **栄養不足蔓延率**　栄養不足蔓延率は，カロリー不十分の危機にあると推定される人口の割合（百分率）である。また，栄養不足蔓延率は，FAOが利用している飢餓に関する伝統的な指標でもある。

　表2A.5が示すように，ラオス，カンボジアおよびフィリピンにおける栄養不足の割合は依然として非常に高く，3か国とも世界平均値および全途上国の平均値よりも高い。また，表2A.5は，ベトナム，タイの他，ラオスおよびカンボジアにおいて栄養不足の削減にめざましい進展があったことも示している。ブルネイおよびマレーシアについては，栄養不足率が5％未満である。

　他の2つの指標は，食料価格および食料価格の変動率に関連するもので，この2つの指標は，特に貧困者および栄養不足者にとって重要である。表2A.5は，ASEAN加盟国の食料価格が一般物価水準に比べ上昇しており，他の条件が等しい場合，貧困者が対処することが一層困難になることを示している。ま

2. 望まれる成果：望みを高く持つ！ 87

図 2A.6 主要 ASEAN 加盟国，中国および日本のライスボウル指標

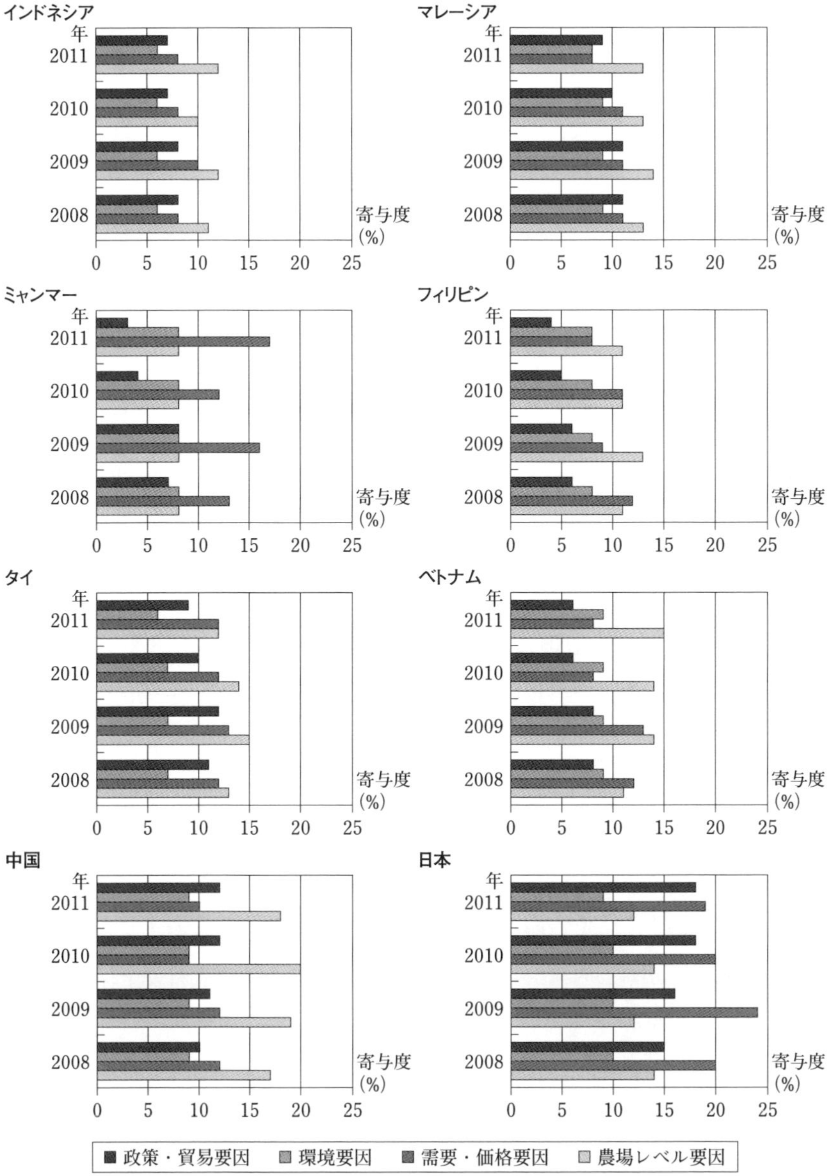

■ 政策・貿易要因　　■ 環境要因　　■ 需要・価格要因　　□ 農場レベル要因

出典：Syngenta（2012）.

表2A.5　ASEAN加盟国の食料安全保障指標のランキングおよびスコア

国名	栄養不足蔓延率（%）			国内食料価格指数の変動率（指数）		食料価格指数（指数）		脆弱性指数（指数）*	
	1990-1992	2000-2002	2010-2012	2000-2002	2010-2012	2000-2002	2010-2012	2000-2002	2010-2012
ブルネイ	< 5	< 5	< 5	11.9	14.1	1.5	1.6	7.7	8.7
カンボジア	39.9	32.8	17.1	28.2	446.3	1.7	1.2	16.7	363.1
インドネシア	19.9	17.4	8.6	165.2	41.2	1.7	1.9	95.1	21.7
ラオス	44.6	38.4	27.8	64.6	23.7	2.0	2.2	32.7	10.9
マレーシア	< 5	< 5	< 5	22.6	9.9	1.5	1.6	15.1	6.2
ミャンマー	N/A	N/A	N/A	N/A	N/A	N/A	N/A	N/A	N/A
フィリピン	24.2	21.0	17.0	17.1	21.3	1.6	1.6	10.4	13.5
シンガポール	N/A	N/A	N/A	6.7	6.8	1.4	1.3	5.0	5.1
タイ	43.8	17.4	7.3	20.5	16.9	1.6	1.9	13.0	9.0
ベトナム	46.9	20.9	9.0	30.7	59.0	1.7	N/A	18.4	N/A
中国	21.4	14.3	11.5	56.8	41.6	1.5	2.0	38.9	20.9
インド	26.9	21.6	17.5	17.3	21.3	1.6	1.6	10.8	13.3
世界	18.6	14.9	12.5	11.5	11.9	1.3	1.4	8.8	8.3
全途上国	23.2	18.2	14.9	23.7	22.0	1.5	1.7	15.7	12.7

出典：FAO Food Security Indicators（2013）.

た，一部の ASEAN 加盟国において，特にカンボジア，インドネシアおよびフィリピンにおいて，一般物価水準に比べ食料価格の変動が比較的大きいため，貧困家計に想定外のショックを与えることが多い。今後10年または20年の状況によって大きな影響を受けることから，この2つの指標について具体的な目標値を設定することはより困難である。それにもかかわらず，ASEAN 加盟国は，食料価格の経時的な上昇を適度に抑えるとともに，食料価格の変動を削減することを目標にすると予想される。

　食料セーフティネットに関する一連の指標については，まだまとめられていない。それにもかかわらず，ASEAN における主要な地域食料安全保障構想である「ASEAN+3 緊急米備蓄（APTERR）」がすでに運用されている。国レベルにおいては，食料セーフティネット措置として緩衝在庫および緊急備蓄が普及している。労働の対価としての食料支給制度は，慢性的な食料不安対応向けとして活用されているケースの方が多いが，特に災害後または季節的な食料不安が起きたときの一時的な食料不安への対応にも活用できる。

2. 望まれる成果：望みを高く持つ！

8. ASEAN は，エネルギー効率を向上させ，エネルギー需要を 2030 年に 10%，2035 年に 15%削減する高い目標を設定しなければならない。

フィリピン・セブにおいて 2007 年 1 月 15 日に開催された第 2 回東アジア首脳会議において採択されたセブ宣言には，次のことが盛り込まれている。

「われわれ，ASEAN 加盟国，オーストラリア，中華人民共和国，インド，日本，韓国およびニュージーランドの国家元首または行政府の長は，……以下の目標に向け緊密に協働することを宣言する。(1) 化石燃料利用の効率化と環境面への影響を改善する。(2) エネルギー効率化および省エネルギー計画の強化，水力発電，再生可能エネルギーシステムおよびバイオ燃料の生産・利用の拡大，並びに，関心国については，民生用原子力の活用を通じて，従来型燃料への依存度を低下させる。(3) あらゆる経済水準にある者が入手可能なエネルギーを供給するとの目標に向けた，開かれ，かつ，競争的な地域および国際エネルギー市場の整備を促進する……」

ERIA および国際エネルギー機関（IEA）は，2035 年までの東南アジアのエネルギーアウトルックに関する特別調査研究を行った。ASEAN には効率性の

表 2A.6　従来のシナリオ（BAU）と代替政策シナリオ（APS）に基づくエネルギー需要

	従来のシナリオに基づくエネルギー需要 石油換算百万トン（Mtoe）						代替政策シナリオに基づくエネルギー需要 （Mtoe）			
	2011	2015	2020	2025	2030	2035	2020	2025	2030	2035
総需要（TPED）	549	629	718	804	897	1,004	692	753	807	870
石炭	90	118	156	192	232	279	141	163	184	210
石油	208	230	255	274	293	313	249	263	272	281
天然ガス	117	136	151	168	186	208	146	158	169	185
原子力	–	–	–	4	6	8	–	4	6	8
水力	6	9	10	13	16	18	10	13	15	17
バイオエネルギー	103	108	111	114	117	120	110	112	114	116
その他再生可能	25	28	34	40	48	57	34	40	46	53

出典：IEA and ERIA（2013）.

向上により大幅なエネルギー削減をできる可能性があるとの結果が得られた。IEA and ERIA（2013）は，従来のシナリオに比べ，代替政策シナリオにおいて，ASEAN のエネルギー需要を 2030 年までに 10％，2035 年までに 15％削減可能であると報告している。表2A.6 を参照されたい。エネルギー削減の源泉として，効率性の高い産業機器，効率性の高い発電所，効率性の高い家電製品，エネルギー効率性の高い車両の使用が含まれる。上述のエネルギー削減の可能性を実現するため，ASEAN 加盟国は，エネルギー効率向上および省エネのための多額の投資を必要とすると考えられる。そのためには，政策を実施する意志および適切な投資体制が重要である。また，国際レベルにおける適切な金融・支援枠組みにより投資の初期費用を引き下げることも ASEAN 加盟国が効率的な技術にアクセスできる機会を増やすことに資すると考えられる。

第2B章 ASEANにおける持続的な高く公平な成長の実現に向けた枠組み

本章では，ASEAN地域が経済面でさらに前進し，地域および世界において地位を高めることを可能とするASEANにおける持続する高く公平な成長の実現に向けた4本の重要な柱およびひとつの強力な基盤からなる枠組みを提案する。4本の柱は相互補強関係にあり，基礎的な要素は4本の柱間の相互補強関係を引き立たせている。この4本の柱が「AECブループリント2009-2015」に盛り込まれている4本の柱の深化，拡大，および，あるいは緩和のいずれかに資する点に留意する必要がある。

1. 枠組み

第2A章において論じたASEAN首脳のビジョンおよび成果指標を達成するため，本書において，アセアンライジングの「ASEANの奇跡」の達成に向けた4本の柱およびひとつの基盤からなる枠組みを提案する。この4本の柱は，AECブループリントの4本の柱に似た内容で，AECブループリントの4本の柱を発展させ，深化させたものである。また，枠組み案には，4本の柱の強力な基盤として「感動する（responsive）ASEAN」が盛り込まれている。本書において提案する枠組みの大部分は，2011年11月にバリで開催されたASEAN首脳会議開催中にスシロ・バンバン・ユドヨノ大統領を通じて，ASEAN首脳にASEAN事務総長とともにERIAが提出した「ASEANとAEC 2015, その

後の前進に向けてに関するジャカルタフレームワーク」を基に深化させたものである。

図2B.1は，ASEANの2015年以降の将来のための4本の柱およびひとつの基盤を要約したものである。4本の柱とは，

- 統合され高度に競争可能なASEAN
- 競争力のあるダイナミックなASEAN
- 包摂的で強靱性のある環境調和的なASEAN
- グローバルなASEAN：RCEPおよびASEANの声

上述した4本の柱を支える強力な基盤とは，

- 感動するASEAN

以下，本節において，次の主要な前提に支えられた枠組みについて詳述する。

1. 競争力のある産業および民間部門のダイナミズムがASEANの経済発展

図2B.1 「ASEAN 2015, その後の前進に向けて」の主要4本柱とひとつの強力な基盤

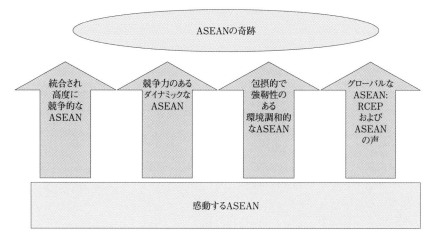

の中核である。

2. 積極的行動主義で財務上持続不可能な補助金交付政策および所得再分配政策ではなく，慎重なセーフティネット計画によって抑制されたダイナミックな経済力への依存を高めることにより，内包的で均衡のとれた成長を追求することが最善である。

3. 持続可能な発展を追求することにより，環境調和的な成長，エネルギー安全保障および食料安全保障の間に補完関係を引き出す。

4. ダイナミックな積極外交において ASEAN 中心性を維持する。

この4本の柱はお互いに独立したものではない点に留意する必要がある。実際，この4本の柱は高度に相互に関連している。このように，この4本の柱を実現するのに必要な措置は容易なものでは全くないことを考慮に入れると，この4本の柱の間の均衡および好循環を見出すことが ASEAN 加盟国および ASEAN にとって主要な課題となる。また，この措置は実施が困難なものであることから，各 ASEAN 加盟国および ASEAN は積極的に対応する必要があり，ASEAN の奇跡を実現するのに必要な規制の改善および制度構築の過程にさまざまな利害関係者を参加させることが必要である。

統合され高度に競争的な地域（第1の柱）は，RCEP（第4の柱）の成功から生まれた広大で力強い成長を遂げており，一層改善した投資環境および即応性のある規制制度（感動する ASEAN）のもとで運営されている東アジアと結合している，力強く成長・拡大し，イノベーションが進む産業クラスター（第2の柱）とともに，さらに多くの投資を誘致し，国内市場および海外市場において競争力を高めることが期待できる。このことは，外国貿易の大幅な増加につながり，最終的には高い経済成長および貧困の撲滅につながると考えられる。農業生産性の力強い増加率，中小企業の成長，周辺部と成長センターとの物理的連結性の向上，エネルギー効率化・環境調和的な開発の加速，災害強靱性の向上（これらすべてが第3の柱の内容）も ASEAN の競争力向上，投資誘致力およびダイナミズム（第2の柱）に寄与している。このような競争力およびダイナミズムの向上については，前節において述べた直接投資，貿易および GDP の総額に占める ASEAN の割合が増えている点から数量で表現されている。

このように，枠組み案を構成する4本の柱および基盤を実現することは，前節において述べた望ましい成果指標（案）の達成につながることが期待できる。

1.1　第1の柱：統合され高度に競争可能なASEAN

「ASEAN経済共同体（AEC）：ASEAN加盟国に大変革をもたらす可能性」（S. Hansakul and W. Keng，ドイツ銀行「DB Research」2013年6月14日，p.1）

「ASEANの波に乗る」（T. L. Lim, G. D. Powell and A. Chng，アクセンチュア「Outlook」2012年第1号）

　上記で引用した知名度の高い多国籍企業2社の社内文書の2つの記事の題目がおそらく，「今日のグローバルビジネスにおいて最新のホットスポット」（Lim, Powell and Chng 2012，p.7）と呼ばれているAECに関して広まっているはっきりした期待およびASEANの将来への見通しを最もよく要約している。期待および楽観視の理由は単純なものである。ASEANは，アジアにおいて中国および日本に次ぐ3番目に大きな経済圏である。ASEANは，中国およびインドに次いで世界で3番目に人口が多い。ASEANの中間層人口は，インドよりも多い。ASEANは，世界で最も力強く成長している地域のひとつである。つまり，ASEANは，大規模かつ力強く成長している市場であり，『ASEANビジネスアウトルック調査2014（ASEAN Business Outlook Survey 2014)』の結果が示しているように，事業が成長する大きな可能性を提供しており，これが域内のアメリカ企業が事業を拡大している最も重要な理由となっている点は興味深い。

　ASEANを10か国を集めたものではなく，統合された，単一に近い地域にすることが課題である。現在，現場で見られる現実はむしろ特筆すべきことのない平凡なものである。現地資本および外国資本の企業を対象とした「2009年ERIA調査」の結果によれば，企業による投資に関する決定および現在・将来の事業展開に関してASEAN市場へのアクセスの重要性はさまざまである。このように，たとえば，回答したカンボジア企業の場合，ASEAN市場へのアクセスを投資の意思決定および現在の事業展開において大して重要性のな

い要素と考えている（カンボジアの輸出市場は西側諸国にシフトしているため）一方，インドネシアおよびフィリピンの企業は，ASEAN市場へのアクセスを現在・将来の事業展開において重要な要素と考えている。シンガポール企業の場合，ASEAN市場へのアクセスは，対シンガポール投資の意思決定の他，現在・将来の事業展開において重要な要素である。同様に，ベトナム企業は，ASEANは現在の事業展開において重要性の低い要素であるかもしれないが，将来の事業展開の中でASEANを考えている。タイで開催されたAEC 2015に関する会議およびセミナーにおいて示されたように，ASEAN統合の将来の見通しに最も活気づいているのは，おそらくタイの民間部門である。

　ASEANの統合は，域内の企業にとって重要である。在ASEANアメリカ商工会議所の『ASEANビジネスアウトルック調査2014』によれば，ASEANにおいて事業展開しているアメリカ企業の回答者のうち約4分の3がASEAN統合をASEANにおける自社の事業にとって重要と考えている。同様に，在ASEAN日本商工会議所のAECに関する定期的なレビューおよびAECに関する提案リストは，ASEAN統合は日本その他の国の多国籍企業による生産ネットワークの展開および拡大にさらに役立つ点を強調している。実際，本書に盛り込まれたASEANの競争力向上のための主要な戦略は，ASEAN域内およびASEAN以外の東アジアとの生産ネットワークを深化させることである。

1.2　ASEAN単一市場とは？

　当然のことながら，統合されたASEANの構築が「AECブループリント2009-2015」の中核である。実際，AECブループリントの目標はさらに一層野心的なものである。すなわち，AECブループリントの第1の柱にあるように「単一市場と生産基地」になることである。AECブループリントの第1の柱に基づく主要な戦略は，ASEANの決意を反映したものである。物品の自由な移動，サービスの自由な移動，投資の自由な移動，熟練労働者の自由な移動および資本のより自由な移動が盛り込まれている。

　単一市場とは何か。単一市場には何が伴うのか。単一市場とは何か，単一市場には何が伴うのかについて評価する方法は基本的に2つある。すなわち，経済統合の**プロセス**または経済統合の**成果**のいずれかとして評価する方法の2つ

がある。経済統合の**プロセス**を評価する場合，物品・サービスの他，生産要素の移動の程度が重視される。**単一市場とは，物品，サービスおよび生産要素が国内と同様に国家間においても容易に移動することが可能なことを意味する。**経済統合の**成果**を評価する場合，国境間の物品，サービスおよび生産要素の価格差の程度が重視される。単一市場とは，物品，サービスおよび生産要素の価格が国家間において輸送費用調整後事実上等しくなることを意味する。明らかなことは，現実は上述した単一市場の理想の概念にほぼ近いものとしかなりえないことである。ASEAN の場合，加盟国間の発展水準にきわめて大きな格差があることから，経済統合により単一価格を実現するという理想の概念を実現することは事実上不可能である。理想の状態に近づくためには，政策・制度への影響を考慮して，どのようにして可能な限り理想の概念に近づくかが課題となる。

　単一市場は通常，経済統合のプロセスの観点から表現されることから，以下，本節では，この観点を中心に論じる。ASEAN は，「単一市場と生産基地」を 5 つの重要な要素の観点から定義している。すなわち，(1) 物品の自由な移動，(2) サービスの自由な移動，(3) 投資の自由な移動，(4) 資本のより自由な移動，および (5) 熟練労働者の自由な移動である。ASEAN の重要な要素は，単一市場の中核となる本質を引き出している。すなわち，貿易ブロックの加盟国間における物品，サービスおよび生産要素（資本および労働）の移動が加盟国内と同様に容易であるということである。貿易ブロック内においては，事実上，物品，サービスおよび生産要素の移動に関する障壁（特に政策または規制による障壁）は撤廃される。その結果，加盟国において技術および消費者の嗜好に変更がないと仮定した場合，価格，賃金および収益率の差は可能な限り縮小すると考えられる。

　このように，AEC ブループリントの第 1 の柱に基づく主要な戦略のかなりの部分は，単一市場の重要な要素と一致している。ただし，単一市場を本当に定義するのは，上述した自由の内容である。この点において，EU およびカリコム単一市場経済（CSME）のケースを（特に EU に関して）参考にすることは有益である。なぜならば，「AEC ブループリント 2009-2015」に盛り込まれた措置は，実際に単一市場に近いものを持つために要求される内容とは，かな

1. 枠組み

りかけ離れているからである。この意味において，「AEC ブループリント 2009-2015」に盛り込まれた措置は，「単一市場と生産基地の**実現に向けた**」措置であると考えることができる。

EU 単一市場または域内市場は，単一市場の基本的本質に最も近いものである。たとえば，物品の自由な移動を確保するため，加盟国は，関税だけではなく，関税と同等の効果を有する輸入手数料，差別的税制，数量制限の他，数量制限と同等の効果を有する直接・間接の差別的なルールが禁止されている。加盟国は，国民の健康，環境または消費者保護に関連するリスクなど例外的なケースについてのみ，物品の移動を制限することができる。同様に，サービスの自由な移動および設立の自由とは，加盟国のすべての国民または企業は加盟国においてすべての活動を始めることができ，国籍または設立の方法に基づき差別されることはない。

また，労働者の自由な移動とは，労働者は他のいずれの加盟国にも移動することができ，当該加盟国の国民と同じ条件で雇用されることを意味している。ヒトの自由な移動においては，EU 市民は希望する EU 加盟国において生活し，働き，学校に行き，または退職後の生活を送ることができる。また，シェンゲン圏については，国境管理がないため，シェンゲン圏内には，移動に物理的な障壁は存在しない。EU 自体，単一市場への道のりは未だ完了しておらず，法令の未整備，行政上の障壁および執行上の問題などのギャップに依然として取り組まなければならないと考えている点に留意する必要がある（EU 域内市場に関する詳細な議論については，EU 単一市場ウェブサイトを参照）。

カリブ諸国の地域統合であるカリコム単一市場経済（CSME）についても，単一市場経済にきわめて近いものの実現を目標にしている。カリコム単一市場経済では，カリコム単一市場経済加盟国の企業は，制限なく他のカリコム単一市場経済加盟国において設立することができ，熟練労働者，労働者および旅行者の域内移動のすべての障壁が廃止され，社会サービス（たとえば，教育，健康）の調和が図られ，社会保障給付の移行が可能で，認証評価・同等性に関する共通の基準・措置が確立している。また，カリコム単一市場経済においては，最初の輸入国において適切な税金が納付された後，カリコム単一市場経済内において域外から調達した物品を自由に流通できる対外共通関税も導入されてい

る。物品・サービスの自由な移動については，取引される物品・サービスの受け入れを確保するため，すべての障壁が撤廃され，基準の調和が実現している。カリコム単一市場経済には，企業，知的財産，その他の法令の調和，間接税・財政予算赤字に関する調整，海外投資政策の調和など他の要素が盛り込まれている。多くの主要な要素が実施されているか，または一部実施されている（詳細については，カリブ共同体事務局のウェブサイトを参照）。

　明らかなことは，上述したことからわかるように，カリコム単一市場経済および当然のことながら EU のほうが，ASEAN（「AEC ブループリント 2009-2015」に盛り込まれている措置）に比べ，単一市場の基本的な本質により近い。特に，現行の AEC ブループリントは，労働者の移動および企業の設立の権利についてカリコム単一市場経済または EU のいずれと比べても確かに目標設定が低い。同様に，現行の AEC ブループリントのほうが，基準適合性およびおそらく非関税措置について，より慎重でもある。したがって，AEC ブループリント 2015 に盛り込まれた措置の実施については，ASEAN の最終目標である ASEAN 単一市場（および生産基地）の実現に向けた**最初の段階**として考えるのが最も適切である。

1.3　統合され高度に競争可能な ASEAN

　2015 年以降の単一市場と生産基地の実現に向けた ASEAN の**第 2 段階**は何であろうか。本書では，まだ単一市場ではないにしても，統合され高度に競争可能な ASEAN の実現に向けた ASEAN 統合の深化が第 2 段階となると考える。EU およびカリコム単一市場経済のケースが示唆しているように，単一市場にきわめて近いものになるため，ASEAN において取り組む必要がある主要な政策・制度の変更が多数ある。特に，これらの変更には，有資格の熟練労働者が ASEAN 内のどこにおいても居住・労働できる権利，企業・自営業者が ASEAN 内のどこにおいても一時的・長期的にサービスを提供できる権利，基準の調和・適合性評価を監視する地域組織の設立（カリコム単一市場経済），必須要件を満たしていることを証明した製品を加盟国が受け入れなければならない必須要件に関する法令の調和（EU），社会政策の調和あるいは社会保障給付の移動可能性，差別的関税・手数料，税金または他の加盟国からの輸入品また

1. 枠組み

は輸入業者に対する直接的・間接的に法的拘束力のある制限の撤廃が含まれる。

ASEAN が，上記で論じた必要とされる主要な政策・体制の変更を伴う単一市場の本質が要求する程度に経済統合を深化させることを望んでいるかどうかについては明らかではない。ASEAN は，EU またはカリコム単一市場経済とは本質的に異なっているため，短期間で単一市場の完全実現を目指すことはきわめて困難である。ASEAN 加盟国間の発展レベルは，政治統合についてはるかに強い勢いも持っていた EU 原加盟国間の発展レベルとは大きく異なる。ASEAN 加盟国は，単一市場経済への統合が絶対的に必要なカリブ海の小規模な島国に比べ，はるかに規模が大きい。

実際，現在，単一市場を完全に実現することに ASEAN に大きな躊躇があることは明らかである。真の単一市場に向かって全力で前進する明確な政治上の意思決定が ASEAN においてなされるまで，「単一市場と生産基地」という表現は，実際，少なくとも今のところ，本質的に「統合され高度に競争可能な ASEAN」[1] のひとつでしかない。本書において，後に指摘するように，「生産基地としての ASEAN の統合」を実現することは，成果の面の他，おそらくプロセスの面においても「単一市場」の最終的な創設に向けた生産的な方法であると考えられる。また，「高度に競争可能な ASEAN」は，「生産基地としての ASEAN の統合」にとって重要な支えとなる。競争可能性は，埋没費用およびネットワーク費用が存在する状況のもとで，市場競争または競争政策を適切に適用することにより，企業による産業または活動への参入および退出が容易なことを意味する。

「統合され高度に競争可能な ASEAN」の実現に向けた多くの要素については，以下のとおり，AEC ブループリントに盛り込まれ，よく知られている。

- 簡素化され非保護的な非関税措置
- 貿易を円滑化する基準適合性の体制
- サービス分野と投資の競争可能性の向上（および自由化）

---

1)　実際，「単一市場と生産基地」という表現が世間一般的に使用されていることを考慮に入れると，公式の発表の中においても依然使用できるものの，移行期においては「統合され，かつ高度に競争的である」と大まかに解釈できる。

- 貿易，投資および輸送の円滑化の一層の効率化
- 競争政策
- インフラの連結性の向上
- 熟練労働者の移動の向上

　上述した要素のほとんどは，「AEC ブループリント 2009-2015」の第 1 の柱に盛り込まれているものである。2015 年までに措置が完全に実施されることを期待することは非現実的であると推定し，2015 年以降の行動案のほとんどは，AEC ブループリントに盛り込まれている構想を一層深化させたものとなっている。また，産業の範囲を拡大するとともに，AEC ブループリントにおいて期待されている以上の経済統合の深化に向けて円滑化の程度を深化させる必要がある。詳細については，本書の第 3 章において論じる。

　生産基地として統合された ASEAN の実現には，道路，橋，港湾，空港，電気通信施設などの点においてインフラの連結性向上が必要とされる。また，生産基地として統合された ASEAN の実現には，輸送・物流サービスの効率性向上および輸送円滑化政策も必要とされる。このように，物流・輸送関連サービスに関する競争可能性および競争促進的な政策がきわめて重要となる。AEC ブループリントの第 2 の柱にインフラの連結性措置が盛り込まれているが，域内における連結性を深化させるためのより結合力があり説得力のある ASEAN の戦略を表しているのが ASEAN 連結性マスタープラン（MPAC）である。

　生産基地として統合された ASEAN を実現するための物理的インフラ，競争的な市場（輸送・物流サービスの競争的な市場を含む）および効率的で首尾一貫性のある規制・手続き間の補完関係の重要性については，おそらく，2013 年 7 月 18 日にバンコクにおいて開催された東アジアサミットの規制に関するラウンドテーブルにおける，以下の在 ASEAN インドネシア大使 Ngurah Swajaya の基調演説によって最もよく表現されている。

　　「よくできた物理的インフラがあっても，適切な制度と人と人の連結による支えがなければ，シームレスな連結性は保証できない……

よくできた物理的インフラを一貫性のある規制政策と組み合わせることにより，EU は，シームレスな連結性，有効な単一市場，より競争可能な生産基地を確立している。」

第 3 章において，2015 年以降の統合され，かつ高度に競争可能な ASEAN の実現に必要とされる主要な要素について詳述する。

1.4　第 2 の柱：競争力のあるダイナミックな ASEAN

世界的に競争力のある地域になるための ASEAN の基本戦略は，地域の連結性および ASEAN が物品・サービスの東アジアの生産ネットワークおよびグローバルな生産ネットワークの主要な歯車となることによって国内や地域に構築された産業クラスターのネットワークを深化・拡大することに依拠している。最前線において，国際的に競争力を持つようになり，また，それを維持するため，イノベーションおよび創造性への依存を高めことになるのは，ASEAN に拠点を置いている企業（現地企業および多国籍企業）である必要があると考えられる。ASEAN をダイナミックで競争力を持つ地域にすることは，域外へグローバルに結合を広げるとともに，域内へは産業クラスターおよび中小企業を発展させることによって，生産ネットワークの最前線を前に推し進めることを伴う。

シンガポールを除くほとんどの ASEAN 加盟国が研究開発投資の面で中国などの国々の水準に全く達していないことから，イノベーションの領域において取り組まなければならないことが多数残っている。そのような状況ではあるが，すでに域内において成功している例もある。シンガポールが最も良い例である。シンガポールは，イノベーションを推進する多国籍企業を対象とした投資の円滑化，高度熟練技術労働者に対する比較的緩やかな移民政策の適用，それとともに人的資源・インフラの点で国内研究開発能力の強化を図っている。シンガポールは，地域の他の諸国のモデルとして役立つ可能性がある。ASEAN 加盟国においては，多くの品目において中小企業が組み込まれた産業クラスターを一層発展させるために，取り組まなければならないことが多数残っている。

時間の経過とともに相対賃金（効率性あるいは労働生産性を考慮した）が大幅に変化していることから生じた域内における比較優位の動態的変化により，輸出品の品目数が大幅に増加するとともに，ASEAN 内において輸出を行う地域が拡大している。また，統合され高度に競争可能な ASEAN によって可能となる物品，サービス，ヒトおよび資本の移動が域内における比較優位の動態的変化を推進する。さらに，域内における比較優位の動態的な変化を円滑にすることは，後発地域が次々と飛躍的な開発戦略を採用することも可能にし，域内における比較優位の変化をさらに加速できる。最後に，シームレスな ASEAN の実現に向けた制度上・物理的な連結性は，ダイナミックで競争力のある AEC の実現に向けた推進力の重要な構成要素となる。

第4章では，いわゆる「第2のアンバンドリング」のもとでの域内生産ネットワーク，産業クラスターについて詳述し，どのようにして ASEAN を産業クラスターに向けてさらに統合を進められるかについて検討する。また，第4章では，ASEAN がバリューチェーンの上流に移行するとともに，競争力およびダイナミズムを維持するためにきわめて重要な技術移転・イノベーションのダイナミックスおよびこれに付随する人的資本開発についても論じる。端的に述べるならば，ASEAN の競争力およびダイナミズムの向上に向けた課題の最も重要な課題は，ネットワーク化され，イノベーションが進展する将来の世界において，ASEAN が，どのようにして，そのような世界としっかりとつながることができるかという点にある。

1.5　第3の柱：包摂的で強靭性のある環境調和的な ASEAN

他の地域と比較した ASEAN の主要な特徴のひとつは，たとえば，EU さらにラテンアメリカ統合連合（LAIA）と比較した場合，加盟国間の発展レベルに非常に大きな格差があることである。第1章において示したように，一部の ASEAN 加盟国においては，所得分配の不平等は，ラテンアメリカ諸国のうちの数か国ほど深刻ではないにしても大きい。したがって，ASEAN は，「AEC ブループリント 2009-2015」の第3の柱において示したように，地域統合計画に盛り込まれている包摂性に特段の注意を払う必要がある。

1. 枠 組 み

包摂性を生む 発展レベルの大きな格差は，国ごとの賃金格差を意味することから，それ自体，成長機会として利用することができる。具体的には，大きな賃金格差は，中国をはじめとした東アジア諸国の工業化や経済構造変化をもたらした地域生産ネットワークの ASEAN 内での拡大と深化を可能にする。実際，ASEAN 加盟国の発展レベルが多様なことを考慮に入れると，経済統合の深化により，ASEAN 加盟国および東アジア諸国間の相乗効果が強化され，「より成熟した国の資本・ノウハウと後発加盟国の低コストおよび豊富な労働力・資源を活用できる」ことが ASEAN にとって機会となる（Hansakul and Keng 2013, p.1）。本書で述べる包摂的な成長または公平な発展の実現に向けた推進力は，社会的配慮に基づく直接的な所得分配メカニズムへの依存を強めるのではなく，ダイナミックな経済力の利用に重点を置いている。

ASEAN の場合，包摂性には3つの側面がある。すなわち，地理的，産業的および社会的な側面の3つである。多くの ASEAN 加盟国において，包摂性のこの3つの側面について大きな発展格差が残っている。重要な地理的発展格差には，比較的豊かな ASEAN 加盟国と比較的貧しい ASEAN 加盟国との格差，ほとんどの ASEAN 加盟国における比較的豊かな地域と比較的貧しい地域の格差が含まれる。産業的包摂性は，多国籍企業対現地企業，大企業対中小企業，製造業対農業などに関連するものである。一方，社会的格差は主として，豊かな家計対貧しい家計，年齢，性別，民族などによる異なる扱いに関連するものである。貧困者は，国・地域の成長センターとの物理的・制度的連結性が低い地方・場所に居住している傾向があることから，地理的包摂性および産業的包摂性は実際には社会的包摂性にも寄与することにも留意する必要がある。また，貧困を削減し，所得分配の不平等を改善する最善の方法のひとつは，雇用創出であり，さらに良いのは，主として農業部門以外においてより給与の高い雇用を創出することであり，農業以外の部門における雇用主のほとんどは，中小企業であると考えられる。

地理的包摂性および産業的包摂性が生まれることは主に，地理，部門，技術ごとの市場のセグメント化につながる構造的問題，政策上の問題および市場の失敗への対応を含んでいる。たとえば，統合され高度に競争可能な ASEAN は，一方で投資・物品の移動を容易にし，他方で投資家が享受する安い人件費およ

び天然資源の利益の可能性を強調していることから，後発地域への域内生産ネットワークの拡大を促進すると考えられる。比較的貧しい地域における域内生産ネットワークに関連した生産がこのように急増すると，地理的包摂性が生まれる。同様に，金融，技術および市場情報への中小企業のアクセスを改善することにより，中小企業は成長し，生産ネットワークへの結合を強め，産業クラスターの密度が高まり，生産性向上への道が増えると考えられる。その結果，国内外の市場需要を満たすため，産業的包摂性が高まり，雇用が増加し，国内生産能力が高まる。

　ASEAN における産業的包摂性については，主として域内における中小企業の力強い成長によって追求されると予想される。中小企業の力強い成長は，2つの重要なチャンネルにより達成される。すなわち，域内における産業クラスターおよび生産ネットワークの成長・増加への中小企業の参加拡大，そして，主として中小企業によってもたらされる国内市場・地域市場自体の力強い成長の2つのチャンネルである。同時に，中小企業の力強い成長は本質的に域内の中間層の増加の重要な手段であることから，域内の中小企業の成長をさらに促進する国内需要・地域需要を増加させる。

　農業人口が多い ASEAN 新規加盟国およびインドネシアやフィリピンについては，産業的包摂性の向上を追求するには，中小企業の力強い成長だけでなく，農業の力強い成長・生産性向上も含まれる。ほとんどの ASEAN 加盟国が農業および天然資源に比較優位を持っていることを考慮に入れると，農業の力強い成長は貧困を削減するとともに，中間層を増やすことで，国内需要・地域需要の増加にさらに寄与することから，中小企業の成長（および農業の成長，農家の所得増）を促す。中小企業および農業の生産性の力強い伸びは，少なくとも高中所得国に移行し，域内の発展格差の縮小を可能にするのに必要な高い経済成長率の実現に大きく寄与する。

　上述したように，産業的，地理的，社会的包摂性の格差に取り組む主要な戦略には，かなりの部分において補完関係および重複がある。このように，たとえば，中小企業の力強い成長は，産業的包摂性だけではなく，社会的包摂性も生む。これは，主として農業部門以外からの雇用・労働者所得の増加が貧困から脱却するためのひとつの主要な手段であるからである。また，農業部門以外

における雇用増加の多くは，中小企業の力強い成長からもたらされている。同様に，多くの ASEAN 加盟国において，地方および農家の貧困率は，全国平均および都市部家計に比べ著しく高い傾向が見られることから，農業の発展も地理的包摂性および社会的包摂性を生む。

それにもかかわらず，経済のプロセスは，貧困および所得分配の不平等のすべてを解決するものではない。所得の移動には雇用の可能性が必要であり，雇用の可能性には適切な教育を受けられることが必ず必要である。公衆衛生緊急事態は，貧困につながる一方，深刻な栄養失調は教育能力に悪影響を及ぼすことから，異時点間の所得移動に悪影響を及ぼす。したがって，貧困者が雇用および豊かな生計を得ることができる機会を増やすことを目標とした基本的なセーフティネットを導入する余地もある。

要約すると，包摂的な ASEAN の実現に向けた 4 つの主要な戦略は，次のとおりである。

- 周辺地域を成長センターに深く結合させる。
- 農業生産性を向上させ，地方の産業を支援する。国内産業クラスターおよび域内生産ネットワークにおいて，中小企業同士および中小企業・大企業と多国籍企業との統合を深化させる。
- 目指しているセーフティネットが（国レベルの）財政能力と一致していることを確保する。

ASEAN において包摂性を生むことについては，本書の第 5A 章においてさらに論じる。

強靭性があり環境調和的な ASEAN の実現に向けて　強靭性向上の第 1 の要素は，エネルギー安全保障，食料安全保障および資源安全保障である。人口増加，産業部門の拡大，都市化の進展および生活水準の上昇に伴い，エネルギー，食料および資源の需要が確実に増加すると予想されることから，安定した十分な供給を確保しなければならない。また，最近，エネルギー市場，食料市場および資源市場が不安定化する事態が起きており，今後中長期的に再度混乱が起

きることが予想される。このようなショックは，輸出国と輸入国の政策調和の不十分さ，正当な理由のない投機，生産性の向上や代替資源の開発を促すような研究開発の不十分さによっても一層悪化する。

このように，地域協力およびグローバルな協力の余地は十分ある。このような努力には，次のものが含まれるであろう。需要を満たすため，効率性および生産性を向上させることによって十分に安定した供給を確保すること。投機に対して健全な市場メカニズムを持続的に機能させること。非常時に備えて地域在庫制度を整備すること。輸出入国間の地域協力およびグローバルな協力を促進すること。

食料安全保障は，ASEAN にとって特に重要な関心事項である。実際，ASEAN は緊急食料備蓄のためのひとつの主要な制度を構築している。すなわち，ASEAN+3 緊急米備蓄（APTERR）である。また，ASEAN は，ASEAN 統合食料安全保障（AIFS）枠組みおよび食料安全保障に関する戦略的行動計画（SPA-FS）も策定している。さらに，ASEAN は，ASEAN 食料安全情報システム（AFSIS）も導入している。それにもかかわらず，食料安全保障に対する統合されたアプローチを策定し，農場に関わる要因，需要・価格要因，政策・貿易要因および環境要因に取り組むことが ASEAN にとって重要である。上述した要因のすべてがいわゆるライスボウル指標を構成するものである。2015 年以降の ASEAN における食料安全保障のこれらの要因，指標および枠組みについては，本書の第 5A 章において論じる。

エネルギー安全保障については，国レベルおよび地域協力の面において緊急かつ大胆な政策措置が必要とされる。供給サイドにおいて ASEAN は，エネルギー源および輸入先を多様化するとともに，化石燃料やバイオマスを含む代替エネルギーの国内における探査，生産およびインフラへの投資を促進しなければならない。需要サイドにおいては，エネルギー利用の効率性を劇的に改善しなければならない。不適切な政府介入を排除することによる国内・地域エネルギー市場の効率性向上もエネルギー安全保障改善のために重要である。緊急事態対応および海上交通路の安全確保のための強化制度を導入する余地が十分ある。対話と協力を活性化するため，ASEAN，ASEAN+3 および EAS に基づく現行のエネルギー協力フォーラムを強化しなければならない。エネルギー

1. 枠 組 み

節約が経済成長に及ぼす影響に関する ERIA プロジェクトのシミュレーション結果が，東アジアにおけるエネルギー効率性の向上は多くの ASEAN 加盟国の経済成長率を上昇させることを示している点に留意する価値がある。ASEAN および東アジアのエネルギー問題については，本書の第 5B 章において詳述する。

　有効な災害マネジメントも強靭性がある ASEAN にとって重要である。ASEAN そしてアジア全体は特に，台風，地震，津波，干ばつ，洪水，火山活動などさまざまな災害の被害を受けやすい地域である。自然要因だけではなく，人的要因も損害の頻度および深刻さに影響を及ぼす。リスクの特定，緊急時への備え，制度的能力向上，リスク軽減および大災害のリスクへの資金供給などの災害への対応において，より適切な組織が必要とされる。このような努力には，迅速で効果的な行動のための地域協力スキームの整備，災害に対する地域保険メカニズムの可能性の模索，災害への対応のための包括的な総合研究所の設置が含まれるかもしれない。

　強靭性がある ASEAN の最後の要素は，セーフティネットおよび社会保護である。これも包摂性に関連するものである。経済成長の果実は，社会のすべての部分に届かなければならない。経済成長が所得を増加させ，都市化が進展するに伴い，伝統的な社会保護のタイプから近代的な公的社会保護のタイプへの移行が不可避となる。公的社会保護は，経済発展の過程において政治の安定の実現のために不可欠である。もしそうでなければ，経済発展は持続可能なものとはならないと考えられる。同時に，社会保護には多額の財政負担が伴うことが多いことから，適切な優先順位付けおよびスケジュール管理を行う効率的な制度の整備が必要とされる。この点については，本書の第 5A 章において後述する。

　地球温暖化およびその他の環境問題は，ASEAN 市民を含む世界中のさまざまな人たちの大きな関心事項となっている。しかし，ASEAN を含む途上国が一層の発展を強く望むことは当然のことであることから，環境保護，特に CO_2 排出の点においてトレードオフの関係があるかもしれない。ただし，ASEAN においては，少なくとも今後 10 年間，経済成長，産業化および都市化を優先事項とする必要がある。経済成長がどのように環境と調和できるかという包括

的で首尾一貫したシナリオは，まだ策定されていない。ASEANを含む途上国が環境調和的な成長の促進に比較的受身的な態度しかとっていないのは，このためである。しかしながら，2015年以降，ASEANは，環境調和的な発展を経済成長，産業化および都市化と調和させる強固で説得力のある戦略を策定することにより，環境調和的な発展の促進に積極的に取り組む必要があると考えられる。

　今後10年間，ASEAN加盟国の力強い経済成長に伴い，CO_2排出量が増加することは不可避であると思われる。それにもかかわらず，経済成長を犠牲にすることなく，より良い環境を持続させるためにできることが数多くある。効率性の向上および資源コストの急上昇への対応によって，競争力を強化する措置も考えられる。世界中で環境の持続可能性がますます強調されるようになるに伴い，環境保護および持続可能性について考えることは，ASEANにとって利用できる経済上の機会となりうる。ASEANにとってウィン・ウィンとなる見込みのある領域の事例として，再生可能エネルギー産業・リサイクル産業など環境保護産業の促進，先進処理技術による既存産業の環境調和化，エネルギー効率性の高い製品の販売促進，域内におけるエネルギー市場の統合が含まれる。長期的には，技術をさらに進歩させ，それを利用することも役立つと考えられる。これら多くのエネルギー関連構想については，本書の第5B章において論じる。

1.6　第4の柱：グローバルなASEAN

　AECブループリントの第4の柱であるグローバル経済に全面的に統合された地域は，ASEANが全面的に統合され，競争力のある経済地域となるように作業を進めているのと同様に，ASEANはASEAN以外の世界と十分統合されなければならないとのASEANの深い認識を反映したものである。これは，ほとんどのASEAN加盟国がASEAN域内の他の加盟国に比べ，世界のASEAN以外の国との貿易額が多いことによる。動学的GTAPモデルを用いたシミュレーション結果は，ASEAN加盟国にとって，ASEAN域内のみにおける経済統合から享受する利益よりも東アジアにおける経済統合からが享受する利益の方が大きいことを示唆している（Itakura 2012）。

1. 枠組み

　ASEAN は東アジア経済統合を促進し，その拠点となってきた。この点については，ASEAN がオーストラリア・ニュージーランド，中国，インド，日本および韓国と締結している ASEAN+1 FTA が最も良い事例である。EU および NAFTA においては，主要な経済大国は，地域統合プロセスの先頭に立ち，推進した国であったことから，ASEAN が東アジア地域において経済統合イニシアチブを促進し，その支点としての役割を果たしていることは，それだけで注目に値するものである（Fukunaga et al., 2013 を参照）。

　前進するにあたり，東アジア地域包括的経済連携（RCEP）は，東アジアにおいて地域統合をさらに促進するための ASEAN にとって最も重要な構想であるとともに，グローバルな ASEAN を実現するための主要な枠組みである。また，RCEP は，円滑に機能する AEC の実現を進めている ASEAN の努力を補完する重要なものでもある。特に TPP を考慮に入れると，東アジアにおける地域統合構想をより高いレベルに効果的に引き上げる一方，ASEAN 加盟国の発展レベルの大きな格差を考慮しつつ RCEP の包摂性について最大限考慮している RCEP 交渉妥結の成功が ASEAN にとって主要な課題となる。本書の第6章では，多くの問題を検討し，信頼され，順調に機能する RCEP を実現させる方法を模索する。急成長を遂げながら発展しているアジアの地理的中心に位置する戦略的立地を利用することが ASEAN にとって重要である。

　ASEAN は経済面で前進するに伴い，さまざまな国家により構成されているグローバルコミュニティにおいて地位を高め，利害関係にある対話国・対話国以外の諸国および国際機関との協力関係を加速させる必要がある。これにより，地域の安定，安全保障および繁栄に影響を及ぼす問題について相互理解を深めることができる。さまざまな相手と開放的で対等な関係を維持することにより，ASEAN はさまざまな資源や物資を取り入れることができるとともに，世界の主要な成長センターとしての地位を強固なものにすることができる。また，ASEAN は，国際フォーラムに対して，AEC の創設および深化の過程において得た経験および教訓に基づく貢献も行うことができる。課題解決型アプローチに基づき，特に FTA および EPA 地域拡大の促進において，ASEAN は，他のより広範な協力の枠組みの中核となる構成要素となることができ，世界の他の国・地域と均衡のとれた関係を構築することができる。

ASEAN 自体が発展・関心レベルが大きく異なる 10 か国で構成されていることから，地域に共通する問題について共通かつ巧みな姿勢をとることが ASEAN にとって課題となる。Tay（2013）が指摘しているように，これは容易なことではないものの，ASEAN の場合，成功事例がいくつかある。国際舞台における ASEAN の発言権の拡大については，本書の第 6 章において後述する。

　国際的に地位を高め，発言権を高めている他，2015 年以降の統合の深化の課題をうまく管理している ASEAN は，ASEAN の人々が共同体意識を一層深めるよう求める必要がある。また，ASEAN は，結合力を促進するため，ASEAN 地域枠組みの強化を求める必要がある。ASEAN 首脳が「1997 年 ASEAN ビジョン 2020」(p.5) において述べているように，

> 「われわれは，ASEAN がそのビジョンを実現するとともに，次の 100 年間の課題に対応できる ASEAN の体制およびメカニズムを発展し，強化することを決意する。また，われわれは，われわれのビジョンの実現を支援するための役割を強化した ASEAN 事務局の強化の必要性についても理解している」。

　第 6 章では，2015 年以降の ASEAN における今後の制度の変更に関する緊急課題について論じる。また，トラック 2 およびトラック 1.5 制度が ASEAN における統合プロセスのより効果的な管理に向けて果たすことができる役割についても強調する。

1.7　基盤：感動する ASEAN

　すでに明確に述べた 4 本の柱に加え，図 2B.1 に示した枠組みでは，この 4 本の柱は**感動する ASEAN** という強力な基盤の上に立つ必要がある。2015 年以降に向かって前進する ASEAN にとって特に関心事項となっている感動する ASEAN には，2 つの要素がある。

　第 1 の要素は，特別なものではない。たとえば，ASEAN における持続的な高い公平な成長の主要な原動力は民間部門であるという単純な理由から，各

1. 枠組み

ASEAN 加盟国および ASEAN 自体はビジネス部門の関心事項に即応的でなければならない。民間部門は一枚岩ではなく，さまざまな細分化された部門が異なる関心事項を持っている。それにもかかわらず，主として汚職，官僚機構の非効率性，政府機関間の調整・政策一貫性向上の必要性，インフラ・人的資本の質に関して，民間部門のさまざまな細分化された部門間に共通領域があることが考えられる。いろいろな意味において，民間部門のさまざまな細分化された部門全般の関心事項に即応的であることは，地域における経済ガバナンスを改善するとともに，民間部門を支援する魅力的な事業・投資環境を整備するために民間部門のさまざまな細分化された部門と密に協力することを含む。

第2の要素は，第1の要素に関連するものであるものの，ありふれたものではなく，より基本的なものである。すなわち，即応的な規制と規制制度である。地域経済統合は，ASEAN 加盟国のすべてではないにしても，ほとんどのASEAN 加盟国において政策・規制の変更・改善を必要とする。実際，いろいろな意味において，AEC は，ASEAN 加盟国にとって規制・体制改善プロセスの協調を図る場である。即応的な規制と規制制度は，政府がさまざまな利害関係者の声を積極的に聞くこと，政府とさまざまな利害関係者との積極的な関わり，さまざまな利害関係者に発言の機会を与えること，反対者の意見を公正に聞くこと，さまざまな利害関係者からの約束を得ることを含む。これには，規制問題に対するより良い解決策の特定を促すとともに，規制の改善および規制改革実現のための連携を構築する利害関係者との規制に関する情報に基づく対話が含まれると考えられる。

即応的な規制制度は，「規制対象主体の行動，産業界および環境に対して即応的である」(Braithwaite 2011, p.475) 規制の設計を含む。そういうものとして，協力的な能力構築および規制体制を形成する支援ピラミッドとともに制裁のピラミッドについての合意を生む利害関係者との協力関係の構築が課題となる。これらすべての最終結果は，質の高い規制環境の整備に資するもので，この規制環境において，APEC 首脳が「APEC 諸国間における良き規制慣行」(APEC 2011) に署名したときの APEC 首脳の目標と同じ無差別，透明性および説明責任の概念が ASEAN の規制文化に組み込まれている。

即応的な規制制度は，一国の規制の効率化および規制の首尾一貫性に寄与す

るものである。「規制を効率化する負担は，規制が望む目標を達成するために必要とされる負担と同程度である。首尾一貫性とは，異なる規制および手続きがお互いに重複しない，または齟齬をきたさないことを意味する」(Dee 2013b, p.2)。

即応的な規制・規制制度の性質・重要性およびこれに付随する規制に関する情報に基づいた対話・規制の首尾一貫性のイニシアチブについては，本書の第7章において論じる。

2. AEC と ASEAN における地域統合・発展モデル

AEC は，地域統合構想それ自体としてだけではなく，ASEAN が重要な役割を果たしている発展・統合の新たな東アジアのモデルの重要な歯車としても理解しやすい。この統合・発展モデルは，直接投資，技術の普及および貿易によって促進され，域内の大部分におけるより開放的な経済政策によって活性化された東アジアの域内生産ネットワークの形成，拡大および深化と強く結びついている。要するに，このモデルは，費用削減，柔軟性，生産性と強く結びついており，生産のフラグメンテーション，産業集積，生産活動の域内化，関連会社・子会社からの外注または企業間取引とのバランスを見出す企業の意思決定の可能性を高める（たとえば，Ando and Kimura（2005）；Ando and Kimura（2009）；ERIA（2010a）を参照）。

域内生産ネットワークの形成は，垂直統合生産体制を民間部門および政府が提供する「サービスリンク」によって結合された「生産ブロック」に分散化された生産体制と取り替えることから始まる（図2B.2 参照）。生産ブロックにおける生産コストの低下から生じるコスト削減が大きく，サービスリンクコストが小さい場合，生産のフラグメンテーションが実現可能で，生産プロセスが技術的に分離可能なとき，生産のフラグメンテーションが起こる（ERIA 2010a）。（プロセスの分離可能性が，化学工業ではなく，機械工業において生産のフラグメンテーションが行われている主要な理由となっている。）サービスリンクコストは，調整費用，輸送費用，税関・輸出入通関手続の有効性を含む貿易障壁の影響を受ける。

2. AEC と ASEAN における地域統合・発展モデル

図 2B.2　フラグメンテーション理論：生産ブロックとサービスリンク

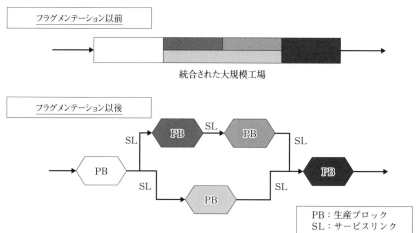

生産ブロックへのフラグメンテーションにより，たとえば，要素費用，効率性および能力の著しい差などに基づき生産ブロックの立地を異なる国に分散することができる。フラグメンテーションには地理的側面または空間的側面だけではなく，企業内／企業間の側面もある。すなわち，企業は，どの活動を自社で行い，どの活動を近隣または他国にある他社との企業間取引に依存するか意思決定を行う。

ERIA（2010c）から引用した図 2B.3 に見られるように，地理的側面または空間的側面および企業内側面／企業間側面に基づき，フラグメンテーションに関して4つの組み合わせが考えられる。すなわち，

- 国内・企業内フラグメンテーション。たとえば，統合された1工場ではなく，2工場。
- 国際的・企業内フラグメンテーション。たとえば，外国にある子会社工場。
- 国内・企業間フラグメンテーション。たとえば，国内下請会社または競争的入札。
- 国際的・企業間フラグメンテーション。たとえば，外国籍の下請会社。

図2B.3 2次元のフラグメンテーション：例示

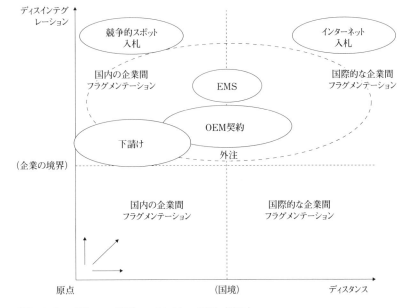

出典：Ando and Kimura（2005），reprinted from ERIA（2010a）．

　ジャストインタイムオペレーションまたは希少な高度な訓練を受けた者による高い監督レベルが要求されるオペレーションについては，企業間取引の企業を含め工場および企業を，相互に合理的に近い距離に集積することを求められる可能性が高いと考えられる。ジャストインタイムオペレーションが必要とされない活動またはより標準化されている活動については，人件費の低い地理的に遠い国に立地することが可能であり，工場は外国にある子会社や他企業のいずれでも可能である。

　生産のフラグメンテーションにより，発展戦略または成長戦略の道が提供される。さまざまな地域の立地の優位性の差を利用するため，企業にはどのように自社の生産ブロックを切り取るかについて一定の柔軟性があることから，誘致国は，各生産ブロックの立地の優位性のニッチを探すことができる。企業の立地に関する意思決定には，直接投資に関する含意を伴う他，技術移転・技術

2. AEC と ASEAN における地域統合・発展モデル　115

波及の可能性があることに留意する必要がある。技術波及の程度は，誘致国およびその国の企業の技術吸収能力の影響を受ける。過去 30 年間，東アジアの成長・産業化を大きく押し上げてきたのは，生産のフラグメンテーションおよび域内生産ネットワークに組み込まれた投資・技術と貿易の関係のこのようなダイナミズムである。実際，これは東アジアにおける先駆的な新たな発展モデルである。

　サービスリンクコストは，地理的距離の影響を受けやすいことから，参加するさまざまな国・地域については地理的階層が存在する。アジア総合開発計画（Comprehensive Asia Development Plan: CADP）（ERIA 2010a，p.12）は，域内生産ネットワークへの参加の点で，地域・国を 3 つの階層に分類している。

- **ティア 1 地域／国**：生産ネットワークに深く組み込まれている地域・国で，すでに高頻度の生産結合（すなわち，ジャストインタイムオペレーション）が可能な産業クラスターが存在する層
- **ティア 2 地域／国**：生産ネットワークにまだ全面的に統合されていない地域・国で，国内産業クラスターが未だ発生期にある層
- **ティア 3 地域／国**：高頻度の生産ネットワーク結合に参加しない可能性が高い地域・国だが，低頻度結合ではあるものの，生産ネットワークが産業発展の基礎となりうる層

　たとえば，アメリカの本社とメキシコの工場間の NAFTA の典型的な「行ったり来たりする閉回路の企業内」（ERIA 2010a，p.6）取引とは対照的に，企業内・企業間取引を含む多数の国をネットワークに含む傾向があることから，東アジアは，世界で最先端をいく域内生産ネットワークを有している。（NAFTA に対して）東アジアのさまざまな国の要素価格に大きな差があることにより，要素価格，生産性および立地の優位性の差を有効に利用したより洗練されたフラグメンテーションが可能となる。

　域内生産ネットワークに発展・成長の重要性を与えているのは，域内生産ネットワークを含む経済活動が数多くの東アジア諸国の経済の重要な部分であるということである。同様に重要なことは，東アジア諸国が域内生産ネット

ワークに参加している中小企業を含む企業の投資を積極的に誘致している点である。

　域内生産ネットワークへの参加国の増加，拡大および深化を促進できるのは何であろうか。表2B.1は，フラグメンテーションと産業集積を支援する諸政策のマトリックス表である（Ando and Kimura 2013; ERIA 2010a）。

　企業間の生産のフラグメンテーションを支援し，産業集積を促進する諸政策には，次のものが含まれる。

- 投資の円滑化，企業の立ち上げを容易にすること，汚職への対応などにより，投資コストを削減する。
- 地理的距離および国境効果を克服する。たとえば，関税・非関税障壁の撤廃，貿易・輸送の円滑化，物理的連結性の改善，競争政策，基準適合性。
- 立地の優位性を高める。たとえば，インフラ・物流サービスの質の向上，製品支援サービスの自由化。

国家間における生産のフラグメンテーションを支援する諸政策として，次のものがある。

- 企業間結合のネットワーク設立費用を削減する。たとえば，多国籍企業と現地企業間の事業マッチング。
- 企業間取引の履行に伴う費用を削減する。たとえば，契約の強力な法的保護，紛争解決メカニズム。
- 潜在的ビジネスパートナーの競争力を高める。たとえば，中小企業の発展，知的財産権（IPR）を含むイノベーションの能力・環境の強化。

　上述の政策一覧は，ASEAN経済共同体およびそれに関連する措置が，域内の成長・発展エンジンとしてASEANにおける域内生産ネットワークの満開にとって，いかに重要であるかを明確に示している。AECブループリントに盛り込まれているすべての重要な措置は，ネットワーク設立費用の削減，サービスリンクコストの削減，立地の優位性の向上，多国籍企業間，多国籍企業・

2. AEC と ASEAN における地域統合・発展モデル

表 2B.1　フラグメンテーションと産業集積の 2 × 3 政策マトリックス

	生産／流通ネットワーク構築のための固定費用の削減	生産ブロックを結ぶサービスリンクコストの削減	生産ブロック内の生産コストの一層の削減
距離の次元のフラグメンテーション	投資コスト削減のための諸政策 1) 投資関連政策の安定性・透明性・予測可能性の向上 2) FDI 受入機関・工業団地における投資円滑化 3) 投資資金調達に関連する金融サービスの自由化・充実	地理的距離，国境効果を克服する諸政策 1) 関税等貿易障壁の削減／撤廃 2) 通関手続の簡素化・効率化等を含む貿易円滑化 3) 輸送インフラ整備および輸送・流通サービスの効率化 4) 電気通信・ICT インフラの整備 5) オペレーションおよび資本移動に関連する金融サービスの効率化 6) 人の移動の円滑化による離れた拠点間のコーディネーションコストの削減	立地の優位性を強化する諸政策 1) 多様な人材確保を可能とする教育／職業訓練制度の整備 2) 安定的かつ弾力的な労働法制・制度の整備 3) 効率的な国際・国内金融サービスの整備・育成 4) 電力その他エネルギー，工業団地等のインフラサービス投入コストの削減 5) 垂直的分業を可能とする集積の形成 6) 投資ルール，知的財産権等の経済的制度の整備 7) きめ細かな貿易・投資円滑化措置
ディスインテグレーションの次元のフラグメンテーション	企業間取引の設立費用を削減する経済環境の整備 1) 多様なビジネスパートナーの共存と弾力的な契約形態を許容する経済システムの構築 2) 潜在的ビジネスパートナーに関する情報収集コストを削減するための諸政策 3) 契約の公正性・安定性・効率性の確保 4) 安定的かつ有効な知的財産権保護体制の確立	企業間取引の履行に伴うコストを削減する制度環境の整備 1) ビジネスパートナーに対するモニタリングコストを削減するための諸政策 2) 紛争解決メカニズムの整備のための法制・経済制度の改善 3) アウトソーシングを容易にする方向のモジュール化の技術革新を促進する諸政策	潜在的ビジネスパートナーの競争力強化のための諸政策 1) 外資系・現地企業を含む多様なビジネスパートナーの誘致・育成 2) サポーティングインダストリーの強化 3) 集積の形成を促進する諸政策

出典：ERIA（2010a）.

現地企業間，現地企業間の企業間取引の一層の促進を意図したものである。また，上述の政策一覧から，現行の「AEC ブループリント 2009-2015」において十分に盛り込まれていない，または明確に表現されていない政策領域があることも明らかである。これらは，2015 年以降の AEC にとって未完の作業の一部である。

　つまり，AEC 実現に向けた加速する動きと上述した新たな発展・統合モデルは合致している。この相乗効果から，**アセアンライジング**を発展させ国際的な信用の一層高い位置に勢いよく押し上げることが期待できる。

第3章 ASEAN 単一市場と単一生産基地の実現に向けた統合され高度に競争可能な ASEAN

　ASEAN 加盟国および ASEAN が，実際に真の意味での単一市場となるために取り組む必要がある政策面および制度面に大きな変化があることを考慮に入れると，2015 年以降の次の 15 年間を，最終的な目標である単一市場と単一生産基地の実現に向けた ASEAN による取り組みの AEC 2015 以降の次の段階として考えることが最も適切である，という点について前章で明らかにした。この次の段階は，ASEAN にとって，統合された生産基地と高度に競争可能な市場になる段階である。これは，ASEAN 地域における経済統合を深化させる ASEAN の段階的に発展させていくアプローチと一致している。

　2015 年以降の ASEAN 経済統合の第 2 段階は，かなりの程度まで発展しつつある東アジアの力強い経済を実際に相当程度発展させ牽引している，経済統合・経済発展の新たなモデルに合致している。この新しいモデルは，生産ネットワークとそれに付随する投資，技術の普及，空間の連結および国際貿易のダイナミズムに基づいている。かなりの程度まで，統合され高度に競争可能な ASEAN に必要不可欠な事項は，ASEAN における地域クラスターおよび域内生産ネットワークを開花させるプラットフォームを提供し，ASEAN 地域による持続的で高く，比較的公平な成長の実現に貢献することである。

　本章では，統合され高度に競争可能な ASEAN の実現に向けた主要な要素とそれに付随する今後の方策について論じたい。

　動学 GTAP モデルの利用によって得られた，ASEAN 経済共同体（AEC）

におけるASEAN経済統合の経済全体への影響に関するシミュレーション結果は，ASEAN域内の物品関税撤廃，さらにASEAN域内サービス貿易の障壁の削減，域内における貿易円滑化の効率性の大幅な向上からすべてのASEAN加盟国に大きな経済的便益があることを示している（Itakura 2012）。ASEAN新規加盟国である後発国については，シミュレーションのベース期間とした2000年代前半において，平均関税率が最も高く，サービス分野における黙示的障壁が比較的高く，貿易円滑化のための能力の制約が多いことから，潜在的恩恵が最も大きい（図3.1参照）。これらのシミュレーション結果は，多くの計算可能な応用一般均衡モデルの結果がそうであるように，投資家の期待の重要な変化および統合された生産基地がもたらす生産性の向上について適切に捉えていないことから，保守的な推計結果となる可能性が高い。（前章において強調したように）「AECは大変革をもたらす可能性がある」，投資家は「ASEANの波に乗る」必要があるといった民間部門の声が兆候であるとしたら，ASEAN地域の経済統合の深化の潜在的恩恵は，シミュレーション結果が示唆している恩恵よりも大きい可能性がある。

このように，将来の最終的な目標であるASEAN単一市場と単一生産基地

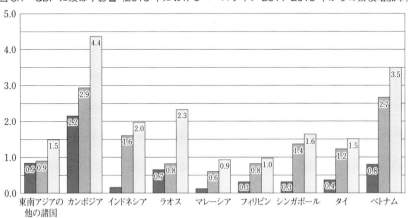

図3.1 GDPに及ぼす影響（2015年におけるベースライン2011-2015年からの累積増加率）

出典：Itakura（2012）．

の実現への主要な足掛かりとしての，統合され，高度に競争可能な ASEAN
の実現に向けた取り組みは，取り掛かる価値があるものだ。実際，この正味の
有益な効果は，AEC ブループリントに黙示的約束が盛り込まれたことである。
AEC ブループリントに記載されているように，統合され，高度に競争可能な
ASEAN 経済の実現に向け，取り組む必要があることが数多くある。本章にお
いては，この点について論じ，今後の方策について提案を行う。

1. 関　　税

　関税の撤廃は，地域経済統合において要求される基本的事項である。
ASEAN においては，関税の撤廃はほぼ実現されている。先行 ASEAN 6 か国
の ASEAN 域内平均関税率は，2010 年以降，わずか 0.05％である。2012 年の
CLMV の ASEAN 域内平均関税率は，1.69％で，2015 年に向け，さらに引き
下げられると予想されており，カンボジアについては，2017 年に向け，
ASEAN 物品貿易協定（ATIGA）の約束表 D に列挙された未加工農産品の輸
入品目について関税率の引き下げが予想される。ATIGA の約束表 H に記載さ
れた除外商品リストの品目数は少なく，除外商品は貿易額が少なく，安全保障
上または宗教上の理由から高度に管理されている傾向が見られる。関税の完全
撤廃からの重要な例外は，政治的にセンシティブな米および砂糖に代表される
ATIGA の約束表 D および E に記載された未加工農産品リストである。それ
にもかかわらず，未加工農産品のほとんどの関税率は 0％から 5％の範囲にな
ると考えられる。このように，全体として，ASEAN は，地域経済統合の基本
的要求事項である関税撤廃の実現に基本的に成功している。

2. 非関税措置／非関税障壁

　関税が事実上撤廃されたことで，政策上の関心事項となっているのは，非関
税措置である。これは，非関税措置が保護貿易の措置（ゆえに非関税障壁）と
なる可能性があるにもかかわらず，透明性がかなり低く，より複雑なものであ
るからである。非関税措置には，意図的なもの（これは非関税障壁と呼ばれて

いる）またはほとんどの場合，意図せずもしくは間接的に物品の国際貿易の数量または価格に影響を及ぼすさまざまな規制が含まれる。実際，非関税措置，たとえば，公衆衛生，食品の安全または環境上の理由など保護貿易とは異なる主要目的を持つ場合が多い。このような正当な目的を考慮に入れると，このような非関税措置が不必要に国際貿易に悪影響を与えないようにすることが課題となる。しかしながら，さまざまな利害関係者が安全基準の適切な水準について異なる見解を持っていることから，意図的に差別的な基準が設定されることもあり，非関税措置と非関税障壁の境界は常に明確であるというわけではない（Cadot, Munadi and Ing 2013, p.5）。

　非関税措置は多様で複雑であるため，関税とは異なり，非関税措置に関する包括的で比較可能なデータセットは未だ整備されていない。非関税措置は，効果的なデータ収集を行うための調整能力を持たない多くの政府機関の管理下にある（Cadot, Munadi and Ing 2013, p.8）。また，最近，非関税措置の国際分類が変更されたが，多くの国が未だこの新分類に移行していない。さらに，新規の非関税措置に関する現行の任意の公式報告制度については，動機付けに問題があることから十分には機能しておらず，世界およびさらに ASEAN において運用されている非関税措置の領域についての不確実性がさらに大きくなっている。

　国連貿易開発会議（UNCTAD）の旧分類を使用した非関税措置に関する現在一般に利用可能な ASEAN データベース（2009 年データベース）によれば，インドネシアおよびマレーシアの非関税措置適用品目数が最も多く，シンガポールおよびカンボジアの非関税措置適用品目数が最も少ない。また，AEC ブループリントの実施に関する中間評価の分析結果（ERIA 2012a）によれば，インドネシアおよびマレーシアの「コア非関税措置」適用品目数が最も多い。「コア非関税措置」は，たとえば，非自動輸入ライセンス，輸入数量割当，禁止および独占的措置などの保護貿易のために利用される傾向が強い措置である。多くの ASEAN 加盟国において，非自動輸入ライセンスの利用が目立っており，例外は，フィリピン（主として技術的措置），タイ（自動ライセンスおよびさまざまな技術的措置）およびベトナム（主としてセンシティブ品目の禁止）である。また，ASEAN 加盟国のうち数か国においては，ひとつの分野において

2. 非関税措置／非関税障壁   123

課されている非関税措置はひとつではなく，複数である傾向がある。複数の非関税措置が課されている，より「センシティブな」分野には，予想通り，農産品（特にインドネシア，タイ，マレーシアおよびシンガポール），化学工業生産品およびその関連品（特にマレーシアおよびインドネシア），機械類・電気機器（特にインドネシア，シンガポールおよびベトナム）および輸送機器（特にベトナム）がある。

　カンボジアおよびインドネシアの非関税措置については，新分類を使用した非関税措置に関する最近の多国間調査においてカバーされている。この多国間調査の結果によれば，(a) 世界的に非関税措置は幅広く課されている。(b) インドネシアおよび特にカンボジアについては，多くの低所得国，日本および特に EU に比べ，非関税措置適用品目数は抑えられている。(c) 衛生植物検疫および貿易の技術的障害が多数課されている。衛生植物検疫は，主として農産品について課されており，貿易の技術的障害は，加工農産品，繊維・衣類，履物，飲料・たばこについて課されている（Cadot, Munadi and Ing 2013）。(d) 非関税措置適用品目数は，関税によっても保護されている分野において多い傾向が見られる（Gourdon and Nicita 2012, p.77）。　非関税措置の保護主義的な利用が一層明らかになるにつれ，関税を引き下げる政策が講じられている場合に，この最後の観察結果は顕著となる。

　Cadot, Munadi and Ing は，非関税措置の新分類に基づき分類可能なデータを整備している多くの ASEAN 加盟国（カンボジア，インドネシア，ラオスおよびフィリピン）が課している非関税措置の価格上昇効果の程度について検証している（表3.1a および表3.1b 参照）。この結果は，食料品，繊維，衣料，履物，化学工業生産品，機械類など多くの分野において，非関税措置に相当の価格上昇効果があることを示唆している。Cadot, Munadi and Ing は，結果はきわめて予備的なものであることから，細心の注意を払って解釈する必要があると警告しているが，この結果は，次のことを示している。

- 価格上昇効果が大きい分野の統計分析結果については，当該統計分析結果を検証するため，事例研究が必要と考えられる。
- 新分類と一致した非関税措置に関するデータを収集することが有益である。

124　第3章　ASEAN単一市場と単一生産基地の実現に向けた統合され高度に競争可能なASEAN

- 統計分析結果は，非関税措置の影響の程度を判断するひとつの方法を示していることから，非関税措置の見直しおよび簡素化の優先順位決定の基準となる。

実際，「統合されたAEC」にとって主要な潜在的制約となる非関税措置の重要性に鑑み，非関税措置への対応および非関税措置の簡素化がきわめて重要である。

表3.1a　価格ベース従価税換算値の推計：インドネシア（ID）およびフィリピン（PH）

分野	衛生植物検疫（A）		貿易の技術的障害（B）		手続き（C）		価格測定（D）		数量制限（E）	
	ID	PH	ID	PH	ID	PH	ID	PH	ID	PH
動物性生産品	27.8	14.7	19.5	13.9	15.4	14.9	10.6	11.9	17.0	17.0
植物性生産品	29.9	16.5	10.4	7.5	9.9	9.3	15.0	15.1	10.8	11.3
油脂	11.2	7.3	10.9	2.6	9.7	17.6	16.3	16.7	5.5	5.5
飲料・たばこ	9.0	8.7	17.1	8.3	9.5	6.3	13.0	14.1	11.0	11.3
鉱物性生産品	12.4	13.0	27.4	18.7	17.5	14.4	21.2	19.1	6.8	6.8
化学工業生産品	14.7	14.9	16.6	12.3	8.5	7.2	9.4	9.9	9.7	11
プラスチック	18.5	17.7	14.6	12.8	7.6	9.3	10.7	10.2	6.0	7.7
皮革	24.6	20.4	12.2	19.9	32.9	35.1	12.7	14.9	7.9	8.1
木材製品	27.4	24.3	5.7	6.0	9.1	12.0	7.6	11.9	14.0	14.3
紙	17.1	17.0	15.8	9.1	7.5	6.2	24.6	25.2	11.2	9.7
繊維・繊維製品	33.8	33.5	8.5	5.4	26.9	18.3	10.0	10.5	15.2	14.4
履物	47.1	48.5	21.0	15.7	23.7	24.0	16.7	9.5	10.0	14.6
石・ガラス			21.9	19.2	21.1	14.1	17.9	18.6	18.1	18.6
真珠			24.4	30.7	16.3	28.2	−	2.6	15.0	14.7
卑金属			22.3	8.8	11.4	10.7	8.3	8.6	6.7	6.7
機械類			15.7	15.3	14.2	13.6	5.2	5.2	23.2	22.8
車両			18.6	15.6	16.8	18.3	8.3	9.5	24	28.1
光学機器・医療用機器			21.6	19.8	18.5	19.4	2.0	2.0	19.9	16.4
武器			38.3	19.9	4.9	14.0	−	−	6.3	5.9
雑品			21.3	18.5	8.8	9.0	14.4	13.5	14.0	13.5

注：従価税換算値の単位は%である。各セクションの平均値の算出にあたり，負の従価税換算値は考慮していない。負の従価税換算値を含めて算出した結果は，大きく変わらない。
出典：Cadot, Muadi and Ing（2013）.

2. 非関税措置／非関税障壁　　　　125

表3.1b　価格ベース従価税換算値の推計：カンボジア（KH）およびラオス（LA）

分野	衛生植物検疫（A）		貿易の技術的障害（B）		手続き（C）		価格測定（D）		数量制限（E）	
	KH	LA	KH	LA	KH	LA	KH	LA	KH	LA
動物性生産品	23.1	26.8	17.7	17.2	15.1	14.0	9.8	9.6	16.6	16.6
植物性生産品	19.4	22.4	8.9	9.5	10.3	9.8	15.3	13.7	10.6	10.2
油脂	11.3	7.8	2.4	3.2	11.3	12.6	16.5	16.5	6.0	5.5
飲料・たばこ	13.4	38.7	14.8	15.2	7.7	7.8	13.2	12.7	12.7	10.7
鉱物性生産品	13.7	14.8	22.3	23.0	16.1	18.4	18.9	19.0	6.0	6.4
化学工業生産品	15.7	15.9	13.5	13.6	15.8	9.5	9.8	9.9	10.5	10.3
プラスチック	18.5	18.4	14.8	14.9	7.5	7.7	10.7	10.2	7.1	6.7
皮革	21.0	20.9	18.8	18.2	33.9	34.3	15.1	15.0	7.9	7.9
木材製品	25.9	25.9	6.7	6.7	12.4	14.7	7.7	9.7	12.3	14.1
紙	18.3	18.3	13.1	14.1	6.9	35.9	31.2	24.3	9.7	9.4
繊維・繊維製品	34.1	33.0	5.5	5.5	19.1	35.8	10.3	10.2	14.1	13.5
履物	47.4	47.6	15.6	14.6	22.9	42.7	13.4	15.6	14.7	12.7
石・ガラス			22.3	22.9	16.4	17.4	17.0	17.0	17.5	16.3
真珠			24.8	26.8	19.3	32.2	2.6	2.6	15.2	15.1
卑金属			10.2	10.7	12.0	45.7	8.2	8.2	6.8	6.4
機械類			19.5	15.9	13.8	43.1	5.2	5.1	23.1	21.9
車両			17.2	17.6	34.9	36.8	6.3	9.3	33.6	21.5
光学機器・医療用機器			20.3	19.9	18.9	21.9	2.0	2.0	16.0	16.6
武器			19.1	19.1	12.1	20.0	-	-	6.7	6.7
雑品			21.4	21.5	10.8	16.9	15.7	14.4	14.2	11.5

注：従価税換算値の単位は％である。各セクションの平均値の算出にあたり，負の従価税換算値は考慮していない。負の従価税換算値を含めて算出した結果は，大きく変わらない。

出典：Cadot, Muadi and Ing（2013）.

非関税措置への対応および非関税措置の簡素化：今後に向けて

　ASEAN の経済官僚は，非関税措置が AEC の成功にとって深刻な障害となる可能性について認識している。ATIGA 第 40 条は，非関税措置の透明性を確保しており，新規措置または現行措置の修正については，通報に関する ATIGA 協定に従い正式に通報する必要がある（第 11 条）。ATIGA 第 41 条は，WTO の権利・義務およびその他の ATIGA の規定またはそのいずれかに従う場合を除き，他の ASEAN 加盟国に対する数量制限の一般的撤廃を求めている。ATIGA 第 42 条は，撤廃の対象となる非関税措置を特定するため，ASEAN 加盟国に対してデータベースに記載されている非関税措置の評価を行うことを求めている。

非関税措置の対象範囲が広範囲にわたることを考慮し，ASEAN は，次のとおり，各非関税措置を別々の ASEAN 委員会およびワーキンググループに割り振っている。

- 貿易の技術的障害：ASEAN 標準化・品質管理諮問評議会（ACCSQ）
- 衛生植物検疫措置：ASEAN 衛生植物検疫措置に関する評議会（AC-SPS）
- 輸出入および税関関連：各 ASEAN 加盟国税関局長
- 全般：ATIGA 協定実施のための調整委員会（CCA）

ビジョンについては AEC ブループリントに明確に記載されているものの，非関税措置への対応および非関税措置の簡素化については，言うは易く行うは難しである。たとえば，貿易の技術的障害のような技術的措置および規制への対応には，一連の複雑な域内の相互承認協定，それに伴う国レベルにおける規制の変更，適合性評価の能力・信頼性の向上が伴う。

ASEAN は，非関税措置の非関税障壁効果に対応し，非関税障壁効果を最小限に抑える努力を継続している。課題は非関税措置を簡素化するための努力を一層強化することである。その努力が必要とされる 5 つの主要領域は，次のとおりである。

1. **協議メカニズムの制度化**　現在，ASEAN には，いわゆる「 事例のマトリクス」に基づく政府間協議メカニズムがあり，このメカニズムにおいては，ASEAN 加盟国の 1 国または複数国は，他の ASEAN 加盟国（または複数の ASEAN 加盟国）による国の措置または規制が自国の（主として）輸出業者に（実際の，または予想される）悪影響を及ぼすことを理由に，当該措置または規制について，問題または懸念を提起することができる。このメカニズムは，当該措置または規制に関してより良い情報を得て理解を深めること，いくつかの措置または規制の微調整・修正，相当な数の事例における最終的な解決に関して一定の成功を収めている。懸念事項の提起の場は地域組織であるが，事例については ASEAN 加盟国の二国間で解決されている。

公表されているマトリクスには，65 の事例が列挙されている。 事例の多くは，証明・輸入許可の要件・手続き，輸入・衛生植物検疫・許可の処理時間，試験・検査・基準・書類要件，輸入港の指定に関するものである。ある程度，これらの事例は，衛生植物検疫および貿易の技術的障害の適用事例が世界的に多いことを示している，近年の非関税措置に関する多国間調査の結果と一致している。また，65 の事例は，政策問題自体というよりも運用上の基本的問題である傾向も見られる。

ASEAN において経済統合および貿易結合が一層深化するに伴い，解決を待つ貿易事例がさらに大幅に増える可能性が高い。そういうものとして，域内において非関税措置を伴うこのような問題を効果的に処理できるよう，**ASEAN は，ASEAN 物品貿易協定実施のための調整委員会内に継続的な機関を設置する，または ASEAN 貿易投資問題諮問（ACT）を全面的に稼働させる必要があるかもしれない**。

2. **非関税措置に関する有効な監視および透明性メカニズム**　ASEAN は，非関税措置の新分類の世界への導入に向けた流れを新分類に基づいた**ASEAN 域内の非関税措置の包括的一覧作成の出発点として利用しうるだ**ろう。非関税措置は，ほとんどの ASEAN 加盟国において，多数で全く異なる政府機関の権限の範囲にある点に留意する必要がある。多くの政府機関の規制・政策の包括的なデータベースを有しており，貿易への含意があると考えられる調整機関が存在しないことから，特に低所得国の新規 ASEAN 加盟国によるすべての非関税措置リストが不完全であったとしても驚くことではないと考えられる。新分類を利用した非関税措置の包括的一覧は，**ASEAN 貿易情報リポジトリ（ATR）の他，各 ASEAN 加盟国の国内貿易情報リポジトリの一部を形成することができる**。この一覧および ATR は，ASEAN における非関税措置の有効な監視メカニズムの重要な構成要素となる。東南部アフリカ市場共同体は，ASEAN の「実際に発生した事例のマトリクス」において利用されているように，加盟国の代わりに非関税障壁に係る問題および措置に関する**民間部門の意見に依拠した**非関税障壁の**監視メカニズム**を構築している（Cadot, Munadi and Ing 2013）。ASEAN は，ASEAN 貿易投資問題諮問を補完するものとしてま

たはその一部として，上述した非関税措置の一覧の他に，このメカニズムについて調査研究を行うと思われる。

3. **簡素化の優先順位付けのための非関税措置の分析**　上述した非関税措置の一覧を考慮に入れると，簡素化の優先順位付けの可能性を検討するため，非関税措置について評価することは価値がある。事例のマトリクスおよび民間部門の意見に基づく非関税障壁の監視については，非関税措置の簡素化の優先順位付けへの取り組みとして可能性がある。しかしながら，優先順位付けのより体系的なアプローチは，主要産業についての統計分析と事例研究を組み合わせることである。Cadot, Manudi and Ing（2013）が行った統計分析と同じような手法で行った分析は，どの非関税措置がどの産業において深刻な価格上昇効果があるかを示している。このように，統計分析結果を民間部門との協議および事例研究と組み合わせることにより，どの産業のどの非関税措置について簡素化の優先順位を上げる必要があるかを判断するための基準が得られる。この産業アプローチは，非関税措置に関するより体系的な評価を可能とし，域内における非関税措置の簡素化の有効なプログラムを実施するために，現行の「事例のマトリクス」アプローチに追加することができ，明らかにされた大きな貿易障壁となり価格上昇効果を持つ非関税措置に焦点を当てることができる。

4. **貿易の技術的障害および衛生植物検疫への対応**　貿易の技術的障害へのASEANの対応プログラムとして，ASEAN基準適合性プログラムがある。実際，ASEANは早い段階で，基準，技術規制および適合性評価に関連した問題への対応の重要性を認識しており，ASEAN標準化・品質管理諮問評議会を設置している。「AECブループリント2009-2015」は，基準適合性に関する主要なプログラムを優先分野としている。2015年まで，2015年以降のASEAN基準適合性プログラムについては，本章において後述する。

5. **国内規制改革と協調する形で行われる非関税措置の簡素化**　上述した構想は，すべて地域レベルの構想である。国レベルにおいて，Cadot, Munadi and Ing（2013）は，非関税措置を貿易交渉の視点からではなく，規制の改善の視点から考えるのが最善であると主張している。非関税障壁につい

ては，撤廃する必要があるものもあるが，それ以外の非関税措置について
は，民間部門が被るコストを最小限に抑えるために改善することが課題と
なる。設計が不完全な，または運用が不完全な非関税措置（特に，中間財
に対する非関税措置）については，市場アクセスの制限を意図したのと同
じように，輸出業者および当該国の競争力を損なうことがある。

したがって，非関税措置の簡素化とは，非関税措置から得られる便益を達
成しつつ，民間部門の遵守コストを最小限に抑えることに他ならない。同
じく，規制の改善として非関税措置を簡素化することは，民間部門および
当該国が被る可能性があるコストを最小限に抑えながら，非関税措置の目
的を確保することに他ならない。このように，非関税措置の評価には，非
関税措置から得られる便益と非関税措置の遵守・運用に伴うコストのバラ
ンスを見出すことが伴う。Cadot, Munadi and Ing（2013）から引用した図

図 3.2　非関税措置の再検討のフローチャート

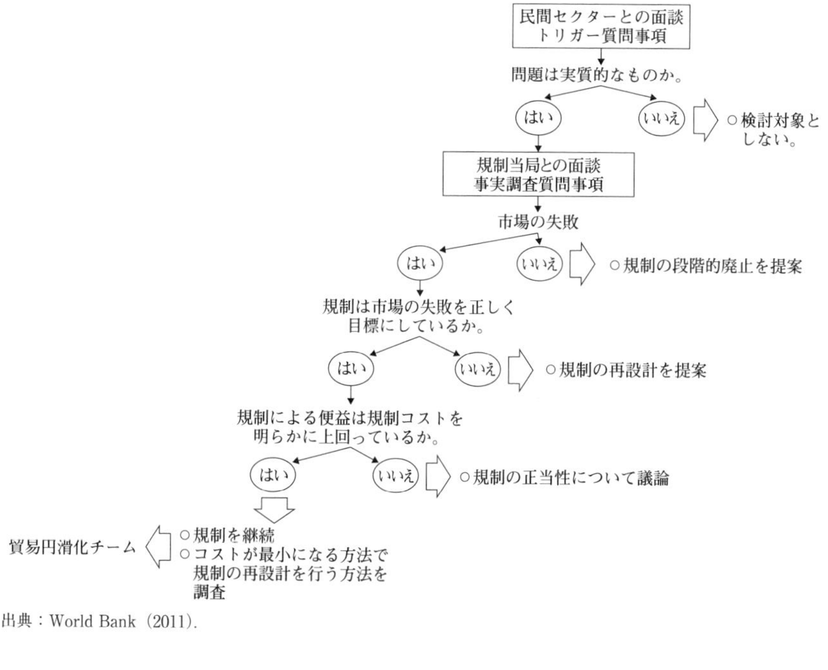

出典：World Bank（2011）.

3.2 は，世界銀行が提唱している非関税措置の評価の論理的枠組みを示したものである。Cadot, Munadi and Ing（2013）が述べているように，図3.2 の規制の評価の構造は，WTO ルールの必要性・比例性テストの原則と完全に一致している。

図3.2 に示されている規制の評価には，重要な基本的前提がひとつある。すなわち，各 ASEAN 加盟国および ASEAN 地域に評価を実施するための分析上の支援を行うだけの十分な分析能力があることが前提とされている。しかしながら，この点について，多くの ASEAN 加盟国，特に CLM において不十分であることは明らかである。このように，各 ASEAN 加盟国および ASEAN 地域全体として，非関税措置の厳格な評価および簡素化を行うことができる分析能力を開発するための・キ・ャ・パ・シ・テ・ィ・ビ・ル・デ・ィ・ン・グ・お・よ・び・技・術・訓・練・を・行・う・必・要がある。ASEAN の対話国および世界銀行などの多国間機関が，このような能力構築および技術訓練構想において，ASEAN および ASEAN 加盟国のパートナーとなることが考えられる。

ASEAN における経済統合を深化させるための潜在的障害としての非関税措置の重要性が高まっていることを考慮に入れると，簡素化を行うために非関税措置に関わる規制の評価を行う人的能力および制度の能力への投資は，2015年以降の ASEAN 地域にとって実行価値のあることである。

3. 貿易円滑化および物流

貿易円滑化および物流の効率化は，シームレスな生産基地および統合された ASEAN にとって絶対に必要なものである。貿易円滑化および物流の効率化は，競争力を持ち，全面的に機能する域内生産ネットワークにとって重要である。「AEC ブループリント 2009-2015」（p.23）は，貿易円滑化の重要性について明確に述べている。

シンプルで，調和がとれ標準化された貿易，関税，プロセス，手続きおよびその他関連情報の流通によって，ASEAN 内の取引費用の削減が期待さ

3. 貿易円滑化および物流　　　131

れる。それにより輸出競争力が強化されるとともに，ASEAN内で物品，
サービスおよび投資のための単一市場と単一生産基地の構築が促進される。

　貿易円滑化および物流は，ASEAN地域の民間部門が明らかにしている主た
る関心事である。2011年に実施したERIA調査の結果において，AEC 2015
のもとでの実施に関するASEANの民間部門の2つの最重要関心事として，
以下の2つの貿易円滑化措置を挙げている（Intal et al. 2011, pp.45-46）。

- 輸入・税関業務の効率性および完全性の向上（たとえば，情報通信技術
　（ICT）の一層の活用，通関制度の結合など）
- 輸入・税関手続・書類等の簡素化および迅速化

　「在アジア・オセアニア日系企業活動実態調査」（2012年度調査）の結果によ
れば（Sukegawa 2013, p.13を参照），ASEANにおける貿易制度面での問題の上
位4項目は，(1)「通関諸手続が煩雑」，(2)「通関に時間を要する」(3)「通達・
規則内容の周知徹底が不十分」，(4)「関税の課税評価の査定が不明瞭」である。
上述の3つ目および4つ目の問題は，ASEAN地域における貿易体制を一層改
善するため，手続の簡素化および電子的手段の一層の活用に加え，透明性の重
要性を明らかにしている。同様に，ASEAN域内のアメリカ企業を対象とした
「ASEANビジネスアウトルック調査2014」の結果によれば，「製品の通関の
容易さ」が多くのASEAN加盟国のほとんどの回答者の主要な関心事項であ
る（Amcham 2013, p.26）。

　民間部門が貿易円滑化および物流を重要視しているのは，事業の効率的運営
にあたって，製品を効率的かつ適時に移動させ効率化を図ることが重要である
からである。民間部門は，ASEAN地域の最もパフォーマンスが高い加盟国と
パフォーマンスが低い加盟国間の貿易円滑化および物流の質の大きな格差を経
験しており，この大きな格差はASEAN加盟国間の経済結合の深化の妨げと
なっている。2015年以降の統合されたシームレスな生産基地としての
ASEANにおける最大の課題のひとつがこの点にある。同時に，AECに基づ
く貿易円滑化に関するASEANおよびASEAN加盟国の政府関係者が政策を

大変重要視していることを考慮に入れると，ASEAN の成功の可能性のひとつがこの点にある。

貿易円滑化および物流の効率化の恩恵　複数の研究が貿易円滑化および物流の効率化から大きな恩恵が得られることを示している。貿易物流の時間短縮，予測可能性の向上およびコスト競争力の向上が図られることにより，ASEAN 加盟国は，輸出入の競争力を高めることができ，域内貿易および世界貿易において競争力を高めることができる。また，複数の研究が，貿易円滑化の改善は，長期の競争力の主要な決定要因である企業の生産性を向上させることも示している。当然のことながら，生産基地として統合された ASEAN は，中国またはインドのような単一の経済大国が享受している恩恵を可能な限り同じように享受するため，域内の貿易円滑化および物流を効率化する必要がある。

Djankov, Freund and Pham（2006）は，輸出に要する時間を 10% 短縮した場合，輸出額は，世界全体で約 4%，途上国で約 8% から 12% 増加することを示している。また，同研究は，貿易物流の効率化が進んでいる国のほうが輸出総額に占める時間に制約のある輸出品目の割合が高い点を強調している。時間に制約のある輸出品目は，高価値で成長が速い輸出品目である傾向がある点に留意することは価値がある。実際，貿易円滑化および物流を改善した国は，世界市場において（価格変動が大きいものの）高価値の成長の速い商品の貿易への参加機会を増やすことが可能となる。アジア太平洋経済協力（APEC）における貿易円滑化が及ぼす影響に関する研究（APEC 2004）は，税関手続の改善，ICT の一層の活用，ビジネスの機動性，そして特に基準適合性のすべてが APEC 加盟国の二国間貿易の増加にプラスに寄与していることを示している。

Okabe and Urata（2013）の研究は，グラビティモデルを用いて，時間と費用が ASEAN 域内の農産品の輸出入に及ぼす影響について考察している。同研究の結果は，ASEAN 域内の輸出入に要する時間および費用を削減した場合，農産品および加工農産品全体の他，植物性の油脂（HS 15），コーヒー，茶等（HS 9）およびココア・その調製品（HS 18）のような多くの個々の品目分類において ASEAN 域内貿易額が増加することを示している。また，同研究は，特に，国境手続の透明性，輸出入手続の効率性，輸送サービス・インフラ・

ICT の利用可能性・品質，規制環境の質が輸出入に要する時間または費用に有意な影響を与えていることも報告している。Narjoko が行った同様の計量経済分析は，ASEAN 域内の貿易全体に焦点を当て，Okabe and Urata（2013）の研究と同様の結果を得ている。また，Narjoko は，貿易円滑化の改善および国内競争環境の向上が ASEAN 域内貿易の増加につながっていることも報告している。

　Subramanian（2012）は，5 年間にわたり貿易費用を 5％削減した場合，GDP が約 1％増加することを示している APEC の研究を報告している。また，Subramanian（2012）は，貿易費用を 1％削減した場合，OECD 加盟国以外のアジア太平洋地域の諸国の GDP が 0.25％増加することを示している別の研究も報告している。Subramanian, Anderson and Lee（2005）によると，輸出の通関日数を 1 日短縮した場合，中国の製造業の全要素生産性は，衣料について 2.1％，電子機器について 5.4％，消費財について 5.8％向上することを示している。他方，輸出の通関日数を 1 日短縮した場合にブラジルの製造業の全要素生産性に及ぼす影響は中国の場合に比べはるかに低く，電子産業は 1.3％増，衣料産業は 1.5％増である。同じく重要なことは，産業および国によっても異なるものの，貿易円滑化の改善は，国内産業の生産性向上にも寄与することが報告されていることである。このように，貿易円滑化および物流の改善は，国内生産や国内所得を増加させる。

ASEAN における貿易円滑化問題：現状　ASEAN は包括的な貿易円滑化プログラムを策定しており，その中の 2 つの主要な構成要素は，ASEAN 貿易円滑化情報リポジトリ，およびより重要な ASEAN シングルウィンドウ（ASW）の創設である。この 2 つの地域構想は，対応する国レベルの構想，すなわち，各 ASEAN 加盟国における国内貿易情報リポジトリおよび国内シングルウィンドウ（NSW）を必要とする。透明性確保のために重要な貿易情報リポジトリは，国内シングルウィンドウの効果的な運用に寄与するものである。地域貿易情報リポジトリおよび地域シングルウィンドウについては，まだ導入されていないが，進捗速度および成功の程度は異なるものの，ASEAN 加盟国は国レベルの作業に取り組んでいる。

　国内シングルウィンドウの進捗状況については，図 3.3 からよくわかる。図

3.3 は，シングルウィンドウの進展の経路上のどの段階に ASEAN 加盟国があるのかを示したものである。一方で，国内シングルウィンドウを現在運用している ASEAN 加盟国がある（すなわち，インドネシア，マレーシア，フィリピン，タイおよびシングルウィンドウ導入についてグローバルな先導役であるシンガポール）。他方，依然として税関近代化および国内シングルウィンドウの創設の初期段階にある CLM がある。その中間にあるのがブルネイおよびベトナムで，両国は税関シングルウィンドウを構築しているものの，これまでのところ他の技術管理機関を設計した基盤に統合していない（Koh and Mowerman 2013）。国内シングルウィンドウを導入している加盟国のすべてが税関とのシステムのインターフェースの面で全面的に機能しているシングルウィンドウを運用しているわけでは未だなく，また貿易関係政府機関のすべてではないにしてもほとんどが参加しておらず，ASEAN 加盟国の少なくともす

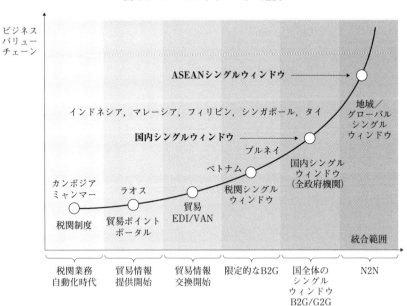

図 3.3 シングルウィンドウの進展

出典：Koh and Hogg（2012）．

べての主要港湾・空港を対象としているわけではない。このように，ほとんどの ASEAN 加盟国において，国内シングルウィンドウが全面的に機能し，地域全体の ASEAN シングルウィンドウは国内シングルウィンドウが土台となることから，最終的に ASEAN シングルウィンドウが全面的に機能するまでの道のりは相当長い。

　ASEAN シングルウィンドウは，国内シングルウィンドウの運用・統合のための環境を提供するものである。主としてアメリカ国際開発庁（USAID）の支援を受け，ASEAN は，限定された試験的段階ではあるものの，ネットワーク構造の創設および ASEAN シングルウィンドウのインフラ整備を含む実施のための構成要素の整備を進めている。試験的プロジェクトの拡大は，未だ行われていない。多くの ASEAN 加盟国において ASEAN シングルウィンドウの導入を可能とする法律上の基盤がまだ整備されていない。このように，ASEAN シングルウィンドウを効果的に導入するために，予算および人的資源がまだ相当必要とされる（Koh and Mowerman 2013）。

ASEAN における貿易円滑化：今後に向けて [1]　ASEAN 加盟国間においてシングルウィンドウの発展段階に大きな違いがあることを考慮に入れると，国レベルにおける今後の進展についても異なると考えられる。たとえば，国内シングルウィンドウを導入しており，B2G および G2G コミュニケーションが可能となっている ASEAN 加盟国については，「基盤の活用を B2B 活動に拡大するとともに，貿易に必要な書類の削減努力を行うことができるよう，品質基準および指標の設計およびテストを行うこと」（Koh and Mowerman 2013, p.18）が課題となると考えられる。

　地域全体の今後に関する提案については，短期のもの（2016 年から 2020 年まで）と長期のもの（2016 年以降）に分けることが最も適切である。短期の提案は，短期間で具体的な成果を生むことができる影響力の大きい改善に関するものである。

---

1)　この部分については，主として Koh and Mowerman（2013）に基づく。

136　第3章　ASEAN単一市場と単一生産基地の実現に向けた統合され高度に競争可能なASEAN

短期の提案：

1. **民間部門の参加**：ビジネスプロセス分析のための情報提供において民間部門が果たす重要な役割を考慮に入れると，データの標準化・調和，産業界／民間部門との協議が重要となる。このように，官民が参加する定期的な協議の場をASEANシングルウィンドウおよび国内シングルウィンドウそれぞれについて，地域レベルおよび国レベルで開催するべきである。これは，シングルウィンドウに関する運営技術委員会の設置によって実現できる。民間部門によって提供される意見の他に，民間部門を取り込む努力は，ASEANシングルウィンドウの導入に伴う税関業務の変更に関して民間部門に十分な情報提供を行い，民間部門を全面的に参加させる手段となる。

2. **手続の標準化**：効果的に機能するASEANシングルウィンドウは，効果的に機能する内包的な国内シングルウィンドウに依拠している。このように，さまざまな開発段階にある現行の国内シングルウィンドウを強化・標準化するとともに，国内シングルウィンドウの開発を迅速化する必要がある。最後に，貿易事業者および政府機関が関税および貿易関連規制のチェックを行うことができる国内貿易情報リポジトリを設置するべきである。これにより，貿易事業者にとっては法的安定性が向上し，政府機関との意思疎通が図られると考えられる。

3. **オンライン納付**：デビットカード，クレジットカードまたはジャイロを利用したオンライン納付制度の導入について，理想的には，税関，税金・関税の納付に広げる他，許可証を発行する技術管理政府機関および各種の検査手数料の徴収・支払を伴う貿易取引に関わるすべての機関も含めるべきである。

4. **バックオフィス業務／附属書類のデジタル化**：オンライン文書リポジトリまたはシングルウィンドウを構築するだけでは十分ではない。実際に必要なことは，技術管理政府機関のバックオフィス業務のデジタル化である。政府機関が国内のさまざまなところで引き続き紙の文書を使用する場合，円滑化ツール構築のための努力は，成果があがらない可能性がある。すべての補足情報が迅速に入手できない場合，許可証発行に要する時間が短縮

されることはない。ICT ツールの活用から得られる実質的な効率性は，すべての手続を自動化することによって図られる。

5. **附属書類のデジタル化**：書類については，原産地証明書がコロンビア，チリおよびメキシコにおいて共有されており，その結果として取引コストが劇的に削減されているように，デジタル化を行い，デジタル形式で共有するべきである。ASEAN 地域の試験的プログラムにおいては，ラテンアメリカにおいて示されている国際的なベストプラクティスを踏襲するとともに，衛生植物・動物検疫証明書および技術基準適合証明書等その他の貨物に関わる附属書類をデジタル形式で共有することもできるが，そのいずれかを行うこともできる。

4. 中長期の提案：2020 年以降

ASEAN 加盟国が詳しく上述した短期の提案の実施に成功した場合，シームレスな方法で貿易取引を実現できる可能性を最終的なものにするこれらの改革の深化を進めるために前進するべきである。これらのより複雑なプロセスは，遅くともすべての国内シングルウィンドウに最新情報が入力され，機能し，同じ基準で運用される 2020 年に開始できる。

1. **物的インフラの整備**：陸上交通・航空・海上交通のインフラが貨物を迅速に移動させるために容易に利用できない場合，すべての ICT 関連努力，すなわち国内シングルウィンドウ，ASEAN シングルウィンドウまたは税関システムの成果は期待できない。許可証を 1 日で発行することができても，貨物の移動に数日かかる場合，努力は報われない

2. **電子商取引の法制度の整備**：電子商取引に法律が公布されたならば，ASEAN 加盟国による ICT 導入努力の最大限の恩恵を受けることが可能となる。この法制度の整備には，電子署名，電子文書証明および電子文書の適切な取扱方法に関する明確な法的責任を含める必要がある。同様に，証明は各加盟国レベルおよび ASEAN 地域レベルにおいて発行する必要があり，情報は ASEAN 地域レベルにおいて共有することができる。そ

の結果，手作業で手続が行われている貿易との差が出る。

3. **越境遵守を確保するための統合されたリスク管理としての国境管理の採用**：ASEAN シングルウィンドウに統合されたリスク管理を導入することにより，域内における貨物および貨物取扱事業者の種別の詳細を管理することが可能となる。貿易取引に関わるすべての技術管理政府機関は，積荷固有のすべての考えられるリスクを分析し，その選択を判断できるように，システムに制度リスク規準を含めることができるようにするべきである。さらに，遵守違反の疑いを放置しないよう，事後管理を実施するべきである。

4. **通関および証明業務の事前審査の活用促進**：この構想の目的は，ウェットポートおよびドライポートの混雑を減らし，貨物の物理的移動を迅速にすることができ，民間部門が負担する費用を削減することにある。また，現地当局に貨物到着前に情報を提出させる可能性を与え，リスク評価の向上，追加セキュリティ措置の遵守を図ることができる。

　最後に，2020 年の理想的なシナリオは，貨物に関わるすべての附属書類の入手にあたって，技術管理政府機関の手続を完全に統合することであると考える。これは，人を介した作業が行われない電子署名およびオンライン納付制度の導入によって実現されると考える。最終的に，ASEAN シングルウィンドウの導入により，貨物の積出国は，リスクを事前に評価でき，港湾または倉庫において停滞が起きないように，貨物の到着前にシームレスなデジタル形式で，附属書類の原本の写し（理想としては単一行政文書）を貨物の目的地の国に提出できるようになる。

　通関関連事務手続きに関して，貿易事業者は，（使用した様式にかかわらず）すべての輸出入申告書を提出できなければならず，これには，割当，補助金または関税払戻しに関する情報の処理も含まれる。同様に，この制度の利用により，貿易事業者は，オンライン納付のボタンによって，輸出入取引に関連するすべての手数料および税金を納付できるようにするべきである。最後に，税関は，貨物の出入国を効果的に管理している政府機関であることを考慮に入れると，貿易取引に関わっている技術管理政府機関の特定のリスクを含む，統合さ

れたリスク管理システムのとりまとめ機関となるべきである。これらの政府機
関は、税関に自己の役割や貨物積出国に関するリスク情報を提供する。当該情
報は税関のホストシステムに入力でき、セキュリティリスクの一部として分析
することができる。

　最終的には、シームレスなシングルウィンドウおよび貿易円滑化体制が実現
し、生産基地の統合および市場の統一に大きく貢献する。

5. ASEAN における貿易の技術的障害への対応：基準適合性

　AEC ブループリントの実施に関する中間評価の一部として実施された
ERIA 調査によれば、全 ASEAN 加盟国の民間部門の回答者の約5分の4が、
ASEAN において異なる技術規制および製品基準が導入されていることが、
ASEAN 域内貿易にとって深刻な障害になっていると述べている。この見解と
同じく、民間部門の5分の4超が、世界貿易において競争力をさらに向上させ
るため、各 ASEAN 加盟国・ASEAN 地域の基準を国際基準に調和させるこ
とが ASEAN 地域にとって有益かつ緊急なことであると考えている。同様に、
民間部門の回答者の事実上すべてが、適合性評価結果の相互承認の加速化、体
制能力の強化および適合性評価手続の簡素化が民間部門にとって有益であると
考えている。実際、AEC 2015 実現のために実施しなければならない AEC 措
置の優先順位付けにおいて、民間部門の回答者は、基準適合性を貿易円滑化に
次いで2番目に重要な領域と考えている。

　ASEAN は、全面的に機能する AEC の実現にとって基準適合性の重要性を
十分認識しており、この認識については、「AEC ブループリント 2009-2015」
の次の部分（p.25）に最もよく反映されている。すなわち、

　　基準、品質保証、認証および測定制度は、域内輸出入品製造における効率
　　性の向上促進および費用効率改善にとって不可欠である。「基準適合性に
　　関する ASEAN 政策指針」の実施のもと、透明性の向上、適合性評価の
　　質的向上および民間部門の積極的参加を通じて、基準、技術規制および適
　　合性評価手続の調和を図る。

図3.4　ASEAN における基準適合性枠組み

```
┌─────────────────────────────────────────────────────┐
│        1. 品質・安全の確保および公衆衛生・環境の保護        │
│        2. 貿易および市場アクセスの円滑化                   │
└─────────────────────────────────────────────────────┘

┌──────────────────────────────────────────────────────────┐
│ 基 │  ┌──────────┐  ⟸規制スキームの調和⟹  ┌──────────┐  │ 基 │
│ 準 │  │ 技術規制  │                        │ 技術規制  │  │ 準 │
│    │  └──────────┘                        └──────────┘  │    │
│    │  ┌──────────┐       相互承認          ┌──────────┐  │    │
│    │  │適合性評価制度│        協定           │適合性評価制度│  │    │
│    │  └──────────┘                        └──────────┘  │    │
│    │  ┌──────────┐                        ┌──────────┐  │    │
│    │  │ 国内計測制度│                        │ 国内計測制度│  │    │
│    │  └──────────┘                        └──────────┘  │    │
├──────────────────────────────────────────────────────────┤
│              ASEAN加盟国間における承認                      │
└──────────────────────────────────────────────────────────┘
```

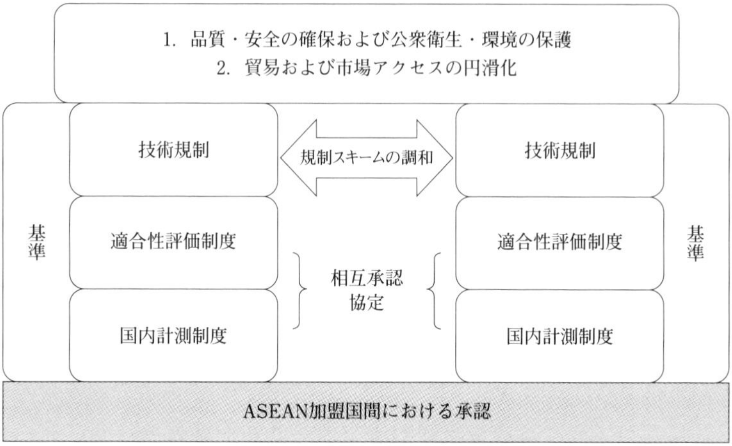

出典：Pettman（2013）から再掲。

　図3.4 において，ASEAN における基準適合性枠組みを要約した。ASEAN基準適合性枠組みは，(1) 品質・安全の確保および公衆衛生・環境の保護，同時に，(2) 貿易および市場アクセスの円滑化の2つの目標を強調している。ASEAN 加盟国の適合性評価制度および国内計測制度の結合を図るため，基準の国際基準との調和，技術規制に関する規制制度の調和および相互承認協定が重要視されている。

　ASEAN 標準化・品質管理諮問評議会（ACCSQ），その各種横断的製品別ワーキンググループおよび分野別共同委員会を通じて，ASEAN は，基準・適合性評価措置の調和，規制対象領域における相互承認協定の締結および技術規制の調和において著しい進展を遂げている。基準の調和については，電気器具の58基準，電気器具の安全性・電磁部品の81基準，ゴム製品の3基準の調和が図られており，医薬品については，ASEAN 共通技術関係書類（ACTD）および ASEAN 共通技術要件（ACTR）が策定済みである。基準の調和は引き続き行われている。ASEAN は，数件の相互承認協定（特に電気・電子，化粧品，薬草製造における適正製造規範および電気通信（APEC 電気通信ワーキンググループと協力））を締結している。この他にも相互承認協定が策定されつつあ

る。「ひとつの規格，ひとつの認証システムにより，どこでも受け入れ可能に」
(Pettman 2013; ERIA 2012a 参照) の目標を達成するため，相互承認協定が全面
的に導入されることが，ASEAN 標準化・品質管理諮問評議会の課題となる。

　進展があったものの，取り組まなければならないことが数多く残っており，
新製品・新技術，社会における優先順位の変化，また，ASEAN 標準化・品質
管理諮問評議会が，現在優先分野としている分野の他に多くの分野があること
を考慮に入れると，基準の調和，相互承認協定および規制制度の調和に関する
努力が ASEAN 地域にとって引き続き主要な課題となると予想される。単一
欧州市場の目標年が 1992 年であった EU においてさえ，貿易の障害を克服し，
規制統合を達成するため，基準適合性作業が今日においても継続している
(Pettman 2013, p.10)。

2015 年以降 [2]　2015 年以降について，Pettman (2013) は，基準適合性に関す
る ASEAN の努力を強化するため，以下の提案を行っている。

1. **AEC から得られる恩恵を明確にし伝える**　AEC に基づく経済統合の深化
　の過程において，より困難な政策・規制上の選択が求められることに伴い，
　将来に向け努力を結集するため，AEC から得られる恩恵を明確にし，広
　くかつ一貫して国民に伝えることが重要である。このように恩恵を明確に
　する場合，全体が享受する恩恵だけではなく，分野別，産業別または地域
　別の恩恵についても明確にする必要がある。比較可能性を確保するための
　共通の方法論を策定することが有益である。このように，AEC から得ら
　れる恩恵を明確にする他，ASEAN 全体において規制の収斂および規制・
　基準の調整につながる基準適合性構想から得られる恩恵について明確にす
　ることが有益である。
2. **優先障害の特定および対応**　この重大時点において，障害および当該障害
　への対応から得られる潜在的な経済的便益に関する**外部評価**を実施するこ
　とが有益で，この外部評価に基づき優先順位を高くする必要がある障害を
　判断できると考えられる。ASEAN にとって必ずしも経済的に最も重要で

---

2)　本箇所は，主として Pettman (2013) に基づく。

はないものの，難易度が低い分野に最初に焦点を当てる傾向が一般的に見られることを考慮に入れると，外部評価は実施する価値がある。外部評価においては，介入から得られる恩恵は何か，当該介入から恩恵を受けるのは誰か，当該介入（または当該介入の撤廃）によって規制機関はどのような影響を受けるかなど，基準領域の影響評価において一般的に聞かれる質問事項について調査する必要があるかもしれない。共通の方法論を利用することによって，外部評価は，民間部門をプロセスに参加させるメカニズムとなり，基準適合性領域における優先順位付け・将来の活動に関する見解および洞察を提供することが可能となると考えられる。

3. **民間部門の参加から得られる恩恵を最大化する**　AEC のプロセスへの民間部門の参加から得られた結果は一様ではない。基準適合性領域においては，民間部門は一部の製品別ワーキンググループに積極的に参加しているが，他のワーキンググループには積極的に参加していない。また，中小企業の参加が少ない傾向がある。AEC の成功にとって民間部門が重要であることを考慮に入れると，情報交換，意見および専門知識の提供を含むプロセスに対する支援のメカニズムの開発の点で民間部門の一層の参加をさらに重視することが重要である。

ASEAN のプロセスに参加する民間部門間に公平な競争の場を創設するため，次の事項について検討する必要があるかもしれない。

- 地域のグループへの参加を希望するすべての民間部門に共通の最低基準を設ける。
- 共通のテンプレートに基づく分野別年次報告書の提出など，民間部門の継続的参加に関する規準を策定するべきである。この年次報告書には，次の事項の確認を含めるべきである。すなわち，組織の代表者，組織が前年度にあげた成果および次年度にあげる見込みの成果，ASEAN 経済の根幹を形成する中小企業を参加させるための措置を含めるべきである。
- 製品別ワーキンググループその他の機関への参加に関する ASEAN 共通のルールおよび手続を策定するべきである。
- ルールに従って参加した場合，民間部門が参加から得ることを期待できる最低限のものについて，ASEAN から民間部門に対して明確に確約す

るべきである。

- 民間部門との関わりの中では，実施およびフィードバックを重視する必要がある。民間部門グループの少人数の代表者が少なくとも年1回，経済統合に関するハイレベルタスクフォース（または経済高級事務レベル会合（SEOM）），ASEAN標準化・品質管理諮問評議会およびASEAN事務局と会合を開き，達成事項および課題について審議を行うとともに，可能であれば，複数の製品別ワーキンググループにまたがる問題に対する解決策を特定することを提案する。
- 民間部門の組織には，ASEAN事務局（たとえば，経済統合に関するハイレベルタスクフォースメンバー）との年1回の会合において，全業界の本部によって，または各業界によって決定される調査方法に基づき民間部門独自の**進展スコアカードを開発し，提出するよう要請**すべきである。

4. **人的資源を追加し結果を出す**　AECの創設にとって基準適合性（S&C）が重要であることを考慮に入れると，結果を出すためにさらに人的資源を追加することが重要である。たとえば，ASEAN事務局（ASEC）は，基準適合性領域では明らかに人員が不足しており，一貫して適時の助言を行い，目標を達成するため，ASEAN加盟国の専門家に大きく依存している。

- 民間部門の一層の参加が必要とされ，基準適合性に関する効果的な実施と一致した規制の収斂過程が一層困難になるにつれ，**ASEAN事務局の基準適合性分野のスタッフを強化する**必要がある。
- AECが最終目標としている単一市場に基づき，物品の自由な移動を支える基準の調和に関するビジョンおよび戦略の策定に資するよう，**基準適合性に関するハイレベルタスクフォース**の設置を提案する。基準適合性に関するハイレベルタスクフォースは，経済統合に関するハイレベルタスクフォースと提携することも考えられる。
- ASEANの法務部門は，製品別ワーキンググループ（PWG）が作成しており，かつASEAN加盟国がとりまとめ，合意する前に法的許可を必要とする可能性がある枠組みおよび技術文書に関する適時の法律上の

意見を述べるため，製品別ワーキンググループの議長との一本化された連絡窓口を設置する必要がある。

- 製品別ワーキンググループに対する民間部門の最も貴重な貢献のひとつは，技術科学分野の専門知識の提供で，ASEAN域外から提供されることが多い。このような専門知識は，合意に向けたプロセスの迅速化に役立つ。民間部門の参加ルールの文脈において，この役割を特定し，明確にすること，良い慣行に関する事例研究を含め，この役割に関する運用指針を策定することを提案する。

5. **優先統合分野における基準適合性の実現，優先統合分野を超えた基準適合性の拡大**　優先統合分野に最初に焦点を当てるASEANの決定は，限られた人的資源をより効果的に活用でき，結果を出すことから，素晴らしい決定である。しかしながら，優先統合分野において基準適合性プログラムを全面的に実施するためには，取り組むべき作業が数多く残されている。優先分野において取り組むべき基準適合性の相違および障害を発見することが重要である。この作業は，優先統合分野を超えて基準適合性構想を拡大するための基礎となりうる。

優先統合分野から範囲を広げるにあたり，ひとつ重要なことは，優先統合分野に対して採用したアプローチと同じアプローチで他の分野に拡大するべきかどうか，または基準適合性領域においてより「水平的措置」を進めるほうが適切かどうかについて検討することである。「水平的措置」の実施は，EUにおいてかなりの成功を収めており，個々の製品分野に多数の個別の措置を講じる必要性を回避している。水平的措置のひとつとして，ASEAN製品安全性規制枠組みの策定が考えられる。

6. **キャパシティビルディングにおける協力の強化**　ASEANの先進加盟国は，ある立場で，または他の立場で，ASEANの後発加盟国が基準適合性に取り組むことができ，製造する製品の監視をできるよう後発加盟国を支援する必要がある。ASEANの先進加盟国は，先進加盟国と後発加盟国間の格差が深まらないように，後発加盟国をすべての過程に参加させるよう試みる必要がある。

基準適合性措置については，各加盟国がそれぞれ異なる目標を持っていることが多いことから，また，基準適合性の真の恩恵について，すべての加盟国が同じように考えていない場合があることから，調和を図ることが難しい。プロセス全体を円滑にし，遅延を回避するため，予算の増額が必要であり，指針の明確化が必要である。より多くの情報提供も必要とされ，特に，基準適合性構想を遵守することから得られる恩恵について，製造業者および納入業者を納得させるためにより多くの情報提供が必要とされる。これには，調査研究，データ収集および情報の普及への投資を必要とする。

最も重要なことは，基準適合性目標が AEC 実現に向けた ASEAN 地域の進展を妨げないよう，ASEAN の基準適合性目標を達成するため，ASEAN は，国レベルおよび地域レベルにおいて，強力なリーダーシップおよび政治意志を必要とする。ASEAN 加盟国自体が，これらの措置の実施は，現時点ではもしかしたら煩わしく，費用がかかるように思えるかもしれないが，最終的には貿易を拡大し，やがて各加盟国の利益になる点について納得する必要がある。すなわち，短期の課題については，基準の調和がもたらす中長期の可能性によって対応できると予想される。

ASEAN 事務局は，さまざまな対話国・機関の支援を受け，ASEAN 地域における基準適合性の調和に向け重要な役割を果たす必要がある。この役割には，基準適合性措置の調和から得られる恩恵についての認識の向上，ASEAN に加盟する 10 か国すべてがプロセス全体に貢献するよう促すことが含まれる。また，基準適合性の調和をより容易に達成できるように，参加する機関間のコミュニケーションおよび調整をさらに図ることも必要である。

6. 高度に競争可能な市場：サービス分野，投資分野および競争政策

高度に競争可能な市場は，競争力のあるダイナミックな経済の 2 本柱である効率性およびイノベーションを生むことが期待される。高度に競争可能な市場とは，（製品市場における）物品・サービスの参入・退出および（物品製造業・サービス業の投資および事業展開のための）企業の参入・退出またはそのいずれかが比較的容易である市場をいう。関税の撤廃，非保護的な非関税措置，貿

易円滑化の効率化および基準適合性の円滑化すべてが製品市場における競争可能性の向上に寄与する。本章におけるこれまでの議論および提案は，すべて関税の撤廃，非保護的な非関税措置，貿易円滑化の効率化および基準適合性制度の円滑化を支持するものであり，物品市場における競争可能性の向上を支持している。関税の撤廃，非保護的な非関税措置，貿易円滑化の効率化および基準適合性の円滑化はすべて，ASEANにおける「物品の自由な移動の実現に向けた」議論・提案に含まれる。

　物品分野および特にサービス分野（ほとんどのサービス提供については，関心のある市場において商業拠点（および投資）を必要とすることから）における企業の参入・退出の比較的容易さの点で，競争可能性を一層向上させることに関して，ASEANにおける課題は他の分野に比べて多い。企業の参入・退出は，基本的に投資・投資撤退と関連がある。そのため，高度に競争可能であるということは，国内外を問わず，基本的に自由かつ非差別的な制度をいう。投資分野およびサービス分野における高度に競争可能な市場は，AECブループリントに基づく「サービスの自由な移動」および「投資の自由な移動」という目標の完全実現に向けた重要な大きな前進である。

　AECブループリントに基づく，物品分野（および物品分野に付随したサービス分野）への外資の参入の自由化措置については，現在，ASEAN包括投資協定（ACIA）に盛り込まれており，他方，サービス分野（金融サービスおよび航空輸送サービスを除く）への外資の参入の自由化措置については，ASEANサービスに関する枠組み協定（AFAS）に盛り込まれている。ASEAN包括投資協定は，自由化に対してネガティブリストアプローチを採用しており（このため，ASEAN加盟国は，特に外資規制がある分野の留保表を提出する必要がある），ASEANサービスに関する枠組み協定は，自由化に対してポジティブリストアプローチを採用している（ASEAN加盟国は，ASEANサービスに関する枠組み協定に基づき合意した方式に従い，自由化約束分野を定める必要がある）。ASEAN包括投資協定およびASEANサービスに関する枠組み協定は，ASEAN包括投資協定の留保表に列挙された分野を段階的に撤廃することによって，またはASEANサービスに関する枠組み協定に基づく自由化プロセスの合意した方式に従い，各部門における分野の拡大および自由化約束

の深化によって，ほぼ全面的に自由化された制度の実現を目標としている。

ASEAN 包括投資協定および ASEAN サービスに関する枠組み協定に基づく自由化率 ASEAN 加盟国の留保表に留意する必要があるが，ASEAN 包括投資協定に基づく自由化率の推計結果によれば，フィリピンに見られるように，ある条件が付された自由化計画に基づく場合があるものの，外資に対して比較的自由な投資制度となっていることがわかる（図3.5参照）。

図3.5によれば，外資参入を認めている点において，カンボジアが外資に最も開かれた ASEAN 加盟国で，以下，シンガポールと興味深いことにミャンマーが外資に開かれた加盟国となっている。ブルネイおよびインドネシアについても外資に対して比較的開かれており，投資自由化率は70%以上を記録している。フィリピンおよびタイは，図3.5上では最も開かれていない加盟国であるが，一定の条件を満たした場合（たとえば，輸出区域の輸出企業は100%

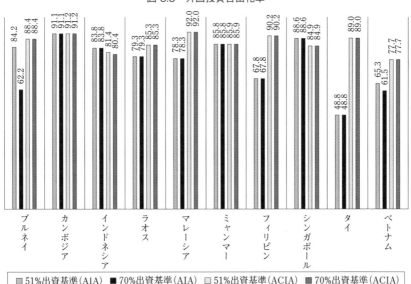

図3.5 外国投資自由化率

注：AIA は ASEAN 投資協定。
出典：Intal et al.（2011）（2012 年に Intal and Panggabean が修正）。

外資所有とすることができる），フィリピンおよびタイの自由化は，ASEAN加盟国において最も自由化率が高いほうに順位が急上昇する。ASEAN加盟国の多くは，農業および鉱業においては外資に対する自由化率がはるかに低く，製造業については自由化率は比較的高い。

　サービス分野に関して，ASEANサービスに関する枠組み協定の第8パッケージに基づく第1モードおよび第2モードにおけるASEAN加盟国の自由化率の推計結果によれば，「約束せず」を「具体的な規制ではない」と考えた場合，自由化率はほぼ100％であるが，「約束せず」を「具体的な規制」と考えた場合，ほとんどのASEAN加盟国，特にフィリピンおよびベトナムにおいて自由化率は大幅に低下している（表3.2参照）。実際，ほとんどのASEAN加盟国は，第1モードのサービスト取引に関して自由化（および実行）を約束していない。サービス分野における第1モードおよび第2モードは，物品市場に近い。このように，ASEANサービスに関する枠組み協定の第8パッケージは，ASEANにおける第1モードおよび第2モードの点において，ASEAN加盟国が高度に競争可能なサービス市場に真剣に取り組んでいることを示している。

　投資制度は物品分野，特に製造業において外資に対して比較的自由であるものの，第3モード（商業拠点）の点で自由化プロセスは，ASEANサービスに関する枠組み協定に基づくサービス分野においてますます困難になっている。表3.3は，優先統合分野，物流分野，その他分野およびASEANサービスに関する枠組み協定の第7パッケージおよび第8パッケージに基づくすべての分野の第3モードに関する自由化率の予備的推計結果を示したものである。ASEANサービスに関する枠組み協定の第8パッケージにおいて，多くのASEAN加盟国について推計された自由化率が著しく低下している。これは，優先統合分野，物流分野，その他分野，およびスケジュールを設定する必要があり，より高い外資容認基準値に基づく多数の他のサービスに関して，ASEANサービスに関する枠組み協定の第7パッケージに比べ，ASEANサービスに関する枠組み協定の第8パッケージに基づく外資参入基準が高いことを反映している。それにもかかわらず，ASEAN加盟国の中で最も所得が低い2か国（ミャンマーおよびラオス）が実際に最も自由化率が高く，この2か国に

6. 高度に競争可能な市場：サービス分野，投資分野および競争政策　　149

表 3.2　AFAS 第 7 パッケージおよび AFAS 第 8 パッケージのコミットメントにおける第 1 モードの自由化率（「約束せず」を「具体的な規制」または「具体的な規制ではない」と定義した場合）

（単位：%）

国名	第 1 モード			
	AFAS 第 7 パッケージ		AFAS 第 8 パッケージ	
	(a)	(b)	(a)	(b)
1　ブルネイ	67.9	96.7	71.4	97.2
2　カンボジア	70.7	97.7	75.1	99.1
3　インドネシア	74.2	99.4	74.3	99.7
4　ラオス	98.7	100.0	95.2	100.0
5　マレーシア	62.8	98.1	67.5	98.3
6　ミャンマー	85.1	100.0	87.3	100.0
7　フィリピン	50.0	94.6	51.0	94.1
8　シンガポール	91.1	96.3	90.9	96.4
9　タイ	61.0	95.3	65.2	94.9
10　ベトナム	49.5	94.6	50.3	94.7
平均	71.1	97.3	72.8	97.4

注：(a) = スコアの算出において，「約束せず」を具体的な規制と想定。(b) = スコアの算定において，「約束せず」を具体的な規制ではないと想定。
出典：Narjoko and Herdiyanto（2012）.

表 3.3　AFAS 第 5 パッケージ，AFAS 第 7 パッケージおよび AFAS 第 8 パッケージのコミットメントにおける第 3 モードの分野別自由化率

（単位:%）

国名	第 3 モード							
	優先統合分野		物流分野		その他分野		全分野	
	AFAS 第7パッケージ	AFAS 第8パッケージ	AFAS 第7パッケージ	AFAS 第8パッケージ	AFAS 第7パッケージ	AFAS 第8パッケージ	AFAS 第7パッケージ	AFAS 第8パッケージ
1　ブルネイ	21.6	30.3	63.9	72.5	60.2	58.0	49.6	50.2
2　カンボジア	46.9	34.1	88.1	37.1	91.9	38.0	78.9	37.0
3　インドネシア	49.4	52.0	89.2	52.6	79.7	63.7	70.6	59.1
4　ラオス	78.6	86.8	87.2	86.4	80.9	78.1	80.7	80.5
5　マレーシア	55.9	56.4	82.6	70.5	57.5	66.8	58.3	64.8
6　ミャンマー	81.3	84.3	80.2	86.3	80.2	84.6	80.6	84.5
7　フィリピン	39.2	41.3	66.1	38.2	45.9	39.5	45.8	39.8
8　シンガポール	44.9	35.8	55.5	38.4	77.8	32.9	68.2	34.0
9　タイ	25.8	52.2	56.8	51.0	68.5	44.5	58.4	46.3
10　ベトナム	91.3	67.3	90.7	29.1	86.2	85.9	87.8	77.4
平均	53.5	54.1	76.0	56.2	72.9	59.2	67.9	57.4

出典：Narjoko and Herdiyanto（2012）.

次いでベトナムの自由化率が高いことに留意する価値がある。

ASEAN サービスに関する枠組み協定の後続のパッケージ（AFAS 第 9 パッケージから AFAS 第 12 パッケージまで）においては，センシティブ産業を対象とした AFAS の柔軟性規定が盛り込まれているサービス分野を除くすべてのサービス分野がカバーされ，70％以上の外資が参入できるまで，より多くの分野において，より高い外資参入目標が設定されている。「AEC ブループリント2009-2015」に基づき当初計画されたように，すべてのパッケージは 2015 年までに達成されることになっていた。しかしながら，ASEAN サービスに関する枠組み協定の第 8 パッケージを基準とする場合，達成の可能性はきわめて低い。ASEAN サービスに関する枠組み協定に基づく自由化プログラムは，2015 年以降にずれ込む可能性が高い。

サービス分野および投資分野の自由化に向けて　サービス分野および投資分野の自由化に向けた前進は，比較的容易である。すなわち，ASEAN サービスに関する枠組み協定に基づくサービス分野および ASEAN 包括投資協定に基づく物品分野の投資制度において，引き続き段階的に自由化プロセスを実施すればよいのである。

- ASEAN 包括投資協定に基づき，これは，Component 2 に基づく産業リスト（すなわち，自由化または制限適用範囲の縮小の対象となる産業）の段階的削減プロセスが継続することを意味する。
- AEC ブループリントの実施に関する中間評価の提案（ERIA 2012a, p.VIII-31-32）と同じく，Component 2 に盛り込まれている柔軟性規定が濫用されないように，Component 2 に基づく最低出資制限／障害に何が含まれる可能性があるかに関する指針を策定することは有益であると考えられる。
- ASEAN サービスに関する枠組み協定に基づき，柔軟性規定をさらに修正し，柔軟性率を引き下げるとともに，2015 年までに実施されない ASEAN サービスに関する枠組み協定の段階における段階的自由化をさらに継続することを意味する。

より困難な問題は，2015 年以降の自由化プロセスのペースを決定すること

である。自由化プロセスは，2020年までに終了する必要があるのか。または2025年までに終了する必要があるのか。本章のタイトルがほとんど暗黙のうちに意味しているように，2015年以降のサービス分野および投資分野の一層の自由化のペースおよび段階について慎重かつ十分に考えることを提案する。Itakura（2013）およびDee（2012）のシミュレーション結果は，サービス分野の自由化，特に物流分野，輸送分野および金融関連サービス分野の自由化から大きな潜在的便益が得られることを示唆している。サービス分野の効率化は，ASEAN加盟国がグローバルなバリューチェーンおよび生産ネットワークの上流に移動するためにも重要である（Damuri 2013）。しかしながら，特によりセンシティブなサービス分野については，政治経済上の問題がある。このように，サービス分野の一層の自由化のペースおよび段階を決定する際には，より慎重なアプローチが必要とされる。

　ASEANにとってより価値があると考えられることは，サービス分野および投資分野の自由な移動の実現に向けて向こう見ずに自由化を推進し，統合された生産基地の構築を軽視するのではなく，高度に競争可能なASEAN市場の創設と並行して，ASEANに統合された生産基地を構築することの優先順位を上げることである。ASEAN加盟国およびASEANは，困難な政策決定を伴い，十分機能するために大量の資源を必要とする円滑化措置の一層の改善をより重視する必要がある。

　域内生産ネットワークが依拠する統合された生産基地の構築および後発地域を域内生産ネットワークにさらに深く参加させることを一層重視することにより，域内の単一市場の実現に向けた道のりは実行可能性が高まり，これに伴い投資環境が改善し，より力強い経済成長を達成できることはほぼ間違いない。これは，ASEAN地域のすべての国民ではないにしても，ほとんどの国民に恩恵をもたらす単一市場とは，ASEAN地域の現在の大きな発展格差が大幅に縮小し，その結果，ASEAN加盟国間の価格差も縮小する市場である。

金融サービス，金融の統合およびマクロ経済政策の協調における競争可能性
金融サービスおよび金融の統合における競争可能性は，ASEANにとって大きな課題である。一方で，ASEAN地域における競争可能な金融市場および金融

市場の一層の統合は，加盟国内における金融サービスの提供において効率性およびイノベーションを生み，ASEAN 地域における投資資金のより良い配分の場を増やし，ASEAN 地域により多くの投資ファンドを誘致する可能性が高い。これらはすべて，ASEAN 地域における持続的な高い成長に向けたドライブを支えると考えられる。ASEAN 加盟国には，広範で健全な規制能力・体制があるが，他方，ASEAN 地域の金融安定化インフラは不十分なままである。さらに，Majuca（2013）によるショック伝播の分析が，ある国のマクロ経済指標は国内のショックの影響を最も大きく受けるというこれまでの分析と同様に，GDP のような ASEAN のマクロ経済指標は，ASEAN 域内で発生したショックの影響を最も大きく受け，その次に，中国および日本において発生したショックの影響を受けていることを示している。このように，大きなリスクを考慮に入れると，特に最近の EU の経験に鑑み，金融の統合に対してより慎重かつ注意深いアプローチが必要とされる。

　ASEAN における金融サービスの自由化は，金融サービス約束パッケージの最新の第 5 パッケージにより実施されている。AEC ブループリントの実施に関する ERIA の中間評価（ERIA 2012a 参照）に基づく第 5 パッケージに関する分析結果は，特に第 3 モード（商業拠点）に関して自由化率が低いことを示している。ASEAN サービスに関する枠組み協定の場合と同様，外資参入率の向上，特に少数株主から大株主への移行の点において，自由化率を向上させることが課題となる。

　ASEAN 加盟国の中央銀行総裁は，ASEAN 地域の金融部門が銀行主体であることを考慮した場合，域内金融統合計画にとって重要となる ASEAN 銀行統合枠組み（ABIF）を支持している。ABIF は，2020 年を目標達成年とした域内銀行統合の成功のための 4 つの前提条件を設定している。この 4 つの前提条件ごとにワーキンググループが設置されている。4 つの前提条件とは，次の条件である。健全性規制の原則の調和，金融安定化インフラの構築，BCLMV（ブルネイ，カンボジア，ラオス，ミャンマー，ベトナム）に対する能力構築の提供および単一「パスポート」ですべての ASEAN 加盟国において営業できる ASEAN 適格銀行（QAB）の合意された規準の策定の 4 つである。ABIF の視点から見た銀行統合とは，ASEAN 加盟国に ASEAN 適格銀行の商業拠

点を設置することである（Wihardja 2013 参照）。

前進 [3]　ABIF の大部分を実施するには，2015 年以降数年間を必要とする。再検討の結果は，BCLMV における健全性規制の調和に関して大きな課題があり，金融安定化アーキテクチャーに関して重大な不備があることを示している。銀行統合の実現には多くの政治課題があるように思われることから，目標の2020 年実現は全く現実的ではないかもしれない。

　それにもかかわらず，再検討により前進に向けた優先事項が明らかにされている。

- **金融安定化インフラを構築し，統合後のシステミックリスクおよび悪影響を封じ込める**　これには，（ASEAN+3 マクロ経済リサーチオフィス（AMRO）による）域内マクロ健全性モニタリング・サーベイランス，域内危機管理プロトコル，域内支払決済システム，（現在のチェンマイ・イニシアチブのマルチ化（CMIM）による）域内金融セーフティネット，知的財産保護のための法制度および ASEAN 加盟国間における納税情報の自動交換の可能性が含まれる。
- **ASEAN 加盟国間における健全性規制の調和**　この調和により，銀行業参入の規制・健全性障壁が高くなる可能性があり，ASEAN サービスに関する枠組み協定と矛盾する。しかしながら，健全性の向上は，力強く開かれた金融部門にとって必須条件である。このため，トレードオフは実施する価値があると考えられる。
- **能力構築は大変重要である**　これは，特に，規制格差が大きい BCLMV に当てはまる。
- **ABIF および域内金融統合のさまざまな側面に関する集中的な調査研究が必要である**　これには，特に，ABIF の便益，機会，コストおよびリスクの検討，域内銀行システムのネットワークおよび統合の程度のマッピング，ABIF が BLCMV および ASEAN 5 か国に及ぼす異なる影響についての判断が含まれる。
- **ASEAN 域内の他，ASEAN+3（日中韓）とのマクロ経済の一層の協調に**

---

3)　本箇所は，Wihardja（2013）に基づく。

154 第3章 ASEAN単一市場と単一生産基地の実現に向けた統合され高度に競争可能なASEAN

向けて前進する Majuca（2013）の結果が示しているように，北東アジア諸国から発生したショックが各ASEAN加盟国に及ぼす影響の大きさは，国内ショックの寄与度に次いで2番目に大きい。

競争政策 競争政策は，ASEAN地域における最終的な目標である単一市場と単一生産基地の実現に向け，ASEANにおける国内市場および域内市場において競争を促進するうえで，上述した自由化・円滑化イニシアチブを補完する重要なものである。競争政策は，企業の反競争的行動に対処するものであることから，国内市場における商慣行に関してだけではなく，域内の国境を越えた商慣行，たとえば，合併または垂直的なアウトソーシング協定などに関しても統合が進むASEANにおいてさらに顕著なものとなる。

競争の基本的目標は，現地企業・外資企業を問わず，国内・域内を問わず，すべての企業に対して公平な競争の場を確保することである。このように，競争政策は，国内・域内における企業の反競争的行動に焦点を当てるだけではなく，国有企業・政府系企業とそれ以外の企業が直面する規制環境に関連した困難な政策問題（すなわち，競争中立性の概念）にも取り組む必要がある。また，競争政策は，基本的には貿易政策問題ではあるものの，競争政策の範囲に一定の含意を持つ反ダンピングのような問題についても検討するべきである。EUの場合，反ダンピングに関する競争政策に優位性がある（Lee and Fukunaga 2013, p.18）。

AECブループリントに基づく競争政策に関連したASEANの主要なイニシアチブは，競争法の導入，競争・競争当局・キャパシティビルディングのネットワークの整備，競争法に関する域内指針に焦点を当てている。すべてのASEAN加盟国が現時点において競争法を制定していない点を除き，ASEANは，2015年前に事実上すべての措置を達成している（Lee and Fukunaga 2013, p.19）。

2015年以降の競争政策の前進[4] Lee and Fukunaga（2013）は，2015年以降，ASEANは競争法の導入・執行および競争法を超えた競争政策の適用範囲の拡

---

4) 本箇所は，主としてLee and Fukunaga（2013）に基づく。

大に焦点を当てることを提案している。

- **競争法の導入** 2015年までに競争法を制定できないASEAN加盟国については，競争法を制定しているASEAN加盟国の導入経験の共有を含む，技術支援を受けることを奨励し，技術支援を受ける必要があると考えられる。
- **キャパシティビルディング** キャパシティビルディングに対するより公式の制度化されたアプローチについて検討する必要がある。ひとつの可能性として，場合によってはASEAN大学ネットワークを利用して，競争政策に関する研修プログラムのネットワークを構築することが考えられる。
- **競争政策の相互評価** ASEANにおける競争当局の執行パフォーマンスに相当差があることを考慮に入れると，競争法および競争政策をさらに改善し，場合によってはASEAN加盟国間において定期的に5年ごとに一層の改善・改革を行うため，競争法および競争政策の相互評価を実施する価値がある。
- **執行協力取り決め** 経済統合の深化に伴い，総合的な情報交換，事例処理指針および共同調査を含む，執行協力を一層強化することが重要である。
- **競争中立性の評価および実施** ASEANは，企業に対する国の金融保証および国庫補助／国の補助金（SOE/GLC），政府調達などの問題に関わる競争中立性に関する調査を実施するか，または委託することを提案する。
- **反ダンピングおよび規制統治** ASEANにおける反ダンピング事例および（消費者厚生に焦点を当てた）競争政策と（企業に焦点を当てた）反ダンピング政策間の潜在的な衝突に関する評価を行う必要があるかもしれない。また，参入制限および価格管理のような国の規制が競争に及ぼす影響について調査する必要もある。

7. 連結された ASEAN

連結性は，生産基地として統合され，競争可能なASEANおよびさらに統合されたASEAN市場にとって中心となるものである。この点を認識し，ASEANは，ASEAN連結性マスタープラン（MPAC）を策定している。

MPAC には，「物的インフラの整備（物理的連結性），有効な体制，メカニズムおよび手続（制度的連結性），高い能力を持つ人（人と人の連結性）」（ASEAN Secretariat 2011, p.i）の 3 本の戦略が盛り込まれている。貿易円滑化，非関税措置の簡素化，より円滑な基準適合性制度の構築に関して本章において上述したが，これらは域内における制度的連結性を向上させる。本節では，ASEAN における連結性の向上に向けた他の重要な手段について論じる。すなわち，物的連結性のための物的インフラ，輸送円滑化のための航空・海上交通サービス，域内における熟練労働者の移動について論じる。

物 的 連 結 性　ERIA は ASEAN 交 通 次 官 級 会 合（STOM）と 協 力 し て，ASEAN 戦略的交通計画（ASTP）2011-2015 を策定した。ASEAN 戦略的交通計画には，2015 年に向けたシームレスな物理的連結性および輸送連結性，2015 年以降の主要な戦略に関する包括的な枠組みおよび詳細な計画が盛り込まれている（ERIA 2010b 参照）。ASEAN 戦略的交通計画は，MPAC に盛り込まれている物的連結性に関する優先順位を支持している。ASEAN 戦略的交通計画が強調しているように，ASEAN のサプライチェーンネットワークには脆弱な部分があるため，不通部分をなくし，弱い結合の質を向上させる必要がある。

　陸上交通に関しては，2015 年に向け，2015 年以降数年間，ASEAN 高速道路網の完成・改善，シンガポール昆明鉄道（SKRL）の完成，輸送円滑化協定の実施，すなわち，ASEAN 通過貨物円滑化に関する枠組み協定（AFAFGIT），ASEAN 国際輸送円滑化に関する枠組み協定（AFAFIST）および ASEAN 複合一貫輸送枠組み（AFAMT）に焦点を当てることを意味する。ASEAN における物流のフローに関する調査結果が，ASEAN におけるトラックの国境通過費用・時間が大変大きいことを示していることから（図 3.6 参照），上述の輸送円滑化協定は，シームレスな輸送連結性にとって大変重要なものである。上述の輸送円滑化協定についてかなりの進展が見られるものの，ASEAN 通過貨物円滑化に関する枠組み協定の 2 つの最も重要な附属議定書（附属議定書 2 および附属議定書 7）について，最終とりまとめを行い，運用可能にするまたはそのいずれかを行う必要がある（ERIA 2012a, p.X-27）。

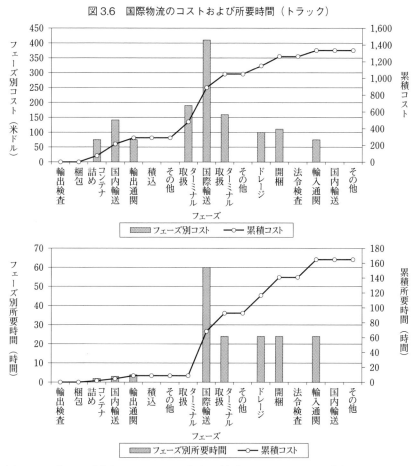

図3.6 国際物流のコストおよび所要時間（トラック）

出典：JETRO『ASEAN物流ネットワーク・マップ』（2008年）（ERIA 2012a, p.X-16に再掲）。

2015年以降，ASEAN高速道路網の不通部分の完成および「3級以下」の道路の改良については，主としてミャンマーにおいて2015年以降になる可能性が高く，ASEAN加盟国において，ASEAN高速道路網の交通量が多い2級・3級道路の改良を行う必要があると考えられる。同様に，シンガポール昆明鉄道については，完成が2015年以降になる可能性がある部分が残されている。ASEAN高速道路網およびシンガポール昆明鉄道の完成は，ASEANにとって

陸上交通の主要な骨組みとなる。内陸地域のアクセス可能性および内包性を一層向上させるため，国レベルにおいて，ASEAN 高速道路網に連結した支線および流通ネットワークを開発することが重要である（ERIA 2010b）。

また，ASEAN 通過貨物円滑化に関する枠組み協定，ASEAN 国際輸送円滑化に関する枠組み協定および ASEAN 複合一貫輸送枠組みについては，物的インフラ投資のすべてが企業および国民に大きな恩恵をもたらすよう，全面的に機能する必要があると考えられる。最後に，ASEAN は，インドから ASEAN を経由して北東アジアまたはオーストラリア・ニュージーランドまで連結される世界の成長回廊の輸送拠点として確立することを目標としている（MPAC 戦略 5）。これは，「ランドブリッジ」またはメコン・インド経済回廊または東西経済回廊のような回廊の整備によって実現される。

ASEAN がどのようにして東アジアの成長回廊の地理的中心に位置することの可能性を最大化できるか判断するため，徹底的に調査を行う必要があるかもしれない。

航空輸送　地理的に広がり，アジア大陸部にある加盟国もあれば，大きな群島からなる加盟国もある地域である ASEAN において，連結された ASEAN には，各地を結ぶ航空連結性が必要とされる。ASEAN は，それ以上のことを目標とし，ASEAN 単一航空市場の創設を最終目標としている。ASEAN は，航空輸送分野統合に向けたロードマップを策定しており，このロードマップは，3 つの主要な正式の協定およびその附属議定書によって具体化されている。この 3 つの協定は，航空輸送に関する多国間協定，旅客航空の完全自由化に関する多国間協定および航空輸送の完全自由化に関する多国間協定である。「ASEAN マイナス X」方式を導入していることから，この 3 つの多国間協定すべてが施行されているものの，協定に参加している国においてのみ有効である。ASEAN 単一航空市場については，最も重要な不参加国（すなわち，インドネシア）に大きな変化がないまま，2015 年を過ぎ，2015 年以降を迎えると予想される。

最も重要な不参加国であるインドネシアは，航空輸送に関する多国間協定の附属議定書 5 および 6，旅客航空の完全自由化に関する多国間協定および航空

輸送の完全自由化に関する多国間協定のすべての附属議定書に参加していない。インドネシアはASEANにおいて人口が最も多い最大の経済大国で，航空旅客市場規模が大きいことを考慮に入れると，インドネシアが参加していないことは，ASEANの単一航空市場実現への強い願望を頓挫させることになる。インドネシアが消極的態度をとっている根底には，シンガポール航空，マレーシア航空およびタイ国際航空のような大手外国航空会社（旅客・貨物ともに）とガルーダインドネシア航空およびライオンエアのようなインドネシアの航空会社間に航空会社の規模・競争力の面で大きな格差が見られることから，直接的には国際線旅客，間接的には国内線旅客（外国航空会社が第2種空港を無制限に使用できる場合）の市場を失うのではないかという脅威がある。

2015年以降に向けて　次のことが，一層統合されたASEAN航空旅客分野の実現に向け，いくつかの方法が考えられるという明るい兆しを提供している。

- 積極的に事業を拡大しているインドネシアの航空会社（たとえば，ライオンエアおよびガルーダインドネシア航空）の自信が高まっている。事業拡大の面で二国間協定では限界に近づき，インドネシアの航空会社がより自由な市場において十分競争していけると確信するにつれ，インドネシアの航空会社は，現在においてはASEANにおける多国間合意の関連する附属議定書に反対しているが，この反対も相当弱まり，態度を変え，当該附属議定書を支持すると考えられる。

- ASEAN地域において観光客・出張者が急速に増加しているなか，航空旅客の制限により国が被る機会費用が増加していることから，州政府・地方政府，観光当局および経済界から航空旅客分野を開放すべきであるとの圧力がある。フィリピンの部分的なオープンスカイ政策は，かなりの程度まで，このような圧力から生まれた産物である。

- 中国のような大国とASEANの協定からより多くの恩恵を受けている域外の航空会社との競争激化からの圧力。

- インドネシアおよびフィリピンのような一部ASEAN加盟国における「第7の自由」またはカボタージュ制限を回避する手段としてエアアジアの越境合弁企業／子会社モデル等のように，市場プレーヤーのイノベーション

が進展している。

つまり，2015 年以降への前進は，ASEAN における一層統合された航空旅客分野の実現に向け道を開くように，主として市場原理によって反対している利害関係者を開放させ，また競争環境の改善に向けて政府に政策の見直しを迫ることが重要である。

海上輸送　ASEAN には，世界で最も大きな群島からなる 2 つの国がある。また，ASEAN には，世界で最も重要な海上交通路のひとつであるマラッカ海峡もある。このように，海上輸送は，ASEAN 連結性の核心要素である。実際，ASEAN は，統合され，効率的で，競争力があり，安全な海上輸送システム（MPAC 戦略 4）の構築を目標としている。また，ASEAN は，2008 年に採択された「ASEAN における統合され，競争力のある海上輸送に向けたロードマップ」に具体化されているように，ASEAN 地域における海上輸送サービスの段階的自由化を促進することも目標としている。

MPAC および ASEAN 戦略的交通計画に盛り込まれている海上輸送に関する行動計画の事実上すべてが，主として 2015 年以降に実施されると予想できる。これらの行動計画には，ASEAN 海上統合プログラムにおける 47 指定港湾のパフォーマンス・能力の向上，ASEAN の大陸部と諸島間のロールオン・ロールオフ連結性を含む，効率的で信頼性の高い航路の確保，捜索救難能力の向上，港湾・積込作業の強化のための人的資源の開発，ASEAN 単一海運市場の実現が含まれる（ERIA 2010b）。しかしながら，ASEAN 単一海運市場は，国内海運サービスには対応していないことに留意する必要がある。さらに，各加盟国の周辺諸島が十分な経済的アクセスを確保できるようにするためには，効率的で競争力のある海運サービスが必要とされる。このように，非効率的な国内海運サービスは，都市部およびおそらく主要な国内市場の ASEAN の輸出業者に対する国内内陸部の農家・企業の競争力を低下させる可能性があることから，一部の ASEAN 加盟国については，国内海運サービス問題に対処する必要があるかもしれない。

ASEAN 戦略的交通計画および MPAC においては，ASEAN 連結性を整備するための戦略的行動が明確にされている。2015 年に向けて，また 2015 年以

7. 連結された ASEAN　　161

降の課題となるのは，基本的には実施方法の選択である。

熟練労働者の ASEAN 域内の移動　「AEC ブループリント 2009-2015」には，「物品の自由な移動」「サービスの自由な移動」「投資の自由な移動」および「資本のより自由な移動」とともに，第 1 の柱である「単一市場と生産基地」の 5 つの核心要素のひとつとして「熟練労働者の自由な移動」が盛り込まれている。しかしながら，移動に対する障壁を最小限に抑えるという公表された目標がある物品，サービスおよび投資の自由な移動とは対照的に，「熟練労働者の自由な移動」の行動項目は，主として「自然人の移動に関する管理された移動または入国の円滑化」(ASEAN Secretariat 2009, p.29) に関係するものである。昨年，カンボジアにおいて締結された ASEAN 自然人の移動協定は，主として商用目的の出張者，企業内転勤者および滞在期間が限定された契約サービスサプライヤーの入国に適用される。この協定は，他の ASEAN 加盟国において雇用，市民権，居住または永住を希望する者には適用されない。ASEAN は，「サービスの自由な移動」に基づくものであるが，主要な専門的サービス分野において相互承認協定の策定・交渉を行っている。また，ASEAN は，域内における学生および教職員の移動性を向上させるため，核となる能力と資格の開発および ASEAN 大学ネットワークのメンバー間の協力強化も目標としている。

　上述の行動を公平に解釈すると，ASEAN は，「**労働者の自由な移動**」ではなく，「**労働者のより自由な移動**」を現実には目標としている。「労働者の自由な移動」を論理的に解釈すると，EU のように，治安，公衆衛生および公共政策上の一部制限・条件があるものの，市民が EU 域内において移動でき，自由に住め，雇用を探すことができる単一労働市場をいう (Chia 2013, p.14)。カリブ共同体の措置は，比較的 EU に近いが，現在までのところ主要な職業に限定されている。熟練労働者の移動性に関連した ASEAN の措置は，「労働者の自由な移動」が要求することからはかけ離れている。

　EU のケースの「労働者の自由な移動」と ASEAN のケースに該当すると思われる「労働者のより自由な移動」には，一定の域内の論理がある。EU のケースの場合，単一通貨を採用していることから，インバランスまたはショッ

クに対する調整は，財政金融手段および資本移動だけではなく，調整が社会に及ぼす悪影響を最小限に抑えるため，労働者の移動によっても行われなければならない。加盟国が個々の通貨を使用し，個別の為替相場政策を採用しているASEAN のケースの場合，為替相場の調整は外的インバランスに対応するための直接的で強力な政策措置であることから，外的インバランスに対するより円滑な経済の調整のために「労働者の自由な移動」は絶対に必要というわけではない。EU においては，単一労働市場促進策がとられているものの，関連する財政，社会，文化，情報面等において多くのコストが発生することから，EU域内における実際の労働者の移動は相当低い点に留意する必要がある（Chia 2013, p.14）。

このように，AEC ブループリントに盛り込まれている「熟練労働者の自由な移動」については，ASEAN における連結性向上を支えるという点をより重視し，単一市場実現への取り組みとしての役割は限定的であると考えるべきである。この考え方は，MPAC と一致している。また，熟練労働者の「より自由な」または「管理された」移動は，新技術を効果的に伝えるためのエンジニア間の直接の接触および競争力がありダイナミックな ASEAN に関する次章において論じるよりイノベーションが進展した ASEAN 実現のための自由な研究開発環境の重要性によって示唆されているように，ASEAN の競争力向上にとっても重要である。

ASEAN における熟練労働者のより自由な移動の実現に向けた措置については，専門的サービス分野，特にエンジニアおよび建築士の分野における相互承認協定の導入の進展は一様ではない。しかしながら，ASEAN の有資格の専門家が他の ASEAN 加盟国においてその専門的職業に就けるようにするための国内法・規制の改正については，事実上すべての ASEAN 加盟国においてまだ全面的に達成されていない。ASEAN 大学ネットワーク（AUN）については，ASEAN 単位互換システム（ACTS）および ASEAN 大学ネットワークの質の保証等を含め，相当の数の構想が策定され，順調に進展している。しかしながら，「ASEAN 地域における学生および教員の移動性の向上」（ASEAN Secretariat 2009, p.29）については，未だ不十分であるように思われる。このことは，ある程度，教育機関間のカリキュラムおよび基準が大きく異なること，

7. 連結された ASEAN   163

学生・教員交換の資金が限られていること，言語の違いを反映している（Chia
2013, p.23）。

2015 年以降に向け，Chia (2013) は，次の提案を行っている[5]。

- **高等教育機関間の有効な協力の促進および学生・教員交換の円滑化**
 ASEAN における教授手段として英語をさらに活用することにより，学
 生・教員の交換を円滑にすることができると考える。また，ASEAN は，
 成功を収めているヨーロッパの２つのプログラム，すなわち，**エラスムス
 計画およびボローニャプロセス**について，ASEAN における適応・実施を
 検討することもできる。エラスムス計画では，高等教育機関の学生がヨー
 ロッパの他国において３〜12 か月間過ごし，科目の単位互換ができ，受
 け入れ教育機関における授業料が免除され，生活費としてエラスムス助成
 金が支給される。ボローニャプロセスは，質の保証における資格認定およ
 びヨーロッパ内の協力のプロセスを円滑にするため，比較可能な学位制度
 および単位制度を採用している。
- **ASEAN の専門家・熟練労働者の入国・雇用の自由化・円滑化** 措置には，
 次のものが含まれる。
  - 英語表記の様式を政府のウェブサイトに掲載することを含め，越境貿
   易・投資に従事する専門家および熟練労働者に対するビザ・雇用許可の
   発行を円滑にすること。
  - 外国籍の専門家および熟練労働者の雇用に関する法律・政策上の制限に
   関する透明性および情報の必要性（たとえば，就労ビザ，労働市場テス
   ト，契約延長の機会，永住，税金等）。
  - 特にサービス分野における職業技能の核心的能力開発の加速。
  - ASEAN 技能認定枠組みの創設。ASEAN 加盟国は未だに，業務技能規
   制・証明に大きく異なる制度・基準を採用している。調和および相互承
   認は時間のかかるプロセスである。
  - ASEAN 加盟国における雇用機会および雇用条件に関する情報ネット
   ワークの改善。
  - 社会保障手当のポータビリティの確保。

---

5) 以下のリストおよび議論は，Chia (2013) に基づく。

- **ASEAN 版卓越した研究拠点の構築** 資格の相互承認および専門家・熟練労働者のより自由な移動が実現した場合，ASEAN は，域内の各加盟国のさまざまなサービス分野のために卓越した研究拠点を整備することを検討するべきである。ASEAN の専門家間の協力・提携により，ASEAN 版プライスウォーターハウスクーパース，アーンストアンドヤング，マッキンゼー等が生まれると考える。
- **相互認証協定の一層効果的な実施** ASEAN は，ASEAN の一部の専門家を対象とした EU プロフェッショナルカードの ASEAN 版について検討することができる。EU プロフェッショナルカードは，すべての EU 加盟国における専門家の資格の承認を円滑にしている。
- **熟練労働者の移動に関する考え方を変える必要がある** 熟練労働者の移動は，ゼロサムゲームではないこと。熟練労働者の移動は，国内の人材に相乗効果をもたらし，国内の消費者のサービス提供者選択を改善することができること。文化の多様性および国際的な職業経験は，グローバル化時代にあって競争上の優位性となること。雇用のための人の移動は，ASEANにおける共同体構築の重要な構成要素であること。

　要約すると，最終的な目標である ASEAN 単一市場と単一生産基地の実現に向け，統合され，高度に競争可能な ASEAN を発展させることは，関税障壁の撤廃だけではなく，非関税措置の簡素化・非保護主義的な非関税措置，シームレスなシングルウィンドウ，貿易円滑化，基準適合性の円滑化，高度に競争可能なサービス・投資制度，健全に管理され，深化した金融市場，インフラ連結性の一層の向上，シームレスな航空・海上・マルチモーダル連結性および域内における熟練労働者のより自由な移動も伴う。

第4章　ASEAN の競争力とダイナミックス

1.　はじめに

　ASEAN 域内，東アジア，世界との経済統合の深化に加えて，2015 年以降のアセアンライジング（ASEAN Rising post 2015）に必要なのは，ASEAN を世界的な競争力を持つダイナミックな地域にすることである。本章では，ネットワーク化されたイノベーティブな世界の将来との深い結合が，ASEAN に競争力とダイナミックスをもたらす主な原動力となることを強く主張する。ASEAN ライジングは，「中国の奇跡（China Miracle）」ほど驚異的ではないが「ASEAN の奇跡（ASEAN Miracle）」として具現化される。

　世界の未来は，第2のアンバンドリング（2nd unbundling）から生じた生産ネットワーク，サプライチェーン，垂直貿易に体現される。一部の ASEAN 加盟国は，このようなネットワーク化された世界の未来に，すでにかなり組み込まれている。ASEAN は，中国とともに第2のアンバンドリングの波の真っただ中にあり，（アメリカを中心とする）NAFTA のハブアンドスポーク的な貿易パターンとは対照的な，世界で最も精巧な地域生産ネットワークに関与している。第2のアンバンドリングは世界の産業化プロセスを変えてきた。その代表例が中国であることに異論はない。しかし，これは，「アセアンライジング」の進展にも表れている。この地域の経済政策の形成に，第2のアンバンドリングが提示する要請と機会が，ますます重要な役割を果たしている。本章が明らかにするように，ASEAN の競争力強化にとってカギとなるのは，ASEAN 地域の生産ネットワークと東アジアを含む世界の地域生産ネットワー

クとの関与を深化させることと，産業クラスター形成を通じて国内および域内で生産ネットワークを強化していくことである。このような生産ネットワークの域内外への拡張により，ASEAN は「第 2 のアンバンドリング」でネットワーク化された世界に強く深く組み込まれることになる。

東アジアの地域生産ネットワークの深化と市場需要増加は ASEAN の産業化と経済転換の重要な柱となる。ASEAN がこうした東アジアの望ましいダイナミックスに十分に関与していくためには，ASEAN は持続的，安定的に生産性を向上させ，競争力を強化する必要がある。実際，安定的な生産性向上は，ASEAN および加盟各国の競争力の主要な決定要因である。しかし，Conference Board（2013）による全要素生産性上昇の推計が示すように，過去 10 年間，多くの ASEAN 加盟国の生産性上昇は，中国，韓国，台湾を大きく下回っている。

シンガポールを除く ASEAN はイノベーティブな世界の未来に強く深く関与していない。技術伝播とイノベーションは，生産性向上の原動力であり，ゆえに長期的な競争力の源でもある。実際，バリューチェーンの上流へ移行し，「孤立した工業化（enclave industrialisation）」の発生を防ぎ，中所得国のわなに陥らないために，ASEAN 加盟国は，政策と制度環境の改善，高度技術の伝播とイノベーションを実現するための能力形成に投資する必要である。幸いなことに，グローバルイノベーション指標（Global Innovation Index）で評価対象とされた ASEAN 加盟国のほとんどは，所得が同水準にある国との比較で上位にランクされている。マレーシアが上位中所得国ではトップ，シンガポールが全世界で第 8 位，カンボジアさえも低所得国で第 5 位にランクされているのが好例である（Dutta and Lanvin 2013, pp. 19-39 参照）。課題は，ASEAN をよりイノベーティブにするためのプロセスを推進することである。それには，研究開発や人的資本への投資，品質確保，技術伝播，イノベーション関連の政策と制度環境（たとえば IPR（知的財産権）体制）の強化が含まれる。

イノベーションは真空中に存在するものではない。イノベーティブな活動が生じるのは，地域およびグローバルな生産ネットワークに組み込まれる産業クラスターにおいてである。効果的なイノベーションは，適切な金融，専門技能とサービスの利用可能性，統合された大市場も必要とする。これらは，AEC

ブループリントがカバーする条件である。投資および生産ネットワークにおける貿易・投資・技術の結合が技術伝播とイノベーションに役立つ。したがって、（前章で述べたように）統合され競争的な ASEAN と（本章で議論する）競争力を持つダイナミックな ASEAN の構成要素には大きな相互補完性がある。

　ASEAN は、地域（およびグローバル）生産ネットワークとサプライチェーンにおいてリンケージを強化し、イノベーティブなクラスター形成を通じて産業基盤を深化し、人的資本と R&D への投資を強力に推進している。ASEAN はまた、統合を深化し、より競争可能な市場環境を整備し、（他の ASEAN 加盟国を含む）外国人投資家と専門家を積極的に受け入れ、強靭さと規制の一貫性を兼ね備えた地域の構築に向けた協力も強化している。その結果として今後15 年間に展開されるアセアンライジングは、ASEAN の奇跡を表す最高の例示となる。したがって ASEAN は、本書の第 2 章ですでに述べたように、第 2 のアンバンドリングと生産ネットワークにより地域統合と経済発展とを実現する新しい開発モデルの先駆的地域になる。

2. 第 2 のアンバンドリング、生産ネットワーク

第 2 のアンバンドリングと工業化　Richard Baldwin（2011）は、グローバル化を、第 1 と第 2 のアンバンドリングとしてきわめて説得的に説明した。この 2 つのアンバンドリングは、運輸革命が先駆けとなった第 1 のアンバンドリングと、ICT 革命が主導した第 2 のアンバンドリングという 2 つの最も重要な結合的技術革命の産物である。

　第 1 のアンバンドリングとは、生産と消費の空間的分離のことである。これは当初、蒸気船と鉄道による輸送費用と貿易費用の大幅削減によってもたらされた。この空間的分離により、生産における規模の経済と比較優位の利益を享受することが可能になった。この運輸革命が、貿易障壁の低下とともに、グローバル経済を生み出した。第 1 のアンバンドリングでは、ある財の生産に必要な生産プロセスまたはタスクは 1 国内のさまざまな地域に所在する工場または生産地域（または工業地域）で行われた。国際貿易は主に、1 国の 1 産業製品と他国の他産業製品との交換、またはある産業の差別化された製品の 2 か国

以上による交換であった。したがって，第1のアンバンドリングから生まれた
20世紀の国際貿易は本質的にモノの売買であった。生産が主に工業地域で行
われ，国内にランダムに分散化しないのは，低輸送費は大量生産を可能にする
が，大量生産は複雑で，地理的近接性が複雑な調整費用を低下させるという事
実を反映したものである。調整とは，モノ，ヒト，トレーニング，投資，情報
の継続的な双方向のフローを伴うものである（Baldwin 2011, pp. 11-13）。
　第2のアンバンドリングは，複雑な生産プロセスの調整を広範な地理的空間
で可能にした。第2のアンバンドリングをもたらしたのは，主に情報通信技術
（ICT）費用の著しい低下と質の大幅な改善であった。コストと効率の改善の
ため，ICT革命は，生産プロセスを明確に定義されたタスク（作業）または
段階にフラグメント（分解）し，対応する生産物とモジュール化し，さまざま
な地域や国で対応する生産物に対するさまざまな作業を配置する機会を提供し
た。この「工場解体」により，規模の経済と比較優位を最大限に活用すること
が可能になった（Baldwin 2011, p. 12）。生産プロセスのモジュール化は，企業
のさまざまな意思決定上の検討項目に依存するものの，一部作業の他国の関連
会社へのオフショア化や，近接地域・国内外の遠隔地に所在する他企業への外
注化を促進している。ICT費用の大幅低下とICTの質の著しい改善は，地理
的に分散化した生産プロセスの調整を可能にしている。この結果生じたのが，
生産ネットワークまたはサプライチェーンである。
　対面によるコンサルテーションおよびコーディネーションは，さまざまな作
業の効果的な調整にとって引き続き重要である。さらに，ジャストインタイム
操業の拡大は，生産フローの厳しい管理の必要性を意味する。たとえば，頻繁
に必要とされる部品や専門技能が必要とされる特に重要な部品は，主工場また
はその近辺で生産されなければならないが，その他のタスクや部品は低生産コ
ストを生かすため遠隔地でも可能である。したがって，良質のインフラストラ
クチャー，効率的なロジスティクス，迅速な輸出入と通関が，適切に機能する
生産ネットワークを支える重要な要件になる。
　企業が空間的次元で生産プロセスとバリューチェーンの適切な分割を決定す
るうえで，技能，関連支援サービス，専門的なインプットの利用可能性と費用
も重要性を持つ点に留意する必要がある。本社機能と主要な研究開発活動を担

2. 第2のアンバンドリング, 生産ネットワーク

う本国と生産のほとんどを行う生産国とに各国を大まかに分類することがある。しかし, フラグメンテーションの費用便益を考慮して, R&D 機能と経営管理機能のかなりの部分も分割され, さまざまな場所や国で行われる可能性もある。したがって, 知識プロセスやビジネスプロセスのアウトソーシングが急増しており, インドやフィリピンがこの分野で世界を先導している。しかし, 対面での調整やジャストインタイムの生産操業の重要性から, 国境を越えた生産ネットワークは, 一般的にグローバルではなく地域的に集中し, 「東アジア工場 (Factory East Asia)」が形成されている。

Arndt (2002) は労働集約的な部品の低労働費用国への再配置効果は技術進歩と同じような効果を持ち, 結果として生じる高生産性が経済全体の賃金上昇をもたらすと指摘した。これは, 経費節減のために事業を分割する企業のインセンティブと社会に対する便益が交差する重要なポイントである。

Baldwin が強調するように, これまで説明した第2のアンバンドリングは 20世紀型貿易と 21世紀型貿易を明確に分かつ重要な要因である。後者は, (20世紀型貿易のように) モノを売るばかりでなく, それ以上ではないにせよ同様にモノの生産に関係している。これは, ほとんどの場合, 生産ネットワークに関連する部品貿易の急増に反映されている。

第2のアンバンドリングとそれに伴う生産ネットワークの重要な要素のひとつが, 生産の地理的分散化で必要になった生産段階調整の内部化である。これは, 生産段階のオフショア化により, (主に発展途上国である) 移転国の新工場に, 補完的な先進国技術, 経営, 技能トレーニング, 品質管理などを導入する必要性が生じることを意味する。ある意味, 発展途上国への海外直接投資は, 資金だけでなく, 技術, 経営などの他に長期的なビジネス関係 (確実な輸出市場) を伴う。同時に, 発展途上国へ投資する海外企業には, 他国の他の生産段階と切れ目なく良好に操業できるように, 電気通信, インターネット, 速達小包配送, 空輸貨物, 貿易関連金融, 通関など, 優れたインフラストラクチャーとロジスティクス関連サービスが必要である。これが, 第2のアンバンドリングとこれに対応する 21世紀型貿易を体現する貿易・投資・サービス・知財の結合である (Baldwin 2011)。

実際, 「20世紀型貿易は一国の工場で作った商品の他国消費者への販売であ

り，……，（したがって）商品は，ある国の生産要素，技術，社会資本，統治能力その他の『パッケージ』であった」が（Baldwin 2011, p.13），21 世紀型貿易は「従来は工場やオフィスで見られた，モノ，ヒト，トレーニング，投資，情報の双方向の継続的フロー」（Baldwin 2011, p.13）に関わるものである。したがって，21 世紀型貿易は（20 世紀型貿易の中心であった）商品販売ばかりでなく，（生産ネットワークを通じた）モノづくりでもある。

　同時に，工業製品の輸出能力から明らかなように，第 2 のアンバンドリングは，受け入れ国となる発展途上国が実質的な工業化への軌道に早く乗るための重要で新しいメカニズムを提供している。第 1 のアンバンドリングと 20 世紀型貿易で工業製品の輸出を成功させるには，発展途上国は，先進工業国と同様の競争力で製品全体のほとんどを生産できる能力を身につけなければならなかった。すなわち，これは韓国のケースのように，特定工業製品の輸入代替に成功することが求められた。対照的に，第 2 のアンバンドリングでは，発展途上国は，最初に比較優位を持つ生産段階に集中して，地域生産ネットワークに参加可能である。

　ASEAN の場合，最近の好例として，ベトナムの電子関連輸出の急増と，これに伴う最終輸出向け電子製品の組み立てに使われる電子関連製品の輸入急増がある。これはまた，タイとマレーシアにもかなりの程度当てはまる。これらの国の場合は，製品の範囲が広範で，一部ケースでは国内・ローカルで生み出される付加価値の深化を伴っている。フィリピンも同様であるが，中間財製品の範囲はかなり狭い。

　発展途上国でのオフショア生産には「親会社のノウハウの非常に企業固有な部分が関係する」（Baldwin 2011, p.26）し，工場は親会社の完全所有または完全支配となる傾向がある。このため，経済のその他分野への技術拡散は小さい。したがって，工業製品輸出が示すような工業化が存在する一方，これは，韓国や台湾で成功した輸入代替と同じではない。結果，「孤立した工業化（enclave industrialisation）」になる可能性がある（Baldwin 2011, p.26）。

　したがって，21 世紀型アンバンドリングと生産ネットワークの課題は，「孤立した工業化」に陥ることなく，工業化と高成長経路に向けた触媒として，オフショア生産をどのように生かすかである。これには特に，（a）クラスターが

2. 第2のアンバンドリング，生産ネットワーク　　171

厚く幅広いほど規模の経済の拡大と技術伝播の可能性が高くなるため，（海外所有企業と国内現地企業からなる）輸出指向型産業クラスターの開発，(b) 技術移転と長期的ビジネス関係を通じて，企業が現地支援企業・産業を促進するメカニズムの構築，(c) 新技術や新手法を吸収，修正，改良できる現地企業・機関の能力深化，(d) 新技術と新手法の吸収能力を強化する人的資本投資が必要である。上記すべては，有効な政策，海外投資，技術，人材に開かれた規制と制度環境，輸出指向型産業クラスターとその他経済セクター間とで均一な貿易および規制制度，クラスター，国内地域，国々の間の物理的および制度的な連結性の改善などを求めるものである。

　（電子・電気機器とその部品分野での）タイとマレーシアにおける着実な工業化は，現地企業，制度，人材の技術・生産システムの吸収・適用能力の長期的な改善と，地域生産ネットワークに連結した産業クラスターの深化と拡張を基盤とする。フィリピンは地域生産ネットワークにおける存在感の向上にあまり成功していない。他のASEAN加盟国に比べて投資環境がそれほど良くないことや，フィリピンでの生産段階が，高度技術集約的部品の組み立てと検査で，国内市場がほとんど存在せず，国内企業が参加できる技術能力を持っていないことなどが，この一因である。したがって，ある程度，これは「孤立した工業化」の一例である。フィリピンが素晴らしい成功を収めたのはビジネス関連サービスの外注であり，それは同国の潜在的な比較優位を反映するものである。

　生産ネットワークのバリューチェーンで大幅な躍進に最も成功したのはいうまでもなくシンガポールである。同国は事実上イノベーションのフロンティアであるが依然として生産ネットワークとのつながりもきわめて強い。実際，シンガポールは過去30年にわたり生産ネットワークまたは生産シェアリングの巧みな実行者であった。安価な新興市場国と競争する手段として，労働集約的な生産活動をリアウとジョホールと国境をまたいでシェアリングする一方，技術集約的で専門化した商品を輸出している。

　地域生産ネットワークにまだ統合されていないASEAN加盟国，たとえばミャンマーが生産ネットワークに参加するには，全体的として，地域生産ネットワークの牽引役となる多国籍企業にとって比較的有利な投資環境，優れた連

結性と港湾や空港に近隣する優良なインフラストラクチャー，比較的安価な人件費が必要とされる。AEC ブループリントの関連政策措置と地域イニシアチブの実行は，これら前提条件に対処するものになろう。ベトナムの成功とカンボジアの進捗に次いで，ミャンマーのような国が地域の生産ネットワークに参加できるようになるのは時間の問題だろう。

　上記の議論は，ASEAN 諸国の工業化プロセスは生産ネットワークと関連し，補完的な国内政策により深化・拡大してきたことを示している。韓国や台湾と並んで，ASEAN と中国は日本が大部分を主導してきた東アジアの地域生産ネットワークの必要不可欠な構成部分をなすため，驚くにあたらない。結果として生じた ASEAN 加盟国の工業化への転換は中国ほど劇的ではなく，かなり緩やかなものであるが，著しいものであることには変わりない。1985 年から 1995 年にかけての第 2 のアンバンドリングに対する Baldwin（2011）の評価は，注目に値する。まさにこの 10 年間，プラザ合意の影響により特に日本からの海外直接投資が急増して，製品輸出は大幅増加し，インドネシア，マレーシア，シンガポール，タイは高度成長を遂げた。すなわち，「ASEAN 黄金の 10 年（ASEAN's golden decade）」である。将来的に，工業化プロセスの深化は，主に AEC を通じて，国内的にも地域的にも生産ネットワークの進展に関係してくる。

　また，上記議論によれば，地域レベルの地域生産ネットワークを促進する環境として，貿易自由化ばかりでなく，遅れている国境政策や規制分野の多くの問題に対処する地域統合の深化が求められる。なぜならば，国際的な生産フラグメンテーションにおいては，最終製品の完成にあたって中間財の越境フローが頻繁に行われるため，輸送費の増加を招くことがあるからである（Koopman et al. 2010, p.6）。同時に，上記の議論が示唆するのは，産業クラスターおよび地域生産ネットワークの健全な成長とこれから生じる工業化に対する有効な政策，規制，制度環境に向けた多くの手段の大部分を AEC ブループリントがカバーしていることである。すなわち，AEC ブループリントは地域統合を可能にするばかりでなく，ASEAN 加盟国の経済発展と工業化を促進する。したがって，2015 年以降 AEC に向けた政策の効果的な実行は，2015 年以降の「ASEAN の奇跡」を実現する助けになるだろう。

グローバルバリューチェーン，地域生産ネットワーク，ASEAN　現在幅広く見られる，異なる国々が異なる生産段階を担う細分化された生産（fragmented production）の観点から，国別の輸出入付加価値をトレースするのは有益で，事実上，現在のグローバルバリューチェーンの概略をつかむことができる。Koopman et al.（2010）は，国際貿易データと世界の投入産出表を結合してこれを行った。彼らは輸出額（gross export）を（a）国内付加価値，海外価値，海外から回帰した国内付加価値に分解し，（b）国内付加価値を，最終財または中間投入財として直接輸入者が吸収した部分または最終財または中間投入財として加工され第三国へ輸出された部分にさらに分解し，（c）同様に海外付加価値を最終財と中間投入財に分解した。著者らはグローバルバリューチェーンへの参加率も推計した。一国のグローバルバリューチェーン参加率は，他国の輸出品に使用された当該国の中間財輸出の割合と当該国生産に占める輸入中間財の割合の合計である。

　表4.1は，2004年のデータに基づいたアジア新興国，アジアNICs，日本に対するKoopman et al.（2010）による計算結果を示す。表4.1の輸出額の分解とグローバルバリューチェーン参加率には，いくつか興味深い点が見られる。地域生産ネットワークの実証分析に一般的に注目される機械類ばかりでなく，すべての商品輸出を分解している点に留意されたい。表4.1の結果は示唆に富む。

　表によれば，表中のASEAN加盟国で輸出額に対する国内付加価値比率が最も高いのはインドネシアで，天然資源をベースとする製品への比較的高依存度を反映している。また，表中のASEAN加盟国で，輸出に対する生産ネットワークへの依存は，インドネシアが最も低い。輸出額に対する海外付加価値のシェアは約23％とASEAN加盟国中最低である。インドもインドネシアとほぼ同様で，地域生産ネットワークにまだ十分に統合されていない。実際，グローバルバリューチェーン参加率もインドネシアを大きく下回っている。対照的に，シンガポールでは同国輸出に占める海外付加価値の比率は63％と非常に高く，同時に，グローバルバリューチェーン参加率もASEAN加盟国中最高である。これは，同国が都市国家のため生産スペースが非常に限られ，同国の中間財輸出が輸入部品に大きく依存しなければならない事実を反映している。

表 4.1　輸出額の分解

| 国 | 基本分解 | | | | | | GVC 参加（垂直貿易 OECD） |
	最終財直接輸出 DVA	直接輸入に含まれる中間財の DVA	第三国向け輸出間接 DVA	回帰 DVA	海外付加価値	合計	
先進国							
オーストラリア，ニュージーランド	27.0	33.6	27.4	0.6	11.5	100	39.4
カナダ	23.5	36.2	10.9	1.3	28.1	100	40.4
EFTA（ヨーロッパ自由貿易連合）	23.0	36.3	14.7	0.8	25.2	100	40.8
西 EU	38.1	29.6	13.5	7.4	11.4	100	32.3
日本	38.4	18.5	28	2.9	12.2	100	43.1
アメリカ	32.5	27.6	14.6	12.4	12.9	100	39.9
アジア NICs							
香港	27.2	25.8	18.9	0.6	27.5	100	47.0
韓国	29.5	13.5	22.3	0.9	33.9	100	57.0
台湾	19.2	12.6	26.4	0.8	41.1	100	68.2
シンガポール	11.0	13.1	12.2	0.6	63.2	100	76.0
アジア新興国							
中国一般	44.2	20.3	19.7	1.2	14.6	100	35.5
中国加工	28.8	10.2	4.1	0.3	56.6	100	61.0
インドネシア	20.0	28.1	28.4	0.6	22.9	100	51.9
マレーシア	16.7	17.7	24.1	0.9	40.5	100	65.5
フィリピン	17.6	11.1	29.0	0.4	41.9	100	71.2
タイ	27.9	14.0	18.1	0.3	39.7	100	58.1
ベトナム	32.9	15.3	14.4	0.4	37.0	100	51.8
その他東アジア	35.3	26.9	16.1	0.1	21.7	100	37.9
インド	30.2	30.8	18.6	0.4	20.1	100	39.0
その他南アジア	48.8	19.2	10.6	0.1	21.3	100	32.0
その他新興国							
ブラジル	27.4	40.7	19.0	0.3	12.7	100	31.9
EU 加盟候補国	28.7	29.2	10.4	1.0	30.8	100	42.1
メキシコ一般	23.5	41.1	17.4	0.6	17.3	100	35.3
メキシコ加工	20.6	10.1	5.6	0.3	63.4	100	69.3
その他アメリカ大陸	23.8	40.6	20.4	0.7	14.4	100	35.6
ロシア	9.5	49.1	30.5	0.7	10.2	100	41.4
南アフリカ	23.1	34.5	24.0	0.2	18.2	100	42.4
その他世界	15.0	45.6	22.4	2.5	14.6	100	39.5
世界平均	29.2	27.7	17.5	4.0	21.5	100	43.0

注：すべての列は総輸出額に対する比率を示す。DVA は国内付加価値を意味する。国のグループ
　　分けは IMF（国際通貨基金）の地域分類に従う。
出所：Koopman et al.（2010）.

2. 第2のアンバンドリング，生産ネットワーク   175

　フィリピンとマレーシアの輸出額に対する国内付加価値比率はそれぞれ下か
ら2位と3位である。これは，両国ともに電子・電気機器パーツと部品輸出へ
の依存度の高さを反映するものである。両国輸出品の大半が直接輸入国で中間
投入として使用されるか加工されて，最終財または中間投入財として他国へ輸
出されていることも注目に値する。実際，フィリピンとマレーシアの輸出品目
構成の多くが部品およびその他中間投入財向けであり，当然ながら，フィリピ
ンとマレーシアの輸出品に占める海外付加価値の大半は中間投入財に対するも
のである。これは両国のグローバルバリューチェーン参加率に反映され，
Koopmans らによる分析対象国の中で，フィリピンの参加率はシンガポールに
次ぐ2番目の高さになっている。フィリピンとマレーシアの輸出構造が台湾に
類似していることも注目すべき点である。台湾もまた輸入投入財に大きく依存
し，それを加工して中間投入財として輸出している。これら3国は地域生産
ネットワークに深く統合され，サプライチェーンの中間財部門に特化している。
　タイとベトナムも輸出品目構成がいく分似ている。両国ともに輸出に占める
海外付加価値は他の ASEAN 加盟国よりもやや小さい。さらに，最終財向け
が両国輸出の大半を占める。これは，両国ともに加工および未加工農産物への
依存が高く，また最終財生産の下流（タイでは乗用車トラック生産，また両国
で衣料品生産）に位置することを反映している。ASEAN 加盟国の中で，イン
ドネシアと並んでベトナムのグローバルバリューチェーン参加率は最も低い。
タイの集計値は，自動車およびハードディスク産業に最もよく現れているよう
に，同国が主に機械類で東アジア地域生産ネットワークときわめて密接にリン
クしているという事実を表していない。同様に，以下の議論で示すように，ベ
トナムは近年ますます地域生産ネットワークとの結びつきを強めている（2004
年にこれはほとんど反映されてはいない）。
　メキシコ同様，中国輸出システムの「二元的」性格は注目に値する。中国と
メキシコは加工品貿易では世界の上位2か国であり，後者はアメリカとの国境
に設立された有名な「マキラドーラ」を特徴とし，前者は経済特区の大成功に
象徴されている。中国の加工貿易が，東アジア地域生産ネットワークの重要な
要素であることは衆目の一致するところである。同国は海外投入財に大きく依
存し，主に最終組み立て製品を輸出している（2004年時点）。このため，中国

加工貿易のグローバルバリューチェーン参加率は非常に高い。対照的に，中国の一般貿易はインド同様に，輸入投入財依存は低く，グローバルバリューチェーン参加率はきわめて低い。

Koopman et al.（2010）は国際貿易の付加価値と，各国のグローバルバリューチェーンへの参加状況を明らかにした。しかし，グローバルバリューチェーンは地域生産ネットワークと全く同じではない。これは，後者が緊密な生産フロー内におけるネットワーク参加者間の高頻度の相互作用を前提としているからである。機械産業は部品集約的なため，機械貿易は地域生産ネットワーク発展の優れた指標になる。

Ando and Kimura は，東アジアの機械貿易の詳細な分析を行い，同地域の地域生産ネットワーク研究の最先端に位置してきた。Ando and Kimura（2013）から抜粋した図 4.1 が示すように，1990 年代初めから 2010 年にかけて機械類の部品および最終財の輸出入シェアは大きく増加している。最も劇的なのがフィリピンで，表中で機械貿易は当初はほぼ無視できる大きさだったが，2010 年には同国輸出入の最も重要な構成要素になっている。マレーシア，タイ，それほどではないがインドネシアも，総輸出に占める機械輸出のシェアは大きく増加した。さらに，同期間に，マレーシアとタイは機械貿易で明らかな純輸入国から明らかな純輸出国に大きく変貌した。同期間にシンガポールの機械貿易依存も増えている。シンガポールとフィリピンは，輸出・輸入が機械部品に集中している ASEAN 加盟国である。一方，タイでは最終財の比率が高い。図 4.1 から得られる情報は，すでに議論した ASEAN 加盟国の総輸出の分解と整合的である。

図は，中国の輸出に占める機械のシェアが急増していることも示している。中国の貿易黒字を考慮すると，中国は機械の純輸入国から純輸出国へ転換したことも図は表している。事実，図では明らかでないが，中国が世界第 1 位の貿易国になったことを踏まえると，総輸出に対する機械のシェア急拡大と機械貿易における著しいポジション変化は，過去 20 年間の世界部品貿易の発展を象徴するものである。具体的には，アメリカ，ドイツ，日本と並んで中国は 4 大グローバルサプライチェーンのひとつになった。事実，中国は世界的にアメリカとともに中間財の最大のサプライヤーとなると同時に，世界の最終工業製品

2. 第2のアンバンドリング，生産ネットワーク

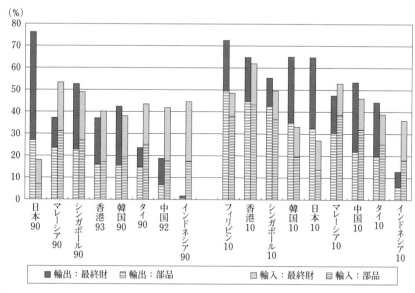

図 4.1　東アジアの機械貿易：総輸出入に対する比率
（1990 年代初期から 2010 年）

出所：Ando and Kimura (2013).

の主力供給者としての役割を果たすために必要な中間財の世界最大のバイヤーになっている（Baldwin 2013 参照）。中国が包括的な工業製品の輸出入を行う主力工業国家へ急発展したことは，東アジアの生産ネットワークにおける中国の支配的な地位を表すものであり，それは先の表 4.1 が示すように加工貿易の幅広い利用によるものでもあった。

　Ando and Kimura (2013) は，世界金融危機時とその後の期間にあたる 2007 年から 2011 年の機械貿易データを分析し，東アジア地域の機械産業と貿易の発展とリストラクチャリングを示した。彼らの分析によれば，東アジア域内の機械貿易は世界の他地域に比べてかなり早く回復した。また，市場として東アジアがますます重視されるようになった。さらに，CLMV（カンボジア，ラオス，ミャンマー，ベトナム）諸国（当面のところ主としてベトナム）が域内生産ネットワークにますます組み込まれている（表 4.2 参照）。表 4.2 によれば，2007 年から 2011 年にかけて世界の機械部品輸出入に対する中国と CLMV

表 4.2　東アジア 9 か国域内貿易：金額とシェア

仕向地／原産地	輸出					輸入				
	2007	2008	2009	2010	2011	2007	2008	2009	2010	2011
a）全製品										
金額（名目）：2007＝1										
世界	1.0	1.13	0.93	1.21	1.35	1.0	1.03	0.83	1.10	1.35
東アジア 15 か国シェア	1.0	1.12	0.95	1.26	1.4	1.0	1.12	0.93	1.23	1.42
：世界 ＝100										
世界	100	100	100	100	100	100	100	100	100	100
東アジア 15 か国	48.1	47.6	49.1	50	50.1	53.4	50.2	51.5	51.6	48.7
中国	12.6	12.3	13.6	13.9	13.9	14.8	13.9	14.5	13.8	13.2
CLMV	1.5	1.7	1.9	2.0	2.2	0.8	0.9	1.0	0.9	1.1
ASEAN 4 か国	7.9	8.2	8.0	8.5	8.6	10.6	10.2	10.2	10.6	10.1
ASEAN 5 か国	9.1	9.6	9.5	10.0	10.3	11.3	10.9	11.0	11.3	11.0
ASEAN 10 か国	12.9	13.4	13.5	13.8	13.9	14.8	14.5	14.6	14.9	14.4
NIEs 4 か国	19.6	18.9	19.2	19.4	19.1	16.6	15.2	15.7	15.9	15.0
日本	6.5	6.5	6.3	6.1	6.1	10.4	9.9	9.9	10.2	9.1
b）機械部品										
金額（名目）：2007＝1										
世界	1.0	1.06	0.94	1.19	1.31	1.0	1.05	0.91	1.19	1.27
東アジア 15 か国シェア	1.0	1.04	0.95	1.19	1.30	1.0	1.04	0.90	1.22	1.28
：世界 ＝100										
世界	100	100	100	100	100	100	100	100	100	100
東アジア 15 か国	63.9	62.4	65.1	64.0	63.5	69.9	69.3	69.3	71.3	70.7
中国	20.9	20.9	23.6	22.0	22.8	14.2	15.1	15.3	15.1	15.7
CLMV	0.7	0.9	1.1	1.1	1.3	0.3	0.4	0.4	0.5	0.6
ASEAN 4 か国	10.5	10.3	9.7	9.8	9.3	12.5	11.7	11.1	11.9	11.2
ASEAN 5 か国	11.1	11.1	10.6	10.8	10.5	12.8	12.1	11.5	12.4	11.8
ASEAN 10 か国	15.7	15.1	14.8	15	14.1	17.2	16.7	16.4	17.1	16.4
NIEs 4 か国	26.2	24.7	25.6	26.3	25.2	28.2	27.0	27.9	28.7	28.2
日本	5.7	5.6	5.1	4.8	4.8	14.7	15.1	14.6	15.1	15.0
c）機械最終製品										
価値（名目）2007＝1										
世界	1.0	1.11	0.91	1.16	1.29	1.0	1.11	0.99	1.28	1.54
東アジア 15 か国シェア	1.0	1.12	0.99	1.32	1.52	1.0	1.12	0.97	1.29	1.51
：世界 ＝100										
世界	100	100	100	100	100	100	100	100	100	100
東アジア 15 か国	30.4	30.6	33.3	34.7	35.8	58.7	59.0	57.2	59.0	57.8
中国	6.2	6.2	6.6	7.4	7.5	23.4	23.1	24.5	25.3	25.5
CLMV	0.9	1.1	1.3	1.3	1.5	0.3	1.3	0.5	0.5	0.7
ASEAN 4 か国	4.6	5.0	5.1	5.5	5.7	9.9	10.2	9.9	10	9.1
ASEAN 5 か国	5.2	5.8	6.1	6.4	6.7	10.2	10.6	10.4	10.5	9.7
ASEAN 10 か国	8.4	9.1	9.9	9.6	10.2	13.3	14.5	13.8	13.2	12.6
NIEs 4 か国	14.6	14.3	15.6	15.8	16.2	11.4	10.7	10.4	10.0	10.6
日本	4.2	4.1	4.7	4.7	4.8	13.6	13.7	11.8	13.2	12.0

出所：Ando and Kimura（2013）.

（ベトナム）のシェアは増えている。対照的に，ASEAN 4 か国（インドネシア，マレーシア，フィリピン，タイ）の機械部品のシェアは減少しているが，機械最終財のシェアは増加している。

Ando and Kimura（2013）はさらに，地域内および世界の製品－国ペア数の変動を分析し，世界金融危機後，世界へ輸出される機械製品数は減少したものの，東アジア域内の製品－国ペアは増加したことも明らかにした。これは，機械部品・最終財に関わる域内関係において，貿易面ではより強固に，生産・貿易面では深化・拡大した可能性を示唆している。この拡大・深化の大部分は中国の最終財輸出における製品拡大によるものであるが，中国による ASEAN からの部品輸入，地域生産ネットワークでの韓国との関係深化，ベトナムと ASEAN 4 か国および中国との関係強化もその要因となっている。

まとめると，Ando and Kimura（2013）は，東アジアの機械製品の域内貿易の一段の強化と近年の東アジアの生産ネットワークのリストラクチャリングの一段の進展を示している。また，同論文は，東アジアの地域生産ネットワークが，成長する東アジア市場向けに生産をますます拡大していることを明らかにしている。事実，比較的堅調な経済成長とその結果生じる地球上で最も人口の多い大陸の中産階級の勃興を主因として，東アジアは「東アジア工場」から「東アジア市場」への移行が強まっている。この生産ネットワークの深化と拡大および域内市場の安定した成長という域内の好循環こそが，ASEAN が域内生産ネットワークの歯車としてまたプレーヤーとしてますます重要な役割を果たす大きな機会を提供している。このプロセスの中で，ASEAN の工業化と経済転換プロセスは加速し深化する。

3. ダイナミックで競争力ある産業クラスター

本章で強調されるのは，ASEAN がより統合されて競争可能であることに加え，国内および地域的に統合された産業クラスターを創出し，投資を促進して ASEAN 加盟国の技術能力を高め，ASEAN をよりイノベーティブにすることである。これから導かれる 2 つの政策課題は注目に値する。すなわち，人的資本への投資，維持，確保の必要性と現地および海外民間投資に適した環境確保

の必要性である。

産業クラスターにおける ASEAN の成功物語　すでに，ASEAN は世界的に競争力を持つ大規模な産業クラスターについて大きな成功を収め，当該国内の産業は大きく発展した。現在最も有名なのは，バンコク周辺の**タイ自動車産業クラスター**，すなわち，東部沿岸の県（特にチョンブリー県とラヨーン県），北部パトゥムターニー県，上記県ほどではないがアユタヤ県のクラスターである。現在，タイの自動車クラスターは東南アジアのデトロイトとして，ASEAN 加盟国の中では唯一自動車製品で貿易黒字を記録し，世界輸出に対する比率も 1996 年には 0.3％にすぎなかったが，2008 年には 1.1％を占めている（Techakanont 2012）。タイはその他の ASEAN 加盟国に対し自動車製品で貿易黒字となる一方，自動車部品貿易では赤字を記録している。これらのデータは，ASEAN 自動車産業の域内生産ネットワークを示すものである。自動車産業は生産ネットワークと産業クラスターにとって理想的な産業である。なぜなら，自動車は何千とはいわないが何百もの部品を必要とし，一部の部品はかさばり搬送困難で，特にエンジンなど重要でかさばる部品のサプライヤーが自動車組み立て工場の近くにあれば，コストを大きく減らせるからである。

　タイ自動車産業の最も重要な特長は，特に，トヨタに代表される日本の自動車メーカーおよびフォードや GM などに代表される欧米自動車メーカーなど，同産業における主力多国籍企業の大きな役割である。主力自動車多国籍企業は，タイの組み立て工場の近くに多くのサプライヤーを連れてきた。これら企業は現地部品メーカーに技術的なアドバイスと支援を行った。この一因は，1990 年代までのタイ政府の現地化政策と，優れた部品サプライヤーが組み立て工場の近くにいればコスト効率性，特に（ジャストインタイム操業により）運送費と在庫費を改善できるという論理に基づくものである。2000 年の現地部品調達法の廃止とこれに伴う自動車部品産業自由化は，現地部品メーカーを世界的に競争力のある企業へ成長させた。さもなければ，現地部品企業は多国籍企業のサプライチェーンからの輸入で代替されていたであろう。その結果，タイ自動車クラスターの組み立て工場への 1 次サプライヤー（ティア 1）と 2 次サプライヤー（ティア 2）からなる強固で分厚いネットワークが形成された。おそ

らく，世界輸出に対するシェアは，タイ自動車産業の競争力を表すのに適していない。むしろ，主力多国籍自動車企業が全世界向け新型モデル，特にピックアップトラックの立ち上げをタイで行い，タイが1トンピックアップトラックで世界を主導する立場にあることに反映されている（Techakanont 2011, p.208）。

　タイ自動車産業の中心となるタイ東部臨海地域の成長は，タイ政府が1980年代半ばに東部3県（チャチューンサオ，チョンブリー，ラヨーン）で着手した産業クラスター開発計画の成果である（Techakanont 2011, p.200）。当初，世界銀行が反対した東部臨海開発（ESB）計画は，事実，深海港（特にレムチャバン），高速道路（すなわち，バンコク－チョンブリー高速道路，バンコク外環道路，チョンブリー－パタヤ新高速道路），鉄道，水道，貯水池，重工業地帯を含む16の大規模インフラストラクチャープロジェクトからなる壮大な計画である。日本が海外経済協力基金を通じて，20年の低利融資で，この16プロジェクトすべてを事実上ファイナンスしたのは注目に値する（Hill and Fujita 2007, pp. 22-25 参照）。東部臨海開発計画の成功により，同地域は石油精製，自動車，石油化学，機械部門など多様なベースを持つ（中部に次ぐ）国内第2位の工業地域となっている（Techakanont 2011, p.201）。

　インフラ投資に加え，同地域および同国その他地域の工業団地は「国家の指導と監視のもとであるが，海外直接投資誘致で，互いに競合関係にある」（Hill and Fujita 2007, p.26）。各工業団地は，進出企業に「ワンストップサービス」を提供し，必要な認可申請や政府補助金や銀行ローンなどの確保を支援した。Hill and Fujita（2007）はまた，官民連携の工業団地が，給与や研修計画，労働規制や安全問題などに関わる政府規制の変更，その他の情報や知識の交換を促進している事例やこうした団地が研修センターを有していることも示した。それだけでなく，こうした団地は大規模で，税関，病院，銀行，会計・コンサルティング会社，インターナショナルスクールなど広範な民間・行政サービスも有している（Hill and Fujita 2007, pp. 25-26）。

　ASEANにはこの他に，**ペナンの電子産業クラスターとシンガポール－ジョホール電子産業クラスター**という世界的に重要な産業クラスターがある。タイの自動車産業同様，多国籍企業主導だが**ペナンクラスター**における外資の役割は遥かに大きい。1998年のマレーシア主要電子産業クラスターの電子産業が

有する固定資産の83％は外国所有であった（Rasiah 2002a）。インテルやデルなど主要多国籍企業は，1970年代からペナンの電子機器産業の成長と進化を主導してきた。彼らは，当初は組み立てから始め，半導体のパッケージングとテスト，電子機器部品の大量生産，それからハードディスク，次いでパソコンなどへ事業を拡大していった（Best 1999）。電子機器における世界的リーディング企業の多くがペナンをグローバル生産ネットワークの主要な構成要素と位置付けている。「ペナンは超一流の製造技術を誇り，世界中の市場主導企業またはデザイン主導企業が求める高いパフォーマンス基準に迅速に対応できる能力を持つ」（Best 1999, p.17）。世界の電子機器産業はイノベーション主導で製品サイクルが短い。したがって，最先端電子機器企業をペナン（とクランバレーといったマレーシア内の他の電子産業クラスターと）に有することは，ペナンの電子産業クラスターにダイナミズムをもたらす大きな原動力となる。製品イノベーションはシリコンバレーなど国外で主に生じているが，量産のためのクラスターとしてペナンが有する能力は，同クラスターの継続的な進歩にとって重要である。

　同様に重要なのは，ペナンの強力なシステマチックシナジーや企業間リンケージ，「開かれた統合ビジネスネットワーク」（Rasiah 2002a, p.28）が，長年にわたり電子機器関連産業分野におけるペナンの能力の深化に寄与してきたことだ。ペナンではハイレベルの技術伝播と現地調達が可能となり，ペナンの製造活動の柔軟性が拡大した。高い柔軟性は，電子機器のような市場の需要変動が激しい産業にとって重要な要素である。政府機関であるペナン開発公社（PDC）とペナン州政府は1970年代に，まず半導体および部品の世界的主力企業を積極的に誘致しようとした。その後，1980年代後半はディスクドライブ，次いで1990年代はコンピューター，2000年代初期はオプトエレクトロニクスの誘致を行った。

　これによる産業活動の多様化は，ペナンの持続的成長と企業間リンケージ形成の加速，同地域の暗黙知の一層の深化に寄与した。ペナンの多国籍企業は積極的に現地サプライヤー基盤の発展を支援した。実際，著名な現地サプライヤーの多くは，多国籍企業で働いた経験を持つ元マネジャーや元従業員が所有，経営，運営している。主力多国籍企業は現地起業家精神を育成する重要な稽古

場であった。現地サプライヤーの何社かは，ASEAN地域に海外進出するまでに大きく成長している。ペナン開発公社（PDC）は将来性がある有能な現地企業とイノベーティブな多国籍企業のビジネスのマッチングを積極的に促進した。ペナン開発公社はペナン技能開発センター（PSDC）に続いてペナンデザインセンターも設立し，多国籍企業と協力して，多国籍企業が必要とする労働者技能を効果的に提供できるようにした。

しかし最終的には，高度技能人材，特にペナン技能開発センターの対象外である大学または大学院卒業生の不足が，ペナンおよびマレーシア電子産業クラスターによるバリューチェーンの上流，すなわち製品イノベーションと開発の最先端への移行を妨げた（Rasiah 2002a; Best, 1999）。人的資本開発の問題は，後のセクションで議論する。

シンガポール－ジョホール電子産業クラスターは，シンガポールでスタートした。同地で1960年代後半に生まれたASEAN電子機器機産業は当初，アメリカへ再輸出する簡単な集積回路の半導体組み立て工場にすぎなかった。ペナンと同様，シンガポール電子機器産業のほとんどが海外多国籍企業である。電子機器産業はシンガポールで最も重要な製造業のひとつである。

シンガポールの労働力人口は非常に小さいため賃金が大きく上昇し，労働集約的な工場操業は主にジョホールに移転した。シンガポールでは，オートメーションや製品再デザインなどエンジニアリング集約的な活動と地域調達のロジスティクス機能（すなわち，ロジスティクス，調達，金融その他対事業所サービス）などサービス関連活動が中心になっている。シンガポールは労働力に限界があるため，大量生産では競争できない。そのかわり，工作機械，金属加工，プラスチック加工，金型製造，器具製造，その他製造向け特殊投入物など高付加価値を創出できる地域中小企業からなる供給基盤を整備した。シンガポールは，低コスト・高品質な生産エンジアリングインプットとサービスの供給に重点を置いた。同国は香港同様，「パッケージャーとインテグレーター」となり，現地，地域，そして世界レベルで需要と供給をマッチさせる複雑な機能を担っている。複雑な機能には，経営，金融，技術，デザイン，試作，品質管理，マーケティング，域内に分散した組み立て工場間の配送サービス等のための本部機能が含まれる。こうした柔軟なニッチ製造－サービスクラスターを支えて

いるのが，（起業や効率的な操業を可能にする）良好な事業環境とエンジニアリングと技術的スキル形成に大きな重点を置く同国の教育制度である。これには，高度な技能者と技術者を養成する特別な産業研修機関による公教育の補完などが含まれる（Best 1999 参照）。

中国の産業クラスター　中国の経験に学ぶところは多い。中国が世界経済の輸出大国に急速に成長したのは，産業クラスターの急拡大によるところが大きい。事実，Zeng（2011）が主張するように，産業クラスターが中国の競争力の原動力であった。中国の産業クラスターの広がりと規模は驚くべきものである。したがって，たとえば，中国浙江省には当該部門で世界の上位 10 位以内に入る 300 以上のクラスターが存在し，第 2 の地位を占めるものも 100 ある。温州の履物産業クラスターは世界全体の 1/8 を占め，30 万人以上の労働者を有している。中国で最も豊かな省のひとつである広東省の約 228 クラスターは，2007年の省内 GDP の約 25％を占め，実際に省経済の牽引車であった。広東省のクラスターの重要性を示す一例は，西樵（Xiqiao）（広東省）の繊維クラスターである。同クラスターは広東省の繊維市場の 30％を占め，世界市場の約 6％のシェアを持つ（Zeng 2011 参照）。広東省の珠江デルタは，他の中国沿岸地域，特に浙江省，福建省，江蘇省と並んで「世界の工場」とみなすことができる。

　中国のクラスターのほとんどは，市場機会に対応して自発的に成長した。しかし，政府，特に地方政府は「発展プロセスに対しあらゆる支援」を行った（Zeng 2011, p.25）。Zeng は中国の産業クラスターの形成・拡大をさまざまな要因から説明した。これには，中国経済の改革・開放，特定部門が有する生産・事業活動の長い歴史，生産と交易に関わる暗黙知と技能を持つ起業家，低賃金ながら比較的教育された労働力の豊富さを含む天然・人的資源が含まれる。上記の要因は，インドネシアやその他 ASEAN 地域のほとんどのクラスターに存在する可能性が高い。

　過去 30 年間，産業クラスターの驚異的な成長をもたらしたのは以下の 7 要因である点はほぼ間違いない（Zeng 2011 参照）。すなわち，（1）大規模で急拡大する主要現地市場への近接性，（2）幹線道路，鉄道，高速道路，港への近接性，特に，港は輸出型クラスターにとって重要，（3）海外直接投資と移民，こ

れは，新技術，経営，輸出市場へのアクセスを意味する，(4) 効果的な地方政府の支援，(5) 産業団体その他媒介機関による支援，(6) 研究機関や政府機関からのイノベーションと技術支援，(7) 企業間リンケージを通じた知識，技術，技能のスピルオーバー効果である。

　海外直接投資と香港や台湾からの移民は，特に，広東省や福建省のような中国沿岸省の産業クラスター形成のきわめて重要な要素である。台湾企業の多くは世界的に産業内で最先端にあると考えられ，パーソナルコンピューター部品および製品のようなクラスターは，同クラスターに持ち込まれた技術や技能から多くの恩恵を受けた。技術移転と企業リンケージの問題について，以下の節でさらに議論する。

　Zeng (2011) は，産業クラスターの成功と地方政府の強力な支援・育成との不可分な関係を強調した。地方政府による介入は，クラスターが実績を残した中盤から後半の段階で行われ，その主な力点は「市場の失敗」への対処または「外部性」の向上に置かれた。インフラ面での支援の例としては，事業活動を促進し，サプライヤー，生産者，売り手，買い手を集める特別な市場または工業団地の建設などがあり，これにより，クラスターの規模を拡大する前方と後方連関の双方を構築した。中国の「製靴の首都」では，市政府は大型の産業複合施設を建設し，技術研修，取引，検査，生産，情報サービス，製靴関連文化展示などをまとめた。

　地方政府の敏速な対応は規制分野でも明らかである。たとえば，製靴産業の急速な拡大で温州製靴の品質への評判が悪化したとき，地方政府は厳格な規制を行い，温州の靴の品質基準を定め，企業のブランド製品開発を支援した。競争激化による安価な材料使用で繊維製品の品質が低下したとき，濮院 (Puyuan) は，品質管理，検査システム，カシミア製品の品質保証に関する法令を発し，これを厳格に適用し，製品の品質を確保した (Zeng 2011 参照)。品質管理と保証システムは省レベルではなく市町村レベルで決定，実行された点は注目に値する。これは，同国地方政府が持つ規制に対する大きな権限の反映である。

　中国地方政府の技術，技能，イノベーション支援も言及に値する。Zeng はこの実例を示している。西樵はイノベーションセンターを設立し，市場価格以下で新製品とイノベーションサービスを提供した。そうしたサービスには，技

術コンサルティング，知的財産権（IPR）保護，専門トレーニング，検査，認証などが含まれる。温州の地方政府は，起業家の研修センター建設を促し，現地産業の専門人材を強化するため地方大学や学校に靴皮革の専攻科を創設，導入し，さらには温州に靴デザインセンターを設立するためイタリア製靴企業を招いた。

　中国地方政府は，優良企業に金銭的なインセンティブ提供し，金融支援も行った。これは世界のほとんどの国が行っている政策と似ている。おそらく注目すべきは，こうした支援を提供する方法の斬新さだろう。具体的には，西樵地方政府は，中小企業が銀行借り入れできるように信用保証を行い，中小企業が設備を更新できるようにした。濮院のセータークラスターでは，同クラスターに立地する有名ブランド企業に，土地，税，信用面で優遇措置を提供した。また，西樵は同クラスターに優良企業を誘致できる個人を表彰する賞を設立した（Zeng 2011）。

　地方政府の強力な支援や育成に加えて，大学や研究機関などもクラスターのイノベーションと技術向上を支援している。たとえば，温州大学は複数の企業と協力して「環境調和的な」製品開発，皮革製品向けのクリーン生産技術などに焦点を当てた生産技術研究センターを設立した。また，同センターは浙江省のために同大学と共同して研究所を設立し，皮革用化学薬品の生産・検査，本革加工技術とパフォーマンス検査に大きな貢献をしている。業界団体その他媒介機関も中国のクラスターの堅調な拡大に寄与してきた。その一例は，温州製靴産業の業界団体である。同団体による貢献は，新技術導入，マーケティングおよびブランディングサービスを通じた国内および海外市場への参入支援，国の製靴団体および北京皮革カレッジ（Beijing Leather College）などとの協力による研修にまで及ぶ。同様に浙江省の雲和木材クラスターの玩具業界団体は，雲和における木製玩具生産性センター，検査センター，情報センター，研究機関の設立に貢献した（Zeng 2011 参照）。

　上記議論が示すのは，中国には高度な支援と迅速な対応を行う包括的な援助システム制度が実質的に存在していることである。開放・改革に伴う優遇政策とインセンティブ体制，インフラと貿易円滑化への大規模投資，起業家精神，中国人民と移民のビジネス関係とともに，経済特区および多くのダイナミック

な産業クラスターが主導して，中国が世界的な輸出国になったのは当然だろう。

産業クラスターの深化：ASEAN の伝統的部門は活性化できるか？　これまで
の議論は，ASEAN 内で多国籍企業主導で成功した新しいクラスターおよび中
国の伝統的クラスターと新しいクラスターの範囲と規模に関するものであった。
ASEAN には多くの産業クラスターが存在するが，ほとんどは伝統的なもので
技術集約的な産業ではない。中国と対照的に，クラスターの大半は小規模で，
ダイナミックでもないし競争力もない。インドネシアを事例とし，中国および
成功した ASEAN 産業クラスターとの比較から，いくつかの洞察が得られる。

　インドネシアには無数のクラスターが存在する。Tambunan（2006）によれ
ば，インドネシア政府は全土で 9,127 か所の中小企業クラスターを支援した。
ほとんどのクラスターは長年にわたり自生的に生まれたものだった。これらク
ラスターの長期的・自律的発展は，企業の地理的集積が特定分野または部門の
利益になることを示す。しかし，クラスターの性格は多岐にわたる。すなわち，
低生産性，低賃金，現地市場指向のマイクロ企業と小企業が構成する「職人工
芸的」クラスターから，高技能労働者と全国市場に対応する優良な技術力を持
つ企業からなる「アクティブ」クラスター，海外との幅広い貿易関係を持つ企
業や主導的な役割を果たす企業からなる「ダイナミック」クラスター，「高度」
クラスターまである。「高度」クラスターでは，企業間で高度な専門特化と協
力関係が存在するだけではなく，投入財サプライヤーや専門サービス提供者と
企業の事業ネットワークが高度に発達し，大学や研究機関のような関連機関と
の関係は良好で，多くの企業が輸出指向である（Tambunan 2006, p.8 掲載の
Sandee and ter Wingel 参照）。

　しかし，Tambunan（2006）は，インドネシアで支配的なクラスターは職人
工芸的クラスターであると主張する。また，多くの「アクティブ」クラスター
（たとえば，屋根瓦産業クラスター，シャトルコック産業クラスター，鋳造産
業クラスター）も存在し，いくつか「ダイナミック」クラスターもある（たと
えば，マジャラヤ（Majalaya）とプカロンガン（Pekalongan）の織物産業クラ
スター，プルバリンガ（Purbalingga）のウィグとヘアアクセサリー産業クラス
ター，クドゥス（Kudus）のクローブタバコ産業クラスター，カソンガン

(Kasongan) の手工業クラスター)。ジェパラ (Jepara) の家具産業は，ブラジル，インド，メキシコの製靴産業と同じ「ダイナミック」クラスターまたは「高度」輸出型クラスターに分類される (Tambunan 2006)。

インドネシアのクラスターでは，マイクロ企業と小企業が構成する職人工芸ベースの国内指向型クラスターが大半を占めている。こうした構造は，ASEAN 加盟国のほとんどのクラスターでおそらく一般的なものである。ASEAN 加盟国および ASEAN にとっての課題は，マレーシアのペナンの電子産業クラスター，タイ東部臨海地域の自動車クラスター，中国で数多くの発展した世界的競争力を持つ産業クラスターを好例として，「ダイナミック」および「高度」クラスターをいかに多く生み出すかである。

インドネシアに，そして他の ASEAN 加盟国の多くに競争的でダイナミックな産業クラスターが存在しうるだろうか。数は多いがダイナミックでないクラスターを活性化できるだろうか。こうした考察において，中国と成功した ASEAN の産業クラスターとインドネシアの重要なクラスターとの比較は有益である。

- 第1に，中国の主要産業クラスターは輸出指向であるが，インドネシアの大半のクラスターはそうではない。事実，中国企業は輸出市場の厳しい品質要求と激しい競争に対処している。ペナンの電子産業クラスター，シンガポール－ジョホールクラスター，タイの自動車クラスターは，非常に輸出指向的である。
- 第2に，中国政府の官僚とクラスターは，積極的に海外直接投資を誘致し，これに伴う技術，技能，輸出市場の情報とアクセスという利益を享受した。同様に，ペナン，シンガポール，タイも積極的に海外直接投資を誘致した。事実，これらの国々は世界的有力企業によるクラスターへの投資誘致に重点を置いた。対照的に，インドネシアのクラスターのほとんどで，事実上，外資の存在感はない。そうした中で，インドネシアで最も成功したクラスター，すなわちジェパラの家具産業クラスターとカソンガンの手工業クラスターが，海外移住者による大規模な直接投資を受け入れてきたことは注目に値する (Tambunan 2006, p.9)。

- 第3に，Tambunan（2006）が表にリストしたインドネシアの（主に中小企業からなる）クラスター支援プログラムによれば，インドネシア政府は，クラスターに対して広範な支援を提供していることがわかる。しかし，インドネシアのクラスター開発政策は一般的に成功しなかったと，Tambunan は主張している。一方，中国の介入政策は大きな成功を収めた。考えられる理由として，政府支援の範囲と規模が大きく異なっていたことである。インドネシアの場合，政府は主に共通サービス施設（CSF）をクラスター支援対象の施設としている。CSF には技術サービスユニットがあり，公開講座，技術サービス，研修コースを提供して，メンバーの協力精神を生み，学習を促進する役割を担う。しかし，評価結果が示すように，CSF はほとんど役に立たず，少なくとも 2000 年代初めまで，機械機器のほとんどは旧式で，効果的でなかった（Tambunan 2006, p.15）。

  これは，技術トレーニング，検査，情報サービス，製靴関連文化展示を統合した温州の複合施設の事例と好対照をなす。あるいは，市政府がロジスティクスビジネスセンター，ローディングドック，倉庫，駐車場の建設を支援した濮院のカシミアセータークラスターとも好対照である。2 つの深海港を含め 16 のインフラストラクチャー計画を有していたタイの東部臨海開発計画とも対照をなす。Zeng（2011）が強調したように，中国の産業クラスターの成功は，地方政府の強力な支援と育成と密接な関係がある。これは，タイやペナンの事例でも明らかだ。

- 第4に，中国の労働も以前は低コストであったとしても，品質確保とイノベーション支援に明白な重点が置かれている。ペナンとシンガポールの成功体験も技能形成の重要性を強調するものである。同様な事例として，西樵による品質管理と製品品質保証条例の厳格な執行や，新繊維，新染色プロセス，新プリント方式を行おうとしている企業への市による投資，温州による大学での靴用革専門講座の開設などがある。Zeng の論文が示すように，技術開発とイノベーションの重視は，大学や業界団体その他支援機関にも共有されている。ペナン技能開発センターの貢献も，ペナンの事例についての研究（たとえば Best 1999）で強調されている。シンガポールの教育システムは従来から工学・技術分野重視が徹底しており，公教育を専

門的な産業研修機関によるトレーニングで補って，工業とサービス部門が必要とする技能労働者と専門家を供給している。インドネシアの地方政府または中央政府が十分な規模でこれを行う可能性は小さい。

今後の展望　したがって，中国や成功した ASEAN クラスターを一方に，インドネシア（あるいはその他いくつかの ASEAN 加盟国）を他方とするクラスター開発政策効果の明白に相反する結果のある程度は，クラスター開発に対する考え方，展望，規模，アプローチの明白な違いによるものである。この比較から明らかなのは，インドネシアおよびその他 ASEAN 加盟国の大半にとって，産業クラスター規模の大幅拡大，海外の参加促進，クラスターの深化，国内および海外との連携強化が必要であることである。両者の比較はまた，それ相応の包括的な政府介入の実行と事業支援環境の創出により，産業クラスターが ASEAN 加盟国および ASEAN の強い競争力を持つエンジンとなるようにすることが求められていることも示している。

World Bank（2009）はクラスターベースの競争力政策を作成するための実践的なガイドを提供している。産業クラスターの規模拡大において効果的な支援と育成に必要な資源を所与とすれば，ASEAN 加盟国が重視する部門・産業に優先順位付けの必要性は明らかである。部門および立地に関する戦略の優先順位付けと構築は，以下の作業後に最もうまく実行できる。すなわち，(a) 全体経済，特に経済に対する相対的な重要性，専門化，リンケージなどの変数に対して，特定クラスターの活動がどのように影響を与えるかに関する慎重な文脈付け，(b) サプライヤー，サービス事業者，関連団体，規制機関などを中心にして，各クラスターがどの程度強く組織化されるかの検討，(c) 製品や市場のセグメンテーション，SWOT（強み，弱み，機会，脅威）などの分析を含む慎重なクラスター分析の実行である。これらすべてが，各クラスターの競争ポジションの決定と利害関係者の集団的戦略開発を目的として行われるべきである。上記説明は，クラスターの現実のダイナミックスの理解とクラスターの利害関係者の深い関与の重要性を示すものである。

議論から明らかなように，選別したクラスターの規模拡大は，事実上クラスターベースの競争力戦略で，ほとんどはクラスターベースの産業成長戦略（ま

たは少なくとも選別されたクラスターによる全体産業成長戦略への寄与）による
ものである。クラスターベース戦略は，空間的，クラスター間，産業間および企業間のリンケージについて深い理解を必要とする。その戦略は，競争力獲得と安定した産業成長への政策・制度的障害を明らかにする現実的で具体的な方法と，選別されたクラスターのさまざまな利害関係者の参加と協力を推進する効果的な方法を提供することができる。これらには，政策，規制と制度の問題，労働力の開発，サプライチェーンの改善，品質水準とブランディング，専門サービス・インフラストラクチャー開発分野，研究開発的側面など，将来に向けた個別の対処が含まれるだろう。統合された ASEAN の外部指向クラスターベースアプローチがうまく計画され実行されるならば，企業は機会を十分に活用し，したがって，統合され高度な競争力を持つ ASEAN で，競争力強化に向けた国内の改革努力をサポートする可能性がある。

　要約として，ベトナムのクラスター政策の設計・実施で考慮された重要な要素は，注目に値する。これらは，一般的に参考になる（大部分は Vo（2013）の抜粋）。

- 政策目標は，適切に選択され，十分な根拠を持って，一部クラスターにのみ焦点を当てるべきである。
- クラスター政策の設計・実施において，過度に制度的に複雑であってはならない。
- クラスターの促進は支援産業開発と密接に関係させるべきである。
- イノベーションシステムと教育インフラストラクチャーの強化は，産業クラスター開発の実現に不可欠である。
- シリコンバレーがクラスター開発の唯一のモデルであると考えるべきでない。中国の事例が示すように，クラスター開発はハイテク産業以外の産業でも重要である。
- クラスター政策に実業界との協議・協力を取り入れ，実業界の懸念に応えるべきであるが，個別の利害関係とクラスター開発という全体目標の調和を図るべきである。
- 事業環境の改善をクラスター開発の重要な柱と考えるべきである。

4. イノベーティブな ASEAN に向けて

ASEAN のイノベーション能力と技術開発の大きな格差　ASEAN 加盟国のイノベーション能力には大きな格差が存在する。これを示す指標のひとつが，厳格な特許制度が存在するアメリカにおける ASEAN 加盟国居住者による特許申請である。表 4.3a は Rasiah（2013）から引用したアメリカの 2006 年から 2012 年にかけての特許申請データである。ASEAN ではシンガポールが突出しており，次いでマレーシアである。実際，この 2 か国と残りの国のギャップは非常に大きい。カンボジア，ラオス，ミャンマーの特許申請はゼロ，ブルネイとベトナムも実質的にゼロ，インドネシアも極端に少ない。同表は，重要なイノベーション活動は実質的に ASEAN に加盟する 2 か国，すなわち，シンガポールとマレーシアで行われていることを示している。表 4.3b は 2006 年から 2011 年にかけての居住者の特許申請である。同表によれば，ASEAN 加盟国全体で多くの特許申請が行われている。しかし，特許申請数で見たイノベーション能力格差は依然として大きい。シンガポールの 100 万人当たりの特許申請数はずば抜けて多く，マレーシアが大きく離されて 2 位，次いでタイとなっている。

　特許重視のイノベーションは，本質的に R&D ベースの技術的製品イノベーションを想定している。この想定によるイノベーションは，非常に限定的なイノベーションの定義であるといえる。イノベーションは，「新製品または大きく改善された製品（財サービス），新しいプロセス，ビジネスにおける新しいマーケティング手法または組織的手法，仕事組織，外部的関係の実行」などますます幅広い意味でとらえられている（Dutta and Lanvin 2013, p.37）。イノベーション能力は，「技術的な結合を利用する能力であり，段階的なイノベーションと『研究なきイノベーション』という概念を含む」（Dutta and Lanvin 2013, p.37）。

　この広義のイノベーションとイノベーション能力の定義を用いて，INSEAD と国連知的所有権機関（WIPO）はグローバルイノベーション指標（GII）を開発した。グローバルイノベーション指標は 2 つの下位指標（イノベーションイ

4. イノベーティブな ASEAN に向けて　　193

表 4.3.a　アメリカにおける ASEAN 特許申請（2006 ～ 2012 年）

国	2006	2007	2008	2009	2010	2011	2012
マレーシア	113	158	152	158	202	161	210
シンガポール	412	393	399	436	603	647	810
タイ	31	11	22	23	46	53	36
フィリピン	35	20	16	23	37	27	40
ベトナム	0	0	0	2	2	0	2
インドネシア	3	5	5	3	6	7	8
ブルネイ	0	0	0	1	0	1	0
カンボジア	0	0	0	0	0	0	0
ラオス	0	0	0	0	0	0	0
ミャンマー	0	0	0	0	0	0	0

出所：Rasiah（2013）.

表 4.3.b　特許数：直接申請（人口 100 万人当たり）

出身地	国／オフィス	2006	2007	2008	2009	2010	2011
	インドネシア	0.12	0.00	0.00	0.17	0.21	0.22
	マレーシア	2.02	2.50	2.95	4.44	4.25	3.64
	フィリピン	0.25	0.25	0.24	0.19	0.18	0.20
	シンガポール	8.76	9.62	11.03	10.27	11.77	14.33
居住者	タイ	1.58	1.43	1.36	1.55	1.81	1.36
	ベトナム	0.23	0.39	0.37	0.44	0.34	0.33
	中国	9.36	11.61	14.69	17.2	21.84	30.74
	インド	0.47	0.52	0.53	0.59	0.72	0.71
	日本	264.29	252.56	249.39	221.71	216.84	213.39
	韓国	264.84	269.98	264.67	263.65	271.31	282.5

出所：特許：WIPO 統計データベース（2013）。人口：UNCTAD Stat（2013）.

ンプットサブ指標とイノベーションアウトプットサブ指標）の単純平均で，各指標はいくつかのピラーに分割され，さらにこれが個別指標から構成されるサブピラーに分割されている。イノベーションインプットサブ指標のピラーには，制度，人的資本・研究，インフラストラクチャー，市場の高度化，ビジネスの高度化の 5 つが含まれる。イノベーションアウトプットサブ指標の 2 つのピラーは，知識・技術アウトプットと創造的アウトプットである。

　グローバルイノベーション指標のイノベーションインプットサブ指標とその 5 サブピラーは，一国の技術開発とイノベーションに影響する広範な要素を分類する優れた枠組みを提供する。制度についてのサブピラー 1 には，政治・規制・ビジネスの環境が含まれる。人的資本と研究に関するサブピラー 2 には，

教育，高等教育，研究開発が含まれる。インフラストラクチャーに関するサブピラー3は，ICT，一般的インフラストラクチャー，生態学的持続可能性が含まれる。市場高度化に関するサブピラー4には，信用，投資，取引と競争が含まれる。ビジネス高度化のサブピラー5には，知識労働者，イノベーションリンケージ，知識吸収が含まれる。

表4.4はASEAN加盟国，インドと日中韓3か国のグローバルイノベーション指標スコアとランキングを示している。同表によれば，ASEAN加盟国のスコアとランキングに大きな格差がある。すなわち，シンガポールが8位にランクされる一方，カンボジアは110位である（ラオスとミャンマーのスコアとランキングはない）。グローバルイノベーション指標のスコアとランキングおよび発展水準には大きな正の相関がある。すなわち，ASEAN加盟国の開発水準の大きな格差が，グローバルイノベーション指標の大きな格差に現れている。一部ASEAN加盟国（特にインドネシアとフィリピン）によるイノベーションインプットの効率的な利用を反映して，イノベーションアウトプットサブ指標スコアのギャップは，イノベーションインプットサブ指標のギャップに比べて小さいことに留意されたい。指標とサブピラーのスコアとランキングを見る

表4.4　グローバルイノベーション指標2013年

国	グローバルイノベーション指標		イノベーションアウトプットサブ指標		イノベーションインプットサブ指標		イノベーション効率比率	
	スコア	ランク	スコア	ランク	スコア	ランク	スコア	ランク
ブルネイ	35.5	74	28.0	89	43.1	54	0.6	119
カンボジア	28.1	110	26.1	101	30.0	120	0.9	39
インドネシア	32.0	85	32.6	62	31.3	115	1.0	6
マレーシア	46.9	32	42.1	30	51.7	32	0.8	52
フィリピン	31.2	90	30.0	77	32.3	108	0.9	24
シンガポール	59.4	8	46.6	18	72.3	1	0.6	121
タイ	37.6	57	32.6	61	42.7	57	0.8	76
ベトナム	34.8	76	34.0	54	35.6	89	1.0	17
中国	44.7	35	44.1	25	45.2	46	1.0	14
インド	36.2	66	36.6	42	35.8	87	1.0	11
日本	52.2	22	41.6	33	62.8	14	0.7	112
韓国	53.3	18	44.5	24	62.1	16	0.7	95

出所：Dutta and Lanvin（2013），Global Innovation Index 2013.

と，一部の項目，たとえば理工学科系卒業生の比率，創造的財の輸出比率，ハイテク・ミディアムテク輸出比率，クラスター開発状況などでは，相対的に大きな優位性が表れている。しかし，グローバルイノベーション指標のスコアとランキングが示すように，ASEAN 加盟国内でのイノベーション能力の格差は大きい。対照的に，日中韓 3 か国間の格差はかなり小さい。

ASEAN 加盟国内のイノベーション能力の大きな格差は，ASEAN 加盟国が異なる技術発展段階にあることの反映である。Rasiah（2013）は以下の 4 つの主要ピラーを用いて技術発展フェーズあるいは段階を類型化した。すなわち，(a) 基礎インフラストラクチャー，(b) 高度技術インフラストラクチャー，(c) ネットワーク結合，(d) グローバル統合である。第 1 段階は初期条件である。次いで学習段階，その後，キャッチアップ段階が続く。最後の 2 段階は，高度化と最先端段階である（表 4.5 参照）。Rasiah は ASEAN 加盟国の技術発展段階を次のように分類した。

- カンボジア，ラオス，ミャンマーは初期条件という第 1 段階にある。ここで重視されるのは，政治的安定，効率的な基礎インフラストラクチャー，世界経済への統合であり，ネットワーク結合は，競争と達成の精神が主導する社会的な絆に支えられている。
- インドネシア，フィリピン，タイ，ベトナムは第 2 局面の学習段階にある。このステージの特徴は，ラーニング・バイ・ドゥーイングと模倣，ネットワーク結合のための暗黙的な社会的制度の公式媒介機関への拡張，グローバルバリューチェーンと地域生産ネットワークの統合である。
- マレーシアはキャッチアップ段階にある。この段階では，4 つのピラーにおいてすべての制度がスムーズに統合される。開発研究と創造的破壊が技術キャッチアップの主たる源泉になる。このため，IPR メカニズム強化，商業化可能な R&D の開始，ライセンスを通じた海外知財へのアクセス，海外企業買収と模倣，グローバルバリューチェーンのアップグレードへの注力が求められる。
- シンガポールは最先端段階にある。この段階は，創造蓄積活動を支援する基礎研究と R&D 研究機関に依存する。同国の仲介機関は生産者とユー

表 4.5　ASEAN 政策フレームワークの類型化

段階	基礎インフラストラクチャー	高度技術インフラストラクチャー	ネットワーク結合	グローバル統合
(1)初期段階 カンボジア、ラオス、ミャンマー	政治的安定と効率的基礎インフラストラクチャー。	技術需要の出現。	競争と達成の精神が主導する社会的な絆。	地域市場と世界市場の統合。
(2)学習段階 タイ、フィリピン、インドネシア、ベトナム	基礎インフラストラクチャーの改善・行政の改善。強化と通関・行政の改善。	ラーニング・バイ・ドゥーイングと模倣。	経済エージェント間の結合と協力を促進する社会的制度の公式媒介組織への拡張。	海外知識資源へのアクセス。原材料と資本財の輸入。海外直接投資流入。グローバルバリューチェーンへの統合。
(3)キャッチアップ段階 マレーシア	経済エージェント間の円滑な関係。	機械機器の輸入、ライセンシング、創造的模倣による創造的破壊はここから始まる。	技術流入一体化に向けた媒介機関と政府機関の参加。商用化可能なR&Dの立ち上げ。	ライセンシングおよび海外の技能取得。技術輸入によるシナジーのアップグレード。優れた技術ベース輸出の出現。
(4)高度化段階	経済エージェントの要求に見合った高度インフラストラクチャー。	創造的破壊活動を加速する開発研究。アメリカでの特許申請の増加がここから始まる。	技術流入の調整に向けた媒介機関と政府機関の参加強化。商用化可能なR&Dの立ち上げ。	海外の人的資本へのアクセス。知識リンク。ハイテク製品の競争力。R&D機関との協力。
(5)最先端段階 シンガポール	資源コスト削減とリードタイム短縮のため構築された新しいインフラストラクチャー。	基礎研究。創造的蓄積活動を支援するR&Dラボ。これまでにない知識の創出。発明やデザイン特許を集中的に生み出す総合的な技術進歩はここから。	生産者とユーザー間の知識の双方向フローへの媒介機関の参加。	知識の最先端ノードとの結合。ハイテク製品の競争的輸出。

出所：Rasiah (2013).

ザーの知識の双方向フローに参加している。また，同国は知識の最先端ノードとつながり，高度技術製品に比較優位を持つ。

したがって，ASEANは基本的な初期条件段階から知識と技術の最先端まで技術発展の全範囲にわたっている。これが，すでに述べた特許申請やグローバルイノベーション指標の大きな格差に反映されている。

技術移転と企業間の直接コンタクトの重要性　上記で議論した段階的アプローチに基づけば，遅れた段階にあるASEAN加盟国の今後15年の技術発展は，ある程度，より上段の技術ラダー（技術的発展段階）への移行として説明できるだろう。すなわち，CLM諸国はまず学習段階に入り，学習段階にある国（インドネシア，フィリピン，タイ，ベトナム）はキャッチアップ段階から上の段階に，マレーシアは高度化から最終的に最先端段階に向かう。しかし，技術発展の各段階の性格から，最高段階に到達するための前提条件は特に厳しく，したがって，すべての国が最終的に最先端段階に到達する保証がないのは明らかだ。

イノベーティブなASEANに向けた技術開発，価値創出とイノベーション能力の強化とパフォーマンス向上には，包括的な政策，制度，インフラストラクチャー，リンケージイニシアチブが必要になる。これらの必要性は，上記したグローバルイノベーション指標と技術発展経路のタイプ化についての議論が示すところである。より具体的には特に，(a) 地域生産ネットワークとバリューチェーンへの参加（CLM諸国）およびリンケージの深化（CLM諸国以外のASEAN諸国）と技術伝播・移転・拡散促進努力，(b) 人的資本と設備投資の拡大，(c) 技術導入・吸収・イノベーション能力増強のためのネットワーク結合の強化，(d) 知識フローの国内・海外リンケージの深化，(e) バリューチェーンのアップグレード投資の拡大と財サービスの技術・創造力集約化をサポートする政策，規制，制度環境，に関連するものが含まれる。

大半のASEAN加盟国にとって，技術発展の加速には技術移転が必要である。技術移転のほとんどは，企業間によるものである。Machikita and Ueki（2013）の「だれがだれに，どのような方法で，どういう理由から技術移転をするの

か」についての研究は，ASEAN 4 か国，すなわち，インドネシア，フィリピン，タイ，ベトナムの企業調査に基づく。彼らによる企業間技術移転についての研究結果は興味深い洞察を示している。興味深いことに，先に議論した技術開発の類型化によれば，これらの国はすべて学習段階にある ASEAN 加盟国である。

　研究結果によれば，多国籍企業や合弁企業（JV）のほうが新製品開発投資を行う可能性が高く，高い製品開発能力を持っていた。例外は，新技術に基づく製品開発投資である。さらに興味深く注目に値するのは，調査回答企業をR&D 実施の有無で分類すると，R&D を行っている現地企業は行っていない現地企業に比べて，新技術に基づく新製品を導入する傾向にある点を明らかにしたことである。対照的に，新技術に基づく新製品の導入傾向について，R&Dを行っている多国籍企業と合弁会社は，R&D を行っていない現地企業と違いはない。これは，ASEAN 内の多国籍企業関係会社が新技術に関係する新製品について，親会社の機能に依存している可能性を示している。これらの政策的含意は明らかである。**現地企業や合弁会社，多国籍企業（特に R&D を行っている企業）に R&D を行うよう支援することは，製品とプロセスの改善またはイノベーションにつながり，競争力強化が期待できる。**

　また，Machikita and Ueki の研究結果には，技術移転チャンネルと企業行動の相互作用について，興味深い洞察が示されている。著者たちの発見は以下のとおりである（Machikita and Ueki 2013）。

- 海外主力バイヤーは現地主力バイヤーに比べ生産企業へ技術移転を行う可能性が高い。
- 生産企業へ技術移転が行われる可能性が高いのは，主力パートナーが（売り手・買い手にかかわらず），海外企業，多国籍企業または合弁会社であり，R&D を行い，（従業員 200 人以上の）大企業であり，生産企業と資本関係を有している場合である。
- 主力パートナーが当該企業と資本関係を持つ場合または企業・事業グループに属している場合，技術移転はエンジニア間の直接的な交流または主要サプライヤーとのライセンス契約を通じて行われる傾向にある。対照的に，

パートナーと資本関係がない場合，技術移転の主なチャンネルは，検査のための専門家派遣および新製品への協力という形をとる。

- サプライヤーや資本財生産者との直接的なコンタクトは，比較的複雑な新製品の導入機会を増やす傾向にある。
- サプライヤー監査をバイヤーが行う生産企業では，さまざまなプロセスの改善を行う傾向が見られる。
- 中間投入財を現地企業や合弁会社から購入する場合，多国籍企業から購入する場合に比べて，企業が高度な製品開発を行う可能性は低い。主要サプライヤーが現地企業の場合，多国籍企業の場合に比べて，幅広い種類のプロセスイノベーションを行う可能性は低い。
- 高度の製品開発水準は，高水準の R&D，サプライヤーからのエンジニアの受け入れ，資本財生産者との協力を伴う可能性が高い。
- プロセスイノベーションは，高度の社内 R&D（ただし，主に製品サービスの品質改善，すなわち，欠陥品の出荷削減または生産費削減などに資するもの），バイヤーによる監査，バイヤーへのエンジニア派遣を伴う可能性が高い。
- 多国籍企業がバイヤーの場合，多国籍生産企業は多国籍企業をサプライヤーにする傾向がある。一方，バイヤーが現地企業の場合，現地企業は現地のサプライヤーを求める傾向にある。現地生産者と多国籍企業バイヤー間の関係は少なく，合弁企業バイヤーとの関係も依然少ない。

研究結果によれば，効率的な技術移転のためには，企業エンジニア間，特に多国籍企業エンジニアとの直接的なコンタクトや資本財生産企業との協力が重要である。特にプロダクトイノベーションおよび複雑な製品の場合についてはこの協力が重要である。政策含意として，**エンジニアや専門家の国際移動を簡単にすることは，技術移転とイノベーションを促進し，社会的な便益を生み出すことを示している**。同時に，研究によれば，一部資本関係がある場合（すなわち企業または事業グループに属している場合）や，事実上，事業ネットワークまたは生産ネットワークの一部になっている場合，エンジニア間の直接的なコンタクトが生じる可能性が高い点は注目すべきである。したがって，**海外直**

接投資を促進し多国籍企業との関係を強化することは直接的なコンタクトに向けた環境を生み出すうえで重要である。本研究が示すとおり，これが，高度な製品イノベーションの可能性を高める。

　Machikita and Ueki の研究によれば，技術移転は現地企業の R&D 投資促進により加速される。ただし，その実現には，イノベーションが成長への経路という暗黙の了解のもと，現地企業の技術者は多国籍企業・合弁企業の技術者や，外国人技術者との直接的なコンタクトや協力を拡大・深化させる必要がある。しかし，多国籍企業の誘致だけでは，技術開発の加速に不十分である。同研究が示すように，多国籍企業はバイヤーも多国籍企業ならば，多国籍企業から調達する傾向にあり，現地企業サプライヤーとバイヤーとしての多国籍企業の関係は弱いからである。こうした多国籍企業間の比較的「閉じたループ」体制は「産業の飛び地」を生み出す可能性を持つ。ループの開放または現地企業を含むループの拡大を促進する必要がある。

知識フローと人的資本開発　技術移転，適応，イノベーションに内在するのは知識フローである。したがって，人的資本開発とこれに伴う技能形成のための「見えない大学」と「見える大学」の介在が重要になる。技術ラダーを上るためには高度な技能を持つ労働力が必要である。技術および産業のアップグレードに成功するためには，技能形成の見える大学と見えない大学双方のシステマチックで上手な活用が求められる。

　「見えない大学」は，労働者の作業現場技能への企業の継続的な投資を含む。多くの企業において，これにはカイゼン作業システムを通じた学習が含まれている。カイゼン活動は，従業員参加の促進により，無数の小さな改善を通じて段階的な生産性向上を実現する。正式な教育に加え，こうした目に見えない経験的な資本が人的資本の重要な側面だ。これら暗黙的かつ経験的な資本の拡散は産業クラスター環境を通じて最もよく達成される。さらに，産業クラスター環境が「オープンシステムネットワーク」で，「企業間で，技能，技術，経営的な人的資本が交流し，自由に動く」ところでは（Rasiah 2002a, p.12），特に国内人口の中から起業家を生み出すクラスターが現れる可能性が高い。マレーシアのペナンがこれを示している。ペナンのマレーシア人所有の成功企業の多く

は，当市の多国籍企業の前従業員や前管理職により設立され，従業員が配置され，管理運営されている。

　同時に，ペナンとクランバレーという2つの電子産業クラスターのイノベーションと起業家精神に関するパフォーマンスの違いは，仲介機関（たとえばペナン開発公社）の重要性を示すものである。仲介機関は，ネットワーク全体の密接な結合とオープンシステムネットワークの創出を円滑化し，技術移転と現地の起業家精神を促進し，多国籍企業の現地調達の拡大に寄与した（Rasiah 2002a）。暗黙知や作業現場技能の移転は，個々の企業の研修プログラムを超える可能性がある。たとえば，産業主導の官民連携であるペナン技能開発センター（PSDC）は，ある程度，アメリカの「TWI（Training Within Industry）研修」プログラムから得た洞察に基づいて，作業現場で形成される製造技能や技術者技能を改善する知識を拡散する制度的メカニズムである（Best 1999）。Best（1999）が強調するように，「地域の優位性はイノベーションばかりでなく実績を持つ技術の拡散，優れた応用，改善にも依存する。全世界の中小企業は，ベストプラクティスとなる方法および能力の増強に関してペナン技能開発センターのような技能形成機関に依存している」（p.29）。

　しかし，技術開発の最先端で，ペナン技能開発センターのような媒介機関にできることには限界がある。さらに上の技術ラダーに到達するには「見える大学」が必要になる。これは，新しい知識資本を生み出す能力を獲得するため，科学者，高度な教育を受けたエンジニアや高度技能を持つエンジニア，専門家などを生み出す正式な教育機関である。これには，研究機関の設立や強化，産業と大学の強力な関係の構築などが含まれる。Rasiah（2002a）は，1990年代のマレーシア企業のイノベーション創出を大きく制約した要因として，100万人当たりのR&D研究者やエンジニアで見たとき，日本，韓国，シンガポール，アメリカに比べ，マレーシアの人的資本の存在が小さかったことが原因と考えている。

　しかし，最近の指標を見ると，近年，マレーシアの高度技術人的資本のギャップはいく分縮小している。表4.6は，ASEAN諸国，中国，インド，日本，韓国の高等教育とイノベーションリンケージに関連する指標を示している。同表によれば，マレーシアは1990年代には科学とエンジニアリングの人的資

本で競合国に大きく遅れていたが，2000年代には格差を縮小させたようだ。具体的には，これは，日本や韓国と比較して，工学，製造，建築を専攻した大卒比率の上昇，同国内の留学生比率の上昇，海外高等教育機関で学ぶ学生比率の上昇，産学研究協力の強化などに反映されている。中国，日本，韓国，シンガポールに比べ大きく遅れているのは，高等教育機関のクオリティーである。

多くのASEAN加盟国の主要産業クラスターのネットワーク結合の特徴や強度に関する詳細な研究は存在しない。しかし，こうした結合の度合いはペナンほど強力でない可能性が高い。この一因は，電子機器産業はイノベーションに主導され，Best（1999）が「先進企業」と呼ぶ主要な多国籍企業は，イノベーションとペナンのオープンシステムネットワークとの統合により，新会社設立を促進しているからである。工学，製造，建築を専攻した大卒比率でタイのスコアが非常に高いことを除けば，表4.6が示すように，高度技術人的資本開発に関して，多くのASEAN加盟国の進む道は長い。この高技能人材の開発は，ASEAN加盟国，特に学習段階にあるグループがより重視しなければならない政策分野である（シンガポールは人口に制約があるため，海外からの高度技能専門家，エンジニア，科学者の移住に大きく依存している）。

エンジニア，その他高度教育労働者，高度技能労働者供給の改善努力の多くは国家レベルのものである。そうした中で，多くのASEAN加盟国のエンジニア教育の相対的な弱さに対処しようとする主要なASEAN政策のひとつとして，ASEAN大学ネットワーク－ASEAN工学系高等教育ネットワーク（AUN-SEEDS Net）がある。ASEAN大学ネットワークの自律的なサブネットワークで2003年から活動しているASEAN工学系高等教育ネットワークは，JICA（国際協力機構）を通じた日本の11主要大学による支援のもとで実施されるASEAN 19主要大学によるコラボレーションである。ASEANのエンジニアリング分野の人的資源開発の促進を目的として，特に，同ネットワークは2012年時点で795の修士，博士奨学金，426の共同研究プロジェクト，卒業生向け63の研究資金，1,500本の研究論文の発表を生み出した（Tullao and Cabuay 2013）。

優れた人的資本供給の改善により技術開発の促進が予想されるため，高等教育機関の能力とクオリティーの問題とこれに伴う高等教育の教育サービス自由

4. イノベーティブな ASEAN に向けて

表 4.6　グローバルイノベーション指標 2013 年構成要因の国別スコア

コード	ピラー／サブピラー／指標名	ブルネイ	カンボジア	インドネシア	マレーシア	フィリピン	シンガポール	タイ	ベトナム	中国	インド	日本	韓国
2	人的資本と研究	31.9	12.5	24.3	39.7	18.1	63.2	37.2	24.7	40.6	21.7	57.2	64.8
2.1	教育	45.9	26.3	40.0	47.8	21.3	55.7	42.7	56.8	68.7	27.6	66.7	59.0
2.2	高等教育	48.0	11.2	21.0	49.9	23.0	81.4	53.1	17.4	11.7	6.5	35.0	56.0
2.2.1	高等教育比率（%グロス）	19.6	14.5	23.1	42.3	28.2		47.7	24.4	26.8	17.9	59.7	103.1
2.2.2	科学と工学を専攻した大卒（%）	20.7	12.5	22.8	36.7	24.3	20.2	53.2	16.8			20.5	30.9
2.2.3	高等教育国内への留学生比率（%）	5.6	0.1	0.1	6.1	0.1		0.8	0.2	0.3	0.1	3.7	1.8
2.2.4	グロス高等教育海外への留学生比率（%）	9.6	0.3	0.2	2.2	0.1		0.5	0.5	0.5	0.2	0.6	4.0
2.3	研究開発（R&D）	1.9		11.8	21.3	9.9	52.4	15.7		41.5	30.9	69.9	79.3
2.3.1	研究者数（100万人当たり）	685.5		173.3	715.4	129.6	7188	575		1302.9		7066.3	
2.3.2	グロス R&D 支出（対 GDP 比率（%））	0.0		0.1	0.6	0.1	2.1	0.2		1.8	0.8	3.3	3.7
2.3.3	QS ランキング大学上位 3 大学スコア指数	0.0	0.0	32.6	44.2	26.5	55	38.2	0.0	74.9	44.8	81.7	73.6
5.2	イノベーションリンケージ	29.6	36.3	29.5	30.9	21.4	49.8	22.3	27.4	27.9	30.9	42.0	38.0
5.2.1	大学／産業研究所協力指数	47.8	42.0	53	66.4	40.9	76.5	50.2	37.3	56.2	47.5	67.1	61.7
5.2.2	クラスター成長の状態指数	48.9	50.4	54.4	66.1	50.4	69.1	52.4	54.5	59.7	54.9	69.4	58.0
5.2.3	海外資金 R&D 比率（%）	6.6		0.2	0.2	4.1	4.9	1.8		1.3	0.0	0.4	0.2
5.2.4	合弁／戦略的提携／兆 PPP ドル GDP	0.1	0.0	0.0	0.1	0.0	0.2	0.1	0.0	0.0	0.0	0.0	0.0

出所：Dutta and Lanvin（2013）.

化という政策課題が浮上してくる。ASEAN サービスに関する枠組み協定
（AFAS）による高等教育サービス自由化への取り組みは現段階では小さく，3
か国は全く取り組んでいない。最も自由化に取り組んでいるのはカンボジア，
次いで大きく遅れてインドネシア，ミャンマー，タイが続いている。多くの
ASEAN 加盟国で高等教育機関のクオリティーは，日本，韓国，中国，シンガ
ポールに比べ大きく劣っていることに留意すると，個人に教育のファイナンス
が求められる傾向が高い高等教育レベルまたは専門教育機関の分野で，
ASEAN 加盟国の教育サービス部門の自由化が望ましいだろう。

技術移転とイノベーションに対する制度環境と政策環境　ほとんどの ASEAN
加盟国にとって，より上段の技術ラダーに上るには，最終的に高水準の研究開
発投資が必要になる。表4.7 は 1990 年代中盤から 2000 年代後半にかけての
R&D 支出の対 GDP 比率と 100 万人当たり R&D 研究者数を示したものである。
同表によれば，シンガポールを除き，また，ある程度マレーシアを例外として，
すべての ASEAN 加盟国で比率は極端に低い。日本と韓国ばかりでなく，中
国の比率にも大きく見劣りする。当然ながら，こうした国とシンガポールは
100 万人当たり研究者数でほとんどの ASEAN 加盟国を大きく上回っている。
ほとんどの ASEAN 加盟国で，海外直接投資と地域生産ネットワークの統合
強化を通じた効果的な技術移転を優先すると思われるが，マレーシアの比率か
ら明らかなように，学習段階からキャッチアップ段階に移行を望む ASEAN
加盟国は R&D の対 GDP 比率を大きく増やさなければならない。しかし，効
果的な技術移転には受け入れ国の適応研究が必要になる可能性もある。これが
意味するところは，**2015 年以降，R&D 投資額と内容の大幅な改善を通じた
R&D に対する ASEAN 加盟国のコミットメント強化**である。これが成功すれ
ば，研究開発はプラスの外部性と社会厚生の大幅増加をもたらす可能性がある。
したがって，研究開発投資と研究開発活動を促進するうえで政府の役割は大き
い。
　シンガポールの経験から，技術開発とイノベーションへの制度的支援強化に
ついていくつかの洞察が得られる。シンガポール工業化の初期段階において，
シンガポールは外国政府と協力して技術研究所を設立した。先進情報技術ト

表 4.7　ASEAN，中国，インド，日本，韓国の R&D の状況：R&D 支出と研究者数

研究開発支出（対 GDP 比率（%））

国	1996	1997	1998	1999	2000	2001	2002	2003	2004	2005	2006	2007	2008	2009	2010
ブルネイ	–	–	–	–	–	–	0.02	0.02	0.04	–	–	–	–	–	–
カンボジア	–	–	–	–	–	–	0.05	–	–	–	–	–	–	–	–
インドネシア	–	–	–	–	0.07	0.05	–	–	–	–	–	–	–	0.08	–
ラオス	–	–	–	–	–	–	0.04	–	–	–	–	–	–	–	–
マレーシア	0.22	–	0.40	–	0.47	–	0.65	–	0.60	–	0.63	–	–	–	–
ミャンマー	–	0.06	0.03	0.04	0.11	0.07	0.16	–	–	–	–	–	–	–	–
フィリピン	–	–	–	–	–	–	0.14	0.13	–	0.11	–	0.11	–	–	–
シンガポール	1.34	1.43	1.75	1.85	1.85	2.06	2.10	2.05	2.13	2.19	2.16	2.37	2.84	2.43	–
タイ	0.12	0.10	–	0.26	0.25	0.26	0.24	0.26	0.26	0.23	0.25	0.21	–	–	–
ベトナム	–	–	–	–	–	–	0.19	–	–	–	–	–	–	–	–
オーストラリア	1.65	–	1.51	–	1.57	–	1.74	–	1.85	–	2.17	–	2.37	–	–
中国	0.57	0.64	0.65	0.76	0.90	0.95	1.07	1.13	1.23	1.32	1.39	1.40	1.47	1.70	–
インド	0.63	0.67	0.69	0.72	0.75	0.73	0.71	0.71	0.74	0.78	0.77	0.76	–	–	–
日本	2.77	2.83	2.96	2.98	3.00	3.07	3.12	3.14	3.13	3.31	3.41	3.46	3.47	3.36	–
韓国	2.42	2.48	2.34	2.25	2.30	2.47	2.40	2.49	2.68	2.79	3.01	3.21	3.36	3.56	3.74

R&D 研究者数（100 万人当たり）

国	1996	1997	1998	1999	2000	2001	2002	2003	2004	2005	2006	2007	2008	2009	2010
ブルネイ	–	–	–	–	–	–	289.83	280.99	286.28	–	–	–	–	–	–
カンボジア	–	–	–	–	–	–	17.36	–	–	–	–	–	–	–	–
インドネシア	–	–	–	–	210.80	197.60	–	–	–	–	–	–	–	89.61	–
ラオス	–	–	–	–	–	–	15.83	–	–	–	–	–	–	–	–
マレーシア	89.14	–	153.03	–	274.31	–	291.94	–	495.09	–	364.64	–	–	–	–
ミャンマー	–	7.59	7.64	11.46	–	12.66	18.35	–	–	–	–	–	–	–	–
フィリピン	–	–	–	–	–	–	–	71.21	–	80.61	–	78.47	–	–	–
シンガポール	2546.60	2643.67	3029.86	3276.83	4243.82	4205.13	4493.86	4900.54	5134.23	5576.49	5676.57	5954.64	5833.98	6173.16	–
タイ	100.20	72.36	–	166.93	–	277.16	–	277.10	–	307.44	–	315.53	–	–	–
ベトナム	–	–	–	–	–	–	115.87	–	–	–	–	–	–	–	–
オーストラリア	3331.99	–	3355.48	–	3443.97	–	3732.54	–	4038.61	–	4203.61	–	4293.93	–	–
中国	446.93	475.58	388.70	421.68	547.67	581.21	630.30	666.55	712.20	855.54	930.91	1077.11	1198.86	863.21	–
インド	151.98	–	115.40	–	110.01	–	–	–	–	135.81	–	–	–	–	–
日本	4946.24	4999.87	5209.19	5248.96	5150.89	5187.09	4942.82	5169.98	5176.17	5385.04	5415.61	5408.91	5189.28	5179.94	–
韓国	2212.10	2269.84	2034.08	2190.43	2356.50	2950.34	3057.18	3244.06	3335.84	3822.21	4231.01	4672.24	4946.94	5088.76	5481.49

出所：World Bank Data（2013）.

レーニング教育のために日本－シンガポールインスティチュート（JSI），先進製造技術の採用と応用のためにドイツのマスタークラフトマン水準を超える教育を行うドイツ－シンガポールインスティチュート（GSI），特殊工業電子機器，工場自動化，産業用計算分野のトレーニングのためにフランス－シンガポール

インスティチュート（FSI）などを設立した。これら機関は最新の設備と技術を備え，現地インストラクターと技術スタッフは，日本，ドイツ，フランスの企業本社で直接研修を受けた（Lim 2013a, pp. 5-8 参照）。シンガポールの事例で注目すべきは，最新の技術と設備を使い研修が行われたことである。このため，新規民間投資企業の研修費は減少し，フランス－シンガポールインスティチュートのように，シンガポールでの事業設立に対するフランス企業の関心を高めた。すなわち，これは技術移転と投資誘致を一体化するものである。これら 3 機関は 1993 年にナンヤンポリテクニックに移転した（Lim 2013b）。これらの機関はナンヤンの成長の大きな原動力となり，現在ではアジアで最上位にランクされる大学のひとつになった。

　シンガポールは将来的に研究集約的でイノベーティブ，起業家精神を有する経済の構築を目標にしているため，R&D は同国経済戦略の中核となっている。R&D 計画予算は予想どおりきわめて大きい。注目すべきは，民間企業と起業家精神との強力なリンクである。たとえば，シンガポール経済開発庁（EDB）の研究インセンティブ制度は，シンガポールに企業が R&D センターを設立する際に，共同出資を行う。同様に，インダストリーアラインメントファンド（Industry Alignment Fund）は，公的機関と民間の研究者間の協力を支援し，政府資金による研究と産業ニーズの整合性を強める。また，起業家による新製品・サービスの試作製造や試験をサポートして，研究成果の商業化を援助する政府資金もある（Lim 2013b 参照）。シンガポール以外の ASEAN 加盟国が 2015 年以降，研究開発投資を増やすうえで特に関連してくるのが，この産学連携に対する鋭い感覚である。これにより，シンガポールでは，研究が同国に経済的収益をもたらしている。

　シンガポールの成功のもうひとつの重要な柱が知的財産権（IPR）保護である。知的財産権はイノベーションの活性化に必要不可欠である。また，知的財産権保有企業にとって知的財産権保護は，技術貿易に関する明確な政策環境とともに，発展途上国企業に新技術と生産プロセスを移転する際の重要な検討課題である。技術ラダーの最先端段階にある ASEAN 加盟国として，シンガポールが ASEAN で最も進んだ知的財産権制度を有していることは当然である。マレーシア，タイ，フィリピン，インドネシア，ブルネイ，ベトナムは，かな

り進んだ知的財産権制度を備えているが，シンガポールに比べて法的実効性に欠けている。カンボジア，ラオス，ミャンマーは，TRIPS（知的所有権の貿易関連の側面に関する）協定に沿った知的財産権規制の導入・執行能力が足りない。ASEAN にとっての課題は，発展段階に大きな格差があるなかで，どのようにして地域内で知的財産権問題で協調し，イノベーション促進と広範な社会的利益の確保とのバランスを確保するかにある（Rasiah 2013）。しかし，技術ラダーを上るには，これに応じた知的財産権保護の範囲拡大と実効性の確保が必要なのは明白である。特にこれは，学習段階からキャッチアップ段階へ移行しようとする ASEAN 加盟国に大きく関係する。

　最後に，技術開発は，投資に有利な事業環境と事業のしやすさよって促進される。このため，ほとんどの技術開発は，資本財・R&D 投資や生産リンケージ・企業間取引業務に関する民間部門の意思決定に大きく依存する。投資拡大，国際的なリンケージの拡大，技術開発の加速は，公正で透明，一貫して安定した規制環境を持つ開放的な経済で促進される。投資拡大と技術開発加速は，効率的で組織化された研究機関や政府組織，良好なインフラストラクチャーと高技能労働者を伴う可能性が高い。投資に適した事業環境と事業のしやすさ，一貫した規制の問題については，本書の第 7 章でさらに議論する。しかし，上記課題の多くを，AEC ブループリントと ASEAN 連結性マスタープラン（MPAC）が取り上げている点は注目に値する。したがって，AEC ブループリントと MPAC も ASEAN の技術開発を促進する。

ASEAN の技術開発加速とイノベーション創出：2015 年以降の方向性に対する主な提言　多国籍企業を含む「イノベーションフレンドリーループ」への現地企業の参加拡大，技術移転の加速，ASEAN におけるイノベーション創出には，特に以下が必要になる。

1. 現地企業の R&D 投資促進およびほとんどの ASEAN 加盟国における国家レベルでの R&D 投資比率の大幅引き上げ。
2. 多国籍企業が選別した将来的な地場サプライヤーまたは地場下請け企業への技術移転を促進する政府プログラムの開発。具体的には，関係企業

への財政的インセンティブ供与および技術専門家費用の協調融資を通じた現地企業によるアップグレード，多国籍企業の品質水準への準拠，イノベーティブ化の支援。これはシンガポールのローカルアップグレーディングプログラムに類似するものである。

3. 技能形成，人的資本，起業家精神を育成する「見える大学と見えない大学」の強化。これには，特に，技術，エンジニアリング，科学分野の学校教育の質の向上と産学連携の強化が必要になる。また，ネットワーク結合の強化，「作業現場」または社内技能形成の促進，ペナン技能開発センターまたは 1980 年代にシンガポールが，日本，ドイツ，フランスと共同で設立した先進技術研修機関など，技術移転に基づく人的資本開発を目的とする制度的メカニズムの構築なども必要である。

4. 技術移転，適応，イノベーションのための政策と制度環境の改善。これには，専門研究機関や研修プログラムの構築に対する（民間部門との）政府の共同出資による支援などがある。知的財産権保護の改善もこれに含まれる。

5. 投資と事業に適した政策および制度環境の強化。これには，前章で議論した ASEAN の統合強化と競争力拡大に向けたさまざまな対策が含まれる。これは事業環境の改善と即応性の高い規制環境を意味する（本書第 7 章で議論）。

第5A章　包摂的で強靭な ASEAN の実現

1. はじめに

　公平な経済発展と発展格差の縮小は，ASEAN が一体的な経済共同体を目指すなかで1つの合言葉になってきた。ASEAN のリーダーたちは，地域統合の利益が十分に実現し，その利益を域内の実質すべての人々が共有するには，公平な発展または包摂的な成長が必要であることをいかなるときもよく理解してきた。実際，AEC（ASEAN 経済共同体）ブループリントの第3の柱である「公平な経済発展へ」に，ASEAN のリーダーらが公平な発展や包摂的な成長をきわめて重視していることが顕著に表れている。また，ASEAN の首脳のあいだでは，経済上かどうかを問わず各種危機に対する対応力を重視する姿勢が強まっている。

　本書第1章では，2015年以降も ASEAN では包摂的な成長の達成が不可欠であることを示している。ASEAN の大半において，貧困層および準貧困層が未だに多数存在する。2000年代末，1日当たり2米ドル（購買力平価）未満で暮らしていた人が ASEAN の人口のおよそ4分の2おり，そのうち約1億人が，貧困の基準である1日当たり1.25米ドル（購買力平価）未満で暮らしていた。貧困層および準貧困層は，食料品の大幅な価格上昇および供給ショック，自然災害，さらにはエネルギー不足の打撃を受けやすい。また，所得格差については，中国や中南米の主要国ほど悪くないことは明らかだとしても，ASEAN 加盟国は所得格差が小さいとは一概にはいえない。よって，包摂的で強靭な ASEAN の実現は，2015年以降に向かう ASEAN にとっては，やはり重要課

題の1つである。

「AEC ブループリント 2009-2015」の第3の柱は，中小企業発展と IAI（ASEAN 統合イニシアチブ）という2つの重要課題に焦点を当てている。包摂的で強靭な ASEAN の実現を取り上げる本章では，この焦点をさらに広げる。中小企業の発展に加え本章では，域内における発展の格差縮小を達成するための主な手段である地理的包摂性とその包摂性にとっての連結性の重要性をミャンマーに注目して考察するほか，包摂的かつ力強い成長ならびに食料安全にとっての農業の重要性，域内における社会的包摂および社会的対応力向上の一部である災害マネジメントとセーフティネット上の問題を考察する。次章の第5B 章では，エネルギーに焦点を当てて，強靭で環境に優しい ASEAN の実現を考察する。

2. ASEAN における中小企業発展[1]

ASEAN における中小企業の重要性と中小企業を後押しする政策環境の重大性 ASEAN 加盟国における企業の 95％から 99％が中小企業であるため，中小企業は，ASEAN の経済統合において重要な役割を果たす。中小企業全体で，雇用の 43％から 97％を創出しているほか，GDP（国内総生産）への寄与度は 23％から 58％，そして ASEAN 加盟国の輸出合計の 10％から 30％を中小企業が占めている（表 5A.1 を参照）。

表 5A.1 から，中小企業の発展が AEC ブループリントにおける第3の柱の実現に直接寄与する理由がうかがえる。中小企業は，ASEAN 加盟国における雇用の多くを占め，そして雇用創出は，貧困解消の重要な手段の1つである。同時に，企業の大半が現に中小企業であるため，景気動向もまた，中小企業の成長と動向に左右される。つまり，域内における産業界の圧倒的多数が（零細企業を含む）中小企業であるため，中小企業発展の追求は，実は，AEC ブループリントにおける第3の柱のもとでの域内の衡平な発展に資するだけではない。ASEAN 経済の競争力および力強さは，域内の中小企業の競争力と力強さに左右される部分が大きい。

---

1) 本節は基本的に，ERIA の Oum の寄稿によるものである。

2. ASEAN における中小企業発展　　　211

表 5A.1　域内経済における中小企業の重要性（データの年にはばらつきがある）

国	総事業者数に占める割合		総雇用者数に占める割合		GDP に占める割合		輸出総額に占める割合	
	割合	年	割合	年	割合	年	割合	年
ブルネイ	98.4%	2008	58.0%	2008	23.0%	2008	–	–
カンボジア	99.8%	2011	72.9%	2011	–	–	–	–
インドネシア	99.9%	2011	97.2%	2011	58.0%	2011	16.4%	2011
ラオス	99.0%*	2006	81.4%	2006	–	–	–	–
マレーシア	97.3%	2011	57.4%	2012	32.7%	2012	19.0%	2010
ミャンマー	88.8%**	–	–	–	–	–	–	–
フィリピン	99.6%	2011	61.0%	2011	36.0%	2006	10.0%	2010
シンガポール	95.9%	2011	43.6%	2011	45.0%	2012	–	–
タイ	99.8%	2012	76.7%	2011	37.0%	2011	29.9%	2011
ベトナム	97.5%	2011	51.7%	2011	40.0%	–	20.0%	–

注：* アジア開発銀行（2013）。
　　** 正式に登記されている企業数に基づく。
出所：Country's Reports, ERIA（2013c）.

　しかしながら報告によると，域内の中小企業は，資金，技術，および競争市場へのアクセスにおいて苦慮している。起業家精神，各種標準の遵守，マーケティング，そして経営も，ASEAN の中小企業が直面している問題として挙げられる。また，景気の浮き沈みに対応するうえで，中小企業は大企業より遥かに不利な立場にある。中小企業は，景気の浮き沈みに対応するにあたり，リスク管理戦略の実行や，売掛金回収期間の短縮，ハイテク中小企業に欠かせないスタッフなど有能なスタッフの可能な限りでの取り囲みへの注力，コスト削減，新しい市場への参入，コーポレートガバナンスの強化を余儀なくされると考えられる。しかしながら，そうした対応が十分になる可能性は低く，そうした脆弱性への対処を目的とした適切な政策によって補完することが必要になる。

　したがって，適切な中小企業政策の枠組みが，民間部門の成長と中小企業の発展にとっては重要である。また，域内の貿易相手国から生じる外生的・外因的混乱による悪影響が国内および域内の経済に破壊的な打撃を与えずに最小限に抑制されるようにすることも必要である。域内の中小企業に関する政策の枠組みは，ASEAN の各種イニシアチブ・協定と，各国の諸政策・制度によって決められる。この目的のため ASEAN では，国内および域内全体の両レベルにおいて，中小企業に関して首尾一貫した政策枠組みを構築することが必要で

ある。それにくわえ，政策，計画，および制度が域内の中小企業の発展を後押しするかどうかを見極める総合的かつ効果的な監視ツールも必要である。

ASEAN の中小企業を強化するには，人材の育成，資金・技術・イノベーションへのアクセス提供，国外進出を，政策面での支援，各種対策，補完措置，および適切なコミュニケーションを通じて実現する必要がある。新興中小企業への資金調達手段の提供は，ASEAN における中小企業の発展促進においては重要である。

ASEAN 中小企業イニシアチブと ASEAN 中小企業政策指標　AEC は，「ASEAN 中小企業発展のための政策ブループリント 2004-2014」と「ASEAN 中小企業発展のための戦略的行動計画 2010-2015」を通じて中小企業の発展に注力してきた。ASEAN 中小企業発展のための政策ブループリントは，次の 5 つの優先課題に焦点を当てた戦略的計画と政策措置を定めていた：(i) 人材の育成と能力開発，(ii) 中小企業のマーケティング能力の向上，(iii) 資金へのアクセス，(iv) 技術へのアクセス，(v) 中小企業の発展に資する政策環境の創造。具体的かつ詳細な政策措置，実行の時間的枠組み，目指す成果が特定されている。

後に，「ASEAN 中小企業発展のための政策ブループリント」にとって代わり，「ASEAN 中小企業発展のための戦略的行動計画 2010-2015」が策定され，ASEAN における公平な経済発展を実現するための重要な手段として中小企業発展のための枠組みがまとめられた。同戦略的行動計画では，次の点に対処する政策措置が定められた：(i) 資金へのアクセス，(ii) 円滑化，(iii) 技術開発，(iv) 振興，(v) 人材の育成。

「ASEAN 中小企業発展のための政策ブループリントおよび戦略的行動計画」は域内全体のイニシアティブに軸足を置き，首尾一貫した各国の中小企業政策にはそれほど焦点が当てられていない。しかしながら，域内における中小企業の発展は，国内および域内全体の両レベルにおける政策枠組みと制度的取り組みに左右される。くわえて，ASEAN 中小企業発展のための政策ブループリントおよび戦略的行動計画の進捗状況と効果的な実行を追跡する体系的な仕組みが存在しないようである。AEC ブループリントの実行に関わる中間評価を行

うための，ASEAN 中小企業発展のための政策ブループリントの実行に関する
評価結果によると，各 ASEAN 加盟国における中小企業発展に関する主要関
係者の認識では，よく見積もっても達成度合いは控えめである。

ASEAN における中小企業のための政策および制度上の環境改善に資するた
め，ASEAN 中小企業作業部会および ERIA が，OECD（経済協力開発機構）
の中小企業政策指標をヒントに，中小企業政策指標の開発に取り組んでいる。
OECD の中小企業政策指標は，西バルカンやトルコで監視ツールとして，ま
たは同地域内での政策対話の円滑化，プログラムの調整，模範例の推進を目的
としたツールとして利用され成果をあげている[2]。

「ASEAN 中小企業政策指標」が開発されれば，「ASEAN 中小企業発展のた
めの政策ブループリントおよび戦略的行動計画」は改善され，域内全体と各国
レベルでの取り組みおよび側面が盛り込まれる。OECD 中小企業政策指標や
APEC（アジア太平洋経済協力）で実施された調査結果から想像すると，
「ASEAN 中小企業政策指標」には，「ASEAN 中小企業発展のための政策ブ
ループリントや戦略的行動計画」で示されている政策的側面よりも多くの側面
が盛り込まれ，ASEAN 中小企業発展の目標達成が目指される見込みである。

ASEAN 中小企業政策指標には ASEAN 中小企業作業部会および ASEAN
加盟国が利用できる有用な機能が盛り込まれ，次を含む「OECD 中小企業政
策指標」（OECD 2009）と同じような機能が組み入れられると予想できる。

1. 中小企業政策動向を，複数の政策的側面について国の枠を超えて評価する
   ための分析用動態的ツール
2. 共通の政策目標を共有する国の集まりが中小企業の政策動向を監視・比較
   するうえでの共通枠組みの構築について合意するためのプロセス
3. 経験および模範例を共有し，政策対話を促進するための枠組み

中小企業の競争力，創造力，機動力を強化するため，「ASEAN 中小企業政

---

[2] また，OECD 中小企業政策指標は北アフリカ・中東地域，EU 東方パートナーシップ諸国（アル
メニア，アゼルバイジャン，ベラルーシ，ジョージア，モルドバ，ウクライナ）に適用・複製され，
さらにエジプト，モロッコ，モルドバにおける国別の評価にも利用されている。

策指標」は，中小企業のライフサイクルにおける5つのステージ（創業前，創業，成長，成熟，再生）のいずれにおいても中小企業に適している必要がある事業環境を改善するような設計になっている。同政策指標は，総合的かつ効果的な監視ツールである。また，政策対話を促すほか，規制環境と政策環境を結びつけ，優れた実践を促進する（図5A.1）。

「ASEAN中小企業政策指標」の枠組みは，「OECD中小企業政策指標」のアプローチを踏襲する。つまり，指数はいくつかの政策的側面から構成され，さらにその各側面が，それに従属するいくつかの側面に分けられる。そして各従属側面は，いくつかの指標で構成される。そして最後に，各指標に，政策改革または一連の政策改革のスコアが設定される見通しだ。

以下に，「ASEANの中小企業に関するブループリント」，「戦略的行動計画」，およびOECDに基づいて「ASEAN中小企業政策指標」の政策的側面を8つ列挙する。

図5A.1　中小企業発展のための政策枠組みと企業のライフサイクル

指針	政策的側面	中小企業の ライフサイクル
情報の非対称性－モノ，労働力，金融市場	1. 制度上の枠組み 2. 支援サービスへのアクセス	0. 創業前
公共財－固定費用，インフラ，技術，研究開発	3. より安価かつ迅速な創業と中小企業に対する法規制の改善 4. 資金へのアクセス	1. 創業
制度上の欠陥－調整，規制，公正な競争，利益の代弁	5. 技術・技術移転 6. 国外への市場拡大 7. 起業教育の促進 8. 小規模企業の利益のより効果的な代弁	2. 成長 3. 成熟 4. 再生

政策目標

競争力，創造力，機動力のある中小企業部門

出所：ERIA（2013c）.

1. 制度上の枠組み
2. 支援サービスへのアクセス
3. より安価かつ迅速な創業と中小企業に対する法規制の改善
4. 資金へのアクセス
5. 技術・技術移転
6. 国外への市場拡大
7. 起業教育の促進
8. 中小企業の利益のより効果的な代弁

「ASEAN 中小企業政策指標」の設計に ASEAN 地域固有の状況が反映される必要があるため，その政策的側面，従属側面，指標，政策改革のスコアは「OECD 中小企業政策指標」と異なる。

各政策的側面は，各個別分野の従属側面に分けられる。そしてその従属側面は指標に分けられ，最後にその指標は，政策改革の 6 つのスコアを基準に構築される。最も低いスコアが「具体的な政策措置や制度がない（不十分）」になり，最も高いスコアが「十分機能している制度がある，または各政策措置が効果的に実施されている（模範的）」になる。たとえば，「より安価かつ迅速な創業」の従属政策的側面 3 の 1 つである会社登記が，レベル 6 の「模範的」という評価を獲得するには，登記手続きにかかる日数が 5 営業日未満でなければならないのに加え，一つの行政手続きで登記でき，費用も 50 米ドル未満でなければならない。

「ASEAN 中小企業政策指標」の評価は，各 ASEAN 加盟国からのメンバーで構成される独立調査委員会がアンケート調査と詳細な聞き取り調査を用いて実施された。同評価では，プロセスにおいて，政府機関，民間部門，その他中小企業の利害関係者から意見を聞く。各国の評価結果をまとめて諸政府機関と協議し，そして作業部会において比較検討され改良が加えられる。その後，OECD および ERIA からの専門家委員会が内部評価を行い，各国間および域内全体の一貫性確保が図られる。

よって，中小企業政策指標を策定するプロセスは参加型のプロセスである。また同時に，独立組織による評価プロセスと加盟国の相互評価プロセスを通じ

て，政策実施の公正な評価が確保される。

こうした指標を利用した政策実施の評価は，その国の状況に適した政策を選択する柔軟性を各国に与える。また，ASEAN 加盟国の発展および政治的背景の大きな違いを踏まえると，そうした柔軟性があれば，中小企業政策指標を，それぞれの政治プロセスおよび制度的仕組みに適した形に改良できる。

「ASEAN 中小企業政策指標」から得られる所見　中小企業政策指標を用いて分析すると，国レベルでの中小企業発展政策の実施状況に関しては，ASEAN 加盟国の従来からの分類に基づく 2 つのグループの間に不均衡が存在することがうかがえる。具体的には，発展途上の加盟国（カンボジア，ラオス，ミャンマー，ベトナムのいわゆる CLMV 諸国）とブルネイ，インドネシア，マレーシア，フィリピン，タイ，シンガポールのいわゆる ASEAN 6 か国で構成される先進加盟国の間にギャップが存在する。ただし，ブルネイは例外で，ベトナムやラオスと比較すると相対的にスコアが低い（図 5A.2 参照）。

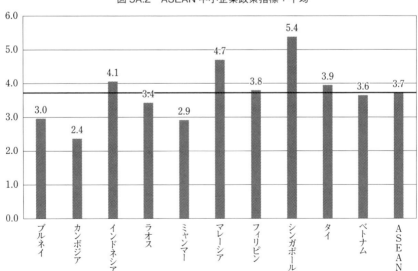

図 5A.2　ASEAN 中小企業政策指標：平均

出所：ERIA（2013c）。

総合すると，シンガポール，マレーシア，インドネシア，タイ，フィリピンの合計点はそれぞれ ASEAN の平均を上回り，それにベトナム，ラオス，ブルネイ，ミャンマー，カンボジアが続くが，これらの国の合計点はそれぞれ ASEAN の平均を下回る。

8つの政策的側面を通じて，ASEAN の平均と ASEAN 6 か国，CLMV 諸国の間には大きな格差が存在する。顕著な格差とスコアが著しく低い国が存在する政策的側面としては5つ挙げられる。すなわち，(5) 技術・技術移転，(4) 資金へのアクセス，(7) 起業教育の促進，(3) より安価かつ迅速な創業と中小企業に対する法規制の改善，(2) 支援サービスへのアクセスに関して，そうした状況が目立つ（図 5A.3 参照）。これらの重要政策的側面における ASEAN 加盟国間の格差の根底にある理由は，各 ASEAN 加盟国における法的枠組み，制度設計，および個々の政策措置の精巧さと実施状況によって説明できると考えられる。

最も大きな格差は，技術・技術移転を促進するための政策に存在する。背景には，中小企業のためのイノベーション政策に対する戦略的アプローチの不在，

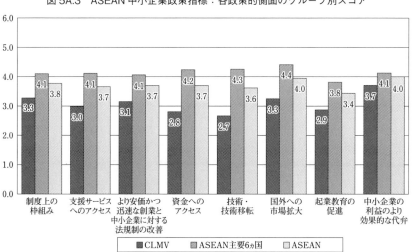

図5A.3　ASEAN 中小企業政策指標：各政策的側面のグループ別スコア

出所：ERIA (2013c).

イノベーションを促すための支援サービスに関する情報提供の不足，標準資格認定の利用上の制約，大学における技術支援の不足，中小企業との連携があまりない研究開発機関とインキュベーターなどがある。またほかにも，IPR（知的財産権）の保護および促進の不足，ブロードバンド環境の欠如，サイエンスパークや工業団地の開発不足，各産業の競争力不足，技術開発および研究開発活動に対する不十分な経済的優遇措置などが大きな格差の要因として挙げられる。

　資金へのアクセスにおける格差は，土地台帳制度の機能不全，厳格な担保要件，および債権者の権利の不十分な保護が拡大させている。また，無担保での融資に不可欠な，信用リスクに関する保証制度および信用情報を提供する中央官庁があまり確立されてない。オルタナティブファイナンスおよび幅広い金融市場（マイクロファイナンスや債権買取会社への融資から，ベンチャーキャピタル，株式ファンド，エンジェル投資家，株式市場など）を促進するための法的枠組みや政策が不十分なまたは不足している ASEAN 加盟国がいくつか存在する。

　中小企業向けの**支援サービスへのアクセス**は，CLMV 諸国において著しく妨げられている。背景には，支援サービスの提供に関する行動計画の欠如，BDS（企業開発センター）による不十分なサービス，法的枠組みの欠如，電子商取引および電子政府サービスの未発達，信頼できる中小企業向けポータルサイトなどがある。

　また，**より安価かつ迅速な創業と中小企業に対する法規制の改善**においても，ASEAN 加盟国の間に不均衡が存在する。会社登記の手続きや，中小企業が営業を開始するための一連のプロセスは，概して，CLMV 諸国より先進ASEAN 加盟国のほうが簡素であり，スピードおよびコストの面でも有利である。ASEAN 6 か国のほとんどがベンチャー企業に対して，オンラインでの登記手続き，ワンストップでの各種サービス，多種多様な金銭的支援を整備している。

　国外への市場拡大に対する金銭的支援の提供能力に関しては，ASEAN 加盟国の 2 大グループ間の不均衡は比較的大きい。これは，輸出促進プログラム，助言の提供，質の高い情報提供の仕組みが ASEAN 6 か国のほうが優れている

からである。ASEAN 6か国はまた，輸出能力構築プログラムを開発し，十分に調整が図られた形で全国展開させている。貿易信用や助成金，保険制度などの金銭的な支援サービスも ASEAN 6か国のほうが充実しているほか，より迅速かつ安価な通関手続きが確立されており，中小企業による国外への市場拡大の促進が図られている。

　起業教育の促進は，ASEAN 加盟国間の格差も存在するが，他の指標と比べて ASEAN 全体でのスコアが最も低い。これは，ASEAN 加盟国のほとんどが，起業促進政策を明確に示していないのに加え，十分な予算，観察，評価の仕組みを整備した政策を全国的な開発計画に組み込んでいないからである。起業教育プログラムの重要要素が，一般教育および高等教育課程に十分組み込まれていない。また，カリキュラムの策定，研究，オーダーメードの研修，コーチング，インターンシップ，ビジネス表彰，および奨学金に関して，民間との連携があまり活発ではない。起業および中小企業の経営に関するノンフォーマル教育が十分促進されていない。

　制度上の枠組みの全体的な構築状況は，ASEAN 加盟国の間で比較的同じペースで進んでいる。ASEAN 先進6か国のほとんどにおいて，関係政府当局が中小企業の共通の定義を中小企業発展戦略の実行に適用している。また，ASEAN 加盟国は概ね，複数年に及ぶ中小企業発展戦略を策定しており，その戦略を単一の組織が実行している。当該組織が，中小企業に関する政策立案の責任を担い，かつ効果的な調整を図りながら執行機関としての役割も果たしている。戦略の見直し，監視，および評価を実施する仕組みが明確に定められている。中小企業のインフォーマルセクターからフォーマルセクターへの移行を促すプログラムや措置が講じられている。

　中小企業の利益のより効果的な代弁の促進における域内の格差は最も小さい。その背景には，業界団体や経済団体，または中小企業組合が，政策立案に関して政府機関と協議を行う体系的な仕組みを構築するうえで積極的な役割を果たしているのに加え，中小企業の声と利益を国内外で代表するプロセスが存在することがある。しかしながら，中小企業組合の大半はリソースならびに技術力・研究能力がやはり不足しており，会員企業が域内およびグローバルな生産ネットワークへのアクセスを獲得するのに役立つ質の高いサービスを提供する

ことができないでいる。

中小企業を後押しする政策環境の構築に向けた道筋　「ASEAN 中小企業政策指標」を用いて分析した結果，各政策分野においてベストプラクティスを実現するためには，やるべきことが山積していることがわかった。同時に，格差を一気に十分解消できると期待することは非現実的である。中小企業政策指標は，政策・制度環境を改善するための**段階的プロセス**を構築し，また目標および期限を設定するための仕組みと捉えるべきである。また，「ASEAN 中小企業政策指標」は細かい内容になっているため，重要な利害関係者を巻き込んで各 ASEAN 加盟国における今後の道筋をつける**参加型のアプローチ**が可能である。中小企業政策指標は全政策分野を通じて均一のウェイトが割り当てられることを暗黙の前提としているが，技術，資金へのアクセス，および簡便・迅速な起業の分野が特に重要であると考えられる。よってたとえば，本書第4章の考察が示すとおり，（主に中小企業になる可能性が高い）産業クラスターのイノベーション能力の強化を目的とした中国の地方自治体による産業クラスター向け支援は，中国の産業クラスターの多くに活力と国際競争力が備わっている大きな理由の1つになっている。

　同時に，1つや2つの分野に絞ってその分野で高いスコアを目指すというのも効率的・効果的ではない。これは，各種政策分野で5点や6点を獲得するには，リソースや技能および規制当局の能力を必要とするが，それらをすぐに会得・開発することは難しいからである。特に，カンボジア・ラオス・ミャンマーでは難しい。結局，**段階的だが着実な偏りのない改善を目指す**アプローチが，中小企業を後押しする政策環境を構築するための適切なアプローチになると考えられ，また政策分野および政策指標間の相対的優先度は，各 ASEAN 加盟国における利害関係者の評価と判断に応じて決めるべきである。さらに，**利害関係者による参加，個別目標，期限，行動計画**は，域内の中小企業を後押しする政策環境および制度環境を構築するうえでは，ASEAN 加盟国間で協調して設定・実行すべきである。このようにすれば，ASEAN 中小企業発展のための戦略的行動計画に基づく ASEAN レベルの取り組みと各国の中小企業政策との間の首尾一貫性が向上すると考えられる。

3. ASEAN 域内の発展格差の縮小：IAI とミャンマー

　中小企業の発展に加え，IAI（ASEAN 統合イニシアチブ）も AEC ブループリントの第 3 の柱に基づく重要な措置である。IAI はいってみれば，ASEAN の新しい加盟国および貧困度が高い加盟国，すなわち CLMV 諸国による経済統合の加速を促し，ASEAN の統合から期待される利益をそれらの国が共有できるようにする技術・開発協力プログラムである。AEC ブループリントの実行に関する中間評価の一環として CLMV 諸国の主要利害関係者を対象に実施された，IAI プログラムの有効性に関する調査の結果によると，回答者の大半が次のように発言している（ERIA 2012a and b）。

- IAI プロジェクトは，ASEAN 先進 6 か国との発展格差の縮小に，わずかばかり，または大いに寄与した。
- IAI プロジェクトは期待通りの成果をあげた。
- IAI プロジェクトは，実施機関のニーズに対する関連性が低くても，CLMV 諸国の発展ニーズおよび優先課題に対する関連性は高い。
- IAI プログラムに割り当てられた予算は十分ではない。

　注目すべきは，CLMV 諸国による他の ASEAN 諸国および世界との統合がこの 15 年間でかなり進んだ点である。実際，ERIA による AEC スコアカードプロジェクトおよび AEC 中間評価の結果によると，CLMV 諸国は ASEAN 先進 6 か国の一部よりも積極的にサービスおよび投資の自由化を進めてきた。CLMV 諸国が ASEAN 先進 6 か国に後れをとっている分野は主に円滑化の分野であり，金銭的・技術的リソースが，求められるイニシアティブの実行に必要である。ほぼ間違いなく，CLMV 諸国の開放の加速は，国レベルの基本的な発展戦略と ASEAN や他の東アジア諸国および世界との統合を一段と進めたいという強い欲求のおかげである。CLMV 諸国による統合プロセスの後押しになっているのは，IAI プログラムと，個別の CLMV 諸国における国際支援団体のプログラムである。

実のところ，CLMV 地域はここ 15 年，ASEAN の中でも凄まじい発展を遂げた。本書第 1 章の表 1.2 が示すとおり，カンボジア，ベトナム，ラオスはここ 15 年間（特にここ 5 年間），ASEAN の中でも著しい成長を達成した[3]。さらに，そうした顕著な成長の要因はすべて，域内および世界との経済統合の加速に関係する。すなわち，同期間中は海外直接投資と貿易が急激に増加した。たとえば，2006-2011 年において，ベトナム，カンボジア，ラオスにおける海外直接投資の流入超の対 GDP 比率は ASEAN の平均を大きく上回り，インドネシアやフィリピンなどの国を圧倒した。それどころか，直接投資の対 GDP 比率が CLV 諸国よりも高かったのは，常に対内直接投資が ASEAN の中で群を抜いて多いシンガポールだけだった（ASEAN Secretariat 2013, p. 41）。

同様に，カンボジアと特にベトナムでは，輸出入の対 GDP 比率が著しく上昇した。これは，域内の生産ネットワークまたは（カンボジアに関しては）主に衣料産業におけるグローバルバリューチェーンへの当該 2 か国（特にベトナム）の統合が進んだことの兆候である。いずれの場合でも，他の世界各国への両国の経済統合が進んだというはっきりした兆候である。本書第 1 章に示したとおり，CLV 諸国の力強い経済成長は，ベトナムを中心とするそれらの国の貧困率の大幅な低下と中流階級の著しい増加にかなり映し出されている。さらに言うと，ベトナムは，力強い経済成長と比較的均等な所得の分配が重なり新興国の中でも群を抜いている。対照的に，中国の顕著な成長は所得の分配の著しい悪化を伴った。

上述の考察から，ASEAN 加盟国で最も豊かなシンガポールと最も貧しいミャンマーとの間にはまだ著しい格差が残るものの，ASEAN 先進 6 か国と新しい加盟国の CLMV 諸国との間に存在する発展格差はいく分縮小したことがわかる。

ミャンマーを ASEAN の成長および発展をけん引する存在にする取り組み[4]

---

3) 表 1.2 によると，同期間中のミャンマーの成長率はきわめて高く，もっとはっきり言えば，平均成長率は ASEAN 加盟国の中で最も高かった。もっとも，ミャンマーの国民所得勘定の質はきわめて疑わしいため，ミャンマーの経済パフォーマンスの実態はあまりはっきりしない。とはいっても，エネルギーの輸出拡大および農業の成長が一部寄与して，おそらくミャンマーはここ 10 年間は概ね，非常に力強い成長を記録した。

ミャンマーの公式データによると，ミャンマーはすでに ASEAN の成長をけん引しており，ここ 10 年の平均成長率は 2 桁台にのぼる。しかしながら，官庁発表の成長データはかなり多く見積もられていると一般的に見られている。これは公式為替レートと「闇市場」為替レートの間の大きな開きを伴って為替レートが管理されているからだ。為替レートの過大評価調整後では，ミャンマー経済の 2000 年代の成長は 4.2 倍ではなくおよそ 2.3 倍と試算される。統計の質が低かったため，2010 年までのミャンマーの実態を把握することは容易ではない[5]。おそらく実態は，上で述べた両極端の数字の間くらいだと考えられる。その一因としては，統計体系に欠陥があると，貧困にあえぐ国の経済の大部分を占める農業およびインフォーマルな製造・サービス業による市場で売買されていない生産量が過小評価されている可能性が高い点が挙げられる。もっとも，多めに見積もられている公式データに基づく 1 人当たり GDP で比較しても，2010 年のミャンマーの同 GDP はシンガポールのわずか 0.2%，マレーシアの 8.6% の水準である。

　したがって，ASEAN における発展格差を縮小させるうえでは，ミャンマーを向こう 15 年間の成長のけん引役に引き上げることで域内の発展格差を縮小させるというのが 1 つの手段になる。ミャンマーは，その資源，そして何よりも，「ミャンマーの政治・経済状況は新しい夜明けを迎え，政治・社会の改革および経済成長が進む」（Kudo, Kumagai and Umezaki 2013, p.1）という言葉に鑑みると，ASEAN の中でずば抜けた成長を達成する可能性を秘めている。

　ミャンマーの新しい夜明けを後押しするため，ERIA はミャンマー国家計画経済開発省と協力して MCDV（ミャンマー総合開発ビジョン）に着手し，同国の中長期的な開発計画を策定するための枠組みおよび戦略を提言した。MCDV プロジェクトは，ミャンマーに関する日本人専門家の第一人者である工藤年博がリーダーを務めた。

　図 5A.4 に，MCDV による成長戦略の全体的な枠組みを示す。同枠組みの土台は以下のとおりである（Kudo 2013 を参照）。

---

4)　本節のかなりの部分が Kudo（2013）および Kudo, Kumagai, and Umezaki（2013）を参考にしている。

5)　データ問題の深刻さに鑑み，テイン・セイン大統領は新しいミャンマー政府の経済政策に柱の 1 つとして正確かつ信頼できる統計を盛り込んだ（Kudo, Kumagai, and Umezaki 2013）。

- 「Agriculture Plus Plus」。これは，農業の生産性向上（1つ目のプラス）と農産品加工製造バリューチェーンにおける付加価値を生む活動の拡大（2つ目のプラス）に焦点を当てた農業開発である。「agriculture plus plus」の柱を，貧困削減と利害関係者による参加促進に焦点を当てた農村開発戦略が補完する。
- 「Industry Plus Plus」。東アジアの生産ネットワークへのミャンマーの参加および一体化を中心とする産業開発（1つ目のプラス）と中小企業の発展（2つ目のプラス）である。東アジアの域内生産ネットワークへのミャンマーの参加および一体化が進めば，直接投資主導，輸出中心，民間主導の産業開発が生じる。
- 二極成長戦略と国境地帯開発は均衡のとれた発展を確かなものとすること。「ミャンマーは地理的および生態学的観点から見て多様な地域から構成されており，異なる民族がいくつか存在する。よって，成長はすべての人に行き渡り，各地域および州の枠を超えて均一に広がる必要がある」（Kudo, Kumagai and Umezaki 2013, p.2）。
- 東アジア地域経済回廊に連結する国内経済回廊の構築。同地域経済回廊の「ミッシングリンク」から「中継地」へのミャンマーの再浮上を達成し，かかる再浮上の恩恵を受けるためのものである。
- 上述の成長の柱を支えるのが，「人材の育成」「エネルギーなどインフラ開発」「マクロ経済の安定と金融深化」「効果的な官僚制度と前向きかつ透明性のある規制制度」である。

ミャンマーは現在も基本的には農業国であり，ミャンマーにおける貧困層の約85％が農村部に住んでいる。よって農業開発は，ミャンマーにおいて持続的な経済成長を達成するには不可欠な柱になる。中国やベトナムなどの国の経験が示すとおり，農業開発はミャンマーにおける経済発展の初期段階で貧困を減らす最も効果的な手段でもある。ベトナムの農業および農業ベースの加工産業は大きな可能性を秘めている。大河川および地下水流域の膨大な水資源と，温帯・亜熱帯・熱帯農作物の栽培を可能にする多様な農業生態学的環境がその理由である。しかしながら，インフラの未整備，土地に関する権利の不透明さ，

3. ASEAN 域内の発展格差の縮小：IAI とミャンマー　　225

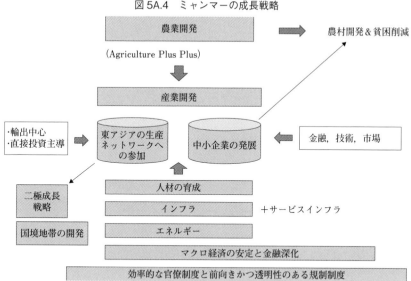

図 5A.4　ミャンマーの成長戦略

出所：Kudo (2013).

質の低い変種株，農業に関する研究および普及システムの脆弱性，収穫後・加工システムの未発達といったそれぞれが均等に大きい課題がある。明確な土地保有権の付与や，良質の種の支給など政府による支援サービスの大幅な改善を通じた小規模農家の底上げ（長期に及ぶプロセスになりえる）と，民間企業の後ろ盾がある大規模農場の奨励を通じた急速な成長（ただし包括性では劣る可能性が高い）の間の適切なバランスや相乗効果の特定も，ミャンマーの課題になると考えられる。

　ミャンマーは，向こう 20 年ほどで年間平均約 7.5％の成長率を達成し経済の根本的な変貌を図るためには，活発な製造業が必要になる。それには直接投資主導の成長が求められる。現在進められている諸改革および市場開放を受けて，ミャンマーに対する外国人投資家の関心は，資源関連産業にとどまらず製造業をはじめとする他の産業においても急速に高まっており，ミャンマーではそうした直接投資主導の成長がすでに現れていることがうかがえる。比較的自由度の高い投資制度とミャンマーに対する各種制裁の事実上の解除が奏功し，衣類

など労働集約型製品におけるグローバルバリューチェーンへのミャンマーの融合が促され，そして時間の経過とともに連結性が遥かに向上し，さらには，域内の生産ネットワークへのミャンマーの一体化が進むと期待できる。ただし，後者が実現するには，ミャンマーは自らの連結性と物流を大幅に改善させる必要があると考えられる。世界銀行発表の2012年物流パフォーマンス指標におけるミャンマーの順位は129位と，53位のベトナムや59位のインドネシアに大きく離されているほか，カンボジアやラオスの順位にも遥かに及ばないことから，域内の生産ネットワークで活発に参加するためには必要な十分機能する物流システムを構築しなければならないという大きな課題がミャンマーにあることがうかがえる。

製造業による閉鎖経済から自由経済への転換は，管理が難しいことを歴史が証明してきた。ただ見逃せないのが，経済の根本的な自由化を進めているにもかかわらず，ミャンマーは産業構造改革において高い壁にぶつかっていない様子である。つまり，これまで信じられてきた「閉鎖経済」はおそらく，タイなどの近隣諸国との国境の往来の自由度が高かったため閉鎖度がきわめて低かったことが示唆される。これは，ミャンマーが2015年を迎えそれ以降も前進するうえでは，ミャンマーにとって有利な点である。とはいえ，「ASEAN中小企業政策指標」のミャンマーのスコアの急上昇が示すように，中小企業を一層後押しするような環境を構築すべく積極的な役割を果たすことで，従来より競争が激しいミャンマーの投資環境および市場環境への同国中小企業の順応が促されると考えられる。

提案されている二極成長戦略の対象都市はヤンゴンとマンダレーである。これらの都市は，現在のミャンマーの2大経済都市である。なお，首都であるネピドーは両都市の間に位置するため，両都市を連結させれば，最終的にはミャンマーの巨大な成長回廊が構築される。シミュレーションの結果によると，二極成長戦略は，ヤンゴン都市圏のみに焦点を当てた成長戦略よりも国民生産が多くなる。国境地帯開発は，次の2つの理由からミャンマーにとって重要である：(1) 国境地帯の人口は主流派以外の民族が中心であるため，それらの人口を軽視すると，深刻な社会政治的な問題が生じる可能性がある，(2) 国境地帯は，タイや中国など力強い成長を記録している国に最も近い地域であり，必然

的にこれらの国はミャンマーの国境地帯に経済的機会をもたらす。

MCDVの枠組みは観光産業を明白には対象としていない。ただ，ミャンマーには観光に適した文化的資産および自然資産が豊富にあり，主な観光先候補としてミャンマーに観光客から熱い視線が注がれている。二極戦略プラス国境地帯開発による成長戦略に観光要素も組み込むべきである。これは，ヤンゴンとマンダレーが，両都市自体とバガンなどミャンマーの主な観光名所へ訪れる玄関口になると見込まれるからである。

最後に，ミャンマーで現在進んでいる著しい変革と経済開放の結果，東アジアの拡大・深化基調にある生産ネットワークにおける「ミッシングリンクから中継地へのミャンマーの再浮上」がもたらされた（Kudo, Kumagai and Umezaki 2013, p.49）。これは，地理的に見て，ミャンマーが，発展途上国世界の3大成長地域であるインド，中国および他ASEAN諸国を戦略的に結びつける位置にあるためである。中継地としての機能が効果を発揮し，ミャンマー

図5A.5 新興中継地としてのミャンマー

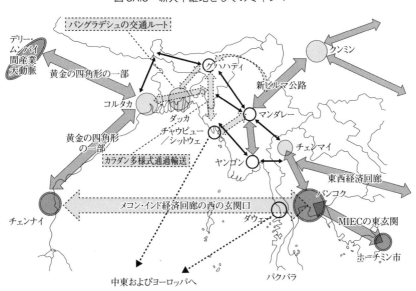

出所：Kudo, Kumagai and Umezaki（2013）で抜粋されていたKimura et al.（2011）.

は域内の生産ネットワークにより活発に関われるようになれる可能性がある（図5A.5参照）。

　もっとも，ミャンマーの都市を主要域内回廊に結びつけ，域内経済回廊における中継地機能を果たすことで恩恵を受けるには，国内のインフラの大幅改善，国内の経済回廊の開発，物流などのサービスによる接続コストの大幅削減が必要である。リソースにどうしようもない制約があることを踏まえると，実際は優先順位を付けて投資プロジェクトを進める必要がある。シミュレーションの結果によると，当面はヤンゴンとマンダレーの成長を優先的に進めるべきである（Kudo, Kumagai and Umezaki 2013）。

　以上のように，MCDVは，今後20年ミャンマーがASEANで他を圧倒する成長・発展を達成するうえで考慮に入れるべ一貫した枠組みを与える。最近ではカンボジアとラオス，それより前であればベトナムによる力強い成長に続くことになる。このプロセスの中で，ASEAN先進6か国とCLMV諸国との間にある域内発展格差が今後20年で一段と縮小することが期待できる。

4. 連結性，地理的包摂性，インフラ投資

　包括的な成長は，国内のまたは国の枠を超えた経済活動の空間的バランスの改善，すなわち地理的一体性を伴う。もう一方では，規模の経済および集積の経済による社会的利益があるため，完全な全国均一の成長を達成するというのは最適ではない。たとえば，MCDVのシミュレーション結果によると，ミャンマーの二極成長戦略は，同国内にもっと多くの成長戦略地域を設定した場合よりも多くのGDPを生み出す。同時に，包摂的成長は，大都市と農村地域間，または先進経済と後進経済間の相互依存性を考慮に入れずに達成することはできない。よって，高い経済成長と包括的な発展との間のより良いバランスを達成するにあたっては，連結性の向上がキーワードになる。連結性の向上は，インフラへの投資と，貿易円滑化ならびに物流のシステムとサービスの改善を必要とする。

　連結性の重要性は，第4章で先述した地域生産ネットワークの機能に表れている。連結性の向上は，生産ネットワークにおけるサービスをつなげる費用を

直接減らすため，ネットワークの地理的拡大および深化を可能にする。さらに，連結性が向上すると，大都市への集積が進む産業がある一方，労働集約型産業の中には農村地域や ASEAN の貧困諸国（すなわち CLM 諸国）への拡散が進む産業がある。ASEAN 先進 6 か国およびベトナムと CLM 諸国間の発展格差を縮小させるには，後者の国の連結性を向上させ，域内の生産ネットワークにそれらの国が参加できるようにしなければならない。

　ASEAN 先進 5 か国とベトナムは，貿易および直接投資主導の産業化に自身の各主要都市から着手した。これは，図 5A.6 からもわかる。同図は，国際物流パフォーマンス指標と国民 1 人当たりの GDP の間の相関関係をプロットしたものである[6]。それほど意外ではないが，両者の間には高い相関関係があることを特定した。この図に関して注目すべきは，域内の生産ネットワークに深く関与している ASEAN 加盟国（すなわちシンガポール，マレーシア，タイ，フィリピン，ベトナム，インドネシア）の物流パフォーマンス指標が，国民 1 人当たりの所得水準に基づく予想よりも著しく高いという点である。対照的に，ラオス，カンボジア，ミャンマーは適合曲線上または同曲線の下に位置する。物流パフォーマンス指標は主要都市と主な港の間の物流パフォーマンスデータに基づいて構築されることから，ASEAN の設立当初の加盟国とベトナムの主要都市と主な港の間の物流パフォーマンスは世界平均よりも遥かに高いことが観察できる。さらに言うならば，これらの国は世界に通用する港，工業地帯，およびその港と工業地帯を結ぶアクセスの優れた道路を建設した他，通関手続きの大幅な改善（ASEAN 加盟国のうち 2 か国では，最新の通関システムを導入している）や，大規模な多国籍企業や多くのパーツ・部品供給業者，多国籍の運送業者および世界クラスの船舶を引きつけるインセンティブを与えるようにした。CLM 諸国が製造業を引きつけ，そして域内の生産ネットワークにおいて確固とした地位を確立するためには，自国の物流パフォーマンスを向上させるべきであると結論付けることができる。

　国と国との間の連結性の向上が域内の生産ネットワーク内のより多くの国への経済活動の拡散を可能にするように，一国内の連結性の向上は，その国のよ

---

6) 2012 年物流パフォーマンス指標と 2012 年 GDP データを使用した。ブルネイのデータは入手できなかった。

図 5A.6 物流パフォーマンス指標と国民1人当たりの GDP

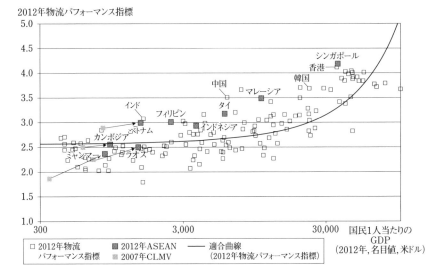

出所：ERIA（2010a）を編集。

り広い地理的領域に経済活動を拡散させる。Isono and Kumagai（2013）は，ミャンマーにおける国内経済回廊の開発が，急速な経済開放の利益を北部に拡散させることを説明している。図 5A.7 の左側の図は，ミャンマーが全面的な改革を進めている 2013 年時点の継続的計画である。（同計画における）シナリオのシミュレーション結果によると，ミャンマーが改革を実行しかつヤンゴン・ティラワ開発を完了させると，ヤンゴンとイラワジデルタ地帯の経済活動が刺激され，またこれらの地域はミャンマー北部を中心とする他の地域から企業をヤンゴンに引きつける。同シナリオでは，ハードとソフト面でのインフラ整備がミャンマーの純額ベースの GDP を大幅に押し上げる。ミャンマー経済は規模が小さいため，他の国への影響は比較的小さい。ただし，ヤンゴンの開発とミャンマーの諸改革の結果，基本的にヤンゴンに産業クラスターが形成されるため，ミャンマー北部からの企業・世帯の流出が生じる見通しである。

シミュレーションの結果からは，ヤンゴン開発とミャンマーの改革は，ミャンマーに高い水準の経済成長をもたらすが，発展格差の縮小を達成するまでに

図 5A.7　ミャンマーの開発による経済的影響（影響の程度，1km^2 当たりの米ドル，2030 年）

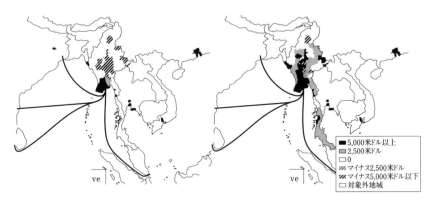

出所：Isono and Kumagai (2012).

は至らないことがうかがえる。ヤンゴンに加えマンダレーの開発も組み込み，ミャンマー国内の連結性の向上と近隣諸国との主な国境検問所での国境通過円滑化も盛り込んだ代替シナリオ（シナリオ2）では，ミャンマー国内での高い経済成長と包摂的な発展が達成される。

　成長の中心地への周辺地域の連結の重要性は，表 5A.2 にも示されている。たとえば，ダバオとマナド（ビトゥン）を結ぶロールオン/ロールオフ（訳注：フェリーのように自走で車両の収納が可能な車両甲板を搭載した艦船，ローロー船）を導入・利用するときは，香港－マニラ－ダバオ－マナド－スラバヤ－ジャカルタを結ぶ経済回廊を検討することができる。表 5A.2 に示すとおり，香港－マニラ－ダバオ－マナド－スラバヤ－ジャカルタ回廊は，ダバオとマナドを結ぶローロー船のみと比較すると，インドネシアとフィリピンへの経済効果はかなり大きくなり，また，ローロー船オフプロジェクトによるマナドおよびダバオ自体への効果も押し上げる。

　興味深いことに，主要都市周辺の連結性の向上は包摂的な成長をもたらしうる。たとえば，産業クラスターまたは産業の拡散の規模は主要都市におけるインフラの質に依存する。図 5A.8 に，ジャカルタとバンコクのクラスター規模

表5A.2　ダバオーマナド間ローロー船と香港－マニラ－ダバオーマナド－スラバヤ－
ジャカルタ回廊の経済的影響（2010年GDP/GRDP（地域総生産）を
基準とした2016-2025年の累積影響）

	インドネシア		フィリピン	
		マナド		地域 XI （ダバオ地域）
ダバオ－マナド間ロー ルオン／ロールオフ	1.3%	94.6%	0.0%	0.4%
香港－マニラ－ダバオ －マナド－スラバヤ－ ジャカルタ	18.1%	192.5%	11.2%	12.1%

出所：IDE/ERIA-GSM5.0.

を同じ縮尺で示す。自動車とE&E（電子・電気）産業のクラスターの場合，
ジャカルタにある産業クラスターの東端はタンゲラン，南端はボゴール，西端
はチカンペックとプルワカルタである。他方バンコクの産業クラスターの地理
的規模はそれより大きい。バンコクの東端はサムットサコーン，北端はアユタ
ヤに達し，東端はプラーチーンブリーも含まれ，南端はラヨーン県の一部に及
ぶ。自動車および電子・電気産業で広くとり入れられているジャストインタイ
ム生産は，クラスター内に優れたインフラがなければ実現できない。図5A.4
が示すとおり，バンコクの物流パフォーマンス指標はジャカルタよりも優れて
いる。とりわけ，ジャカルタの深刻な交通渋滞問題が企業によるジャストイン
タイムの運用を妨げている。さらにジャカルタの産業クラスターには，玄関口
になる港が1つしかなく，しかも都心に近すぎる。他方バンコクには，バンコ
ク港とレムチャバンという玄関口になる港が2つある[7]。

　上の考察から，包摂的な成長の実現には連結性が重要であることがわかる。
そうした連結性のほとんどがインフラに関係する。表5A.3が示すとおり，
CLM諸国のインフラは，他のASEAN加盟国と比較すると整備が行き届いて
いない。また，図5A.9が示すとおり，ICTインフラおよびサービスについて
も同じことがいえる。

7）　Isono and Kumagai（2012）は，チラマヤ新国際港を建設しチカランとタンジュンプリオクを結
ぶ道路を整備した場合，その大規模な経済効果はジャカルタの産業クラスターに生じるのはもちろ
ん，インドネシア経済全体に及ぶと示している。

図 5A.8 ジャカルタとバンコクのクラスターの規模

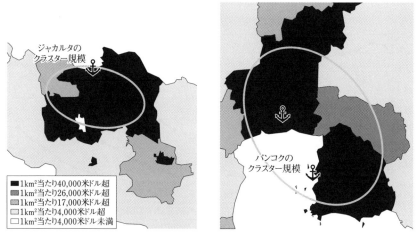

注: 2005年の自動車産業のGRDPの規模を示した地図はKumagai et al. (2013)から借用した（1km² 当たりの米ドル建て規模）。
出所: Isono and Kumagai (2013).

表 5A.3 ASEAN の各種連結性関連指標

	鉄道密度	道路密度	歩道	乗用車	航空機利用者	港湾コンテナの容量	アジアハイウェイ 総距離	クラスⅢ未満
	(2010年)	(2010年)	(2010年)	(2010年)	(2010年)	(2010年)	(2010年)	(2010年)
ブルネイ	-	564.0	77.2	485	1,263	0.09	-	-
カンボジア	3.7	216.7	6.3	18	455	0.22	1,347	0
インドネシア	1.9	262.9	59.1	45	52,283	8.37	4,091	0
ラオス	該当なし	171.4	13.5	2	444	-	2,857	306
マレーシア	5.1	300.5	82.8	313	30,997	18.25	1,673	0
ミャンマー	5.1	41.3	11.9	5	396	0.17	3,009	1,064
フィリピン	1.6	670.9	9.9	8	21,024	4.95	3,367	451
シンガポール	該当なし	4794.3	100.0	121	26,709	29.18	19	0
タイ	8.7	352.4	98.5	57	27,162	6.65	5,111	2
ベトナム	7.6	516.3	47.6	13	14,407	5.98	2,597	264
単位	1,000km²当たりのkm	1,000km²当たりのkm	%	人口1,000人当たり	1,000	100万TEU	km	km

出所: UNESCAP（国連アジア太平洋経済社会委員会）(2012).

図 5A.9　ASEAN における ICT 関連指標（2000-2011 年）

固定電話回線
（2000-2011年, 人口100人当たり）

携帯電話の契約数
（2000-2011年, 人口100人当たり）

凡例：ブルネイとシンガポール　　その他の当初ASEAN加盟国とベトナム　　CLM

出所：Kumagai et al.（2013）.

インフラへの投資と PPP（官民連携）　向こう 20 年間における「ASEAN の奇跡」実現にはインフラが主な制約になる公算が大きい。総合的かつアクセスに優れ，成長著しい ASEAN を実現するには質の高いインフラが求められる。競争力のある産業クラスターを育てるには質の高いインフラが必要である。そして地理的な包摂性を実現するには，成長の中心地への周辺地域の連結性が優れていなければならない。つまり質の高いインフラが必要である。シンガポール，マレーシア，ブルネイ，およびタイを除き，ASEAN では質の高いインフラが特に欠けている。インフラ整備（道路，鉄道および人口 1,000 人当たりの電話回線，ならびに電気・上水の割合）に関して言うと，ASEAN はアジア，中南米，および OECD の平均に劣る（Shishido, Sugiyama and Zen 2013, p.2）。本書第 2A 章に記載した高い成長目標に鑑みると，域内のインフラは供給が需要をまったく満たせていない。

　健全なマクロ経済管理に対する要求を考慮した場合，中所得 ASEAN 加盟国の財政上の余裕は限られており，また ODA（政府開発援助）の利用可能性が低下していることを踏まえると，PPP（官民連携）は，域内の大きなインフラ格差を解消する重要な仕組みの 1 つになる。PPP プロジェクトは，ODA が

資金を出すプロジェクトよりも時間がかかるが，期限や予算が守られる傾向が
強い。しかしながら，ASEANにおけるPPPの実際の活用は，域内のインフ
ラニーズに鑑みると少ない。域内でのPPPの活用が限られている大きな理由
としては，PPPがそもそも簡単ではない点が挙げられる。むしろPPPは複雑
な場合があり，各国の利益のために監督・管理する政府の優れた行政能力が求
められる。

　PPPを成功させるために必要な主な要素を以下に示す[8]。

- 元来PPPプロジェクトは長期的な事業であるため，PPPの枠組みに対す
  る政府の強い意志が必要である。多くの場合は，PPPプロジェクトは経
  済的利益よりも社会的利益のほうが遥かに大きい。PPPプロジェクトへ
  の補助金や保証の提供といった付随する要求は，財政の安定性に対する要
  求とバランスをとらなければならない。PPPの経験豊富なASEAN加盟
  国が，PPPプロジェクトに関する意思決定に役立つ質の高い実行可能性
  分析と優れた専門的助言に頼る傾向にあるのはまさにこのためである。
- 政府部門にPPPプロジェクトを選択，開発，管理する能力が備わってな
  ければならない。適切な技能の不足が遅滞，非効率，さらには失敗につな
  がった事例もある。
- 適切な法規制・制度上の枠組みに加え，PPPを可能にする環境が政府に
  なければならない。そのためにはPPP組織に，PPPプロジェクトを進め
  るのに必要な権限が与えられる必要もある。
- PPPプロジェクトがもたらす社会経済的利益が高くなければならない。
  そうした利益をもたらすかどうかは，慎重かつ優れた実行可能性調査と予
  備的な実行可能性調査を実施しなければ判断できない。
- PPPプロジェクトは，リスクが適切に配分されるように開発・設計する
  必要がある。多様なPPPの実績があるASEAN加盟国の経験によると，
  ASEAN加盟国には，質は高いが費用の嵩む専門的，財務的，法的，技術
  的な業務処理その他助言が必要である。PPPは費用が嵩み時間もかかる
  作業だが，近道すると失敗する。

---

8)　以下の記述はShishido, Sugiyama and Zen（2013）から引用した。

- 上の記述を踏まえると，明らかに，PPP のパートナーに優れた能力が備わっている必要がある。

　上記リストから，PPP が複雑で高度な業務であることがわかる。同時に，高い成長率目標の達成に資するインフラを整備する必要性が大きい ASEAN 加盟国が多いことを踏まえると，ASEAN 加盟国は明らかに，ASEAN 加盟国の発展に資する PPP の成功に必要な適切な政策，制度，および人材の基盤づくりに投資する必要がある。そして，**PPP のシステムが機能すれば，足を引っ張る存在だったインフラが結局は投資機会になる**。さらに言えば，多くの ASEAN 加盟国にとってインフラへの投資は，今後長年にわたる成長要因の 1 つになる。

　ASEAN 加盟国および域内において機能する PPP システムの実現に向けて，Shishido, Sugiyama and Zen（2013）は次の提言をしている。

- 民間のリソースを取り込むためには適切なプロジェクト開発が不可欠であるため，ASEAN 加盟国は，**PPP プロジェクトの開発に今までより，多くの資金を投資する必要がある**。プロジェクトの開発費用はプロジェクト費用総額の 5%から 10%を占め，そのほとんどが，費用が嵩むが必要な専門家による助言に対するものである。対照的に，ASEAN 加盟国が振り向けている資金は総費用のわずか 1 ～ 2%であるケースが多い。
- まだ PPP のノウハウを学んでいる段階にある ASEAN 加盟国に関しては，**規模の大きい PPP プロジェクトは単純かつ小さなプロジェクトに小分け**し，実績に乏しい ASEAN 加盟国が PPP の仕組みと潜在リスクを把握できるようにする。こうした実地訓練は，ASEAN 加盟国の政府組織が PPP プロジェクトの設計，実施，管理の経験を積むのに役立つ。
- **ASEAN 域内レベルの PPP 研究拠点を設立**し，スタッフは，金融や財政的分析などの分野を専門とする高い能力を持つ人材を揃える。PPP 研究拠点が，模範例やその他教訓を ASEAN 加盟国に広めたり，プロジェクトの選択・開発において重要な分野（リスク分析やリスク分配など）に関する助言を提供して ASEAN 加盟国を支援したり，または民間パートナー

候補が直面している障害や要望に関するパートナー候補との協議に一部基づいて PPP の（法規制および制度上などの）準備を進める方法についてASEAN 加盟国に助言を提供してもよいだろう。インドの IL & FS（インフラストラクチャー・リーシング＆ファイナンシャル・サービス）を，ASEAN の PPP 研究拠点のモデルとして検討してもよいだろう。

• 効率的な PPP インフラプロジェクトの開発・実行を**可能にする万全な法規制および制度上の環境**を作る。

• 世界的な金融危機の発生を受けて変わりつつある資本市場を踏まえ，プロジェクトリスクを軽減できる金融手段を作る。例としては，債券で資金調達をするプロジェクトのためのヨーロッパ投資銀行のプロジェクト債券信用補完措置が挙げられる。借入により資金を調達するプロジェクトのためのそうした補完の仕組みを検討しても有益だろう。

5. 農業開発と食料安全

　農村部が広い多くの ASEAN 加盟国において，包摂的な成長を実現するためには農業開発は不可欠である。農村部は都市部よりも貧困が著しく多く，一部の ASEAN 加盟国においては，貧困総数の圧倒的多数を農村部の貧困層が占める。農業部門が国民生産の大部分を構成するミャンマー，カンボジア，ラオスにとっては，農業開発は経済全体の重要な成長要因であると同時に，貧困削減の頼れる手段でもある。各種調査によると，同じ割合の成長でも，製造業やサービス業よりも農業のほうが貧困削減効果が高い。1980 年代の中国および 1990 年代のベトナムにおける驚異的なペースでの貧困削減は，農業生産高と農業所得の大幅増と労働集約型の製造業における雇用の大幅増が相まった結果であると概ね説明できる。両国での農業生産高の大幅増は主に，農業生産性の著しい向上に原因を求めることができ，その生産性の向上が最終的には，農業の労働力人口を削減し，成長著しい製造業やサービス業への雇用のシフトを可能にした。

　上では中国とベトナムに注目したが，農業の生産性向上に支えられた農業部門の絶対雇用者数の減少は，タイなど経済発展に成功した国では，もっと緩や

かではあるが構造的転換の一部を構成する。よって，生産性の向上による農業開発は，農業（および漁業）による所得の増加を通じて直接的に貧困を減らすのと同時に，農業部門および農村地域から成長著しい非農業部門への労働力の解放を通じて間接的にも貧困を減らす。生産性の向上による農業開発には，貧困を減らす第3の経路がある。つまり，農業の生産性向上が達成されると食品価格が低下するため，賃金上昇圧力も低下するという図式である。賃金上昇は，同等の生産性向上が無ければ労働集約型の製造業の競争力を著しく低下させ，それに伴い雇用の全体的な見通しを悪化させかねない。

　ASEAN加盟国の農業部門は，ここ数十年のあいだ顕著な伸びを記録し，域内の力強い経済成長を定着させた。基準年（2000年）の価格で集計した農業部門GDPは，インドネシア，マレーシア，タイについては1960年代から2010年まで年間平均6.0％から6.6％のペースで成長した。カンボジアの1993-2010年の年間平均成長率が6％，ラオスの1984-2010年およびフィリピンの1960年代から2010年の年間平均成長率はおよそ5.5％，ベトナムの1980年代半ばから2000年代半ばまでの年間平均成長率は4.9％である（世界銀行，Poapongsakorn and Nitthanprapas 2013, p.3で報告されているもの）。利用可能なデータおよび推計値から，多くのASEAN加盟国において生産性向上が農業部門の力強い成長の重要な要因になってきたことがわかる（表5A.4参照）。同表によると，CLMV諸国では改革後期間中に農業の総生産性が著しく増加した。また見逃せないのが，マレーシアとシンガポールとともにきわめて高い経済成長率を記録した1985年から1995年のASEANによる最初の「黄金の10年」とそれ以前の数十年のあいだ，インドネシアとタイの全要素生産性が著しく向上した点である。1980年代から1990年代，そして2000年代前半までのフィリピンによる難しい経済調整と低迷した全般的な経済情勢の根底には，ある程度，フィリピン農業の全要素生産性の低調な伸びがあった。同期間中，ASEAN加盟国の中でフィリピンの貧困削減率が最も低かった。

2015年以降に向かう　ASEANの農業は次の理由から構造的転換を続けることが必至である：(1) 域内の食生活の変化が，穀物から動物性食品や加工食品への食の需要のシフトを促す，(2) ウェットマーケットから食料の安全がより

表 5A. 4 ASEAN の農業と中国の全要素生産性の成長 （年率）

国	1929-2004 年	改革前	改革後
(1) Supawat and Xiaobing (2009)			
カンボジア	0.446	-0.320	0.829
ラオス	0.335	-0.559	0.558
ミャンマー	0.988	0.199	1.383
タイ	1.043	–	–
ベトナム	0.969	-1.702	1.637
中国	–	–	–
(2) Mundlak et al. (2002)	(1961-1998)	(1961-1980)	(1980-1998)
インドネシア	1.49	1.58	1.49
	(1971-1998)	(1971-1978)	(1981-1998)
フィリピン	0.25	0.98	0.13
	(1971-1995)	(1971-1981)	(1981-1995)
タイ	1.16	1.28	1.02
成長シェア			
インドネシア	43.9	42.9	48.8
フィリピン	10.0	25.6	9.1
タイ	47.7	47.3	45.5

出所： (1) Supawat and Xiaobing (2009)． (2) Mundlak, et al. (2002).

保証されるスーパーマーケットへの食品販売の転換が進み，ASEAN 加盟国における国内サプライチェーンが影響を受ける，(3) 賃金が上昇し，また労働力が工業・サービス部門へ移動するなか，農業生産のさらなる機械化とタイなどの国においては一層の耕地整理が進む（Poapongsakorn and Nitthanprapas 2013 を参照）。転換を促すそうした圧力が原動力になり，現在は農業への依存度が高い ASEAN 加盟国は引き続き政策・制度上の枠組みを改善させ，また農業部門の生産性向上への投資（CLM 諸国での研究開発，カンボジアをはじめとする国での灌漑，ラオスをはじめとする国での農村部の道路および農業教育など）を増やし，各国が，ASEAN および東アジアの変化する経済情勢と需要状況がもたらす機会の恩恵をもっと受けられるよう努めるだろう。

　また，貿易円滑化およびインフラ（近代的な卸売市場および物流施設を含む）の改善ならびに先に説明した合理化を図った衛生植物検疫および各種基準の調和が進めば，農業サプライチェーンの一段の拡大が国内だけでなく ASEAN 域内で促されるだろう。グラビティモデルを用いて Okabe and Urata

（2013）は，輸出入にかかる時間と費用が大幅に削減されれば（うち費用は，通関手続きの効率性，国境管理の透明性，輸送サービスおよびインフラの有用性と質，規制環境の質に特に左右される），ASEAN 域内の農業貿易が著しく増えることが見込まれると示した。こうした ASEAN における農業の近代化および統合の拡大プロセスが続けば，ASEAN が今後も競争力のある世界的な農業生産者にとどまり，またおそらく，加工・未加工を問わず農産物の純輸出国であり続けることが約束されるだろう。

　上の記述では，ASEAN 加盟国における政策枠組みおよびインセンティブの仕組みが各 ASEAN 加盟国の農業部門に各国の競争上の強みに応じて調整するよう促すことが暗黙の前提とされている。つまり，農業部門内の歪みが実質取り除かれている。しかしながら実際は，農業部門内に政策上の歪みが存在する ASEAN 加盟国も存在する。主に，米や砂糖を中心とする政治的にデリケートな農作物の輸入品との競争からの保護や，そうした政治的にデリケートな農作物の生産に対する補助金を通じて歪みが存在する。そうした歪みの影響で，貴重な土地が効率的に活用されず，農業部門の力強い成長を阻んでいる。もっと深刻なケースでは，これが食品価格の上昇につながり，それが最終的には賃金上昇に織り込まれ，AEC のもとでの開かれた統合的な ASEAN 地域における労働集約型の製造業が持つ競争力に悪影響を及ぼす。

　農業部門内にそうした政策上の歪みが生じる大きな理由としては，政治的課題である食料安全保障が挙げられる。これは，インドネシアやフィリピンなどの国ではきわめて顕著である。これらの国は，域内で最も政治的にデリケートな農作物と言える米の主要生産国であると同時に純輸入国でもある。たとえば，Intal, Oum and Simorangkir（2011, p.35）はフィリピンの食料安全保障に関する難問について次のように考察している。

　　「フィリピンの食料安全保障に関する重要課題は，農地の対人口比率が相対的に低いにもかかわらず，人口の伸びが高い点である。さらに，灌漑率が低いにもかかわらず，米は，水を大量に必要とする農作物である。フィリピンは世界最大の米輸入国に浮上したが，世界の米の貿易は少なく，その結果，価格がきわめて不安定である。グローバル市場が薄いのは……米

のように政治的にデリケートな農作物の……輸入……（および輸出）をコントロールしようと政府が介入するからである。フィリピンの農業面での競争上の強みは熱帯果実類と植物油……ならびに魚類である……。政治的課題である食料安全保障と……輸出の……（可能性）……とのトレードオフを減らすには，生産性向上への投資（灌漑や道路，研究開発……）にもっと力を入れるほか，価格安定を目的とした資金を大幅に削減する必要がある。」

食料安全保障に関する難問への対処　食料安全保障に関する懸念は，開かれた農業部門と折り合いをつけられるのか。2007-2008 年の世界的な食品価格の上昇による影響に関する各種調査によると，貧困層は大きな打撃を受け，たとえば，借金を余儀なくされたり，子供を学校に行かせてやれなくなったり，自分たちが住む村からの移住を迫られたりもした（Reyes and Mandap 2011）。農産食品の保護が，国際価格の急上昇による国内食品価格への影響を和らげ，家計への打撃も和らげる場合が多い。しかしながら，そうした保護主義政策は，農業部門における資源の歪んだ分配を生じさせ，それが経済に長期的悪影響を及ぼす。

　インドネシアに関して Warr（2011）が CGE モデルを用いて行ったシミュレーションによると，**長期的な解決策は，農業部門を徐々に開放し同部門における歪みを排除しながら，同時に，農業において生産性向上への投資がもっとなされるように刺激する**ことである。この結果は，先に示したフィリピンの事例に関する引用と一致する。問題は**短期的な解決策**であり，そのうち特に重要なのが，国際市場への信頼をどのように高めるかという点である。2007-2008 年の食品価格危機のさなかにとられた主な政策措置の 1 つに，輸出制限があった。これが世界的な価格上昇に拍車をかけ，またおそらく，純輸入国にもっと多く輸入することを促し，その結果世界的な価格高騰を一段と加速させた。よって，地域的協力の重要課題は，ASEAN 加盟国（およびインドなど他の東アジア諸国）間で**政策原則または行動原則について地域的合意**を形成し，食料品価格インフレ時は，純輸出国による価格変動の上昇を促す政策（輸出制限や輸出税など）の防止と純輸入国による価格変動の低下を促す政策（減税など）

の奨励を図ることである（Intal, Oum and Simorangkir 2011, pp. 39-43 参照）。

　食料安全保障は未だに，ASEAN における重要な懸念の１つである。FAO（国連食糧農業機関）が使用している食料不安の重要指標である栄養不足の蔓延度を用いると，いくつかの ASEAN 加盟国が（ラオス，カンボジア，フィリピンなど），国内の食料供給が十分であっても食料不安が深刻である（第 2A 章の表 2A.5 参照）。

　2007-2008 年の食料危機は，域内の食料安全保障に関する地域全体での協力的取り組みが喫緊の課題であることを浮き彫りにした。ASEAN は ASEAN 統合食料安全保障（AIFS）の枠組みと食料安全保障に関する戦略的行動計画（SPA-FS）を策定した。それらは，(1) 非常時・不足時の救援，(2) 持続可能な食品貿易の促進，(3) 統合的な食料安全保障情報システム，(4) 持続可能な食料生産を目的としたアグリイノベーション──という４つの要素で構成される。この枠組みは包括的であり，長期的側面（要素４）と短期的側面（要素１）の両方に対応している。また，市場と貿易に関する促進的政策の役割（要素２）と効果的な情報システム（要素３）も重要視しており，食料の安全保障が確保された ASEAN が目指されている。

　要素３は，ASEAN 食料安全保障情報システム（AFSIS）の構築をもって 2002 年に実行に移された。要素１に関しては，2007-2008 年の世界食料危機を受けて，ASEAN+3（中国，日本，韓国）が域内における緊急時米備蓄制度の創設と運用開始に向けた取り組みを強化した。ASEAN+3 緊急時米備蓄（APTERR）の創設協定は 2011 年に署名され，2012 年に発効となった。ASEAN+3 緊急時米備蓄は，緊急時や不測の事態のときに当事者の ASEAN 加盟国が利用できるようにし，域内の食料安全保障向上が意図されている。要素４は気候変動の研究開発に関する ASEAN の継続的取り組みにおいて対処されている一方，要素２は主に，ATIGA に基づく ASEAN 加盟国の取り組みと衛生植物検疫に関する地域的努力を通じて実践されている。食料不足時の価格高騰悪化を防ぐための政策原則または行動については，純輸出国と純輸入国の間で地域協定がまだ結ばれていない。

　ASEAN+3 緊急時米備蓄協定は発効されたが，他の農作物についても緊急時備蓄協定が締結・運用開始される可能性はあるだろうか。この問題について

は Briones（2013）が，需要の大きさ，生活への寄与度，貯蔵可能性，価格変動の程度，価格安定化のための他の手段の実行可能性に基づいていくつかの農作物を検証している。上記基準に基づいていくつかの農作物（トウモロコシ，砂糖，植物油など）を検証したが，基準を満たす農作物はなかった。こうしたことから，米は実に特異な農作物であり，それが米を政治的にも特別な存在にし，また域内での緊急時備蓄協定の整備を可能にするものにしていることがわかる。緊急備蓄の有効性が米以外には認められないことを踏まえ，Briones は，ASEAN 加盟国に他の政策オプションを検討し食料安全保障の向上を図るよう提言している。提言されている政策オプションを以下にまとめた（Briones 2013）。

- 貧困に苦しむ家庭を対象とした現金給付など，不利な立場にある個別のグループを対象とした公的プログラム
- 農家レベルでの価格変動を軽減する市場ベースの仕組みの構築（商品取引所など）
- 価格変動の影響を軽減する市場ベースの仕組みの開発（オプションや先物など）

　貧困に苦しむ家庭を対象とした現金給付はすでに ASEAN 加盟国において実施されており，おそらくフィリピンで特に積極的に行われている。商品取引所は，ASEAN 農業の近代化と，域内の食料安全保障に関する目標達成に寄与しうる。インド，ブラジル，マレーシア，および南アフリカでの商品取引所の創設経験は，商品取引所が実物取引のための物的なインフラの構築も促すことを示している。たとえば，インドの MCX（マルチ商品取引所）は，インフラの構築（倉庫など）や倉庫内の保管物を担保にした融資の拡大，ICT テクノロジーの積極的開発，全国的な電力の直物取引所の設置などを通じてハッカ油やカルダモン，その他の商品の成長に大いに寄与した。ブラジルの BM&F（商品・先物取引所）は，農産物証券 CPR（Cedula de Produto Rural）の流通市場での取引を活発にし農家による資金調達を容易にした他，輸出業者向けのコールセンターの設立，中国との関係構築を通じた市場発展の促進を行った。ブル

サ・マレーシア傘下のデリバティブ部門（Bursa Malaysia Derivatives Berhad）は，世界的な価格発見プラットフォームの構築と価格リスク管理に資する長期的な価格決定モデルの開発に注力した結果，FCPO（パーム油先物取引）に関する世界の価格設定者にまでなった。マレーシアには，安定し，よく発達した，規制も整備された成長著しい国際パーム油現物市場があるため，ブルサ・マレーシアは，実物取引の促進やファイナンス，市場開拓に注力する必要がなかった（UNCTAD 2009 参照）。よって，商品取引所の構築は，食料安全保障に関する目標達成に資する他，実物取引やファイナンス，市場開拓の改善も促しうる。

　上の考察は主に地域的な取り組みに焦点が当てられているが，食料安全保障の確保に際してすべきことは大半が国内レベルである。ASEAN 統合食料安全保障および食料安全保障に関する戦略的行動計画において示唆されているように，食料安全保障は今や食料の供給可能性のみにとどまらず，より広い範囲をカバーするものとして捉えられている。FAO による食料安全保障の定義は，4つの基本的側面をすべて満たすことを求めている。それらはすなわち，「供給可能性」「物理的入手可能性」「経済的入手可能性」そして「栄養性」である。こうした範囲の広い多面的な食料安全保障の定義は，食料安全保障に作用する要素を実際上拡大させる。よって，総合的なアプローチを通じて食料安全保障の確保に努める必要があり，食料安全保障の 4 つの側面間の相互関係を把握し明確にしなければならない。そこで重要な問題が浮かび上がる。ある特定の国の食料・農業システムは食料安全保障の課題に対処するうえでどのくらい万全であるかという問題である。それに付随して，どの分野を介入の焦点とすべきかという問題も生じる（Syngenta 2012, p.16）。この問題を解決するうえでは，**ライスボウル指標**が有用かつ総合的な枠組みを提供し，そして指数であるため，食料安全保障に関するその国のシステムの万全性を測るツールになる。ライスボウル指標は，次の要素と，各要素について検討すべき基本的問題を評価するものである（Syngenta 2012, pp.16-17）。

- **農家レベルの要素**：生産向上の能力および手段が農家にあるか。
- **政策・取引に関する要素**：取引・政策環境は開かれた市場，投資，および

イノベーションを促すか。

- **環境に関する要素**：その国の環境的可能性は長期的な農業の生産性および持続可能性の実現に適しているか。
- **需要・価格に関する要素**：その国の食料安全保障ニーズは，量・値ごろ感・入手可能性の面においてどのように変化するか。

ライスボウル指標から次の結論が導き出せる：「所定の期間のあいだ食料安全保障が最も安定している国は，4つの要素のバランスがとれている」「農家レベルの要素は，最も変動が激しいが，その国の食料安全保障システムの万全性に大きく寄与する」「需要・価格に関する要素は，平時よりも価格の変動が激しい時の方が影響が大きくなる」「残り2つの要素が，その国の食料安全保障システムの長期的な観点から見た万全性を形成する」(Desker, Caballero and Teng 2013)。

いくつかの ASEAN 加盟国のライスボウル指標の結果を EAS（東アジア首脳会議）地域における比較対象国と比較したところ，ASEAN 加盟国は後れをとっており，各国の万全性は各要素間で異なることがわかった。ASEAN 加盟国および域内の食料安全保障システムの万全性を整理・測定する有用なツールとして活用できる可能性を踏まえると，**ライスボウル指標を ASEAN 用に改良し，ASEAN における基準としても有効になるだろう。**

6. ASEAN の災害マネジメントとセーフティネットの設計

災害マネジメント[9]　ASEAN 加盟国は経済成長および貧困削減の達成については成果をあげてきたが，ASEAN は各種災害に見舞われる可能性を回避することはできない。実のところ，ASEAN および東アジアは，世界で最も災害の多い地域である（Sawada and Oum 2012）。ASEAN は，ほぼすべての種類の自然災害（津波，台風・サイクロン，地震，洪水，火山爆発など）にさらされている。実際，2001-2010 年のあいだに世界で発生した自然災害ならびにそれに伴う損害費用のおよそ5分の2をアジアが占めた（Sawada and Zen 2014）。ま

---

9)　本節のかなりの部分が Sawada and Zen（2014）を参考にしている。

た，災害事象の報告件数は 1980 年代から 2000 年代までで 2 倍に膨れ上がった（Fargher 2012, Box 1, p.4）。アジアで発生した大規模な自然災害の例を挙げると，2004 年インド洋津波，2008 年サイクロン・ナルギス，2008 年中国四川地震，2009 年西スマトラ州パダン沖地震，2011 年東日本大震災，そしてフィリピン中部に甚大な被害をもたらした 2013 年台風ハイエンなどがある。

人命・財産の被害は甚大であり，インド洋津波は 25 万人以上の命を，四川地震は 6 万 9 千人の命を奪い，そして直近では台風ハイエンによる死者は 6 千人以上にのぼった。経済的損害も多額にのぼり，しかもその影響は複数年に及び，貧困は悪化し，発展も阻害された。

大半の ASEAN 加盟国が災害の多い地域であるという実態に鑑み，ASEAN は協調的な取り組みを強化し，その課題への対応を行ってきた。1967 年の発足以来 ASEAN は，その 8 つの原則・目的の 1 つに災害マネジメントを掲げてきた。2003 年に ASEAN 災害マネジメント委員会を設立し大きな前進を果たしたのに続き，2005 年には ASEAN 防災緊急対応協定の締結，そして 2006 年には ASEAN 地域フォーラム防災緊急対応に関する声明がとりまとめられた。そして，災害マネジメントが政策上重要視されている直近の顕著な兆候としては，2009 年に開催された第 4 回東アジア首脳会議（EAS）で EAS の首脳らが採択した EAS 災害マネジメントに関するチャアム・ホアヒン声明が挙げられる。同声明は，災害マネジメントは ASEAN のみの関心事ではなく，先に述べたように世界で最も災害が多い地域である EAS 地域の大きな懸案事項であると明言している。

アジアは災害が多いことを踏まえると，アジアの本質的課題は，アジアを災害に強靭な地域にし，人命の観点からならびに共同体および国の社会的・経済的・環境的資産の観点から見た災害損失を大幅に減らすことである（UNISDR（国連国際防災戦略）2005, p.3; AIFDR Design Document 2009, p.4）。「兵庫行動枠組み 2005-2015（Hyogo Framework for Action 2005-2015）」は，それより先だって策定された「より安全な世界に向けての横浜戦略（Yokohama Strategy for a Safer World）」を基礎に策定されたものだが，災害に強靭な世界と災害による損失軽減に向けた 5 つの重要戦略とその行動計画を定めている。以下，その内容を示す（UNISDR 2005, p.6）。

- 防災・減災を国，地方の優先課題に位置付け，実行のための強力な制度基盤を確保する。
- 災害リスクを特定，評価，観測し，早期警報を向上する。
- すべてのレベルで安全と強靱性の文化を構築するため，知識，技術，教育を活用する。
- 潜在的なリスク要因を軽減する。
- すべてのレベルでの効果的な応急対応のための事前準備を強化する。

　兵庫行動枠組みに述べられているとおり，災害リスクは，（元来アジアにおいては主に水文気象的である）危険が物理的，社会的，経済的，および環境的脆弱性と相互に作用することで生じる（UNISDR 2005, p.1）。いうまでもないが，災害を減らすための最善策は，各国，コミュニティ，人々が，社会的・経済的・環境的脆弱性およびそれら脆弱性と各種危険との相互作用の理解とともに，さまざまな危険に関する理解を深め，安全および強靱性の文化を醸成することである。早期警報システム，潜在的なリスク要因を軽減するための一手段として社会的・経済的な慣習および方針に災害への強靱性を盛り込むこと，対応能力の強化，緊急時計画の策定，避難知識の普及と教育，避難訓練の実施，早期警報システムの構築，インフラ強化への投資，そしてコミュニティの関与といったこれらすべての要素が組み合わさることで，災害への強靱性の向上が促される。先述の兵庫行動枠組みが示唆するとおり，災害への強靱性および備えに関する十分な能力の構築を災害マネジメントの土台とする必要がある。大体において，「AIFDR（オーストラリア―インドネシア防災デザイン文書）」は，災害への強靱性および災害損失の軽減に向けて国内の能力を強化するというこうした視点を基本的に支持している。

　もっとも，ASEAN加盟国および域内における災害への強靱化および災害損失の減少に向けた各分野での行動に関して，地域さらには国際レベルの密接な協力および連携を図るための確固とした土台は形成されている。台風ハイエンの経験が示すとおり，被災国が被災直後に危機の大きさに圧倒されるときは特に，大規模災害の直後における国際レベルまたは地域レベルの緊急時対応体制

が，災害による悪影響の緩和において大きな役割を果たせる。また，地域的協力は災害対応以外でも図られている。実際，兵庫行動枠組みに基づく行動の各種分野においては，EAS 災害マネジメントに関するチャアム・ホアヒン声明に明記されているとおり，地域的協力および各国の連携が大きな違いをもたらしうる。たとえば，災害マネジメントに関する ASEAN 地域プログラムは，加盟国間の協力強化，能力向上，情報・リソースの共有，外部との連携，ならびに社会への啓蒙および意識の向上を目的に掲げている。同地域プログラムは，兵庫行動枠組み関連の拘束力のある世界で最初の具体策である ASEAN 防災緊急対応協定（AADMER）のもとで，とりまとめられたプログラムである。同協定の運営主体は，ジャカルタに拠点を置く ASEAN 防災人道支援調整センター（AHA センター）である（Sawada and Zen 2014, pp.17-18）。

　災害マネジメントに関する国内の能力および地域的連携の強化の他にも，市場のメカニズムの創造的な活用も，災害への強靭化およびリスク軽減に寄与しうる。具体的には，**2015 年以降の ASEAN は，自然災害の後遺症への対処・管理に役立つ域内レベルの保険メカニズムを検証・構築すべきであろう。**ミューニックリー社の 2010 年報告書によると，アジアにおける自然災害を原因とする資産損失で民間保険の補償対象になっていたのはわずか 9％だったのに対し，クライストチャーチ地震の場合は約 75％が補償の対象になっていた（Sawada and Zen 2014, p.2）。

　驚くほどのことではないが，Sawada の分析によると，自然災害を原因とする所得の激減は消費の激減につながる。これは，域内における保険のメカニズムが不十分であることを表している（Sawada and Zen 2014, p.14）。

　保険などの市場メカニズムと政府による執行メカニズム，そしてコミュニティの社会的相互作用・社会資本の間の相互補完性強化には，災害対応力を向上させるにあたり利点がある。個人および少人数の団体にしか影響を及ぼさないリスクに関しては，コミュニティの社会資本を利用するコミュニティベースの相互保険の仕組みが自然災害による損失を乗り越えるのに役立つ可能性がある。被害が広範な地域に及ぶ大規模なショック（自然災害など）に関しては，政府による執行メカニズムが保険への加入率上昇に寄与し，民間保険が機能するようにできる場合がある。こうしたリスクは，適切に設計された本来の市場

によって手当てするか，同様の仕組みで，その国固有もしくは地域固有のリスクを国全体または地域全体に分散する公的な執行メカニズムが支えるものによって手当てすべきである。また，ハリケーンおよび地震を対象とするパラメトリック型の多国間災害保険基金であるカリブ海諸国災害リスク保険機構（CCRIF）と同じような，国際的な再保険市場を活用する域内の保険メカニズムを構築してもよいだろう。同保険機構のような基金の利点は，ハイチ政府が保険料の20倍にあたる保険金を地震発生後約2週間で受け取ったときに証明された（Sawada and Zen 2014, p.29）。カリブ海諸国災害リスク保険機構は，「インデックス型保険やパラメトリック型保険」など自然災害に対する保険メカニズムに関する最近の革新的なアイディアの一例である。それらの保険では「事前に設定された風速を上回る暴風，ある水準を下回る降水量，特定の震度を上回る地震に対して保険金が支払われる」（Sawada and Zen 2014, p. 22）。

　世界銀行およびその他の機関は，モロッコ，モンゴル，ペルー，ベトナム，エチオピア，グアテマラ，インド，メキシコ，ニカラグア，ルーマニア，チュニジアでインデックス型天候保険契約の試験運用を行っている。しかしながらマイクロ保険市場は，東南アジアではまだ発展が遅れている。災害関連のマイクロ保険に関しては，インドネシア，フィリピン，タイ，ベトナムが小規模なプロジェクトや試験的プロジェクトを開発したにとどまっており，そのため補償分野がまだ限られており，各プログラムも開発の初期段階にある。

　災害リスク減少政策の奨励も，政府による執行および政策による介入と並行して行われる市場メカニズムの創造的な活用である。たとえば，各国の災害リスク減少政策を継続的に評価して「お墨付き」を与え，各国が，国際的な再保険会社を利用して直接的に自国に保険をかけるか，複数年の保険と同じ効果がある異常災害債券（CATボンド）を発行することで間接的に自国に保険をかけることを可能にするという手段もある。この「お墨付き」を取得できれば，災害条件付きの金融支援によって生じるモラルハザードに関する投資家または保険者の懸念が軽減されると考えられる（Sawada and Zen 2014, p. 27）。

　要約すると，兵庫行動枠組み2005-2015から一語一句引用したほうが最適だろう。以下にその内容を示す。

「災害リスクの軽減への取り組みは，持続可能な開発や貧困削減のための政策，計画，およびプログラムに組織的に統合され，パートナーシップを含めた二国間・地域的・国際的協力を通じて支援されるべきで，これらは現在国際的に認められている。持続可能な開発・貧困削減，良い統治および災害リスクの軽減は，相互支援的な目的であり，今後の課題に立ち向かうためには，コミュニティや国家レベルで必要とされるリスク管理とリスク軽減の能力を構築する努力を加速させる必要がある。」（UNISDR「兵庫行動枠組み」p.1）

したがって，2015 年以降に向かう ASEAN には次の提言をする。

- **次の（a）から（c）をさらに強化する：（a）域内における防災および緊急時対応に関する地域的協力の運用，（b）専門家，災害対応従事者，実務家間でのネットワークの構築と模範例，経験，および運用マニュアルの共有，（c）災害対応の適合性および有効性向上に向けた標準運用手続きの運用と改善。**これは，AHA センターの主たる活動を通じて一部達成されるが，当該主たる活動としては，各 ASEAN 加盟国における国内の重大な関心事項と並行してリスクを特定・監視することや，災害救助および緊急時対応のための地域協定の策定，維持，および定期的見直しの促進が挙げられる。これは，ASEAN 地域災害緊急対応シミュレーション演習（ARDEX）など，能力強化および地域的協力の改善を目的とした仕組みを通じて一部達成される。
- **ASEAN における国ごとの取り組みを加速させ，災害リスク減少を国内の政策・プログラムに組み込み，また ASEAN 加盟国における災害マネジメントに関する国内および地方の能力を強化する。**これを達成するために，各 ASEAN 加盟国における重点エリア・地域のリスクおよび脆弱性ならびにそれらの相互作用の理解を深め，実際の災害リスクを軽減する能力を強化し，地域的・国際的な機関や組織との連携を強化する。このアプローチは，「オーストラリア―インドネシア防災デザイン文書」に定められている戦略に近い。

- 国および地域レベルの大規模な災害リスクを分散し，かつ国家の災害リスクを補償する多国間リスクプーリングの制度と手段（すなわち地域基金）を策定する**体系的な仕組みを作る**。地域的なインデックス型保険スキーム（太平洋地域のカタストロフィー・リスク評価およびファイナンシング・スキーム（Pacific Catastrophe Risk Assessment and Financing Scheme）など）は 開発パートナーが補完する一方，マイクロクレジットおよび保険プログラムはコミュニティによる非公式な執行メカニズムが補完する。よって，市場，国家，およびコミュニティ間の相互補完性がカギになる。
- ハザードマップやデータの取得と配布の支援も検討すべき政策である。Rashcky and Chantarat（2013）は，**災害リスクのデータ，モデリング，および保険に関する地域センター**の設立を提案している。リスクおよび災害損失に関する時間空間的に富んだ信頼できるデータが ASEAN 諸国においては概ね存在しない。こうしたリスクのデータおよびモデリングは不可欠であり，リスクに基づく価格決定および監督を向上させ，新しい保険商品の開発を促進し，また効果的かつ迅速な災害対応を実現する適切なリスクファイナンス戦略を政府が特定するのに役立つ。

社会保障[10]　第2B章に示した枠組みには重要な前提が1つある。ASEAN における包括的かつ均等な成長の追求は，慎重性を欠いた財政的に持続不能な助成政策および所得再分配プログラムに依存するのではなく，健全なセーフティネット・プログラムによって調節される旺盛な経済力への依存を強めて実現するというのが最善策だというのがその前提である。第5A章では紙面の多くを割いて，包摂性向上に不可欠な戦略（中小企業の発展，インフラの連結性および制度的連結性の向上など）は競争力強化にも寄与することを示した。とはいえ，ASEAN 諸国による 他の加盟国や域外の国との統合が進んだため，ASEAN 加盟国および各国の家計は，国外発のショックの影響を受けやすくなっている。さらに，ASEAN 加盟国の中には，高齢化問題が顕在化しつつある国もある。よって，ASEAN 加盟国は強固なセーフティネットおよび社会保障制度を整備する必要がある。ただし，ASEAN 加盟国の中には財政上の制約

---

10)　本項のかなりの部分が Asher and Zen（2013）を参考にしている。

がある国が多いため，一部の先進国よりも倹約的な内容にすべきである。

　現在，社会保障制度の内容および利用可能性は ASEAN の域内で大きく異なる。概して，社会保障制度はフォーマルセクター，都市部の労働者，および公務員に有利な内容になっており，また基本的に公的機関が運営を担っている。保障範囲に関しては，すべての国が「疾病」「出産」「老齢」「障害」「遺族」「家族手当」「労働災害」「失業」の 8 分野のうち少なくとも 4 分野について制度を整備している。最も包括的な保障が整っているのはタイである。ほぼすべての国が老齢年金，障害年金，遺族年金，および労働災害年金を支給している。しかしながら，医療へのアクセス同様，疾病手当，出産手当，失業手当，家族手当の適用は限られている。保障範囲は広いが，法律で定められている社会保障制度加入者の割合と実際の社会保障制度加入者の割合については，水準が低い国がほとんどである。インフォーマルセクターの規模が大きいため，実際の制度加入者は法律で定められた制度加入者よりも少ない。

　ASEAN においては生産年齢人口が急速に増加しており，労働力の移動や労働力のインフォーマル化といった問題に ASEAN は対処しなければならなくなる。他方，ASEAN は比較的所得の低い高齢者の増加といった問題にも直面しており，政策担当者には真剣に耳を傾け行動を起こすことが求められる。加えて，インフォーマルセクターの労働者や移民など，人口内の特殊なグループを保障するという問題に ASEAN は対処しなければならない。ASEAN 域内の労働力の移動は伸びており，国外への移動合計の 32％および国内への移動合計の 60％が ASEAN 域内の移動である。しかし，ASEAN 諸国間の社会保障協定が存在しないため，ASEAN 域内の労働力の移動のうち 60％について，社会保障給付のポータビリティが認められない (Pasadilla 2011)。社会保障サービスの提供の有効性および需給の不均衡も，対処しなければならない社会保障に関する問題として挙げられる。

　社会保障制度には，消費を生涯全体にならす機能，長生きリスクおよびインフレリスクを中心とする各種リスクに対する保険機能，貧困救済，さらには所得再分配機能がある。ASEAN 加盟国において効率的かつ効果的な社会保障制度を確立するうえで難題となるのが，公平性および持続可能性の維持，つまり，財政面から見て長期的に実行可能でありながら，すべての人に十分な給付を提

供する社会保障プログラムを整備するということである。とりわけ，不足気味の財源および対立する多くの緊急歳出ニーズに鑑みてそうしたプログラムを構築する必要がある（Asher and Zen 2013, p.4）。先に述べたとおり，多くのASEAN加盟国において保証が不十分な点が多い。

　各ASEAN加盟国は保障額を大幅に引き上げて十分な水準の給付を提供しながら，財務的な実行可能性も確保できるか？　特定の国（日本やチリ，ブラジルなど）の経験を検証することで知見がいくつか得られ，**ASEANが2015年以降に向かううえでの提言を導き出すことができる。**

- **優先順位付けと階層化**　たとえばチリには，65歳以上の全国民のうち，所得で見て当該人口の下位60％に帰属する人に支給されるソリダリティ（連帯）の柱と呼ばれる，税金を財源とする年金制度があり，残りの人は，全労働者が拠出する任意の柱がある。同様に，ブラジルにもソーシャルアシスタンス（社会扶助）と呼ばれる非拠出型の第2の柱があり，全ブラジル国民が対象の国民皆保障が確立されている。ソーシャルアシスタンスには，資力が限られている老齢者および障害者向けの年金と，貧しい家庭への現金給付がある。かかる現金給付で最も知られているのが，Bolsa Familia Programme（ボルサ・ファミリア・プログラム）と呼ばれる現金給付制度である。ブラジルの社会保険の第1の柱は拠出制であり，老齢年金も含まれる。日本も，社会保障制度は2階建て方式を採用しており，正規被雇用者は2階に属し，2階に該当しない残りの人口は1階に属する。1階部分向けの税金を財源とする制度は地方自治体が管理している。なお，チリおよびブラジルはいずれも，税金を財源とする柱がカバーするのは，人口の比較的貧しい部分のみである。これは，優先順位付けおよび階層化に関してとどめておくべきポイントかもしれない。つまり，非拠出型の税金を財源とする柱または層は，比較的貧しい人口のみを対象とするという点がカギになるかもしれない。これは，社会保障制度による財政負担を軽減しながら，制度による保障範囲を広げる方法の1つである。
- **確固とした医療保険制度**　これは日本のケースが模範例になる。日本の保健制度は，同じ質の医療サービスを同じ費用で全国民が受けられるように

整備されており，患者はどの病院にも直接通院し治療を受けられる。全国民に同じ費用で同じ質を提供するというのは，現時点では多くのASEAN加盟諸国にとって現実的ではないが，各国が発展するにしたがい，ASEAN加盟国では医療の質は時間の経過とともに改善することが見込まれる。とはいえ，医療保険制度に着目すると，医療的緊急事態に陥ると保険に加入していない家庭は経済的に著しく後退しかねないという事実が浮き彫りになる。場合によっては，生産的資産の計画外の売却や借金を余儀なくされ，貧困に陥る。

- **コストの管理と制度の近代化**　ASEAN諸国における行政コストは高くなると見込まれ，また相対的に貧しいASEAN加盟諸国の行政能力は十分ではない。保障対象の拡大に直面するなかコストを管理し制度の近代化を図るには，中央政府による指示と監督のもとでの運営の分権化，一元的に定められた厳格な基準を満たす同様の目的を持った非政府組織による関与，ガバナンスおよび管理の仕組み強化，エビデンスベースの政策決定による専門的技術の向上，そして（低所得ASEAN加盟諸国に関しては）社会保障機関の行政能力の構築などがすべて有力な手段になる。

- **労働市場の形式的な関係に依拠しない有効な移転の仕組み作り**　これに関しておそらく最適な模範例はブラジルのボルサ・ファミリア制度である。同制度は，貧しい家庭に条件付きで現金を給付する制度である。各種分析の指摘によると，ブラジルにおける社会分野の全歳出に占めるボルサ・ファミリアの割合はわずか3％であるが，2001年以来ブラジルで達成された所得格差（1990年代まではほぼ間違いなく世界最大の格差があった国の1つである）の解消のうち16-21％についてはこの制度が役割を果たしてきた。現金給付の受給家族に課されている条件は，それ自体がブラジルの人的な資本と競争力（または投資先としての魅力度）の向上に寄与する健康と教育に関するものである。ASEANでは，おそらくフィリピンが最も規模の大きい条件付き現金給付制度を運用している。

- **エビデンスベースの政策決定による，統合され，かつ体系的な制度改革**　ASEAN加盟国の多くでは，社会保障制度の効率性・有効性を改善するには，体系的かつ統合された改革の取り組みが必要になると考えられる。チ

リの場合，社会保障改革は，資本市場改革および独自の規制構造の構築と並行して，雇用の創出に焦点を当てて実行された。こうした諸改革には根拠に基づく政策決定が求められ，優れた成果の実現および情報に基づく政策決定に寄与する質および透明性のいずれも高い情報に頼る必要がある。

第 5B 章　強靭で環境調和的な ASEAN に向けての　エネルギーの強靭性とエネルギー安全保障の実現

1.　はじめに

　ASEAN および東アジアでは化石燃料の使用量が増加の一途を辿り，エネルギー安全保障と CO_2 排出量の増加に大きな影響を及ぼしている。世界のエネルギー需要の重心は，ASEAN，中国，およびインドの存在によって，すでにアジアへと傾いている。加えて，ASEAN および東アジア 16 か国が約 33 億人もの総人口を抱えていることも，同地域の将来的なエネルギー消費とエネルギー安全保障を圧迫する要因となっている。人口は ASEAN 地域だけでも約 6 億人にのぼり，そのため，ASEAN のエネルギー消費量は工業，輸送，住宅，商業をはじめとした実質的にすべての部門で一段と拡大する可能性が高い。

　ASEAN および東アジア地域の経済は，中東からの化石燃料の輸入に大きく依存している。よって中東の政情不安が悪化し，石油とガスの供給に混乱が生じた場合，同地域はその影響を受けやすい状況にある。地域内のいくつかの主要エネルギー消費国では，化石燃料に対する需要が国内生産量を上回るペースで増加し，特に石油と天然ガスの輸入依存度が上昇していることから，同地域のエネルギーの強靭性とエネルギー安全保障に関する懸念が高まっている。

　地域のエネルギー安全保障を高めるため，ASEAN 加盟国およびオーストラリア，中国，インド，日本，大韓民国，ニュージーランドの首脳は，2007 年 1 月 15 日にフィリピンのセブ島で開かれた第 2 回東アジア首脳会議で「エネル

ギー安全保障に関するセブ宣言」を採択した。首脳たちは，省エネルギー（EEC），新再生可能エネルギー（NRE）および石炭のクリーン利用を推進することと，地域のエネルギーの強靭化とエネルギー安全保障を高めるための重要な手段として，石油備蓄を拡充することで合意した。

　省エネルギー，新再生可能エネルギー，そして石炭のクリーン利用を推進することは，環境調和的（グリーン）な ASEAN および東アジアの実現を後押しすることにもなる。ASEAN の環境調和的な成長を追求するに当たっては，燃料輸入への依存度を引き下げることだけでなく，燃料使用効率を高めることや，特に地域のエネルギー消費全体に占める再生可能エネルギーの割合を引き上げることで，燃料源の多様化を進めることも焦点となる。したがって，ASEAN がエネルギー効率を高め，再生可能エネルギー源を活用し，発電のための石炭利用や輸送のための天然ガスおよびバイオ燃料利用の効率改善を進めていけば，地域のエネルギーの強靭化とエネルギー安全保障だけでなく，環境調和的な ASEAN の実現にも貢献するだろう。

　しかし短期的には，エネルギーの強靭化と ASEAN の環境調和的な開発を追求することはトレード・オフの関係にある。たとえば ASEAN は石炭が豊富であり，石炭価格が比較的安価なため，同地域では，発電燃料としての石炭への依存度が高まることが予想される。しかしクリーンな石炭利用技術の初期費用は，大量の炭素を排出する技術をはるかに上回っている。よって ASEAN は，クリーン技術のアフォーダビリティ（価格妥当性）を高め，ほとんどの ASEAN 加盟国のような発展途上国がクリーン技術を利用できるよう，国際社会の中で共に懸念の声をあげる必要があるだろう。

　本章では，ASEAN および東アジアが地域の資源潜在的な発電能力を探ることを通じてエネルギーの強靭化と環境調和的な開発を追求することの重要性，それらの資源を戦略的に活用してエネルギーの強靭化とエネルギー安全保障を高めることの重要性，それと同時に，地域のより持続可能で公平な成長を目的とした，長期的な環境調和的な開発目標の実現を支援することの重要性に焦点を当てる。

2. エネルギー消費とエネルギー保存が経済に及ぼす影響

2.1 一次エネルギー消費

ERIA の省エネルギーがもたらす発電潜在量・プロジェクト（Kimura ed. 2013）によれば，現状ベース・シナリオにおける EAS（東アジア首脳会議）[1]諸国の一次エネルギー消費量は，2010 年の 4,079 Mtoe（百万石油換算トン）から 2035 年には 8,533 Mtoe まで増加するという。つまり，年率平均 3.0% の割合で増加する計算である（図 5B.1 参照）。代替政策シナリオにおける EAS の一次エネルギー消費量は 2035 年までに 6,953 Mtoe に増加すると推定され，現状ベース・シナリオを 18.5% 下回る。2035 年時点での両シナリオの一次エネルギー消費量の差（1,581 Mtoe）が，2010 年の ASEAN の一次エネルギー消費量の 3 倍に相当することは注目に値する。現状ベース・シナリオには現時点での各国の目標や行動計画，政策が反映されているのに対し，代替政策シナリオには，2012 年 9 月にカンボジアのプノンペンで開かれた第 6 回東アジア首脳会議環境大臣会合で報告された追加の目標，行動計画および政策か，または現在検討されている（可能性が高い）目標，行動計画および政策が盛り込まれている。

図 5B.2 の一次エネルギー消費量の内訳を見ると，発電量の増加を背景に，今後 20 年間は石炭が引き続き一次エネルギー需要の最大の割合を占めることが窺える。一次エネルギー消費量全体に占める石炭の割合は，2010 年の 54.1% から 2035 年には 48.3% まで低下すると予想される。

2010-2035 年の期間における EAS の発電量は，7,740 TWh（テラワットアワー）から 18,999 TWh へと，年率平均 3.7% の割合で増加すると見られる。石炭火力発電は引き続き発電量の最大の割合を占め，2035 年まで常に全体の 55% を上回ると予想される。天然ガスが占める割合は 2010 年の 12.7% から 2035 年には 17.3% まで上昇すると見られ，また原子力（2010 年の 6.9% から

---

1) EAS（東アジア首脳会議）はさまざまな国からなる集合体であり，ASEAN 加盟 10 か国（ブルネイ，カンボジア，インドネシア，ラオス，マレーシア，ミャンマー，フィリピン，シンガポール，タイ，ベトナム）およびその他の 6 か国（オーストラリア，中国，インド，日本，韓国，ニュージーランド）で構成される。

260 第5B章 強靭で環境調和的な ASEAN に向けてのエネルギーの強靭性とエネルギー安全保障の実現

図 5B.1 一次エネルギー総消費量

(Mtoe)
- 1990: 1,635
- 2000: 2,420
- 2010: 4,079
- 2035 現状ベース・シナリオ: 8,535
- 2035 代替政策シナリオ: 6,953
- −1,581 Mtoe, −18.5%

出所：Kimura ed.（2013）.

図 5B.2 EAS の一次エネルギー消費量（1990-2035 年）

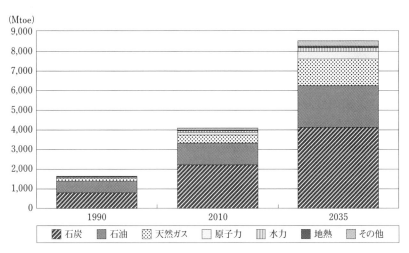

石炭　石油　天然ガス　原子力　水力　地熱　その他

出所：Kimura ed.（2013）.

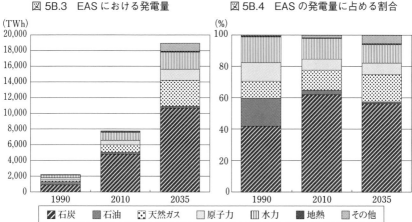

図5B.3 EASにおける発電量　　図5B.4 EASの発電量に占める割合

出典: Kimura ed. (2013).

2035年には7.5%),地熱 (0.4%から0.7%),その他 (風力,太陽光,バイオマス——1.7%から5.4%) も同様にシェアを伸ばすと思われる。この間,石油および水力が占める割合は,それぞれ2.8%から1.1%,13.4%から11.7%と小幅に低下する見通しである。図5B.3および図5B.4は,1990年,2010年および2035年の発電量に占める各エネルギー源の割合を示している。

　東南アジアエネルギーアウトルック (IEA and ERIA 2013) によれば,ASEANの発電量は2011年の696 TWh (または176 GW) から2035年には約1,900 TWh (または460 GW) へと年率平均4.2%の割合で増加するという。2011-2035年の予想期間中,発電量に占める石炭の割合は3%から47%に拡大し,一方,ガスの割合は44%から29%に低下する見通しである。石炭火力による発電量の増加率は,他のすべての発電源を上回っている。

　石炭需要の大幅な拡大の背景としては,ASEAN地域に石炭が比較的豊富に存在し,石炭が低価格であることが挙げられる。そのため,特に発電能力の大幅な増強が必要な場合,石炭は石油や天然ガスよりも好まれることになる。ASEAN地域のガス盆地の多くは需要中心地から遠く離れた場所にあるため,地域のガス需要を満たすにはLNGの輸入を拡大する必要があり,石炭と比べ,ガスは割高とならざるをえない。

2.2 最終エネルギー消費

ERIAの省エネルギーがもたらす発電潜在量研究（Kimura ed. 2013）によれば，現状ベース・シナリオにおける最終エネルギー需要は，2010年の2,483 Mtoeから2035年には5,439 Mtoeまで増加するという（図5B.5参照）。これは，年率平均3.2%の伸びに相当する。代替政策シナリオ（APS）における最終エネルギー消費量は2035年に4,677 Mtoeまで増加すると見られるが，現状ベース・シナリオ（BAU）を762 Mtoe（14.0%）下回る。これは，EAS諸国が需給の両面でエネルギー効率の改善を目的としたさまざまな計画やプログラムを実施することを想定しているためである。図5B.5は，現状ベース・シナリオと代替政策シナリオの両方の1990年から2035年までの最終エネルギー消費量の推移を示している。

現状ベース・シナリオにおける天然ガス需要の伸び率は年率5.3%と他のすべての資源を上回り，2010年の180 Mtoeから2035年には657 Mtoeに増加すると予想される（図5B.6参照）。最終エネルギー需要に占める割合は石油が依然として最も高く，次いで石炭の順であるが，石油需要の伸び率は年率2.9%

図5B.5　最終エネルギー総消費量

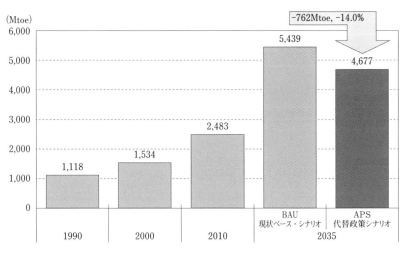

出所：Kimura ed.（2013）.

2. エネルギー消費とエネルギー保存が経済に及ぼす影響

図5B.6 エネルギー別最終エネルギー消費量

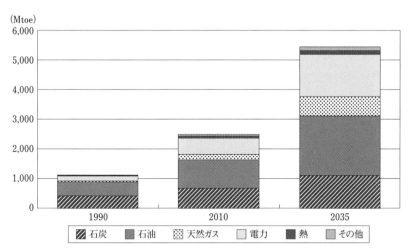

出所：Kimura ed. (2013).

図5B.7 セクター別最終エネルギー消費量

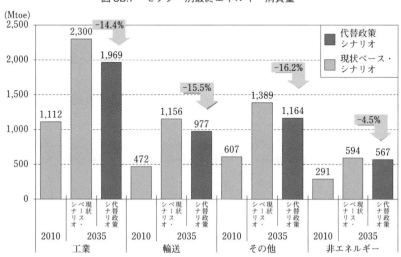

出所：Kimura ed. (2013).

と天然ガスを大きく下回り，2035年には1,999 Mtoeに達すると見られる。電力需要は年率3.8%という比較的高い伸び率を示すと予想される。電力需要が最終エネルギー需要に占める割合は，2010年の22.3%から2035年には25.9%に拡大する見通しである。

　代替政策シナリオにおける最終エネルギー消費量は，ほとんどのセクターで現状ベース・シナリオを大きく下回る（図5B.7参照）。具体的な数値を見ると，両シナリオの差が最も大きいのがその他部門（16.2%）であり，次いで輸送部門（15.5%），工業部門（14.4%）の順となっている。また代替政策シナリオでは，非エネルギー消費量も現状ベース・シナリオを4.5%下回る。

2.3　省エネルギーとエネルギー節約への投資が経済に及ぼす影響

　ERIAが行った，省エネルギーおよびエネルギー節約への投資が経済に及ぼす影響に関する研究（Kimura ed. 2013）によれば，省エネや低炭素排出技術に対する投資を拡大した場合，EAS諸国では石炭需要をはじめとするエネルギー需要が大幅に縮小し，域内市場と世界市場の両方で化石燃料が値下がりすることが明らかとなった。

　中でも注目すべきは，EAS地域全体であらゆる省エネ策や低炭素排出策を実施した場合，代替技術シナリオにおけるEAS諸国全体のGDPは，現状ベース・シナリオを4.0%上回るという点である。省エネルギーへの投資拡大が全面的に効果を発揮した場合のGDP成長率は，日本と韓国が5.4%と地域内で最も高く，中国およびインド3.3%，タイ2.7%，インドネシア2.0%，マレーシア1.7%，フィリピン1.6%，オーストラリア1.7%となることが予想される（図5B.8参照）。

　さらに，ASEANおよび東アジアのGDPが拡大することで，世界の他の地域も恩恵を受け，代替政策シナリオでの世界のGDPは，現状ベース・シナリオを1.8%上回ることになる。

　省エネルギーの改善と節約がGDPにプラスの影響を与える根本的な理由は以下のとおりである。EASは世界的に見ても大きな市場であり，そのためEASでの需要が低下すれば，世界的に化石燃料油やエネルギーの価格が下落し，その恩恵がEAS諸国と世界の経済に浸透するのである。

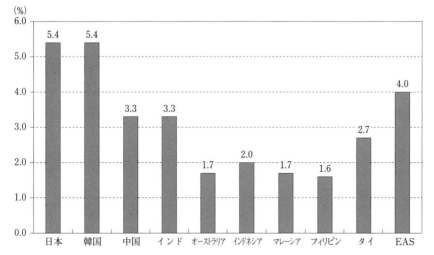

図 5B.8　主要 EAS 諸国の GDP 変動率

出所：Kimura ed.（2013）.

3. ASEAN のエネルギー強靱化と環境調和的な開発に向けて

3.1　エネルギー安全保障のための備蓄

　ASEAN および東アジア地域は，資源という点でも，潜在的な能力という点でも実に多様である。ASEAN と東アジアの省エネの可能性を分析するために用いられる ERIA のエネルギーアウトルックによれば，急激な経済成長や急速なモータリゼーションを理由に，石油とガスの消費量が増加することは確実であり，そのため，化石燃料への依存を止めることは容易ではない。したがって，諸国は石油やガス供給に混乱が生じた場合に備え，国家エネルギー安全保障の一環として石油を備蓄するという方法を採用している。

　EAS 諸国の備蓄能力は国によって異なる。日本，韓国および中国といった，経済力が強く，エネルギー源としての石油への依存度がきわめて高い国々は，比較的多くの石油を備蓄している。よって，たとえば日本は 2013 年 1 月末時点で約 5 億 9,100 万バレルの原油を備蓄している。これは 2011 年の純輸入の

166 日分（政府備蓄 92 日分と民間備蓄 74 日分）に相当する量である。同様に，韓国も政府備蓄を備えており，民間に最低備蓄義務を課すことで，IEA（国際エネルギー機関）が定めた備蓄義務を果たしている。このほか韓国では，エネルギー燃料源（エネルギー・ミックス）および原油・LNG の輸入元の多様化，戦略的石油備蓄（政府備蓄）の増強，石油・ガスの貯蔵容量の拡大，そして国内外での E&P（探査・生産）活動の推進をエネルギー安全保障政策の主要な柱としている。

　中国は，国内総需要の約 54% にあたる 1 日 500 万バレル超の原油を輸入している。原油輸入全体の 50% 以上を中東諸国から輸入している。石油供給の混乱によって経済に影響が及ぶのを防ぐため，中国政府は徐々に石油備蓄制度を構築してきた。中国は戦略的石油備蓄（SPR）計画の第 1 段階で約 1 億 300 万バレルの貯蔵能力を持つ 4 つの備蓄施設を完成させ，第 2 期の施設の建設に着手している。第 2 期の 8 か所の貯蔵施設が完成すれば，合わせて約 2 億 700 万バレルの貯蔵が可能になるという。2020 年までには第 3 期の施設が完成し，戦略的石油備蓄能力は合計約 5 億万バレルに拡大する見通しである。中国政府は民間への備蓄義務の導入を検討する可能性があるが，現時点では危機対応システムの正式な一部とはなっておらず，そのための法制度を準備している段階である。中国にはガスの政府備蓄がなく，民間にも備蓄を義務付けていないが，中国政府は商業用在庫の拡大を推進している。これまでのところ，季節的な需要変動に対応するためのガス貯蔵施設がいくつか建設されている。

　ASEAN 諸国は IEA が定めた 90 日分の備蓄義務を果たしていない。タイとシンガポールだけはそれぞれ 70 日分と 60 日分を上回る石油を備蓄しており，他の ASEAN 諸国と比べ，はるかに態勢が整っていると言えよう。それ以外の ASEAN 諸国の石油備蓄は 30 日分か，その前後を推移している。

　ASEAN 諸国は，国レベルでの石油備蓄が比較的低水準であることを踏まえ，エネルギー安全保障への取り組みを後押しすべく，新たな APSA（ASEAN 石油安全保障協定）に調印した。この加盟国間協定は，石油供給が不足し，非常事態に陥った際，石油の共有を通じて加盟国を支援する制度を設立するもので，すでに ASEAN 加盟 10 か国すべてが批准している。深刻な供給不足が生じた際，付属書—協調的緊急対応措置（CERM）を通じて緊急的に石油を共有する

制度を設けることで，加盟国間の石油エネルギー安全保障を高めることが狙いである。APSA はすでに発足しているものの，運用ガイドラインが整備されておらず，実行には問題がある。加えて，ASEAN 地域には APSA が実際にどう機能するのかについての経験が不足している。ASCOPE（ASEAN 石油評議会）は APSA をローカライズし，地域レベルと国家レベルで適用することを発案し，IEA と協議し，ERIA の協力を得てこれを実現した。

3.2 ASEAN 地域における石炭のクリーン利用

ASEAN における石炭のアウトルック　東南アジアエネルギーアウトルック（IEA and ERIA 2013）によれば，ASEAN の石炭需要は 2011 年から 2035 年にかけて 3 倍に拡大し，年率平均 4.7% の割合で増加するという。2020 年以降，石炭が東南アジアのエネルギー・ミックスに占める割合は天然ガスを抜いて第 2 位となり，2035 年には 27% に達すると見られる。このトレンドは，世界のほとんどの地域が石炭から他の資源へシフトしているのと正反対だが，アジアの他の主な発展途上国，特に中国とインドが急激な経済成長とエネルギー需要の拡大局面で経験したことと一致している。

　石炭需要の大幅な拡大の背景としては，ASEAN 地域に石炭が比較的豊富に存在し，石炭が低価格であることが挙げられる。そのため，特に発電能力の大幅な増強が必要な場合，石炭は石油や天然ガスよりも好まれることになる。ASEAN 地域のガス盆地の多くは需要中心地から遠く離れた場所にあるため，地域のガス需要を満たすには LNG の輸入を拡大する必要があり，石炭と比べ，ガスは割高とならざるをえない。

　東南アジアは今後も世界の石炭市場の中で重要な役割を果たすと予想される。中でもインドネシアは世界最大の石炭生産国および世界最大の石炭輸出国の 1 つであり，また東南アジア地域は全体として，今後数十年にわたり主な需要中心地となることが予想される。2011 年末現在の東南アジアの石炭埋蔵量は合計 279 億トンにのぼり，現在の生産ペースをあと 80 年間維持するのに十分な計算である。東南アジアの埋蔵石炭はエネルギー含量が低～中程度の褐炭と亜瀝青炭／瀝青炭が主であり，発電に用いるのに適している。埋蔵石炭の大部分はインドネシアにあり，大量の硬質炭と褐炭と含んでいる。2011 年末時点で

インドネシアの石炭埋蔵量は硬質炭が135億トン，褐炭が90億トンであり，東南アジアでも群を抜いている。インドネシアの埋蔵量は集中的な探査活動によって大幅に拡大した。インドネシア産石炭のエネルギー含量は中程度であり，そのため，比較的エネルギー含量の多い他の石炭と混合するのに適している。加えて，一般的に灰分と硫黄分が少ない（しかし揮発性物質の含有率と含水率は高い）という特徴もある。こうした特徴のために，インドネシア産石炭はボイラー用炭の輸出市場にとって非常に魅力的なものとなっている。

2011年の東南アジアの石炭生産量は前年から9.8%増え，3億5,700万石炭換算トン（Mtce）となった。ASEAN地域の総生産量の85%はインドネシアが占めている。東南アジアは石炭の純輸入国（タイ，マレーシアおよびフィリピン）と純輸出国（特にインドネシアおよびベトナム）が入り交じっていることが特徴である。東南アジア全体の2011年の純輸出量は220 Mtceとなり，前年を11%上回った。東南アジアは世界的な石炭取引の地理的中心に位置しており，東南アジアの海路はアジアの主要輸入国（中国，インド，日本および韓国など）と主要輸出国（オーストラリアおよび南アフリカなど）を結ぶ重要な輸送ルートとなっている。

ASEANおよびEASには，低品位石炭を中心に豊富な石炭が存在する。よって，石炭の戦略的な活用は経済成長に寄与し，中期的にはエネルギー安全保障を高めることにつながるだろう。したがって，どの石炭火力発電技術を選ぶかは，投資，効率，燃料入力およびコストに大きな影響を及ぼす。超臨界圧発電所の性能が向上し，超々臨界圧発電やIGCC（石炭ガス化複合発電）といった高効率発電技術が存在するにもかかわらず，現時点では，新たな発電所を建設する際，亜臨界圧発電所が選ばれることが依然として多い。資金難にあえぐ東南アジアの電力会社の多くにとって，亜臨界圧発電所の相対的な資本コストの低さは大きな魅力である。国営企業であることや，エンドユーザーに対する間接的な助成金を理由に，電力会社の収益は思ったように回復しておらず，そのため，たとえ長い目で見れば経済的に有利であったとしても，超臨界圧発電所や高効率発電技術に対する比較的多額の初期投資費用を捻出することは困難である。亜臨界圧発電所が選ばれるもう1つの要因は，技術的によりシンプルで，より短期間で建設可能という点にある。できるだけ早くエネルギー不足

を解決したい政府にとって，このことは重要なポイントとなりうる。

クリーンな石炭技術を推進する　しかし長い目で見れば，超臨界圧発電所や高効率発電所には大きなメリットがある。発電効率が比較的高い（亜臨界圧発電所を約5〜12%上回る）ため，燃料を大幅に節減し，かつ燃料費や排出量を抑えることが可能なのだ。今でも多くの亜臨界圧発電施設が存在し，技術的耐用年数（40〜50年間）が終わるまでは稼働を続けるとはいえ，東南アジアの石炭火力発電所は超臨界圧発電所や高効率発電技術へと徐々にシフトしつつある。ASEAN の平均石炭火力発電効率は，2011年の34% から 2035年には 39% まで上昇すると見られる。より効率的な価格シグナルや，安定した投資の枠組みがあれば，資本コストの加重平均が引き下げられ，投資に長期的なコストを織り込みやすくなるだろう。東南アジアが石炭火力発電にシフトしている背景には，石炭の方が天然ガスより安価で，ガスの輸出価格が石炭より高いという事情がある。新しい発電所にかかる固定費用，運用費用，メンテナンス費用および燃料費を集計することにより，さまざまな発電技術やコスト前提の間で，単位発電量当たりの総コストを比較することが可能になる。

　石炭を持続的に利用するためには，ASEAN および EAS 地域に，石炭をクリーンかつ効率的に利用するクリーンな石炭利用技術（CCT）を普及させることがきわめて重要である。また地域内の経済発展を後押しするためには，クリーンな石炭利用技術をはじめ，コスト効率が良く，持続可能な電力供給システムを推進することが必要となる。クリーンな石炭利用技術を普及させることの必要性は認識されているものの，効率の低い発電技術が今なお広く利用されており，このままの状態が続けば，効率の低い発電技術のために貴重な石炭資源が浪費され，環境負荷を十分に抑制することができず，持続可能性が損なわれるおそれがある。

　表5B.1 は，石炭を使用するさまざまな発電技術［USC（超々臨界圧），SC（超臨界圧）および C（亜臨界圧）ボイラー種別］の熱効率，初期費用，メンテナンス費用，燃料消費量および CO_2 排出量を比較したものである。ここから，SC 技術や C 技術と比べて熱効率が非常に高く，燃料消費量と CO_2 排出量が少なく，運用費用とメンテナンス費用が低く，発電コストを比較的低く抑えるこ

270 第5B章 強靭で環境調和的なASEANに向けてのエネルギーの強靭性とエネルギー安全保障の実現

表5B.1 技術の種類別に見たコスト

	ボイラーの種別		
	USC（超々臨界圧）	SC（超臨界圧）	C（亜臨界圧）
熱効率	41.5 ～ 45.0%	40.1 ～ 42.7%	37.4 ～ 40.7%
初期費用	1,2億9800万米ドル	9億9100 ～ 1,2億4000万米ドル	8億8700 ～ 9億9100万米ドル
燃料消費量	2,229,000トン／年（100%）	2,275,000トン／年（+2.1%）	2,413,000トン／年（+8.3%）
CO_2 排出量（トン／年）	5,126,000トン／年（100%）	5,231,000トン／年（+2.11%）	5,549,000トン／年（+8.3%）
運用・メンテナンス費用	342万米ドル／年	410万米ドル／年	500万米ドル／年
100米ドル／トンとした場合の発電コスト（米セント／kWh）	4.03セント／kWh（100%）	4.19セント／kWh（+3.9%）	4.44セント／kWh（+10.2%）
例	✓「磯子」電源開発 ✓「橘湾」電源開発 ✓「北ユラン」デンマーク ✓「新昌」中国	✓「竹原」電源開発 ✓「松島」電源開発	✓台中発電所 ✓タイビン2

注：稼働率は75%と想定する。熱効率は低位発熱量基準（LHV）に基づく。API-6（オーストラリア・ニュー
　　キャッスル積み）FOB石炭 = 6,000 kcal/kg。CO_2 排出量 = 2.30-CO_2/kg。
出所：ERIA（2013a）。

　とのできる日本のUSC技術が最もメリットが大きいことがわかる。とはいえ、
USCを配備するには、初期投資費用の高さが障壁となる。
　結論として、ASEAN諸国もまたクリーンな技術を使用したいと考えたとし
ても不思議はない。この点において、適切な財政的枠組みや支援の枠組みを通
じ、初期投資費用を引き下げることができれば、ASEAN諸国はUSC技術ま
たはIGCC技術を利用しやすくなるだろう。現在日本が導入している二国間オ
フセットクレジット制度は、初期費用を引き下げることで、ASEAN諸国にお
ける高度技術の利用を一段と推進することができるだろう。二国間オフセット
クレジット制度（BOCM）はASEAN諸国がクリーンな石炭利用技術の適用コ
ストを抑えるために利用可能な財務的オプションの1つであり、この制度の活
用方法をASEANに広める必要がある。それと同時にASEANは、ほとんど
のASEAN加盟国にはクリーンな技術を配備する財政的余裕がないため、
ASEAN加盟国がクリーンな技術を利用できるよう、世界が支援するメカニズ

ムが必要であることを共同で主張すべきである。

4. 再生可能エネルギーの推進

ASEAN および東アジア地域における再生可能エネルギー開発の可能性　2010年には，EAS 諸国は全体として世界の一次エネルギー総供給量の 35.7% を占め，また世界の再生可能エネルギーの 38.6% を供給していた。エネルギーの内訳を見ると，東アジア諸国はバイオマスその他の再生可能エネルギーの割合が高いことがわかる。EAS 参加国のうち，中国，日本およびインドの 3 か国は世界のエネルギー消費国上位 5 か国に入る。ミャンマー，カンボジア，ラオスなど比較的所得水準の低いいくつかの国では，今でも主たるエネルギー供給源としてバイオマスに大きく依存している（表 5B.2 参照）。

2010 年の EAS 諸国全体の一次エネルギー総供給量のうち，再生可能エネルギーは 14% を占め，同年の世界平均（13%）とほぼ等しい水準だった。世界的なトレンドに違わず，EAS 地域でもバイオマスが再生可能エネルギーの大部分を占めている。一般的に，EAS 諸国は全体として再生可能エネルギー開発という世界的なトレンドを追っているものの，ブルネイ，シンガポール，韓国，日本，オーストラリア，マレーシアなど一部の EAS 参加国は後れをとっているように思われる。

アジアでは伝統的に，バイオマスが調理や暖房用のエネルギー源として広く使用されてきた。エネルギー消費量が増加し，資源が急激に枯渇するにつれ，エネルギー源としてのバイオマスは減少していくと見られる。したがって現在，家庭用の主なエネルギー源をバイオマスに依存しているミャンマー，カンボジア，ラオスといった国々では，一次エネルギー総供給量に占めるバイオマスの割合が低下することが予想される。現在エネルギー供給量の約 4 分の 1 をバイオマスから得ているインドネシア，インド，ベトナム，タイでも同様のことが起こりうる（表 5B.2）。従来のバイオマスの使用量が減っているのは，効率が悪く，持続不能であるためである。所得水準の上昇に伴い，消費者は商業エネルギーの利用を増やす傾向にある。

しかし EAS 地域では，バイオ燃料の生産が拡大する可能性がある。

272 第5B章 強靭で環境調和的な ASEAN に向けてのエネルギーの強靭性とエネルギー安全保障の実現

表 5B.2 EAS 諸国における再生可能エネルギーの割合（2010 年）

加盟国	一次エネルギー総供給量（Mtoe）	割合（%）			
		バイオ	水力	その他の再生可能エネルギー	非再生可能エネルギー
中国	2,438	8.3	2.6	0.7	88.5
インド	688	24.8	1.4	0.3	73.5
日本	497	1.2	1.4	0.7	96.7
韓国	250	0.5	0.1	0.1	99.3
インドネシア	208	26.0	0.7	7.8	65.5
オーストラリア	125	4.1	0.9	0.5	94.5
タイ	117	19.3	0.4	0.0	80.3
マレーシア	73	4.7	0.8	0.0	94.5
ベトナム	59	24.8	4.0	0.0	71.2
フィリピン	38	12.6	1.8	22.3	63.4
シンガポール	33	0.6	0.0	0.0	99.4
ニュージーランド	18	6.5	11.7	20.8	61.0
ミャンマー	14	75.3	3.1	0.0	21.6
カンボジア	5	72.0	0.1	0.0	27.9
ブルネイ	3	0.0	0.0	0.0	100.0
ラオス	2	67.0	13.0	0.0	20.0
EAS	4,568	11.0	1.9	1.1	86.0
世界	12,782	9.8	2.3	0.9	87.0

出所：Kimura et al. eds.（2012）.

ASEAN および東アジアは，バイオ燃料を，石油安全保障問題に対応するための選択肢の１つと捉えている。バイオ燃料の利用が拡大すれば，石油需要が低下するだけでなく，液体燃料の輸入元の多様化にもつながるためだ。さらに，バイオ燃料の生産は，農家にとって追加的な所得獲得手段にもなる。ASEANおよび東アジア諸国は，バイオ燃料が拡大する可能性を秘めている。2035 年時点の ASEAN および東アジア 16 か国のバイオエタノール需要は合わせて 49 Mtoe，バイオディーゼル需要は 37 Mtoe にのぼると見られるのに対し，バイオエタノールとバイオディーゼルの潜在的供給量はそれぞれ 70 Mtoe と 57 Mtoe と予想される（ERIA 2013a）。つまり，同地域は全体として，バイオ燃料の利用を推進する国家的なバイオ燃料政策を背景としたバイオ燃料需要を賄うのに十分な量を供給可能なのである。

　EAS 諸国は，エネルギー安全保障を高めるため，輸送用燃料ミックスに占

めるバイオ燃料の割合を引き上げる考えである。バイオ燃料消費量の最も大幅な拡大が予想されるのはインドと中国である。他の EAS 諸国は目標を 2 倍に引き上げ，輸送部門で使用するバイオ燃料の混合率を高める必要があるだろう。表 5B.3 は，バイオ燃料に関する ASEAN 加盟国とその他の EAS 諸国の目標をまとめたものである。

表 5B.3　バイオ燃料に関する前提と目標：国別まとめ

国	期間	前提
オーストラリア	2010 年	バイオ燃料に関する目標なし。
ブルネイ		バイオ燃料に関する目標なし。
中国	2030 年	現状ベース・シナリオ：200 億リットル。
		代替政策シナリオ：600 億リットル。
インド	2017 年	バイオディーゼルとバイオエタノールの両方に関して，バイオ燃料の混合率を 20% とする。
カンボジア	2030 年	路上輸送用ディーゼルの 10% と路上輸送車用ガソリンの 20% をそれぞれバイオディーゼルとバイオエタノールで代替する。
インドネシア	2025 年	バイオエタノール：混合率を 2010 年の 3 ~ 7% から 15% に引き上げる。
		バイオディーゼル：混合率を 2010 年の 1 ~ 5% から 20% に引き上げる。
日本	2005 年~ 2030 年	バイオ燃料に関する目標は提出されていない。
韓国	2012 年	ディーゼルの 1.4% をバイオディーゼルで代替する。
	2020 年	ディーゼルの 6.7% をバイオディーゼルで代替する。
	2030 年	ディーゼルの 11.4% をバイオディーゼルで代替する。
ラオス	2030 年	路上輸送用燃料の 10% 相当をバイオ燃料とする。
マレーシア	2030 年	路上輸送用ディーゼルの 5% をバイオディーゼルで代替する。
ミャンマー	2020 年	輸送用ディーゼルの 8% をバイオディーゼルで代替する。
ニュージーランド	2012 年~ 2030 年	2012 年までに，販売燃料の 3.4% をバイオ燃料とするよう義務付ける。
フィリピン	2025 年~ 2035 年	現状ベース・シナリオ：バイオ燃料法により，同法の制定から 2 年（ほぼ 2009 年）以内にガソリンへのバイオエタノールの混合率を 10%，ディーゼルへのバイオディーゼルの混合率を 2% とすることを義務付ける。
		代替政策シナリオ：2025 年までにディーゼルおよびガソリンの 20% をバイオ燃料で代替する。
タイ		輸送エネルギー需要の 12.2% をバイオ燃料で代替する。
ベトナム	2020 年	路上輸送用ガソリンのエタノール混合率を 10% とする。

出典：ERIA（2013b）.

2001-2010 年の期間中，EAS 参加国の水力発電量は，世界平均の 2.77% を大きく上回る年率平均 8.12% のペースで拡大した（Kimura et al. eds. 2012）。ラオスとニュージーランドは，それぞれエネルギー総供給量の 13% と 11.7% を水力発電から得ており，これは EAS 地域の中で最も高い水準である。この他ベトナム（4%），ミャンマー（3.1%）および中国（2.6%）の 3 か国も水力発電の割合が比較的高い国として挙げられる。絶対値で見ると，中国の水力発電量は世界で最も多く，2010 年の世界の水力発電量の 21% を占めている（Kimura et al. eds. 2012）。

　東アジア地域の水力発電部門には，さらなる拡大の余地がある。とりわけ，国ごとに資源が異なることを背景に，水力発電の国際取引が登場しており，GMS（大メコン圏地域）において，電力網をはじめとした東南アジアを結ぶ地域のインフラ開発が急速に発展しつつあることを考えれば，水力発電の国際取引は一層拡大することが予想される。さらに，現在の MPAC（ASEAN 連結性マスタープラン）が実現すれば，発電量の節減により，ASEAN 地域全体で約 121 億米ドルのメリットが生じると見られる（Kutani 2012b）。

　ASEAN は天然の水力発電資源に恵まれており，ミャンマーだけでも**108,000 MW** という大規模な水力発電能力を有している（ERIA 2013d）。メコン川下流域（カンボジア，ベトナム，ラオスおよびタイ）の水力発電データベースには，これまでのところ 135 件の水力発電プロジェクトが登録されている（表 5B.4 参照）。

　これらのプロジェクトを合わせた潜在的な年間発電能力は 134 TWh にのぼり，別の見方をすれば，現在のタイにおける電力需要の約 85% に相当する。この潜在的な発電能力のうち稼働しているのは約 7% に過ぎず，12% は建設中，残りは開発のさまざまな段階にある。国ごとの分布は大きく偏っており，稼働中のプロジェクトのうち発電量の 95% がベトナムとラオスに，5% がタイにあり，カンボジアが占める割合はごくわずかである。

　東アジア地域では，バイオマスと水力発電の他にも，それ以外の形式の再生可能エネルギーが生産されている。表 5B.5 および表 5B.6 によれば，EAS 諸国は全体として世界の設置済み風力発電能力の 35.3%，太陽光発電能力の 15.1%，そして地熱発電能力の 40.4% を占めている。EAS 諸国は世界の地熱発

4. 再生可能エネルギーの推進　　　275

表 5B.4　データベースのプロジェクト

国		プロジェクトの段階				
		稼働中	建設中	認可申請中	計画中	合計
ラオス	プロジェクト	10	8	22	60	100
	発電能力（MW）	662	2,558	45,126	13,561	20,907
	年間発電量（GWh）	3356	11,390	20,308	59,502	94,556
	投資額（100万米ドル，2008年）	1020	3,256	8,560	26,997	39,832
カンボジア	プロジェクト	1	0	0	13	14
	発電能力（MW）	1	0	0	5,589	5,590
	年間発電量（GWh）	3	0	0	27,125	27,128
	投資額（100万米ドル，2008年）	7	0	0	18,575	18,582
ベトナム	プロジェクト	7	5	1	1	14
	発電能力（MW）	1,204	1,016	250	49	2,519
	年間発電量（GWh）	5,954	4,623	1,056	181	11,815
	投資額（100万米ドル，2008年）	1,435	1,312	381	97	3,225
タイ	プロジェクト	7	0	0	0	7
	発電能力（MW）	745	0	0	0	745
	年間発電量（GWh）	532	0	0	0	532
	投資額（100万米ドル，2008年）	1,940	0	0	0	1,940
すべての国	プロジェクト	25	13	23	74	135
	発電能力（MW）	2,612	3,574	4,376	19,199	29,760
	年間発電量（GWh）	9,846	16,013	21,365	86,808	134,031
	投資額（100万米ドル，2008年）	4,402	4,568	8,941	45,669	63,580

出所：MRCS（2010）.

電能力の比較的大きな部分を占めているものの，資源面や技術面の制約のために，地熱発電量の伸び率は限定的である。EAS 参加国のうち，フィリピンとインドネシアの 2 か国は世界第 2 位と第 3 位の地熱エネルギー発電能力を持ち，両国を合わせた 2011 年の地熱発電能力は全世界の 28.7% を占めていた。EAS 諸国の発電量は，2001-2010 年の 10 年間で，同期間の世界平均（2.2%）を上回る平均 3.3% の伸びを記録した。

　風力発電に関して言えば，2010 年の EAS 諸国全体の発電量は世界全体の 22.2% を占め，中国とインドの発電量は世界第 2 位と第 5 位にランクインしている。風力発電能力は急激に拡大しつつあり，そのため発電量は今後，大幅に増えることが予想される。

　EAS 諸国では，太陽光発電もまた急激な成長を遂げている。2002 年から 2011 年の期間における設置済み太陽光発電能力の伸び率は，世界平均の 45.4%

276 第5B章 強靭で環境調和的な ASEAN に向けてのエネルギーの強靭性とエネルギー安全保障の実現

表 5B.5 EAS の設置済み発電能力（2011 年，単位：メガワット）

国	地熱	太陽光	風力
オーストラリア	1.1	1,344.9	2,476
中国	24.0	3,000.0	62,412
インド		427.0	16,078
インドネシア	1,189.0		
日本	502.0	4914.1	2595
マレーシア		12.6	
ニュージーランド	769.3		603
フィリピン	1,967.0		
韓国		747.6	370
タイ	0.3		
EAS	4,452.7	10,446.2	84,534
世界	11,013.7	69,371.1	239,485
EAS（%）	40.4	15.1	35.3

出所：Kimura et al. eds.（2013）．

表 5B.6 世界の主要地熱エネルギー生産国（2010 年）

国	順位	発電量（Mtoe）
インドネシア	1	16.09
フィリピン	2	8.54
アメリカ	3	8.41
メキシコ	4	5.69
イタリア	5	4.78
中国	6	3.71
ニュージーランド	7	3.64
アイスランド	8	3.35
日本	9	2.47
トルコ	10	1.97
EAS		34.51
世界		64.61

出所：Kimura et al. eds.（2013）．

（BP 2012）には届かなかったものの，年率平均 36.0% に達している。発電能力の拡大に伴い，2001-2010 年の期間中，EAS 地域の太陽光発電量は，年率平均 30.5% のペースで増加した（OECD 2013）。

　要約すれば，再生可能エネルギーは EAS 諸国において急速に拡大しつつあるが，発展の度合いは国やエネルギーの種類によって大きく異なる。EAS 諸

国で生産されている再生可能エネルギーはバイオマス，水力，地熱，太陽光および風力エネルギーが中心であり，海洋エネルギーはほとんど開発されていない。再生可能エネルギーが EAS 地域のエネルギー総供給量に占める割合は，総じて世界平均とほぼ等しい水準である。バイオマスが再生可能エネルギーに占める割合は，EAS 諸国が世界平均をわずかに上回っているが，これまでの経験から言えば，経済発展に伴い，バイオマスの消費量は減少していく可能性が高い。また地熱発電量は近年，安定的に推移している。したがって，近い将来伸びる可能性があるのは太陽光発電と風力発電と言えるだろう。

5. エネルギー強靱性と環境調和的な開発を追求する ASEAN における 再生可能エネルギーの波と適切なエネルギー政策に対するニーズ

再生可能エネルギーのコストは過去 5 年間で大幅に低下した。急激な学習曲線，そして太陽光，風力および水力発電技術にかかる初期投資費用の急激な低下を背景に，世界の再生可能エネルギー市場では，毎年数十 GW 分の風力，水力および太陽光発電能力が設置されている。金額で言えば，年間 1,000 億米ドル以上に相当する規模である。これら以外の再生可能発電技術市場も台頭しつつある。研究開発や配備の加速を背景に，再生可能エネルギー技術にかかる費用はここ数年で大幅に低下した（IRENA（国際再生可能エネルギー機関）2012）。

太陽光発電に関して言えば，急激な学習曲線と近年の大規模な配備を背景に，集光型太陽光発電と太陽光発電のコストは低下基調を辿っている。設置済み太陽光発電能力が倍増するたびに，モジュール・コストは約 22% 低下すると推定される。コストの大幅な低下が続いている理由としては，設置済みの累積的な発電能力が 2011 年だけで 71% も拡大するなど，配備が急速に進んでいることが挙げられるだろう。薄膜モジュールの工場出荷価格は，2012 年初頭時点で 1 米ドル /W（ワット）を割り込んでいた。c-Si（結晶シリコン）モジュールの価格にはもっとバラツキがあるものの，最も競争の激しい市場では，通常 1.02 〜 1.24 米ドル /W の範囲で取引されていた（IRENA 2012）。太陽光発電は，2040 年までに世界の電力供給量の約 2% を占めるようになると推定される。

太陽光発電システムの設置にかかる総コストは，国内や，国および地域間でも大きく異なる場合がある。しかし豊富な太陽光資源に恵まれ，太陽光発電システムにかかるコストが低く，住宅消費者向け電気料金が高い地域では，太陽光発電はすでに住宅向け電気料金と競争できるほどになっている。加えて，太陽光発電・蓄電システムにかかる費用は，今や必ずと言っていいほど自家用ディーゼル発電を下回っている。全国的な送電網や配電システムを持たない国々は，太陽光発電によって電化率を高めることができる。インドネシアやフィリピンなど多くの島からなる国々はすでに，太陽光発電を，遠隔諸島の電化率を高めるための選択肢と考えるようになってきている。よって ASEAN では，太陽光発電の配備を進める政策がきわめて重要である。

風力発電業界ではエネルギー・コストが大幅に低下しており，風力エネルギーのコストは今後も低下基調を辿る見通しである（IEA 2012）。タービンの継続的なアップグレードと設計の進化に伴い，性能の改善が見込まれるほか，資本コストも引き下げられる可能性がある。しかし最近の推計によれば，陸上風力発電の均等化発電原価は今後 20 年間で 20 〜 30% 低下する可能性があるものの，将来的にコストがどこまで引き下げられるかは依然としてきわめて不透明である。

世界の風力発電能力は過去 20 年で 113 倍に拡大し，風力発電による電力 1MW 当たりの価格は，1991 年のほぼ半分まで下落した。発電技術の効率改善や発電規模の拡大，そして業界の学習曲線を背景に，風力発電による電力価格は，設置済みの発電能力が倍増するたびに 7% 低下している。2040 年までには，風力発電は世界の電力供給量の約 7% を占めるようになると推定される。風力発電はすでに，再生可能発電の中で最も競争力のある発電手段の 1 つとなっている。新しい陸上風力発電所の均等化発電原価（LCOE）は 0.05 〜 0.15 米ドル /kWh である。豊富な風力資源に恵まれた場所では，陸上風力が化石燃料発電と競争できるまでになりつつある。つまり，たとえ政府による助成金がなくても，風力発電のコストは今や従来のエネルギー源を下回っているのである。

水力発電は比較的成熟した技術ではあるが，均等化発電原価が最も低く，送電系統が安定しており，エネルギーの備蓄が可能であり，他の再生可能エネルギーと相補性があるなどのメリットを理由に，今後も注目を集めることが予想

される。さらに，水力発電（小規模水力発電を含む）では，既存施設の発電能力を増強するか，現在発電を行っていないダムに 500 ～ 800 米ドル /kW というわずかな投資費用で発電設備を設置するかを選ぶことができる。

　ASEAN および東アジア諸国は，輸送用燃料へのバイオエタノールおよびバイオディーゼルの混合率を引き上げようとしている。ERIA が 16 か国の将来的なバイオ燃料の需給について調査を行ったところ，2035 年のバイオエタノール需要は合計 49 Mtoe，バイオディーゼル需要は同 37 Mtoe であるのに対し，バイオエタノールとバイオディーゼルの潜在的供給量はそれぞれ 70 Mtoe と 57 Mtoe であることがわかった。つまり，同地域は全体として，バイオ燃料の利用を推進する国家的なバイオ燃料政策を背景としたバイオ燃料需要を賄うのに十分な量を供給可能なのである。世界中で，第 3 世代のバイオ燃料の可能性に関する研究開発が進められていることも注目に値する。エタノールやバイオディーゼルといった現在の第 1 世代と第 2 世代のバイオ燃料には多くの限界があり，いずれ石油と代替するための理想的な燃料とはいえない。第 1 世代のエタノール（トウモロコシおよびサトウキビ）やバイオディーゼル（菜種，大豆，パーム椰子）の主原料はすべて食料となる作物であり，乏しい耕作地や淡水，肥料を奪い合う関係にある。近い将来，研究開発によって藻やその他の非食用植物でできた「第 3 世代のバイオ燃料」を改良することができれば，市場におけるバイオ燃料のシェアを拡大するための理想的な選択肢となるだろう。

　エネルギーの強靭化や環境調和的な ASEAN は戦略的に重要であり，そのため太陽光，風力，地熱，水力，先端的バイオ燃料，その他の再生可能エネルギー資源といった環境調和的エネルギーについて学び，これらを配備する必要がある。再生可能発電は，クリーンで確実，かつ信頼に足る，アフォーダブルな（価格妥当性のある）エネルギーへのアクセスを提供し，ASEAN 諸国による持続的な開発目標の実現を後押しする。したがって，この学習曲線を推し進めるには，政府による適切なエネルギー政策が必要となる。こうした政策には，固定価格買取制度（FIT），再生可能エネルギー・ポートフォリオ基準（RPS）および技術開発の奨励策が含まれる。環境調和的エネルギー技術ではヨーロッパその他の先進国が進んでおり，ASEAN はそれらを活用し，自らの社会に活かす必要がある。

6. 結　　論

　ERIA のエネルギー見通しの研究によれば，急激な経済成長，人口増加，および急速なモータリゼーションを理由に，ASEAN および東アジアにおいて，石油とガスの消費量が増加することは確実である。エネルギー消費量が増加の一途を辿り，石油とガスの輸入を主として歴史的に不安定な中東地域に頼っていることから，世界の石油供給に混乱が生じ，石油価格が急騰した場合，ASEAN および東アジア地域はその影響を受けやすい状況にある。「エネルギー安全保障に関するセブ宣言」は，エネルギー効率とエネルギーに関する各国間の協調，再生可能エネルギーの推進，および化石燃料の備蓄に重点を置くことで，ASEAN のエネルギーの強靱化とエネルギー安全保障を高めることを目的としている。

　ASEAN および東アジアでは，エネルギー安全保障という観点から，エネルギー源の多様化と，石油備蓄のための APSA の実行が重視されている。APSA のメカニズムは，ASCOPE が管轄する。また IEA と ERIA は，APSA の運用ガイドラインと，同協定を ASEAN 加盟国に対して実務的にどう適用するかについての調査をそれぞれ支援する。

　ASEAN および EAS 諸国は，バイオ燃料を，石油エネルギー安全保障問題に対応するための選択肢の 1 つと捉えている。バイオ燃料の利用が拡大すれば，石油需要が低下するだけでなく，液体燃料の輸入元の多様化にもつながるためだ。同地域はバイオ燃料が拡大する可能性を秘めており，バイオ燃料の利用を推進する国家的なバイオ燃料政策を背景としたバイオ燃料需要を賄うのに十分な量を供給することが可能である。エタノールやバイオディーゼルといった現在の第 1 世代と第 2 世代のバイオ燃料には多くの限界があり，いずれ石油を代替するための理想的な燃料とはいえない。藻やその他の非食用植物でできた「第 3 世代のバイオ燃料」の研究開発が成功すれば，市場におけるバイオ燃料のシェアを拡大するための理想的な選択肢となるだろう。

　2010 年における ASEAN および EAS 地域の風力発電量は世界全体の 22.2%を占め，中国とインドの発電量はそれぞれ世界第 2 位と第 5 位にランクインし

ている。風力発電能力は急激に拡大しつつあり，そのため発電量は今後，大幅に増えることが予想される。風力発電業界ではエネルギー・コストが大幅に低下しており，風力エネルギーのコストは今後も低下基調を辿る見通しである。発電技術の効率改善や発電規模の拡大，そしてとりわけ業界の学習曲線を背景に，風力発電による電力価格は，設置済みの発電能力が倍増するたびに7%低下している。豊富な風力資源に恵まれた場所では，陸上風力が化石燃料発電と競争できるまでになりつつある。

ASEAN および EAS 地域では，太陽光発電もまた急激な成長を遂げている。2002-2011 年の期間における設置済み太陽光発電能力（PV）の伸び率は，世界の年率平均 36.0% に対し，同 30.5% に達した。急激な学習曲線と近年の大規模な配備を背景に，集光型太陽光発電と太陽光発電のコストは低下基調を辿っている。設置済み太陽光発電能力が倍増するたびに，モジュール・コストは約22% 低下する。豊富な太陽光資源に恵まれ，太陽光発電システムにかかるコストが低く，住宅消費者向け電気料金が高い地域では，太陽光発電がすでに住宅向け電気料金と競争できるほどになっているケースも珍しくない。全国的な電力網や配電システムを持たない国々は，太陽光発電によって電化率を高めることができる。インドネシアやフィリピンなど多くの島からなる国々はすでに，太陽光発電を，遠隔諸島の電化率を高めるための選択肢と考えるようになってきている。

ASEAN および EAS 地域の水力発電部門には，さらなる拡大の余地がある。とりわけ，国ごとに資源が異なることを背景に，水力発電の国際取引が登場しており，GMS における地域のインフラ開発が急速に発展しつつあることや，MPAC のことを考えれば，水力発電の国際取引は一層拡大することが予想される。ミャンマーだけでも 108,000 MW という大規模な水力発電能力を有しており，カンボジア，ラオス，タイおよびベトナムの水力発電能力は約 30,000 MW に達する。水力発電は均等化発電原価が最も低く，送電系統が安定しており，エネルギーの備蓄が可能であり，他の再生可能エネルギーと相補性があるなどのメリットを理由に，今後も注目を集めることが予想される。さらに，水力発電（小規模水力発電を含む）では，既存施設の発電能力を増強するか，現在発電を行っていないダムに 500 〜 800 米ドル /kW というわずかな投資費

用で発電設備を設置するかを選ぶことができる。

　ASEAN および東アジア諸国は，風力，太陽光およびバイオ燃料といった新再生可能エネルギー産業の発電チェーンを加速する必要がある。ASEAN 諸国でこれらの産業が確立されれば，初期設置費用が引き下げられ，新再生可能エネルギーによる単位発電量当たりのコストが徐々に低下し，化石燃料発電との競争力が高まると見られる。よって，ASEAN は賢明な方法で新再生可能エネルギーの利用を推進することが求められる。

　ASEAN および EAS には，低品位石炭を中心に豊富な石炭が存在する。よって，石炭の戦略的な活用は経済成長に寄与し，中期的にはエネルギー安全保障を高めることにつながるだろう。したがって，どの石炭火力発電技術を選ぶかは，投資，効率，燃料入力およびコストに大きな影響を及ぼす。適切な財政的枠組みや支援の枠組みを通じて初期投資費用を引き下げることができれば，ASEAN 諸国は USC 技術または IGCC 技術といったクリーンな石炭利用技術を利用しやすくなるだろう。

　現在日本が導入している二国間オフセットクレジット制度（BOCM）は，初期費用を引き下げることで，ASEAN 諸国における高度技術の利用を推進することができるだろう。二国間オフセットクレジット制度は ASEAN 諸国がクリーンコールテクノロジーを適用するための初期費用を抑え，エネルギー効率を高める機器や施設に投資するために利用可能な財務的オプションの 1 つである。したがって ASEAN 諸国は，二国間オフセットクレジット制度などのメカニズムを推進することに加え，ほとんどの ASEAN 加盟国や発展途上国の多くがより低コストでクリーン技術を配備することができるよう，国際的な支援を求めるとよいだろう。

7. 政策提言

1. ASEAN および EAS 地域が力強く環境調和的な成長を追求するためには，持続可能で信頼に足る，アフォーダブルな（価格妥当性のある）エネルギーがきわめて重要となる。ASEAN および EAS 地域は風力，太陽光，水力，バイオ燃料その他の再生可能エネルギーという再生可能資源に恵まれている

7. 政策提言

ため，将来的に環境調和的な ASEAN を実現するためには，再生可能エネルギーを活用する必要がある。首脳たちはセブ宣言および UNCED（国連環境開発会議）の実行を約束しているものの，**ASEAN および東アジアは，再生可能エネルギーの開発目標と配備目標を推進する必要がある。また ASEAN および EAS 参加国は，各国の経済実態を反映した，目標期間中の国ごとの再生可能エネルギー配備目標を設定してもよいだろう。**この点において，固定価格買取制度（FIT），再生可能エネルギー・ポートフォリオ基準（RPS）および技術開発の奨励策などのエネルギー政策を策定し，新再生可能エネルギーを推進していく必要がある。

2. ASEAN および東アジアが先頭に立ち，エネルギー効率を改善していけば，大規模な省エネが可能となり，地域のエネルギー安全保障に貢献することは間違いない。よって，**ASEAN および EAS は，効率の良い低炭素技術の開発／活用を支援する枠組みを開発する必要がある。**

3. 石炭の戦略的な活用は，地域の経済成長に寄与するだけでなく，エネルギー安全保障を高めることにもつながるだろう。石炭を持続的に活用するためには，ASEAN および東アジア地域に，石炭をクリーンかつ効率的に利用するクリーンな石炭利用技術（CCT）を普及させることがきわめて重要である。**したがって ASEAN では二国間オフセットクレジット制度（BOCM）を一層推進する必要があり，それと同時に ASEAN は，クリーンな技術がすべての ASEAN 加盟国に配備されるよう，国際的支援を求めるべきである。**

4. ASEAN 加盟国の間で新たに結ばれた APSA は，石油供給が不足し，非常事態に陥った際，石油の共有を通じて加盟国を支援する制度の設立を目的としたものである。これまでに ASEAN 加盟 10 か国すべてが APSA を批准しているものの，運用ガイドラインが整備されておらず，実行には問題がある。加えて，ASEAN 地域には APSA が実際にどう機能するのかについての経験が不足している。ASCOPE は APSA をローカライズし，地域レベルと国家レベルで適用することを発案し，IEA と協議し，ERIA の協力を得てこれを実現した。これを踏まえたうえで，**ASEAN 首脳たちは，財政面を含めて ASCOPE の能力を強化し，IEA および ERIA の支援を得て APSA の改定ガイドラインが更新された時点で，運用ガイドラインを通じ，同協定を実行**

する必要があるだろう。

5. バイオ燃料の利用が拡大すれば，石油需要が低下するだけでなく，液体燃料の輸入元の多様化にもつながる。したがって ASEAN および EAS は，**輸送用バイオ燃料の導入を強化する必要がある。**この点において，**バイオ燃料製品に関するモノやサービスの「自由貿易」を実現し，エネルギー市場を統合し，その一環として原料の供給を確保することが重要である。また ASEAN および東アジアは共に手を携え，藻やその他の非食用植物でできた「第3世代のバイオ燃料」の研究開発への投資を拡大する必要がある。**これらは，市場におけるバイオ燃料のシェアを拡大するための理想的な選択肢となるだろう。

6. 再生可能エネルギーの開発と，そのための融資メカニズムは，再生可能エネルギーの配備にかかる時間を短縮するうえできわめて重要である。ASEAN 諸国は，それぞれの発展の度合いに応じ，新再生可能エネルギー技術を開発するための財政支援を受けることができなければならない。よって，**ASEAN および東アジア諸国では，財政協力と技術開発の奨励を優先政策とすることが望ましい。また，発展途上である ASEAN 加盟国が再生可能エネルギー開発に乗り出すことができるよう，世界的に支援を行う必要があるだろう。**

第6章 グローバルな ASEAN

1. はじめに

　ASEAN は比較対象となる地域の多くより，いくらか域外を志向してきた。中南米などの地域やインドのような大国よりも，生産との比較でより大きく貿易に携わり，FDI に依存している。ASEAN 加盟国の大半は，貿易や投資面で域内のパートナーより域外のパートナーに依存している。これまでの章で議論してきたように，ASEAN 加盟国は東アジアの地域生産ネットワークと結びついている。さらに本書第4章では，地域や世界の生産ネットワークとつながり，その中に深く組み込まれることが，ASEAN 加盟国が衡平で高い経済成長を長期間続けていくための，開発戦略や競争力戦略の重要な要素だと強調している。最後に，Itakura（2013）が行ったシミュレーションの結果から，ASEAN 経済共同体（AEC）内で統合するより巨大な東アジア地域と深く統合したほうが，ASEAN 加盟国にとってメリットが大きいことがわかる。このように，AEC を通した ASEAN との経済統合をより一層進めるのと並行して，東アジアの他の地域と深く統合するという ASEAN の二面戦略は，ASEAN にとって適切なものである。

　「AEC ブループリント 2015」における，4番目の柱である「グローバル経済への統合」は，ASEAN が「ASEAN 中心性」を維持するため，域外との関係に関して一貫性のあるアプローチを策定することに重点を置いている。この章で議論する「グローバルな ASEAN」の柱は，RCEP（東アジア地域包括的経

済連携）に関しても ASEAN の中心性を維持する必要性が実質的に存在しているという観点から，そうしたアプローチの策定を RCEP の中に持ち込んだものである。さらに「グローバルな ASEAN」の柱では，国際社会における ASEAN の 2 つの重要な要素等について議論している。ASEAN が国際的な場で意見を述べれば，それが加盟国の意見を補完し，強固なものにするという要素と，加盟各国の主権という原則を踏まえつつ，地域統合のために ASEAN 機関の権限を強化するという課題の 2 つである。ここで議論する問題は概して，ASEAN が設立当初の無力な地域協力機構から著しい変化を遂げ，国際組織として成熟しつつある点を踏まえたものである。

2. 東アジア地域包括的経済連携（RCEP）

ASEAN は 2011 年，インドネシアの議長のもと，ASEAN の枠組みを RCEP に用いる RCEP 構想を提案した[1]。翌 2012 年，カンボジアのプノンペンで 16 か国の首脳が ASEAN の提案を支持し，RCEP の交渉立ち上げに合意した[2]。中国による東アジア自由貿易協定（EAFTA）構想や日本による東アジア包括的経済連携（CEPEA）の提案とは異なり，RCEP 構想は ASEAN 自らが提案したものだ。そのため，RCEP は政治的には ASEAN を中心とした構想であり，環太平洋パートナーシップ（TPP）や日中韓 FTA（CJK-FTA）など，アジアにおける他の大規模な地域統合構想と競合している。TPP は APEC の参加国が交渉中であり，したがって，APEC の首脳会議ならびに貿易担当大臣会合が政治レベルの交渉の場を提供している。日中韓 FTA については，中国，日本，韓国の貿易担当大臣が AEM 会合の期間中に会っているほか，それとは別に独自の会合も持っている。現時点では，TPP の交渉に 4 つの ASEAN 加盟国が参加しているが，日中韓 FTA の交渉に加わっている ASEAN 加盟国はない。これに対して RCEP の交渉は，ASEAN 加盟国 10 か国すべてが参加し，ASEAN 首脳会議の期間中に政治レベルのあらゆる交渉や

---

1) ASEAN Framework for Regional Comprehensive Economic Partnership，第 19 回 ASEAN 首脳会議にて採択，インドネシア，バリ，2011 年 11 月 17 日。

2) Leaders' Joint Declaration on the Launch of Negotiations for the RCEP，カンボジア，プノンペン，2012 年 11 月 20 日。

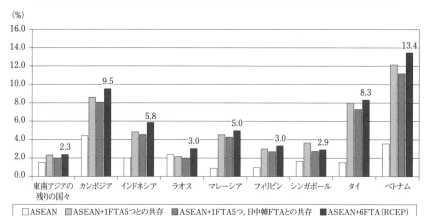

図6.1 AEC, ASEAN+1 FTA, RCEP が ASEAN 加盟国の GDP に及ぼす影響

注：2011-2015年の累計。前提は（a）特定期間にわたる関税の完全撤廃，（b）サービス貿易の障害である従価税同等物の20％削減，（c）物流の改善に伴う物品の輸出入に要する時間の20％減少。
出所：Itakura（2013）．

AEM 関連会合が行われるなど，活発でまずまずの内容となっており，ASEAN 主導のプロセスに活力を与えるものとなろう。

　ASEAN の域内貿易が同地域の貿易全体の4分の1しか占めてない点を考慮すれば，そして，生産ネットワークが ASEAN の枠を超え，東アジアの残りの地域と深く関わっていることから，ASEAN と東アジアの残りの国々の経済統合が実現すれば，ASEAN 経済に大きな利益をもたらすだろうと期待することができる。Itakura（2013）のシミュレーション結果から明らかなように，ASEAN は AEC 単独や「ASEAN+1 FTA」と呼ばれる5つの自由貿易協定（FTA）からより，RCEP から，より大きな経済的厚生を享受するだろう（図6.1参照）。図6.1はまた，日中韓 FTA が ASEAN 加盟国や ASEAN に及ぼしうるマイナスの影響（貿易転換や投資転換）を，RCEP が相殺できることも示している。

　しかし，「既存の ASEAN+1 FTA からの著しい改善」（RCEP 交渉の基本指針および目的[3]）を実現し，ASEAN 加盟国や同地域に大きな経済的利益をも

---
[3] Guiding Principles and Objectives for Negotiating the Regional Comprehensive Economic

たらすよう，RCEP はうまく設計すべきである。ASEAN がすでに RCEP の全参加国との FTA に署名している点を考慮すれば，単にもう 1 つの FTA に署名するだけでは，ASEAN 諸国に大きな経済的利益をもたらさないだろう。経済的利益は既存の ASEAN+1 FTA に対する「著しい改善」から生じるのだ。

RCEP がもたらすことができる改善には，以下に示すように主として 4 つの要素がある（Fukunaga and Isono 2013）。

- 第 1 に，RCEP は物品やサービスの貿易自由化や原産地規則へのコミットメントを深めるべきである。
- 第 2 に，RCEP は ASEAN+1 FTA にさまざまな規則やコミットメントが存在するという「ヌードルボウル」現象を打開すべきである。打開しうる領域には原産地規則（ROO）だけでなく，共通の譲許アプローチをとることにより，二国間の関税率表一式に一貫性を持たせ，簡素化するなどの領域が含まれる。
- 第 3 に，東アジアの生産ネットワークへの ASEAN 企業の参加を促すため，緩やかな地域累積原産地規則を導入すべきである。
- そして最後に，RCEP は促進施策として ASEAN+1 FTA よりも深化した経済協力を提供すべきである。

ERIA はその中間評価研究の中で，以下のようなより具体的な提案を行っている（ERIA 2012a, pp.62-63）。

1. より簡素化し，透明性が高く，企業に優しい関税体系を維持しつつ，ASEAN がさらなる利益を享受するため，「共通の譲許」アプローチによる関税の 95%撤廃という目標を立てる。
2. 「コア非関税措置」の概念を導入し，それらを極力撤廃する。
3. 原産地規則（ROO）の中の同等規則（どちらか一方を選択可能）を認めて「RVC 40%または CTH」の原則を極力設け，代替規則やより緩やかな規則でそれを補完する。

Partnership, RCEP 閣僚らが採択，カンボジア，シェムリアップ，2012 年 8 月 30 日。

2. 東アジア地域包括的経済連携（RCEP）　　289

4. 統合され運用可能な原産地規則認定手続きを策定する。

5. 明確で具体的な貿易円滑化プログラム（ASEAN 貿易情報リポジトリ（ATR）など）を導入し，FTA の利用問題に取り組む。

6. 既存の経済協力プログラムを強化し，調整メカニズムを構築する。

7. サービス貿易に関する一般協定（GATS）や ASEAN+1 FTA よりも高水準の内容を得るため，ASEAN サービスに関する枠組み協定（AFAS）の第5パッケージよりはるかに高いレベルで，サービス貿易の自由化にコミットする。地域の生産ネットワークや連結性を強化するサービス部門を重視する。

8. 物品貿易，サービス貿易，投資に関する包括案の交渉を継続する。そうすることにより，RCEP 参加国の異なる関心を適切に調整することができる。

9. 特別かつ異なる対応が必要な場合は，他の種類の対応を適用するのではなく，移行期間をより長く割り当てる。

10. RCEP の始動準備が整った時点で，活動中である ASEAN+1 FTA を RCEP に統合する。

　上記提案のうちいくつか（5，6，8番目の提案など）は，RCEP 交渉の基本指針および目的ですでにある程度受け入れられているが，大半は依然として有効な提案である。

2.1　「ASEAN 中心性」：プロセスの進行役，実質的な主導役としての ASEAN

　RCEP 交渉の基本指針および目的は，台頭著しい同地域の経済構造における ASEAN の中心性をはっきりと認識している。一方，ASEAN の中心性に関する明確な定義は存在しない。Fukunaga et al. (2013) は，「fulcrum」という単語のニュアンスを噛み砕いて理解することにより，ASEAN の中心性を2つの側面に分けて考えるべきだと指摘している。「プロセスの進行役」としての ASEAN と「実質的な主導役」としての ASEAN の2つである。

　同地域の経済構造の中で ASEAN が果たしうる第1の役割は，プロセスの進行役としてのものである。ASEAN は実際，首脳レベルや閣僚レベルでさま

ざまな会議を開く機会を提供している。そうした首脳レベル会議には，ASEAN+1首脳会議，ASEAN+3首脳会議，東アジア首脳会議（EAS）が含まれ，政治戦略，経済の両方に関するアジェンダなどの主要な政策課題について，各国首脳が議論できる場となっている。閣僚レベルでは，ASEAN+3財務大臣会議がチェンマイ・イニシアチブ等で具体的な成果をあげている。また，貿易分野では，ASEAN+1 FTAの全交渉のほか，RCEPに先駆けた東アジア自由貿易協定（EAFTA）や東アジア包括的経済連携（CEPEA）の協議が，AEM関連会合の場で行われた。

ASEANはRCEPでも，こうしたプロセス進行役の役割をうまく果たしている。ASEANは前述のように2011年のASEAN首脳会議でRCEP構想を提案したが，RCEP交渉の基本指針および目的については2012年8月のAEM関連会合の期間中に合意に至り，RCEP交渉は2012年11月のASEAN首脳会議の期間中に首尾よく開始された。驚くことではないが，RCEPの第1回閣僚会合も2013年8月のAEM会合の期間中に開催された。現在，RCEPの3つの作業部会（物品貿易，サービス貿易，投資）のすべてでASEAN加盟国が議長を務めている。さらにASEANのRCEP提案は，中国と日本の間で競合していた東アジアの統合に関する提案を，両国の面目を潰すことなく抑制し，それら2つの競合する提案をASEANのRCEP戦略に転換させた。

ASEANの中心性の第2の側面は「実質的な主導役」としてのものだ。単にプロセスの進行役を務めるだけでは「実質的な主導役」にはなれない。ASEANはAECの取り組みから得た深い知識や広範な経験を有しているため，RCEP交渉を実質的に主導する高い能力を持っている。AECブループリントに明記されているAECの施策は，ASEAN+1 FTAよりはるかに幅広い問題をカバーしている。AECとASEAN+1 FTAの両方が同様の問題をカバーする場合，AECのほうがより深く掘り下げて本質に迫る傾向がある。このように，ASEANは新たな地域経済構造を設計するにあたり，議論をリードするのにふさわしいポジションにいる。実際，ASEANの域内統合はASEAN+1 FTAの形成過程に前向きで建設的な影響を及ぼしている。これは，ERIAのFTAマッピング戦略研究が示すように，ASEAN+1 FTAに多くの共通点があるためである。RCEPの交渉過程では，ASEANは主導的な役割を果たし，

AEC から得た（成功，失敗両方の）経験を踏まえた中身のある提案を行うべきである。そうすることにより，RCEP（やそれに続くより大規模な東アジア経済構造の構築）において，ASEAN の「実質的な主導役」としてのポジションが確かなものとなろう。

以下に示すのは，RCEP が関心を持ち，ASEAN のかなりの貢献が重要な役割を果たしうる領域の例である。

1. **貿易円滑化**　RCEP 交渉の基本指針及び目的は，RCEP が「貿易および投資を円滑化し，貿易および投資関係の透明性を向上する規定」（指針 3）を含めるものとしている。ASEAN は具体的な貿易円滑化イニシアチブを数多く採択してきた。その中にはすでに大きな成功を収めているものもあれば，引き続き鋭意推進中のものもある。たとえば，ASEAN は ASEAN 物品貿易協定（ATIGA）で緩やかな原産地規則を導入したが，そうした規則はいくつかの ASEAN+1 FTA でも導入されている。ASEAN シングルウィンドウ（ASW）構想は，7 か国の国内シングルウィンドウ（NSW）で試験的プロジェクトを実施中である。ASEAN はまた，関税品目分類表の国際統一システム（HS コード）に基づき，ただしそれより深く掘り下げて，ASEAN 統一関税品目（AHTN）を首尾よく策定した。さらに現在は，国内貿易情報リポジトリをつなぎ合わせることにより，ASEAN 貿易リポジトリを作成中である。ASEAN+1 FTA も貿易の円滑化という側面をカバーしているが，いくつかの FTA のプログラムは包括的ではない。これに対し，ASEAN は地域の貿易円滑化イニシアチブに関し，自らの経験を踏まえた多くのアイデアや技術面の設計を提供することができる。

2. **サービスの自由化**　AFAS は，表 6.1 が示すように，他のどの ASEAN+1 FTA よりも高いサービスセクターの自由化を達成している。ASEAN のサービス自由化は当初（第 1，第 2 パッケージでは），典型的な貿易交渉アプローチであるリクエスト／オファー方式をとった。また，第 3 から第 6 パッケージまでは修正方式をとった。しかし，AEC ブループリントが署名されたことから，現在は「数式に基づく方式」をとって

表 6.1 ASEAN サービスに関する枠組み協定（AFAS），ならびに ASEAN+1 FTA における WTO ＋（ホクマン指数を単位とする）

	ASEAN サービスに関する枠組み協定（AFAS）(8)		ASEAN オーストラリア・ニュージーランド FTA		ASEAN 中国 FTA (2)		ASEAN 韓国 FTA	
	合計	WTO+	合計	WTO+	合計	WTO+	合計	WTO+
ブルネイ	0.30	0.27	0.18	0.15	0.04	0.02	0.09	0.06
カンボジア	0.45	0.06	0.53	0.14	0.40	0.01	0.40	0.01
インドネシア	0.58	0.51	0.30	0.23	0.11	0.03	0.19	0.12
ラオス	0.39	0.39	0.26	0.26	0.05	0.05	0.08	0.08
マレーシア	0.45	0.30	0.33	0.17	0.21	0.05	0.21	0.06
ミャンマー	0.42	0.39	0.25	0.22	0.08	0.05	0.06	0.02
フィリピン	0.32	0.22	0.26	0.16	0.20	0.10	0.15	0.05
シンガポール	0.42	0.31	0.46	0.34	0.40	0.29	0.35	0.23
タイ	0.60	0.34	0.36	0.11	0.27	0.02	NA	NA
ベトナム	0.44	0.15	0.48	0.19	0.38	0.08	0.34	0.05
ASEAN（平均）	0.44	0.29	0.34	0.20	0.21	0.07	0.21	0.08
オーストラリア			0.52	0.17				
ニュージーランド			0.53	0.28				
中国					0.34	0.09		
韓国							0.31	0.08

注：特定のコミットメントのほか，（特定のコミットメントで明確な言及がなされている場合は）いくつかの分野横断的コミットメントに基づく。AFAS (8) とはその 8 番目のパッケージを指す。また，その得点は，AFAS の 5 番目の金融パッケージにおける各国の金融自由化も考慮している。ASEAN 中国 FTA (2) とはその 2 番目のパッケージを指す。その得点は，FTA のコミットメントが各国の GATS コミットメントを十分に反映していない場合，調整を加えたものである（GATS 修正済み得点）。ラオスの「WTO+」は，ホクマン指数を単位としたラオスの GATS コミットメントが 0 であると仮定している。ASEAN 韓国 FTA に関する ASEAN の平均は，公表されていないタイのコミットメントを考慮していない。
　　「合計」はホクマン指数の単純平均に基づく得点を指し，155 のサブセクターから導き出している。「WTO＋」は FTA ベースのコミットメントと GATS ベースのコミットメントの差であり，WTO と比較した「追加的な自由化」を指す。
出所：2013 年 9 月 3 日時点の ERIA のデータベース。

いる。個々の ASEAN 加盟国は，（個々のパッケージならびに最終目標として 2015 年に）定められた目標を達成しなければならない。しかし，リクエストやオファーの駆け引きを行う必要はもはやない。換言すれば，AFAS は，従来型の「貿易自由化」の形式をとりつつ，実際は国内規制改革を地域レベルで一丸となって推進している。サービス部門の生産性が製造業部門の競争力やその国の経済効率全般に寄与することから，サービス部門の改革が外国にではなくその実施国に大きな利益をもたら

す点を考慮すれば，このアプローチは理にかなっている（Dee 2012）。ASEAN は，ASEAN 非加盟国に同じレベルの優遇措置を与えることに違和感を覚えるかもしれない。それでもなお，数式に基づく方式も含めて，AFAS スタイルの自由化手続きの採用を提案することは可能である。

3. **非関税障壁**　ASEAN の高官は，同地域における非関税障壁についてますます懸念の声をあげるようになっている。実際に ATIGA の第 41，42 条項は非関税障壁の撤廃を求めている。ただし，非関税障壁の明確な定義は存在せず，非関税障壁を撤廃するという ASEAN の自主的な取り組みはほとんど成果をあげていない（実際に ASEAN 加盟国 2 か国からしか申し入れがない）。しかしながら，「コア非関税障壁」が出現すると非関税障壁に発展する可能性が最も高いのだが，その出現率が ASEAN 加盟国の 2 〜 3 か国では比較的高くなっている（ERIA 2012a，pp-III-19-23）。同様に，ATIGA の第 11 条項で規定される透明性措置は，新たな措置を導入する前に事務局へ通知するように求めている。ただし，そうした義務は十分に遂行されていない。換言すれば ASEAN は，非関税障壁の撤廃および削減において，（明確な定義付けも含めた）課題に直面している。

　それでもなお，いくつかの措置にはこれまでより期待が持てる。その 1 つは，ASEAN 事務局がデータベース化し，透明性を提供する ASEAN 非関税措置データベースである。加えて，（同じく ASEAN 事務局のウェブサイトに掲載されている）「事例マトリクス」の最近の取り組みが政府間協議のメカニズムを提供しており，数は限られるものの，具体的な紛争解決につながっている。注目すべきは，マトリクスの中にある非関税措置に対するいくつかの苦情が，苦情を受けた国が問題のある措置を実施したためではなく，苦情を申し立てた国が法律を間違って解釈したためであることが判明している点である。こうした事例は，貿易関連規制の透明性を高めることがいかに有用かを如実に表している。また，ASEAN のこれらすべての経験が，RCEP が非関税障壁（さらに広範に非関税措置）にどのように取り組みうるかについて，多くの知見をもたらすだろう。

2.2 信頼できる AEC 2015

ASEAN が ASEAN+1 FTA や RCEP に及ぼす以上のような影響は，すべて AEC 2015 の達成に向けた真剣な取り組みに由来するものである。ASEAN 加盟国が ASEAN 内部の目標を達成できなければ，彼らが RCEP の目標を達成するのは非常に難しくなるだろう。AEC 2015 を達成できれば，ASEAN は必然的に同様の措置を RCEP でも採用するよう，自らの経験をもって FTA パートナー国を説得するだろう。このように AEC 2015 を信頼できるものにすることが，ASEAN の中心性維持に向けた最も重要な出発点となろう。また，ASEAN の積極的な提案は，ASEAN 加盟国間の速やかなコンセンサス形成も必要としている。ASEAN 内部の議論にあまりにも時間がかかれば，FTA パートナー国は業を煮やすだろう。そうなると ASEAN は，議論を主導する貴重な機会を失いかねないのである。

2.3 RCEP の実施とその他の課題

RCEP 交渉は 2015 年中の完了を目指している（RCEP 交渉の基本指針）。したがって，われわれが報告書の対象期間としている 2015 年以降（交渉期限以降）ではなく，2015 年 12 月までに，RCEP の課題の大半について交渉を終えるべきである。それでもなお，2015 年以降の RCEP にとって重要な，交渉の実施状況やその他の課題について熟考することには，以下に示す理由から意義がある。

- 第 1 に，RCEP は FTA としてすべてのコミットメントを完全に実施するまで，ある程度の時間を要するだろう。実施のメカニズムは 2015 年までに首尾よく策定されるはずであり，そうすることによって 2015 年以降の参加国の順守姿勢を最大限に引き出す手筈である。
- 第 2 に，RCEP はひとたび基本協定への署名がなされれば，その開かれた加盟条項のおかげで地理的な対象範囲を拡大するものと思われる。それを可能にする主な仕組みが開かれた加盟条項である。RCEP の参加国はどのようにして，この開かれた加盟の仕組みが確実にうまく機能するようにできるのだろうか。

- 第3に，APEC 21 エコノミーの首脳が合意したように，RCEP は TPP とともに，アジア太平洋自由貿易圏（FTAAP）の形成を目指す2大構想のうちの1つである[4]。RCEP と TPP の関係や相互作用は，2015 年以降の時代の ASEAN の将来に重大な影響を及ぼすだろう。

また，すべての課題が ASEAN 中心性にも関係してこよう。

RCEP の実施メカニズム　RCEP の交渉が 2015 年にひとたび完了すれば，その協定をいかに実施するかが次の課題となろう。コミットメントの円滑かつ完全な実施を促す方法がいくつかある。紛争解決メカニズム（DSM），経済・技術協力，合同委員会，事務局，事務局による何らかのレビューメカニズムがそれである。

(1) 紛争解決メカニズム

　RCEP 交渉の基本指針は，協定が網羅すべき8つの章のうちの1つとして紛争解決を挙げている。ただし，交渉ではこれまでのところ，紛争解決メカニズムにあまり多くの時間を割いていない[5]。

　うまく機能する紛争解決メカニズムによって協定そのものの信頼性が高まる。RCEP には，コミットメントの順守を促すその他いくつかのメカニズムが含まれる可能性があるが，紛争解決メカニズムは参加国に協定を執行させる最後の手段である。注目すべきは，先進国だけでなく，（ASEAN 加盟国を含めた）新興国も WTO の紛争解決メカニズムを使う点である。実際，紛争解決メカニズムは大国より小国にとって役立つ手段となりうる。大国は，(a) 小国に紛争解決を強要すべく一方的な制裁措置をとることができないほか，(b) 小国とまったく同様に自らのコミットメントを順守すべきである。ASEAN は WTO の紛争解決メカニズムを合計 163 の事案に使用してきた（**表 6.2 参照**）。そのうち 30 事案で苦情を申し立て，17 事

---

4)　Pathways to FTAAP, APEC 首脳会議で採択，2011 年 11 月 14 日。
5)　RCEP 交渉は 2013 年 12 月現在，物品貿易，サービス貿易，投資に関して優先的に議論している。

第 6 章　グローバルな ASEAN

図表 6.2　WTO の紛争解決メカニズムの使用

	苦情を申し立てた件数	苦情を受けた件数	第三者	合計
オーストラリア	7	15	80	102
中国	12	31	103	146
インド	21	22	92	135
日本	19	15	138	172
韓国	16	14	80	110
ニュージーランド	8	0	36	44
ASEAN	30	17	116	163
ブルネイ	0	0	0	0
カンボジア	0	0	0	0
インドネシア	8	7	9	24
ラオス	0	0	0	0
マレーシア	1	1	5	7
ミャンマー	0	0	0	0
フィリピン	5	6	11	22
シンガポール	1	0	11	12
タイ	13	3	64	80
ベトナム	2	0	16	18

出所：WTO ウェブサイト（http://www.wto.org/english/tratop_e/dispu_e/dispu_by_
country_e.htm, 2013 年 12 月 26 日現在）。

案で苦情を受け，残り 116 事案では第三者の立場だった。さらに ASEAN
では，WTO に提訴される件数（17 事案）より提訴する件数（30 事案）
のほうが多くなっている。驚いたことに，この提訴件数（30 事案）は
ASEAN のどの FTA パートナー国よりも多くなっている[6]。

　すべての ASEAN+1 FTA ならびに ASEAN は紛争解決メカニズムを
持っている。ASEAN+1 FTA の現在の紛争解決メカニズムには互いに共
通点があり，アドホックな仲裁制度を採用しているが，ASEAN の発達し
た紛争解決メカニズム（EDSM）とは異なっている[7]。ASEAN の EDSM は，
WTO の強固で効果的な準司法的制度をほとんど模倣したものだ。最も注
目すべきは，ASEAN の EDSM が，上級委員会，事務局（ASEAN 事務
局），ASEAN 紛争解決メカニズム基金を有しており，ASEAN+1 FTA

---

6)　もちろん，ASEAN 加盟国それぞれの使用は ASEAN の FTA 相手国より少ない。
7)　ASEAN Protocol on Enhanced Dispute Settlement Mechanism，ASEAN 首脳会議で採択，ラ
オス，ヴィエンチャン，2004 年 11 月 29 日。

にはそのどれも存在しない点である。

　紛争解決メカニズムは幸か不幸か，ASEAN 内部，ASEAN+1 FTA の
いずれにおいても使われたことがない。このように，ASEAN の紛争解決
メカニズムが ASEAN+1 FTA のそれより優れているかどうかを議論する
のは時期尚早だ。それは一方では，ASEAN+1 FTA の紛争解決メカニズ
ムだけでなく ASEAN の EDSM も，RCEP の紛争解決メカニズムを構築
するにあたって考慮すべきであることを意味している。

　後発発展途上国は RCEP の紛争解決メカニズムに特に注意する必要が
ある。表 6.2 から明らかなように，ラオスやミャンマーは WTO の紛争解
決メカニズムのもとで実際の事案に関わったことがない[8]。WTO の「紛争
解決に関する了解」や ASEAN オーストラリア・ニュージーランド FTA
（AANZFTA）の紛争解決規定が定めているように，後発発展途上国は他
の国々と区別して特別に取り扱うべきだ。さらに ASEAN 加盟国の 3 か国，
タイ，フィリピン，インドネシアは，WTO の準司法的制度に関わる場合
はたいてい，ジュネーブの WTO 法諮問センター（ACWL）が提供する技
術援助プログラムを活用している[9]。RCEP 交渉の中でも同様のメカニズ
ムを検討することができよう。

(2) RCEP における貿易政策レビューの可能性

　紛争解決メカニズムは，貿易協定の順守や時宜を得た実施を促す唯一の
メカニズムではない。ASEAN+1 FTA には概して分科委員会構造を持っ
た合同委員会があり，実務上の詳細な実施課題を議論している。また，新
規協定や既存協定について交渉する場合は，それら委員会の交渉母体とし
ての機能も見直される予定である。経済協力プログラムも広範な問題をカ
バーしている。RCEP 交渉の基本指針にある経済協力ならびに技術協力の
重視は適切である。

---

8)　ブルネイもまた，おそらくその独特な商取引構造のせいで，WTO の紛争解決メカニズムを使っ
たことがない。

9)　タイは 9 事案，インドネシアとフィリピンはそれぞれ 3 事案。RCEP 参加国の中では，インドも
3 事案について WTO 法諮問センターの援助を受けた。WTO 法諮問センターウェブサイト（http://
www.acwl.ch/e/index.html）より。

WTO と比べて ASEAN+1 FTA に欠けているのは貿易政策検討メカニズム（TPRM）である。同メカニズムでは，経済規模に応じて異なる頻度で WTO の全加盟国がレビューされる（すなわち，大国のほうがより頻繁にレビューされる）。貿易政策検討メカニズムは，レビュー対象国，その他の加盟国，事務局間の相互作用的なプロセスであり，貿易政策の透明性を高めているほか，他国がコミットメントの実施／順守を迫る機会となっている。ASEAN+1 FTA は現時点では，おそらく貿易政策検討メカニズムには強い事務局が必要だが，どの ASEAN+1 FTA にも独自の事務局がないという理由から，同メカニズムを持っていない[10]。一方，ASEAN 事務局は，AEC の進捗に関する報告書を AEC スコアカードも含めていくつか出している。また，ASEAN は 2012 年に ERIA の支援を受け，AEC ブループリントの中間評価も実施した。

そうしたレビューメカニズムがあれば，透明性を高めると同時に RCEP 協定の執行を促すだろう。

(3) RCEP の開かれた加盟条項

RCEP 交渉の基本指針および目的（指針 6）は，RCEP に開かれた加盟条項を設けるものとしている。さらに具体的にいうと以下のように定めている。

「また，RCEP 協定には，RCEP 交渉に参加しなかった ASEAN の FTA パートナー国および域外の経済パートナー国が RCEP の交渉完了後に参加できるよう，開かれた加盟条項が設けられる。」（指針 6）

開かれた加盟条項は次の 3 点において重要である。第 1 に，二国間 FTA や域内 FTA が貿易転換を引き起こし，したがって世界全体にもたらす経済的厚生を最大化しない点を考え合わせると，開かれた加盟条項は

---

10) ASEAN 事務局は限られた機会に役割を果たしている。ASEAN オーストラリア・ニュージーランド FTA は ASEAN 事務局の中に特殊ユニットを有しており，同ユニットが FTA 事務局と同様の役割をある程度果たしている。

2. 東アジア地域包括的経済連携（RCEP）

RCEPへの他国の加盟を誘い，そうすることによってそうした貿易転換が起こるリスクを中長期的に最小化するといえる。第2に，2010年のAPEC宣言が言及したように，RCEP（正式にはASEAN+3とASEAN+6 FTA）ならびにTPPは，FTAAPの形成を目指す2つの主要な道筋である。FTAAPの地理的な対象範囲はRCEPやTPPの現行範囲より広い。FTAAPという長期目標を達成するためには，開かれた加盟条項が最も重要な規定といえる。第3に，FTAが持つ魅力の最も重要な要素の1つが加盟制である。TPPが開かれた加盟条項を設けている点を考慮すれば，協定発効時だけでなく将来的に十分な魅力を保つため，RCEPも同様の条項を設けるべきである。実際，開かれた加盟条項のあるRCEPが，今後数十年間にわたって地域の経済構造を設計していくなかで，ASEANがその中心性を維持できる唯一の手段となっている。このように，ASEANとRCEP参加国が開かれた加盟条項を設けることに合意したのは，理にかなった判断だった。

　実は開かれた加盟条項は新しい傾向ではない。実際，アジア太平洋地域のFTAは，すでに1990年代より何らかの開かれた加盟条項を設けていた。たとえば，NAFTA（第2204条）は明確に，「いかなる国や複数の国々からなるグループも本協定に加盟することができる……」と言及している。また，TPPのP4協定も開かれた加盟条項を設けている（第20条6.1）。興味深いことに二国間FTAにさえ開かれた加盟条項を持つものがある。たとえば，オーストラリア・アメリカFTA（第223条1）やオーストラリア・シンガポールFTA（第17章第4条）がそれである。

　しかし，それらの協定のいずれも新たな加盟国を成功裏に迎え入れたことはない。チリはNAFTAに加盟しようとしたが実現せず，アメリカ，カナダ，メキシコと個別に二国間FTAを結ぶ戦略へ切り替えた。P4協定は開かれた加盟条項を設けているが，アメリカは「TPP交渉を始めるのではなく，P4協定に加盟しようと考えたことさえなかった」（Hawke 2013）。さらにHawkeは，中国が将来TPPに加盟する可能性について，「中国の動きに変化があるとは思えない」としていた。アメリカは同様に，RCEPの開かれた加盟条項を「考えることさえ」ないかもしれない。この

ように，単に開かれた加盟条項が存在するだけでは，RCEP（あるいは
TPP）がFTAAPにつながり，したがって貿易転換を最小化できるとい
う明るい未来を確かなものにすることはできない。

　加えて，RCEP交渉の基本指針および目的の指針6には，明確にしてお
くべき点がいくつかある。第1に，「域外の経済パートナー国」というの
は新たな言い回しだ。ASEAN憲章（第44条）は「対話パートナー国」と
いう表現を使っているが，「域外の経済パートナー国」とは決して言って
いない。ASEANは香港と新たなASEAN+1 FTAを推し進めることを決
めたが，その香港がRCEPの交渉完了後にそうした切符を手に入れるの
かどうか，完全には明確になっていない。第2に，「域外の経済パート
ナー国」がRCEP交渉に加わる資格を得るためには，（RCEP発効後でさ
え）まずはASEAN+1 FTAに署名すべきなのかどうかが明確でない。そ
うした前提条件が導入されると，まずはASEAN+1 FTAのプロセス，次
にRCEP交渉といった具合に，交渉が重複するリスクが出てこよう。交
渉が重複する状況下では，ASEAN，域外の経済パートナー国のどちらも，
明らかにきわめて限られている交渉要員を効率的に投入するというわけに
はいかないかもしれない。その反面，RCEPに参加する前にASEAN+1
FTAが必要という前提条件は，ASEANの中心性を高めうるといえる。

　以上のような議論を考慮し，また，ASEAN主導のRCEPがより大規
模な地域経済構造を形成するための中核母体かつ手段として機能するため
には，ASEAN加盟国はFTAパートナー国とともに以下の行動をとるべ
きである。

- 開かれた加盟の明確な条件を示すとともに，そのプロセスを構築する。
- そのような開かれた加盟に関する規則を策定し，加盟する可能性があ
  る国々が入手できるようにする。
- 加盟する可能性がある国々と協議する。

2.4　TPP，RCEPならびにFTAAP

　TPPは概してRCEPの競合協定と認識されている。現時点でASEAN加盟
国のうち4か国（ブルネイ，マレーシア，シンガポール，ベトナム）がTPP

に参加しているが，残り6か国は参加していない。TPP は質の高い FTA と考えられている場合が多いが，RCEP が TPP に劣っているのかどうかは定かでない。まず第1に，RCEP は「現代的な，包括的な，質の高い，かつ，互恵的な経済連携協定」（RCEP 交渉の基本指針および目的）を達成するためのものである。第2に，TPP と RCEP の交渉はどちらも完了しておらず，したがってどちらの協定内容もまだ明確になっていない。第3に，TPP は高い関税撤廃への意欲を強調し，新たな課題に重点を置いている（そのため，TPP は21世紀型の協定とみなされている）。ただし，TPP が生産ネットワークの強化という目標に合致する，たとえば緩やかな原産地規則や関税撤廃の共通譲許アプローチといった，ASEAN+1 FTA（または RCEP）のいくつかの主要要素を取り入れるかどうかは定かでない。

　一般に，TPP は RCEP より包括的であり，より広範な課題をカバーしていると認識されている場合が多い。TPP には21の交渉分野があることが知られているが，RCEP 交渉の基本指針および目的は8章しか提示していない。しかし，TPP は RCEP の章の構成要素のうちいくつかを異なる交渉に分類しているため，そうした理解は正しくない（表6.3参照）。たとえば，RCEP は物品貿易を8章のうちの1つとしてカバーしている。ATIGA や ASEAN+1 FTA から判断すると，市場アクセス，原産地規則，税関，貿易の技術的障害，衛生植物検疫，貿易救済措置がこの章に含まれ，そのそれぞれが TPP の分類では異なる交渉分野としてカウントされている。このように，交渉課題の広さではなくコミットメントの深さが実際の問題である。

　これは，既存の ASEAN+1 FTA がカバーしてこなかったそうした「新たな課題」を，ASEAN が検討する必要がないという意味ではない。ASEAN は2015年以降の時代もさらなる経済成長を目指すべきであり，実際に目指しているため，そうした課題の多くが ASEAN の経済発展にますます関係するようになるだろう。

　いずれにせよ TPP と RCEP は，異なる国々からなるグループが地域経済の統合を目指す異なる FTA である。図6.2には，TPP ならびに RCEP 参加国の1人当たり GDP，人口，GDP を示している。参加国数，参加国人口の両方でTPP は高所得国が占めている。それとは対照的に，RCEP を構成するグルー

302　　　　　　　　第 6 章　グローバルな ASEAN

表 6.3　TPP, RCEP, ASEAN+1 FTA ならびに AEC がカバーしている課題

	TPP	RCEP	ASEAN+1	AEC
物品貿易	●	●	●	●
物品市場アクセス	●	●	●	●
繊維・衣料品	●	○	●	●
原産地規則	●	○	●	●
税関	●	○	●	●
貿易円滑化		●		●
貿易の技術的障害	●	○	●	●
衛生植物検疫	●	○	●	●
貿易救済	●	○	●	●
サービス貿易	●	●	●	●
越境サービス	●	●	●	●
金融サービス	●	○	●	●
電気通信	●	○	●	●
一時的入国	●	●	●	●
投資		●	●	●
保護		●	●	●
自由化	●	●	●	●
円滑化		●	●	●
促進		●	●	●
経済および技術協力	●*	●	●	●
知的財産	●	●	●	●
競争	●	●	●	●
紛争解決	●**	●	●	●
その他				
電子商取引	●	●		●
環境	●			
政府調達	●			
労働	●			
分野横断的な貿易課題				

注：●印はその課題をカバーしている状況を指す。ASEAN+1 については，●印は少なくとも 1 つ
　の ASEAN+1 FTA がその課題をカバーしている状況を指す。RCEP の○印は，ASEAN+1
　FTA と AEC の状況から判断して，その課題をカバーするであろう見通しを指す。*「協力お
　よび能力構築」。** 協定管理については紛争解決も含めて「法的問題」。
出所：Fukunaga 作成。

　プでは参加国数と人口の両方で，下位中所得国に加えて後発開発途上国さえも
が大きな位置を占めている。このように，たとえ TPP と RCEP が地域の深い
経済統合を実現するという長期目標を共有していたとしても，参加国の異なる
経済的実態を反映し，「質の高さ」が何を意味するのかが TPP と RCEP では

2. 東アジア地域包括的経済連携（RCEP）

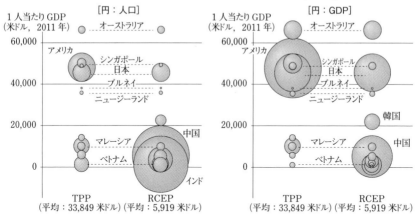

図6.2 TPPならびにRCEP参加国の1人当たりGDP，人口，GDP

出所：Isono算出，ERIA。

異なる可能性がある。RCEPがTPPより包摂性や発展的目標に重点を置かなければならないのは明らかであり，一方では，TPPが先進国の課題をますます重視することも予想される。

　ASEAN加盟国がTPPとRCEPの両方に参加し，それら協定のカバー範囲やコミットメント度合いが異なるとなれば，いくつかのASEAN加盟国が他の加盟国より優先的にアクセスを得るといった複雑な状況が生じうる。具体的には，TPPに参加するASEAN加盟国が他のTPP参加国に対し，RCEPがカバーしていない（政府調達などの）分野で優遇措置を講じることに合意した場合，たとえRCEPのサービス自由化がTPPより意欲的なものであったとしても，ASEAN加盟国でないTPP参加国がTPP参加国でないASEAN加盟国より有利なポジションとなる。このようにASEAN加盟国が優遇措置に絡んで不利になるという問題を解決するためには，(a) AEC（またはRCEP）のコミットメントがTPPのそれより深いものでなければ，確実に同程度に深いものにするか，(b) TPPはカバーしているが，AEC（またはRCEP）はまだカバーしていない分野をAEC（またはRCEP）のプロセスに取り込むかのいずれかが必要となろう。後者では，TPP交渉に参加しているASEAN加盟国4か国が関与すれば，AECのカバー範囲を広げてTPPがカバーするそれらの

分野を含める試みとなるため，ASEAN にとって役立ちうる貴重な学習経験になるといえる。さらに，そうしたプロセスでは将来的に，AEC，RCEP，TPP が収斂することがあるだろう。それが，アジア太平洋地域全体の FTAAP の実現に向けた主要な基礎的要素となるだろう（Fukunaga 2013）。

　要約すると RCEP は ASEAN の巧妙な戦略であり，主要対話パートナー国 2 つが示す東アジアの経済統合に関する競合提案に ASEAN が対処するのを助け，プロセスだけでなく実質的にも ASEAN がその中心性を確かに推進するようにしてきた。RCEP はまた，広域東アジア地域の経済構造における内包的かつ発展的課題にも対処している。さらに，はるかに大規模な FTAAP の将来的な実現に向けて RCEP は TPP を大きく補完し，したがってアジア太平洋地域内の貿易転換を最小化する。また，ますますアジア太平洋に集中する世界の経済構造を再形成するに当たっても，RCEP が巨大な力となるだろう。

3. ASEAN の制度的強化 [11]

　2015 年以降の ASEAN 統合深化の取り組みは，必然的により難しい国境・越境政策，規制，制度上の問題に対処していかなければならない。しかし，ASEAN の既存機関が地域統合やコミュニティ構築という課題を効果的に容易なものとし，それに対処する能力や，国際舞台で ASEAN の中心性を確かなものとし，その意見がより大きく反映されるようにする能力については，少なからぬ不安が存在し続けている（Sukma 2013 などを参照）。ASEAN はもちろん，概して無力な地域協力機構としての設立当初から長い道のりを歩んできており，ASEAN に法人格を与え，同地域の首脳らの高い目標を取り入れた 2007 年の ASEAN 憲章が，ASEAN の制度的な成長を最もよく裏付けている。しかし，同憲章がまさしく表しているのは，地域コミュニティの構築に関する組織のニーズと，一方では，ASEAN の中心性や意見を確かなものにするという組織のニーズ，また一方では，ASEAN の組織改革の核心を突く「加盟国による主権原則の重視のほか，結束と地域の多様性を何にも増して選好する姿勢」（Sukma 2013, p.2）との緊張である。

---

11)　本節は概して Sukma（2013）や ERIA（2012a）に基づいている。

3. ASEAN の制度的強化　　　305

　ASEAN 加盟国は,「……国家の主権を妨げたり, 地域の結束を危うくしな
い限り……地域組織への依存」に満足している (Sukma 2013, p.2)。本節では,
Sukma (2013) や ERIA (2012a) から引用した提言を数多く取り上げる。そう
した提言は以下に示すように,「……ASEAN が自らをルールに基づく組織に
転換し, 必ずしも超国家的組織にならなくても, 地域統合プロセスを加速させ
るという公約を果たすため, 実施可能であり, また実施すべきもの」(Sukma
2013, p.3) である。

(a) 柔軟な意思決定方式が適切な場合の活用

　ASEAN 憲章では, ASEAN の意思決定は「協議とコンセンサス」(第20条
1) に基づくものとしている。しかし, 同憲章は, 経済合意の履行に関しては
柔軟な方式をとることができるとも明確に示唆している(第21条2)。「ASEAN
マイナス X」方式はよく知られた柔軟な方式であり, そうした意思決定構造は
実際に物品貿易 (自己申告など) やサービス貿易で使用されている。もちろん,
異なる2つのサブグループが ASEAN 内に形成され, AEC がもたらしうる規
模の経済を妨げてしまう点がリスクである。このように,「ASEAN マイナス
X」方式は「経済イニシアチブの試験, 実証, 説明のための手段」と考えるべ
きである [12]。一方, ASEAN 加盟国のうち1〜2か国のみが新たなイニシアチ
ブに加わるのを躊躇する場合は, 上記のような目的で幅広い経済分野に
「ASEAN マイナス X」方式を活用することができる。

(b) 紛争解決とそのメカニズムの具現化

　AEC 関連分野や Sukma (2013) が重視する政治的圧力からの防衛という領
域では, 紛争解決とそのメカニズムの具現化を取り巻く環境が難しいものと
なっている。Sukma は政治分野で制裁を行うケースが少ないと強調している
が, 経済課題においては状況が異なる。ASEAN は 2004 年に発達した紛争解
決メカニズム (EDSM) を導入済みであり, ASEAN の経済合意の大半が明確
に EDSM に言及している。ASEAN の EDSM は WTO の強固な準司法的制度

---

12)　Edmund Sim, 2011 年 10 月 8 日付けの AEC ブログ, 以下の URL で入手可能。(http://
aseanec.blogspot.com/2011/10/putting-asean-x-to-work-for-aec.html)

を模倣しており，苦情を受けた国が ASEAN の経済協定を順守していないと小委員会（または上級委員会）が判断した場合には，「制裁」（すなわち補償請求や譲許停止）を行うことができる。EDSM 自体が使用されたことはないが，補償請求措置は ASEAN 内で活用されている。たとえば 2000 年に，自動車部品への AFTA 適用を先延ばしにしていたマレーシアに対し，タイとそれに続いてインドネシアが補償請求を行った（Suzuki 2003）。そのケースでは裁定ではなく交渉の場で補償について議論したが，AEC 関連分野ではそうした「制裁」を受ける可能性が，協定順守をある程度促しているといえる。

　一方，EDSM 自体の実施には複数の問題がある（ERIA 2012a, Chapter XVIII）。たとえば，上級委員会委員が指名されたことはなく，また，小委員会をサポートする事務局の対応能力も非常に限られている。EDSM の手順に規定されている半自動的な手続きに基づく明確かつタイトな時間枠や，ネガティブコンセンサスを考え合わせると，こうした状況からは，ASEAN の EDSM が使用される初めてのケースで，期限までに紛争を解決できない可能性が高いことがわかる。Vergano（2009）も手続き上や組織的な不備を指摘している。たとえば，たとえ小規模国に EDSM を活用する法的能力があったとしても，小委員会運営の資金拠出構造がネックとなって制約されると同氏は論じている。ASEAN では，たとえばドイツ GIZ による手続き上の細則策定のサポートなど，EDSM を運営可能にするいくつかの取り組みを行っている。EDSM を極力早期に具現化すべく，さらなる取り組みを行うべきである。

(c) 独立した監視メカニズムの構築

　ASEAN の EDSM が紛争解決の最後の手段であり，純粋な法的問題を取り扱うことを考慮すると，加盟国によるコミットメントのタイムリーな実施を促すにあたっては，効果的な監視メカニズムが重要な役割を果たすといえる。

　AEC ブループリント（段落 73）は，「ASEAN 事務局はブループリントの実施順守状況を評価ならびに監視するものとする」（ASEAN Secretariat 2008）と規定している。また，ASEAN 統合監視局が，AEC スコアカードの更新・向上やその他多くの報告書に関して責任を負っており，事務局が担う監視の役割の中心をなしている。しかし，統合監視局の人員は限られるほか，事務局には

3. ASEAN の制度的強化

他にも重要な職責があることから，現在実施している監視機能は最善のレベルには至っていない。これは委員会にも起因しうるが，AEC ブループリントも監視に関する具体的な権限も付与していない。

以上のことから，最初の，そして最も重要な提言は，第三者が提供する監視・技術リソース機能を ASEAN 事務局が導入し，主な政策分野については，その機能を現地の調査機関がサポートすべきだというものである。実際の政策を検証することができ，（サービスや非関税措置の）コミットメントが現地で確かに完全実施されるようにすれば，そうした監視は有効なものとなろう。それを機能させるため，ERIA（2012a）はより具体的な提言を行っている。(a) ASEAN 事務局にこの問題に関する具体的な権限を与え，(b) 事務局の対応能力を拡充するという提案である（以下の項を参照）。

事務局による監視（すなわちトラック1）を補完する施策はトラック1.5の監視となろう。Sukma（2013）は監視実施の主な手段として，独立した外部の評価メカニズムを提案している。同氏は，ERIA が ASEAN 事務局や自身の研究機関ネットワークメンバーと共同で行った AEC スコアカードの向上に関する研究を，ASEAN 政治・安全保障共同体（ASEAN Political Security Community）や ASEAN 社会・文化共同体（ASEAN Socio-cultural Community）が採用すべき素晴らしいモデルだとして称賛している[13]。そのように独立した外部機関であるものの，正式に雇われて実施した研究は，ASEAN の施策の進捗状況について客観的な視点を提供してくれるほか，アウトリーチという目的に適う場合もある。また，分析的スコアカートのアプローチを用いた ERIA のスコアカード研究は，協定順守スコアカード（すなわち，ASEAN 事務局による AEC スコアカード）を補完する。ERIA のこの研究は，産業界ならびに学界の視点を分析に取り入れているほか[14]，「成果」だけでなく進行中の業務についても，具体的なデータをもって検証している。

以上のような研究に基づき，ERIA は 2011 年 11 月，AEM リトリート会合に対して以下のような提言を行った。

---

13) 筆者たちの知るところによれば，ASCC は独立した外部の専門家を招き入れ，中間評価の研究も行っている。

14) 産業界や学術会の関与は，実際には情報発信やアウトリーチの側面も持つ。

ⅰ. 各国に AEC の調整兼監視委員会を設立する。

ⅱ. 国や地域レベルで，定期的なトラック 1.5 監視メカニズムを構築する。

ⅲ. 国や地域レベルで，監視システムをサポートするドナーコミュニティー
を誘致する。

これらすべての提言は 2015 年以降にも間違いなく通用するだろう。

（d）ASEAN 事務局の対応能力の拡充 [15)]

上記（c）で述べた 2 つの提言は相互補完的である。最初の提言（すなわち，
ASEAN 事務局の第三者監視導入）は事実上，技術リソースとしての事務局の
強化と，数多くの ASEAN 機関に対する監視の強化を意味している。2 番目の
提言（すなわちトラック 1.5 監視）は，補完的であり，より分析的なほか，相
対的により独立した AEC 施策監視のための制度的メカニズムを提供するもの
である。この提言は，ASEAN 事務局をサポートしたり，ASEAN や ASEAN
加盟国が実施中か計画中である，第三者による AEC 施策や政策行動の技術的
分析に関与する制度的メカニズムにもなりうる。しかし，ASEAN 事務局の強
化はそれでもなお必要である。これは，事務局が第一線に立つ組織であるほか，
関係する政府高官や政府機関ならびに事務局以外には極秘にする必要がある域
内議論や交渉が複数存在するためである。実際，AEC の創設に向けた政治行
動が「苦労」を伴い始め，また，より深い経済統合に向けて前進すべく，難し
い政策課題にも取り組まなければならないため，全部合わせても数えられるよ
うな少ない数の ASEAN の会議の事務局としてより，評価が高く，業務に深
く関与し，きわめて有能な専門的技術サポートとして，ASEAN 機関や加盟国
にしっかり仕える事務局が ASEAN には必要なのである。

Anas and Narjoko（2013）は，事務局の対応能力に関する議論を RCEP 交

---

15) Sukma（2013）は，事務局の職員数や対応能力からさらに掘り下げ，事務局の上層部の現状を
次のように刷新すべきだと主張している。(a) 事務局長の指名方法の持ち回り制への変更，(b) 事
務局次長の公募制導入。AEC の事務局次長がすでに（持ち回り制ではなく）公募制であることから，
AEC の立ち上げ後ではなく，ASEAN 憲章のレビュープロセスの中で広い視野に立ち，これらの課
題について真剣に検討すべきである。

渉と関連付けている。ASEANが直面する最も大きな課題は，加盟国の間に大きな違いがあるにもかかわらず，共通のポジションを見つけ出さなければならない点である。そのため，外部リソースである調査機関のサポートを受け，事務局が揺るぎない分析能力を持つことが望ましい。RCEPは2015年末までの交渉完了を目指しているが，それに続けて追加交渉を行う局面や，RCEPの実施を効果的に監視する目的において，そうした分析能力が引き続き必要である。

(e) 加盟国による資金拠出への柔軟なルールの採用

ASEAN事務局は，十分な資金源によるサポートを受けるべきである。ASEAN憲章はASEAN事務局の資金源について，均等拠出の原則を規定している（第30条2）。そうした拠出枠組みのもとでは，財政余力が最も小さい国（あるいは拠出する意欲が最も小さい国）が，それがいずれの国であれ，実際にASEANの予算規模を制限してしまい，したがってそうした予算は，急速に拡大していくASEAN事務局の役割を満たしていない。そのため，「ASEAN事務局強化ならびにASEAN組織評価のためのハイレベル・タスクフォース」が，非均等拠出を採用する可能性を検証すべきである。

ASEANの枠組みの中で均等拠出の原則から大きく逸脱しているのが，ASEANインフラ基金（AIF）である[16]。財務大臣らが2011年に合意したように，同基金は2012年に発足した。ミャンマーを除くASEANの全加盟国が同基金に参加したが，各国の拠出額は大きく異なっている。具体的には，マレーシアが1億5,000万米ドル相当の株式を拠出し，インドネシアが1億2,000万米ドルでそれに続いた。フィリピン，シンガポール，タイの出資額は各1,500万米ドル，ブルネイとベトナムは各1,000万米ドルの株式を保有することになった。注目すべきは，カンボジアとラオスは小額しか拠出していないことである[17]。このような資金拠出構造は明らかに経済規模の違いを考慮したものだが[18]，政治面ではなく財政面の問題であるため，合理的な選択肢であるといえ

16）　アジア開発銀行（ADB）ウェブサイト（http://www.adb.org/sites/default/files/linked-docs/45097-001-reg-fa.pdf）。
17）　ADBもASEANインフラ基金に巨額（すなわち1億5,000万米ドル）の出資を行っている。
18）　マレーシアとインドネシアはインフラ開発に対して特に関心が高いため，そうした背景を理解すべきである。

る。Surin Pitsuwan が言及したように，ASEAN インフラ基金は「2015 年ま
で AEC をサポートするさまざまな資金調達メカニズムを探る試みであるため，
ASEAN 独自の，ASEAN に適した，同地域にとって時宜を得た『革新的な金
融アーキテクチャー』である」[19]。AEC 関連基金の中でさえ，均等拠出原則か
らのそのような逸脱は例外的だが，ASEAN の資金調達が進みうる道筋を力強
く示唆していよう。

　ASEAN が検討しうるもう 1 つのモデルが，APEC 事務局の資金調達である。
同事務局は経済規模の違いを考慮するだけでなく，上限と下限を設定すること
により，イコール・パートナーシップも反映させている。上限にあるのはアメ
リカと日本であり，それぞれ予算合計のうち 20％を拠出している一方で，下
限にあるベトナムなどの国々は 3％を拠出しているにすぎない。

　AEC ブループリントのカバー範囲が広いほか，ASEAN+1 FTA の数が増
えているおかげで，AEC 関連の活動は拡大している。2015 年以降の時代も拡
大し続けるだろう。そうした資金ニーズを賄うため，たとえ ASEAN 憲章の
評価が政治的な制約に直面したとしても，ASEAN は経済的支柱の中に柔軟な
資金拠出構造を取り入れるべきである。

(f) 特に部門レベルにおける民間部門の関与拡大

　民間部門は AEC の創設にあたってきわめて重要な役割を果たしている[20]。
ASEAN の経済統合は，主として企業による生産ネットワークの構築を通して
推進され，それを政府のイニシアチブが補完してきた。この点において，
ASEAN の経済統合はしばしば，特に「政府主導型」の欧州単一市場と比較し
て「市場主導型」の経済統合であるとされている。AEC の施策のすべてでは
ないが大半は，国や地域レベルでビジネス環境を改善し，一方では，経済統合
によって生じるマイナスの影響を軽減することにより，民間部門のビジネス活
動をさらに活発化するよう設計されている。そうした民間セクターには，多国
籍企業だけでなく中小企業も含まれる。

---

19)　ASEAN 事務局ウェブサイト（http://www.asean.org/news/asean-secretariat-news/item/asea
n-infrastructure-fund-targets-us13-billion-towards-asean-connectivity）。
20)　Sukma（2013）はより広範に，「人間中心の ASEAN」に向けた市民社会団体による ASEAN
への関与という文脈で論じている。

3. ASEAN の制度的強化

　産業部門はさまざまな形で AEC のイニシアチブに関与してきた。第 1 に，ASEAN 憲章はおよそ 20 の産業団体を明確に認識している。ASEAN ビジネス諮問委員会は毎年秋の会議で，ASEAN サミットへの政策提言を示している。また，ASEAN ビジネス投資サミット（ABIS）は，ASEAN 首脳と民間部門の直接対話という貴重な機会を提供している[21]。産業部門はそうした包括的メカニズムに加えて，部門固有のイニシアチブにも関わっている。それが最も顕著なのは，おそらく域内の産業団体が関与している優先統合分野だろう。それでも，関与度合いは政策分野によってまちまちであり，部門によっても異なっている。一例を挙げると，基準適合性の製品作業部会の中には，民間部門の知見を多く取り入れている部会もあれば，業界団体への関与に限っている部会もある。

　2015 年ならびにそれ以降に向けて AEC 措置を首尾よく実施するためには，産業部門や他の利害関係者のより一層深い関与が必要である。ASEAN は年々「人間中心の ASEAN」に移行しつつあるため，2015 年以降のビジョンでは，民間部門の関与がより一層重要になるだろう。

　要するに，ASEAN の運営戦略や組織構造は，その意思決定プロセスに民間部門の参加を組み込む必要があろう。そのため，われわれは，地域の取り組みの情報収集チャネルや情報発信チャネル，ならびに AEC 措置の実施パートナーとして，ほとんどすべての政策分野で民間部門との関与を活発化することを提言する。

　ASEAN ビジネス諮問委員会の改革にも真剣に取り組むべきだ。ASEAN 事務局と同様に，同委員会事務局も資金源や人材の深刻な制約に直面している。Hew（2013）は同委員会について，政策提言で具体的な成果を数多くあげている APEC のビジネス諮問委員会と比較して，そこから学ぶことができると主張している。

---

21)　しかし 2013 年には，ブルネイの宿泊施設の収容能力が限られていたため，ASEAN 首脳会議ではなく AEM 会合の期間中に ABIS が開催された。ABIS を改めて首脳レベルに引き上げることが重要である。

（g）ASEAN 組織ならびに機関の機能や役割の明確化

　ASEAN 機関の中の責任や関係に線を引こうとすると，依然として不明瞭な部分がある。Sukma（2013）は主に，ASEAN 調整理事会と他の 2 つの ASEAN 評議会（すなわち AEC 評議会と ASCC 評議会）の関係，ならびに事務総長からの報告の構造に注目している。AEC の背景も含めて ASEAN 組織の中にも，曖昧な点や重複の可能性がある。たとえば，AEC 関連問題における常任代表委員会の役割が不明瞭である。常任代表委員会は現在，ASEAN 連結性調整委員会（ACCC）でそれぞれの国を代表することにより，連結性問題を監督している。なお，連結性調整委員会はさまざまな経済的側面に関与している。われわれはこのレポートで，株式，包括性，持続性といった課題にポスト 2015 年時代にはより注目すべきだと議論している。また，将来的には単純労働者の移動について検討すべきだとも論じている。これらの問題は現在，AEC ではなく，ASEAN 社会・文化共同体の柱のもとで取り扱われている。そのため，2015 年以降のビジョンを確実に早期実行するためには，特定の調整メカニズムを構築すべきである。たとえば ASEAN は，異なる委員会の間で共同作業部会（貿易・環境作業部会など）を設置することが多い，経済協力開発機構（OECD）のアプローチを検討すべきかもしれない。

4．APEC とのパートナーシップの深まり

　ASEAN は組織を強化するとともに，アジア太平洋の地域統合に向けた他の取り組み，とりわけ APEC フォーラムとのさらなるシナジーも利用することができる。APEC の参加 21 エコノミーのうち 7 エコノミーが ASEAN 加盟国である。APEC の「ボゴール目標」は，参加エコノミー間の自由で開かれた貿易，投資環境，シームレスな連結という AEC が掲げる目標を共有している。ただし，地理的な対象範囲が広く，また，「ボゴール目標」の達成を目指すにあたってコミットメントやその順守を強要することなく，参加エコノミー同士の圧力や議論をよりどころとしている。APEC の主要イニシアチブの多くは，AEC ブループリントや MPAC の主な措置に類似しているか，それを補完するものである。このように，APEC と ASEAN は，ASEAN，東アジア，環太平

洋地域のさらなる経済統合に向けた流れの中で，互いに学習し，調整し，補完することができる。

　APEC と ASEAN が一丸となって取り組むことができる領域は，貿易円滑化，サプライチェーンの連結性，構造改革，民間部門の役割といった分野の中にある（Hew 2013 を参照）。

- APEC の貿易円滑化分野には，税関手続き，基準適合性，ビジネスマンの移動，電子商取引が含まれる。また，税関手続きに関して言えば，透明性，プロセスの簡素化，整合性，予測可能性，協議により重点を置いている。ASEAN は，国内シングルウィンドウや ASEAN シングルウィンドウのほか，透明性については国や地域の貿易リポジトリの構築といった，より一層意欲的なアジェンダを掲げている。それでもなお，APEC の貿易円滑化やサプライチェーン連結性枠組みのアクションプランは，2015 年に向けた，そして 2015 年以降の ASEAN の貿易円滑化プログラム強化に役立てることができる。
- APEC と ASEAN は基準適合性をより重視しなければならないだろう。なぜなら，国際貿易に影響を及ぼし，解決するのが最も難しい非関税措置が，貿易の技術的障害であるためだ。APEC，ASEAN とも，国際基準との適合作業を進めている。にもかかわらず，特に参加国／加盟国の経済発展レベルに大きな差がある点を踏まえると，これは複雑な領域であるといえる。また同時に，民間部門の貢献がとりわけ有用な領域でもある。APEC の参加国には，実質的に国際基準を形作るものと目される，世界で最も重要な国々の多くが含まれている。そのため，APEC と ASEAN が基準適合性領域の作業を進めるうえで緊密な関係を築けば，さまざまな国の基準を順守することから生じる取引費用を削減しようという，地域や世界の取り組みに貢献するだろう。
- APEC の構造改革には，貿易障壁を最小化して経済活動を活発化するのに役立つ，組織の枠組み，規制，政策のあらゆる改善が含まれる。その構造改革における優先的な作業の流れは，（a）規制改革，（b）競争政策，（c）企業統治，（d）公共部門の管理，（e）経済・法制インフラの強化と

なっている（Hew 2013, p.10）。ASEAN が APEC から多くを学ぶことがで
きる領域が，こうした構造改革であるのは明らかだ。したがってたとえば，
本書第 7 章で行っている「感動する ASEAN」の議論を，貿易障壁の背
後にある規制や政策の改善・改革を巻き込んだものにすることもできる。
たとえ同章の確かな情報に基づく規制転換の提案プロセスが，APEC の
規制改革プログラムを裏打ちする，OECD の政府アプローチ全般とはや
や異なったとしてもそう言える。また，競争政策についても本書第 3 章で，
2015 年以降の ASEAN にとってより重要になると論じている。将来的に
は AEC が深いものになるにつれ，ASEAN が企業部門や公共部門の管理
問題に対処する必要性も出てくるかもしれない。

- APEC の民間部門は，主にそのビジネス諮問委員会を通して非常に積極
  的なパートナーとなっており，有益な情報や有意義な研究結果を数多く
  提供し，APEC のアクションプランの策定に大いに貢献してきた。議論
  の余地はあるかもしれないが，ASEAN のプロセスの中で民間部門と
  ASEAN 職員が交流する事例が増えつつあるにもかかわらず，ASEAN
  の民間部門は APEC ほど積極的ではない。APEC が地域交流プロセスの
  中で，民間部門に深く関与して知見や利益を得た経験から，ASEAN は
  学習することが可能である。

　ASEAN と APEC の間には，相互補完的であり，シナジーが得られる可能
性を秘めた分野が他にも存在する。経済統合を深め，2015 年に向けた，そし
て 2015 年以降の ASEAN のビジネス・投資環境アジェンダをより良いものに
すべく，ASEAN がそうしたシナジーの可能性を最大限に引き出すだけの価値
があるといえる。

5. 国際社会における ASEAN の意見

　信頼できる AEC 2015，統合を果たし，高度に競争可能な ASEAN となるこ
とを目指して続ける活動（第 3 章を参照），競争力が高くダイナミックな
ASEAN となるために必要な施策へのさらなる注力（第 4 章を参照），包摂的で

5. 国際社会における ASEAN の意見 315

強靭な ASEAN（第5A 章と第5B 章を参照），ならびに信頼できる RCEP（本章の提言を参照）は，国際社会における ASEAN のプロフィールを向上させるものと期待できる。しかしもちろん，ASEAN は AEC や RCEP の比ではない。実際には，議論の余地はあるかもしれないが，ASEAN が成し遂げた重要な功績は経済分野より外交分野のものが多い。そうした功績の中でおそらく最も重要なのは，ASEAN の設立初期に原加盟国（特にインドネシア，マレーシア，シンガポール，フィリピン）の間で，ASEAN の存在意義の１つである地域調停を発展させた点だろう。地域の平和に重点を置くこの基本的な姿勢は，ASEAN と対話国が署名した平和・軍縮条約の領域でも具現化されている。実際に ASEAN 憲章の第１条１は，ASEAN の目標が「地域の平和，安全，安定を維持・強化し，その平和志向の価値をさらに高めることにある」と強調している。同地域の持続的な経済成長や経済改革のためには，平和は重要かつ不可欠な条件である。

ASEAN が発展し続けるなか，インドネシアのスシロ・バンバン・ユドヨノ元大統領が述べた言葉に，ASEAN の意欲がよく集約されている。ユドヨノ元大統領は，ASEAN が次第に強固になり，統合し，共同体に転換していくとして，「……国際システムが劇的な変化を経験している時代に，ASEAN はアジア情勢や国際情勢の中でより積極的な役割を果たそうとしている」と述べたのだ。はるかに大規模な中国や日本などの国を抱える地域で，ASEAN は基本的に中小規模国の団体として，AEC を通した ASEAN の経済統合や RCEP を通した東アジア地域の経済統合を深める取り組みを着実に実行することに加えて，主として団結し，可能であれば共通の意見を持つことにより，地域社会や国際社会に対してさらに声高に意見を述べて影響を及ぼしていくものと期待できる。

2011 年 11 月の第 19 回 ASEAN 首脳会議では，首脳らが「国際社会における ASEAN 共同体に関するバリ宣言——バリ共和宣言 III」を採択した。首脳らは，政治的安全保障，経済，社会文化面の課題をカバーし，以下に示す特徴を持った，国際問題に関する ASEAN の共通プラットフォームを採択した。

(a) 共通の関心や懸念を有する国際問題に対する，より調和がとれ，団結し，首尾一貫した ASEAN のポジションの実現

（b）主な国際問題に貢献し，対応するための ASEAN の能力強化

（c）ルールに基づく組織としての ASEAN に重点を置いた ASEAN 共同体の強化

（d）国際社会における ASEAN 共同体のビジョンと発展をサポートしうる，ASEAN 事務局の対応能力の強化

　「国際社会における ASEAN 共同体に関するバリ宣言——バリ共和宣言 III」は，ASEAN が 1960 年代のはるかに控えめな設立から，時を経て成熟しつつあることを示唆している。成し遂げてきた功績に対する確信と，ASEAN の首脳たちが国際問題における ASEAN の役割拡大にとりわけ注目するという，ASEAN と AEC の明るい見通しを示唆したものである。Tay（2013）は，ASEAN が団結して共通の意見を持った結果として，外交面で ASEAN の影響力が高まった事例を挙げている。1 つの例は，冷戦時代のベトナムによるカンボジア侵攻に関し，ASEAN 主要 6 か国の共通のポジションと意見が，1991 年のパリ平和協定への道を開くのに役立ったというものだ。もう 1 つの近年の例は，ASEAN がミャンマーの政治体制に対する欧米の制裁に加わる代わりに，ミャンマーへの建設的な関与を続けたというものだ。議論の余地はあるかもしれないが，ASEAN の建設的な関与と寡黙の外交が，過去 2 年間に見られたミャンマーのめざましい発展や政治的変革を促す大きな助けになったといえる。

　しかしながら ASEAN は，経済の規模，構造，発展段階のほか，政治制度や歴史が異なる加盟国で構成されている。そのため，ASEAN 加盟国が，たとえば WTO 交渉で見られるように団結し，共通のポジションを持つのは容易なことではない。Tay（2013）はそれでもなお，「たとえ一夜では難しくても，ASEAN が共通意見を持つのは不可能ではない。ただし，自然にできるものもない」と言及している。Tay（2013）はこのように，ASEAN が国際問題や地域問題に関して，加盟国の異なるポジションを尊重しつつ，2015 年以降の時代により効率的に共通のポジションを導き出すのに必要ないくつかの主な要素について，以下に示すように強調している。

・第 1 に，ASEAN の共通意見は，域内の利益を明確に述べることを目指す

べきである。つまり，加盟国の間の利益相反が絡んでくる場合（南シナ海
など）は，強硬なポジションをとらないよう ASEAN が自制すべきであ
るという意味だ。むしろ ASEAN の役割は，規範を定め，それによって
平和的な紛争解決手段を導き出すものでなければならない。ASEAN が属
する経済圏において，地域としての ASEAN は，特定のポジションをと
るのではなく，中立的機関として紛争解決を促すことに重点を置くべきで
ある。

- 第2に，したがって ASEAN は，信頼や中立性を高めなければならない。
- 第3に，団結，コンセンサス，地域の弾力性といった原則を尊重しつつ，
  ASEAN は柔軟になる必要がある。意思決定には何にも増して特別の注意
  を払うべきだ。コンセンサスは全加盟国の同意という意味にもとれるが，
  意見の相違がない状態と解釈することもできる。ただし，全加盟国の同意
  を厳格に求めると，ASEAN は共通のポジションを速やかに形成すること
  ができなくなる。したがって実際には，意見の相違がないことをコンセン
  サスと見なす柔軟なアプローチをとるべきである。
- 最後に，そうした調整プロセスを円滑なものにするため，他の ASEAN
  機関をレビューし，（ASEAN 事務局の強化などの）改革を行うべきであ
  る。この問題については，この章の「組織としての ASEAN の強化」セ
  クションですでに論じている。

ASEAN 共同体の創設は，とりわけ経済分野における ASEAN の共通意見
の基礎を定めるものとなる。RCEP に関する議論の中ですでに説明したように，
AEC の経験は，ASEAN がより大規模な経済統合に向けて準備するにあたっ
て役立つと同時に，地域に対して有益な本質的提案を行うという特別なポジ
ションを ASEAN に与えている。貿易に関係しない他の経済課題についても
同じことがいえる。ASEAN が経済以外の分野でも統合すれば，加盟国は国際
問題への対処方法という点で互いに接近するだろう。Tay（2013）は，
ASEAN 憲章を通じて規範を定めることの重要性を論じている 2015 年以降の
AEC ビジョンが経済的な背景の中で，そうした規範の代用となるだろう。
　要するに，ASEAN はインドネシアのスシロ・バンバン・ユドヨノ元大統領

が最もうまく言い表したように，地域問題や国際問題でより積極的な役割を果たすことを目指している。そうした意欲は，ASEAN が控えめな設立から時を経て成熟しつつあることや，その少なからぬ功績，東アジアの域内平和や経済統合を推し進めるというユニークな役割をある程度反映したものである。このように，ASEAN 中心性の維持，ASEAN 組織の強化，相互補完的な地域組織とのパートナーシップ，外交分野で国際的に発信する ASEAN の意見の探求と，それらと歩調を合わせた RCEP の確実な成功は，台頭著しい ASEAN が真にグローバルな ASEAN になるまでの過程で，すべて具現化していくべき課題である。

第7章 感動する ASEAN

1. はじめに

　本章では 4 つの柱の主な基盤として，「感動する (Responsive) ASEAN」について議論する。議論の大半は，賢い規制や即応的な規制制度に向けた動きを伴いながら，同地域のビジネス・投資環境を改善していくことに関係する。感動する ASEAN では，同地域の規制制度の改善や制度構築に向けた動きの中で，利害関係者による広範な参加が重要であることを強調する。

　民間部門は，これまでの章で述べてきた公平で持続的な高成長の主たる原動力であり，「ASEAN の奇跡」を支えるものである。したがって，良い結果をもたらすような魅力的なビジネス・投資環境を域内に創り出すことが重要である。これまでの章で議論した構想や示した提言は，すべて同地域のビジネス・投資環境の改善に寄与するものである。多くの ASEAN 加盟国では，ビジネス・投資環境が近年著しく改善してきた。それでもなお，より一層の改善を図る余地がある。ビジネス・投資制度の改善度合いが最も大きな加盟国と小さな加盟国の差を埋めるという点では，特にそういえる。

　「感動する ASEAN」とは，加盟国がビジネス部門の持つ懸念に取り組むだけにとどまらず，より根本的に，内容と過程の両面で即応的な規制制度を設けることである。内容面で即応的な規制制度とは，民間部門に即応的に対応する，賢明で優れた規制を設けるという意味である。なぜなら，規制に関していつどのように問題が生じるのかを特定するユニークなポジションに，民間部門があるためである。さらに，即応的な規制制度は，目的，優先事項，環境の変化に

即応的に対応し，そうすることによって規制当局に対し，確かな情報に基づく対話を行うよう要求する。それが，規制当局とさまざまな利害関係者の媒介を通した対話となる。このように，即応的な規制制度は，賢明で優れた規制だけでなく，実際はそれと同様に，即応的な過程を伴う。利害関係者との広範な協議のほか，政府内や規制（の事前・事後）評価の調整も含めた即応的に対応といったプロセスである。

　前述した4つの柱からくる必須事項や提言が，多くのASEAN加盟国における規制の改善，政策の改善，そしておそらく組織の改善さえ求めていることを考慮すると，ASEANが同地域の規制制度を改善し，制度構築を強化する際のプロセスは重要である。本章では，同地域における即応的な規制制度の主たる制度として，関係する政府組織やさまざまな利害関係者の中で，調査機関や学術機関といったより客観的な第三者機関を媒体としながら，確かな情報に基づいて対話を行うという規制当局の役割に焦点を当てる。

2．ASEANのビジネス環境：進捗状況と課題

　本書の第2A章では，同地域が高い経済成長率を持続できるよう，ASEANが世界中の新興国向け直接投資に占める割合を高める必要があると強調している。そのためには，ASEANのビジネス・投資環境を相対的に向上させなければならない。本章では具体的に，グローバル競争力指標（GCI），物流パフォーマンス指標，ビジネス活動の容易度指標など，よく知られたビジネス・投資環境指標の世界ランキングで，ASEAN加盟国のすべてが上位半分，大半が上位3分の1に入るべきだと提言している。

　グローバル競争力指標，物流パフォーマンス指標，ビジネス活動の容易度指標などの結果からは，ビジネスや投資を行うに際しての規制環境や構造的環境という観点で，ASEAN加盟国のうち2〜3か国が世界トップクラスに入っている一方，別の2〜3か国が下から3分の1に属していることがわかる。第2A章の表2A.4が示すように，ビジネス・投資環境に関するそれらのよく知られたグローバル指標では，加盟国の中でも先頭に立つ国と遅れている国の間に大きな差がある。このように，たとえば2013年のグローバル競争力指標にお

ける ASEAN 加盟国のランクには，2 ～ 139 位までの幅がある。同様に，2012年の物流パフォーマンス指標，2013 年のビジネス活動容易度指標のランクには，それぞれ 1 ～ 129 位，1 ～ 163 位までの幅がある。

グローバル競争力指標（GCI）は，今日よく知られた主要指標の中でも，ビジネスや投資を行うに際しての国の魅力を示す最も広範な指標である。そのため，以下の議論では，ビジネス・投資環境の指標としてのグローバル競争力指標に焦点を当てる。

グローバル競争力指標全体は，基本的要件，効率性向上，革新および高度化要素のサブ指標で構成されている。基本的要件のサブ指標は，公的機関，インフラ，マクロ経済環境，衛生・初等教育の 4 つの柱からなり，そのそれぞれが付随する一連の指標で構成されている。同様に，効率性向上のサブ指標は，高等教育・訓練，物品市場の効率性，労働市場の効率性，金融市場の発達，技術受容性，市場規模の 6 つの柱からなり，そのそれぞれが付随する一連の指標で構成されている。革新および高度化のサブ指標は，ビジネスの高度化，革新の 2 つの柱からなり，他の柱と同様にそれぞれが付随する一連の指標で構成されている。グローバル競争力指標は認識データと統計データの両方を用いている。

表 7.1 は，2007-2008 年ならびに 2013-2014 年における ASEAN 加盟国，中国，インドの総合スコアとランクを示している。2013-2014 年の期間には，ASEAN 加盟国のうち 5 か国と中国が上位 3 分の 1 に入り，特にシンガポールは世界第 2 位となった。また，加盟国 4 か国とインドは上位 3 分の 1 ～ 3 分の 2 の間に入り，下から 3 分の 1 にとどまったのは加盟国 1 か国のみだった。注目すべきは，多くの加盟国が 2007-2008 年の期間より大きくランクを上げた点である。中でもカンボジア（110 位から 88 位），インドネシア（54 位から 38 位），フィリピン（71 位から 59 位），シンガポール（7 位から 2 位）は特筆に値する。2008-2009 年の期間よりランキングに加えられたブルネイも，スコアとランクを上げた[1]。こうしたランクの上昇はスコアの上昇に裏打ちされたものである。特にブルネイ，カンボジア，フィリピンは，3 つのサブ指標である基本的要件，効率性向上，革新および高度化要素のすべてでスコアを上げた。また，シンガポールは基本的要件と効率性向上，インドネシアは主に基本的機関でスコアを

---

1) ラオスとミャンマーは直近の 2013 ～ 2014 年のみランキングに加えられている。

表7.1　ASEANの競争力スコアおよびランク

国／地域		ブルネイ		カンボジア		インドネシア		マレーシア		フィリピン		シンガポール		タイ		ベトナム		ラオス	ミャンマー	中国		インド	
年		2008	2013	2006	2013	2006	2013	2006	2013	2006	2013	2006	2013	2006	2013	2006	2013	2013	2013	2006	2013	2006	2013
グローバル競争力指標	スコア	4.54	4.95	3.39	4.01	4.26	4.53	5.11	5.03	4.00	4.29	5.63	5.61	4.58	4.54	3.89	4.18	4.08	3.23	4.24	4.84	4.44	4.28
基本的要件	スコア	5.30	5.64	3.83	4.18	4.41	4.90	5.44	5.37	4.19	4.46	6.13	6.30	4.98	4.86	4.37	4.36	4.41	3.40	4.80	5.28	4.51	4.23
1番目の柱：公的機関	スコア	4.65	4.96	3.26	3.61	4.04	3.97	5.12	4.85	3.38	3.76	5.90	6.04	4.37	3.79	3.62	3.54	4.00	2.80	3.51	4.24	4.55	3.86
2番目の柱：インフラ	スコア	4.45	4.29	2.48	3.26	2.72	4.17	5.09	5.19	2.73	3.40	6.16	6.41	4.36	4.53	2.79	3.69	3.66	2.01	3.54	4.51	3.50	3.65
3番目の柱：マクロ経済	スコア	6.33	7.00	3.87	4.53	4.52	5.75	4.97	5.35	4.45	5.34	5.67	6.01	5.10	5.61	4.63	4.44	4.41	3.74	5.72	6.29	4.12	4.10
4番目の柱：健康・初等教育	スコア	5.79	6.33	5.71	5.32	6.35	5.71	6.58	6.10	6.20	5.33	6.81	6.72	6.09	5.52	6.43	5.78	5.56	5.05	6.44	6.06	5.90	5.30
効率性向上	スコア	3.84	4.09	2.94	3.79	4.12	4.32	4.89	4.86	3.85	4.20	5.63	5.63	4.29	4.43	3.45	3.98	3.60	3.03	3.66	4.63	4.32	4.41
5番目の柱：高等教育・訓練	スコア	3.93	4.52	2.63	3.12	4.25	4.30	4.80	4.68	4.02	4.28	5.59	5.91	4.44	4.29	3.39	3.69	3.31	2.52	3.68	4.23	4.35	3.88
6番目の柱：市場の効率性	スコア	3.95	4.52	3.63	4.35	4.93	4.40	5.24	5.23	4.21	4.19	5.62	5.59	4.76	4.67	4.10	4.25	4.36	3.57	4.22	4.32	5.07	4.18
7番目の柱：技術の受容性	スコア	3.64	3.75	2.56	3.22	3.17	3.66	4.64	4.17	3.32	3.58	5.69	6.01	3.67	3.56	2.85	3.14	2.98	2.03	3.07	3.44	3.52	3.22
革新要素	スコア	3.35	3.81	3.05	3.44	4.07	4.13	4.91	4.70	3.63	3.75	5.11	5.14	4.15	3.83	3.32	3.41	3.54	2.55	3.75	4.10	4.60	4.00
8番目の柱：ビジネスの高度化	スコア	3.75	4.23	3.37	3.83	4.53	4.44	5.29	5.02	4.20	4.29	5.17	5.08	4.57	4.42	3.55	3.68	3.86	2.87	4.05	4.31	5.06	4.38
9番目の柱：イノベーション	スコア	2.94	3.38	2.72	3.05	3.60	3.82	4.53	4.39	3.05	3.21	5.04	5.19	3.74	3.24	3.10	3.14	3.22	2.24	3.44	3.89	4.14	3.62

国／地域		ブルネイ		カンボジア		インドネシア		マレーシア		フィリピン		シンガポール		タイ		ベトナム		ラオス	ミャンマー	中国		インド	
年		2008	2013	2006	2013	2006	2013	2006	2013	2006	2013	2006	2013	2006	2013	2006	2013	2013	2013	2006	2013	2006	2013
グローバル競争力指標	ランク	39	26	103	88	50	38	26	24	71	59	5	2	35	37	77	70	81	139	54	29	43	60
基本的要件	ランク	29	18	100	99	68	45	24	27	84	78	2	1	38	49	71	86	83	135	44	31	60	96
1番目の柱：公的機関	ランク	41	25	95	91	52	67	18	29	88	79	3	3	40	78	74	98	63	141	80	47	34	72
2番目の柱：インフラ	ランク	39	58	97	101	89	61	23	29	88	96	6	2	38	47	83	82	84	141	60	48	62	85
3番目の柱：マクロ経済	ランク	2	1	101	83	57	26	31	38	62	40	8	18	28	31	53	87	93	125	6	10	88	110
4番目の柱：健康・初等教育	ランク	47	23	98	99	72	72	42	33	82	96	20	2	84	81	56	67	80	111	55	40	93	102
効率性向上	ランク	77	65	110	91	50	52	26	25	63	58	3	2	43	40	83	74	107	140	71	31	41	42
5番目の柱：高等教育・訓練	ランク	69	55	110	116	53	64	32	46	63	67	10	2	42	66	90	95	111	139	77	70	49	91
6番目の柱：市場の効率性	ランク	91	42	99	55	27	50	9	10	57	82	4	1	31	34	73	74	54	135	56	61	21	85
7番目の柱：技術の受容性	ランク	54	71	98	97	72	75	28	51	61	77	2	7	48	78	85	102	113	148	75	85	62	98
革新要素	ランク	87	54	102	83	41	33	22	23	66	58	15	13	36	52	81	85	74	146	57	34	26	41
8番目の柱：ビジネスの高度化	ランク	89	56	100	86	42	37	20	20	59	49	23	17	40	40	86	98	78	146	65	45	25	42
9番目の柱：イノベーション	ランク	91	59	98	91	37	33	21	25	79	69	9	9	33	66	75	76	68	143	46	32	26	41

出所：The Global Competitiveness Report（2008-2013）．

2. ASEAN のビジネス環境：進捗状況と課題

上げた。

ここで留意すべきは，ベトナムも同期間に控えめながらも総合スコアを上げたものの，わずかにランクを下げてしまった点だ。これは，他国がスコアを上げるペースの方が速かったか，（ブルネイなど）新たにランキングに加えられた国のスコアの方が高かったことを示している。また，中国がスコアとランクを上げた一方で，インドはスコアとランクを大きく下げている。同様にタイと，タイよりはるかに小幅ながらマレーシアも，スコアとランクを下げている。それでもなお，両国は世界諸国の上位4分の1に入っている。

以上のような柱やサブ指標を裏打ちする特定の指標に関して，その時系列データをよく見ると，多くの領域で過去7～8年間に大きな改善があったことがわかる。主としてブルネイ，カンボジア，フィリピン，ベトナム（ならびに，場合によってはインドネシア）の注目に値するそうした改善には，政府規制への対応負担の削減，インフラの質，初等教育の質，高等教育への参加状況，独占禁止政策の有効性，重複費用の削減，信用へのアクセスのしやすさ，先端技術の可用性，産業集積の進展状況，知的財産保護といった領域が含まれる。

しかし，スコアがそのように著しく上がったにもかかわらず，CLMVやフィリピンとスコアが最も良いASEAN加盟国との差が依然として大きいのは，すでに指摘したとおりである。スコアやランクを考慮すると，シンガポールが多くの領域でベストプラクティスに最も近い。したがって，ASEAN加盟国の多くにとってベストプラクティスとの差は，多くの領域で引き続き大きいといえる。これは概して，加盟国の多くが2015年以降も引き続き直面する，規制，政策，制度を改善するという課題を示している。

ビジネス活動の容易度指標は，中小企業にとってとりわけ重要なビジネス関連規制の領域を選び出し，それらに明確に焦点を当てている。起業，建設許可の取り扱い，電気の使用開始，不動産登記，信用獲得，投資家保護，税金支払い，国際貿易，契約履行，債務超過の解消などの領域である。グローバル競争力指標と同様に，ASEAN加盟国の中でもトップクラスの加盟国と底辺の加盟国には，世界ランク1位から182位（最下位から8番目）までの大きな差がある。シンガポールとマレーシアは世界の上位10位，タイは同20位に入っているが，ラオスとミャンマーは底辺の20%に属している状況である。

ビジネス活動の容易度指標は，個々の ASEAN 加盟国がとりわけ遅れており，より注力する必要がある領域も示している。また，総合評価やランクを踏まえて，加盟国が他の国々より相対的にうまくやっている領域も示している。したがってたとえば，タイは総合ランクが高いにもかかわらず，起業や信用獲得の領域ではとりわけ遅れていることがわかる。実際に ASEAN 加盟国の大半が起業で遅れている。たとえば，ブルネイ，カンボジア，インドネシア，フィリピンがそうであり，ミャンマーは世界最下位となっている。また，タイは信用獲得でも著しく遅れている。しかし，信用獲得は ASEAN 加盟国の大半にとって，総合ランクよりいくらか良い領域となっており，カンボジア，フィリピン，ベトナム，インドネシア，世界第 1 位となっているマレーシアはその非常に良い例である。国際貿易でも ASEAN 加盟国の多くに同様のことがいえる。2014 年のビジネス活動の容易度報告書は，2013 年にビジネスの利便性を最も向上させた世界 10 か国のひとつがフィリピンだと述べている。しかし，フィリピンが「規制上の差」を埋めるべく，はるかに多くの改善を行ったり，よりうまくやる必要がある点もまた明らかである。規制上の差とはすなわち，ベストプラクティスである「最先端の加盟国」との差である。ASEAN 加盟国の多くで見受けられる規制上の大きな差は，規制を改善したり，規制改革を行い，ベストプラクティスに向けて大きく前進するための圧力や推進力をもたらす。

東南アジアで事業を営む多国籍企業に関する調査の結果は，同地域のビジネス環境の認識について別の指標を提供している。たとえば，『ASEAN ビジネスアウトルック調査 2014』の結果からは，アメリカの多国籍企業にとって，実際に（ブルネイとシンガポールを除く）ASEAN 加盟国のすべてで汚職が大きな懸念となっており，法律，規制，インフラがそれに続くことがわかる。加盟国 5 か国で大きな懸念となっている他の領域としては教育を受けた人材の可用性があるが，この点がフィリピンとシンガポールが強みを持つ要因のひとつとなっている。同調査からは，おそらく驚くことではないが，シンガポールが強みのある領域を最も多く持っており，フィリピンとタイがそれに続くことがわかる（表 7.2 を参照）。

また，2014 年の同調査からは，2008 年から 2013 年までの期間に地域全体で見てインフラがいくらか改善したこともわかる。主にマレーシアの大幅改善と

2. ASEANのビジネス環境：進捗状況と課題　　　325

フィリピンのある程度の改善が寄与した。同様に，主にフィリピンの大幅改善が寄与して汚職の状況が改善したほか，同じく主にフィリピンの改善が寄与して租税構造が改善した。同調査は，過去5年間にビジネス環境の大幅改善を果たしたASEAN加盟国がフィリピンだったとしている。(2008年以降の調査に含められた関係で，ブルネイ，カンボジア，ラオス，ミャンマーの変化についての情報はない。)『ASEANビジネスアウトルック調査2014』の結果は，たとえばインフラ，税関，汚職に関する，ASEAN加盟国への個々の国レベルの

表7.2　現時点における現地のビジネス環境

要素	地域全体	ブルネイ	カンボジア	インドネシア	ラオス	マレーシア	ミャンマー	フィリピン	シンガポール	タイ	ベトナム
安い労働力の可用性	WS	N	S	S	N	N	WS	S	C	N	S
原材料の可用性	N	N	N	N	WS	WS	WS	WS	N	WS	WC
教育を受けた人材の可用性	WS	C	C	WC	C	WS	C	S	S	C	N
汚職(またはその不在)	C	S	S	C	C	C	C	C	S	C	C
自社製品の通関させやすさ	WS	WC	N	C	C	S	C	C	S	WC	C
物品の自由な域内移動	WS	WS	N	WC	C	WS	C	WS	S	WS	C
住宅費用	WC	WS	S	N	N	N	C	S	C	S	C
インフラ	WS	WS	C	C	C	S	C	C	S	C	C
法規制	WC	N	C	C	C	WS	C	C	S	C	C
現地の保護貿易主義(またはその不在)	N	N	N	N	C	N	C	N	S	N	N
政府が提供する新規ビジネスへのインセンティブ	WS	N	N	C	WC	WS	S	C	S	N	C
オフィスのリース費用	N	WS	N	N	N	C	S	C	S	C	WC
身の安全	S	S	S	WS	S	WS	S	S	S	S	S
アメリカに対するセンチメント	S	S	S	S	WS	S	S	S	S	S	S
安定した政治制度	S	S	S	WS	WS	S	N	S	S	N	N
租税構造	WS	WS	N	N	C	C	N	C	S	N	C

注：

S	強み：50%以上の満足度
C	懸念：40%以上の不満度
N	どちらでもない：大多数が満足でも不満でもどちらでもない，またはその要素が当てはまらない
WS	やや強み：大多数が満足だが，満足度が50%未満
WC	やや懸念：大多数が不満だが，不満度が40%未満

出典：Amcham (2013).

懸念や，フィリピンのポジションの大幅な改善といった点で，グローバル競争力指標の結果と概ね一致している。

要約すれば，実際にあらゆる調査の多くの領域で，多くの ASEAN 加盟国が著しい進展を見せている。それでもなお，2020 年代初めまでにすべての加盟国が世界ランクの上位半分に入り，大半の加盟国が上位 3 分の 1 に入るためにすべきことは山積している。

3. 即応的な規制制度：枠組み[2]

世界中の他の国々の多くが規制環境の向上に熱心に取り組んでいることを考慮すれば，ASEAN 加盟国が世界ランクを上げるためには，同様の努力が必要となろう。これは，賢い規制と即応的な規制制度が必要であることを意味する。

優れた規制には優れた内容とプロセスが求められる。規制が民間セクターに即応的であることも求められる（図 7.1）。規制当局や政府高官は明確な規制目的を持ち，優れた規制の特徴を理解する必要がある。ただし，いつどのように問題が生じるのかを認識するのは経済界である。

理想的には，規制当局の介入は以下のような内容であるべきだ。

- 競争促進的
- 目的と整合的
- 非差別的

図 7.1　優れた規制の基本的要素

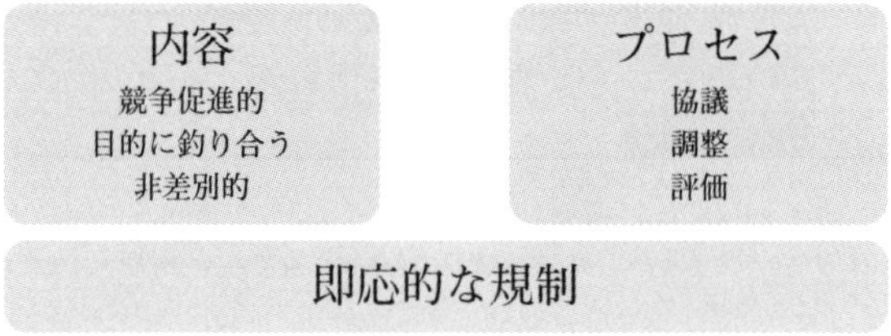

内容
競争促進的
目的に釣り合う
非差別的

プロセス
協議
調整
評価

即応的な規制

出典：Dee（2013c）.

2)　この節は数行を除いて Dee（2013c）より引用した。

3. 即応的な規制制度：枠組み

　市場は必ずしも自ら，経済的に見て最も効率的な結果をもたらすとは限らない。しかし，市場の失敗に対処すべく介入が必要な場合は，一般に競争に及ぼす影響が最も少なくなる方法で介入すべきである。これは，問題が生じた特定の市場のみを対象とした介入が必要だということだ。また，規制した市場の競争が政治的選択によって制限される場合は，非競争的な行動が近隣市場に波及しないようにする必要がある。

　世界銀行の『ビジネス環境の現状』は，同報告書が「賢い（SMART な）規制」と呼ぶ優れた規制を示し，上記で議論した優れた規制の特徴を詳しく説明している。賢い規制とは以下のようなものだ（World Bank 2013 p.21）。

　　「効率化した（streamlined）」の S：
　　　　すなわち，最も効率的な方法で求められる成果を達成する規制
　　「重要な（meaningful）」の M：
　　　　すなわち，市場の相互作用を促す規制
　　「適応可能な（adaptable）」の A：
　　　　すなわち，環境の変化に適応する規制
　　「適切な（relevant）」の R：
　　　　すなわち，問題を解決するように設計された適した規制
　　「透明性が高い（transparent）」の T：
　　　　すなわち，使う必要がある誰にとっても明確で使いやすい規制

　政府は多くの場合，経済の効率化以外に追加的な目的を持っている。他の目的を達成すべく介入を設計する場合は，経済の効率化をあまり妥協しないことが重要である。複数の目的には複数の規制手段が必要であり，したがって，規制手段の適切な数と種類を選ぶことが重要である。そしてそれらを選んだ後は，目的を達成するのに必要である以上に，介入に手間がかからないことが重要である。

　介入はできる限り，市場参加者の数，あるいは正体のいずれについては早まった判断をすべきではない。そして，不公平な活動の場を作るべきではない。また，介入は民間企業より国有企業を利するべきでも，海外企業より国内企業

を利するべきでも，新規参入者より既存企業を利するべきでもない。

理想的には，規制当局によるそうした介入は，以下を含めた・プ・ロ・セ・スを用いて考案すべきだ。

- （すべての利害関係者との）協議
- （政府内の）調整
- （実施前と実施後の）評価

すべての利害関係者との広範な協議は，誰が介入から利益を得て誰が損害を被るのかに加えて，そうした利益や損害の想定規模を明らかにするのに役立つ。この情報は，介入が社会全体に純利益をもたらすだろうと立証するにあたって欠かせない。そのため，介入が脅かしうる特権的立場にある者だけでなく，すべての利害関係者と協議を持つことが重要である。この協議は，そうした特別な利害に関する特別な嘆願を，他の利害関係者のより広範な利害と対比させる機会を提供する。

望ましい経済介入の範囲は，ある単一の政府部門の管轄とはうまく合致しないかもしれない。省庁は自らがしばしば利害関係者であり，その官僚的立場は，経済改革の影響をプラスにもマイナスにも受ける可能性がある。そして，介入を成功裏に実施するためには，ひとつ以上の省庁の協力が必要となる場合もある。利害関係者としての省庁の見解に耳を傾けて理解しなければならず，彼らの協力も確実に得なければならないため，調整が必要となる。

新規介入は，それが社会に純利益をもたらす最善の機会に確かになるようにするため，その実施前に評価する必要がある。また，新規介入が意図した効果を確かに上げるようにするため，その実施後しばらくしてから評価することも可能である。そして，長期間にわたる介入も，その有効性が時を経ても確かに失われないようにするため，評価する必要がある。以上のような評価には協議のほか，費用とさまざまな利害関係者グループにもたらす便益に関する慎重な分析，社会のどこに純便益をもたらすのかに関する慎重な判断も求められる。

・即・応・的・な・規・制に関するこのこれまでの研究は，たとえば規制影響評価（RIA）などの正規のプロセスを通した，計画段階の協議プロセスが重要なだけでなく，

規制遵守を確実にするためにも，現在の介入が効果を上げていないケースや有効性が時を経て失われてしまったケースを知るためにも，継続的に重要であると強調する。

Braithwaite（2011）は，規制した関係者がとる行動，業界の背景，環境に対し，規制が即応的である必要があると論じている。即応的な規制は，制裁ピラミッド（すなわち，最初に最も強制的でない実施方法を試し，必要に応じてのみ関わるピラミッドの上位レベルの対処事項とする）の概念で狭い範囲に特定されてしまう場合があるが，Braithwaite（2011）は広範で適切な実施原則を特定している（図7.2）。

背景を踏まえて考えるとは，規制の理論を実際の参加者と「現地で」事前検証するという意味である。積極的に耳を傾ければ，利害関係者が発言する機会を与えることになる。関係者の抵抗を許容し，規制設計をいかに改善すべきかに関して学ぶ機会として使うことにより，そうした抵抗する関係者を引き込め，彼らを尊重する姿勢を示すことになる。支援および教育は，規制の理論的解釈に関する共通の理解を形成し，規制を遵守する能力や意欲を養うのに使うことができる。人材が乏しい国では，業界団体や非政府組織といったパートナーの広範なネットワークを取り込み，規制の設計や実施（たとえば，業界ベースの認定プログラムの策定や業界ベースの訓練）に関与させることが特に有効となりうる。Drahos（2004）は人材を考慮しながらこの議論を行っているが，Braithwaite（2011）は規制の虜になることを防ぐためにもこの議論が役立つと指摘している。最後に，いかに首尾よく，またいかなる費用をかけて成果を達成したかを評価すべく学ぶこと，そして学んだ教訓を伝えることは非常に重要である。

即応的な規制は，規制影響評価のプロセスをやり通すのが難しくなりうる，相対的に「ソフトな」統制スタイルを伴う場合がある。しかし，議論の余地はあるかもしれないが，そうしたアプローチは結果的に，規制影響評価プロセスが作り出すであろうアプローチより官僚的形式主義でなくなる可能性がある。

　　「規制影響評価プロセスでは折り合いをつけなければならないことを知っている，新たな規制制度の提案者には誰でも，旧態依然とした指揮統制制

図 7.2 即応的な規制

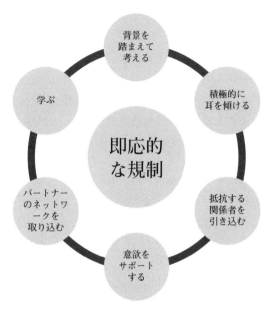

出典：Dee（2013c）．

度に近い何かを選ぶべく，賢い制度やほとんど抵抗できない必須事項を提案する意欲をそぐものがあろう」（Baldwin 2011, p.205）

　また，即応的なアプローチも，新たなリスクやリスク発生源について理解することにより，純粋にリスクベースの規制に向けられる批判のひとつを回避するだろう。そうした規制が効率化を追求する一方で，よく知られた馴染み深いリスクに重点を置く傾向があるという批判である。最終的には，即応的なアプローチは業界の違いに敏感となり，したがってたとえば，多国籍企業と同じ統制方法を中小企業に対して実施することはなくなるだろう（Grabosky 1995）。

　Baldwin and Black（2008）は，規制当局が規制対象者の遵守状況に対してだけでなく，以下に示すさらなる要素に対しても即応的に対応しなければ，真に即応的とはいえないという点で同意している。

- 企業独自の事業運営および認識の枠組み（彼らがとる「姿勢の背景」）
- 規制制度における広範な制度的環境
- 規制当局がとる手段や戦略における異なる論理
- 規制制度そのものが達成する成果
- これら要素のそれぞれの変化

　即応的な規制はこのように，企業と規制当局の関係そのものが遵守意欲にどのように影響しうるのかを意識している。また，規制対象者と同様に規制当局の制約や機会を認識している。たとえばあめとむちのように，規制当局の異なる論理をいかに組み合わせるかについて慎重である。達成する成果に敏感になれば，成果を目的と対比させて評価し，それに応じて（おそらくさらに徹底的に）手段や戦略を修正する必要が出てくる。

　最後に，即応的な規制は，目的，優先事項，環境の変化に即応的に対応しなければならない。そうするためには以下のような課題が伴うと，Baldwin and Black（2008, p.75）は認識している。

　「ネットワーク化した賢い規制制度が，関与させた参加者を合意したポジションやアプローチに閉じ込めてしまい，それによって有効な改革を実行できなくなる恐れが実際にある。理想的な世界では，ネットワーク化した規制参加者との対話が，規制当局による調整をもたらすものと期待するかもしれない。しかし，あまり理想的でない世界におけるそうした対話は，混乱，凝り固まったポジション，規制の失敗に対処する能力の欠如，責任転嫁などを露呈することになる可能性がある。必要とされうるのは，適切な修正プログラムを奨励する戦略である」

　そのような戦略の1つは，**確かな情報に基づく規制当局による対話**を行うというものである。ネットワーク化した規制参加者との**媒介を通した**対話である。より良い選択肢を特定するためだけでなく，改革に賛成するコンセンサスを形成するため，凝り固まったポジションを打開するに当たり，「公正な仲介者」の役割を果たしうる媒介者の存在を役立てることができる。

4. 確かな情報に基づく規制当局による対話[3]

　Andrews（2008）は，実際に改革を実行しうる環境の種類を特徴付けている。また，改革の必要性が容認された環境としての「改革空間」，ならびに改革を実行する権限と能力について議論している。これらの概念を図7.3で詳しく説明している。

　近年発表された，東アジアや南アジアの改革の経験に関する一連の研究からは，以上のような状況を作り出すのを促す戦略としての有益な役割が，確かな情報に基づく規制当局による対話にあることがわかる。そうした対話は，より良い規制や手続きの導入を妨げうる2つの主な障害を克服するのに役立つ。より良い解決策についての無知，ならびに（政府内も含めた）既得権者の2つである。

図7.3　改革空間

以下の事項が**容認**されているか？： 変化および改革の必要性 具体的な改革案 改革の金銭的費用 改革実行者のための社会的費用 組み込まれたインセンティブメカニズムが，特に古いものから新しいものへの移行中に容認を促しているか，あるいは妨げているか？	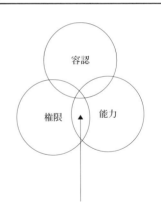
権限はあるか？ 人々が現状に異議を申し立てて改革を始めることを，法律が認めているか？ 改革実行者が必要な行動をとることを，正規の組織構造と規則が認めているか？ 改革実行者が必要な行動をとることを，正規ではない組織規範が認めているか？	
能力はあるか？ 改革を概念化して実行する適切な能力を持つ人々が十分いるか？ 改革の概念化，計画，実行，制度化を促す適切な情報源があるか？	3つの輪が重なる部分である改革空間により，どのくらいの成果が達成できるかが決まる

出典：Andrews（2008）を編集し，Dee（2013c）に含めた。

---

[3]　この節はDee（2013b）より引用した。

4. 確かな情報に基づく規制当局による対話　　333

図7.4　政策レビューの要素

政策レビューは以下の事項を提示する可能性がある

- 行動する必要性を生じさせる問題または環境
- 目的
- 目的を達成するために実施可能な手段を構成する可能性がある（規制および非規制）政策の選択肢
- 消費者，企業，政府，社会に対し，それぞれの選択肢が及ぼす影響（費用および便益）の評価
- 協議に関する記述書（あらゆる利害関係者との協議プロセスおよびその結果）
- 推奨する選択肢
- 選択した選択肢に関する（適切な実施メカニズムの検討も含めた）実施およびレビュー戦略

出典：Dee（2013c）.

　より良い政策を特定する行動のひとつが問題であれば，利害関係者との対話を含めた政策レビュープロセスが，より良い選択肢の特定を通して技術的な解決策を提示することが可能である。これが，（たとえば規制影響評価（RIA）の中にあるような）政策レビューメカニズムの役割に関し，従来からなされている理解である。なお，図7.4には「理想的な」レビュープロセスを詳しく説明している。

　しかし，確かな情報に基づく規制当局による対話をこれらの要素に沿って行えば，かかる対話も（政府内も含めた）既得権者に対応し，改革に賛成する連立を形成するための戦略となりうる。そうした戦略はさまざまな形で有益となりうる。

　第1に，確かな情報に基づく規制当局による対話は，検討すべき課題を決める一助となることができる。なぜなら，誰も議論しなければ政策変更は起こらないからである。第2に，独立した進行役が規制当局による対話を進めれば，議論の範囲を決めることもできる。既得権者は概して，政策変更が自らに及ぼす影響のみを強調する。それに対して規制当局による対話は，現在の政策環境が他の利害関係者に負担させる費用やもたらす便益を検証することができる。第3に，規制当局による対話から政治的な部分を排除し，独立した進行役によって導かれれば，議論から政治的要素を取り除くよう促せる場合がある。第4に，規制当局による対話は少なくとも，今後とるべき最善策に関する意見をいくらか収斂させ，改革に賛成する連立の形成を促すことができる。あらゆる

利害関係者の情報提供を募るプロセスは，改革推進派が自ら情報を取捨選択する一助となりうる。また，すべてのグループが共通の利益を特定し，改革推進戦略で協力することに合意するための議論の場も提供する。最後に，範囲が十分に広いレビュープロセスは，誰を取り巻く環境も悪くならない政策の組み合わせを特定するのに役立ち，したがって，改革に賛成する大連立の形成を促す。そうした成果を達成できない場合にも，レビュープロセスは少なくとも，既得権者の費用と便益が他の利害関係者の費用と便益に比べてどのように重いのかを明らかにすることができる。

独立した仲介者がかかる対話を進行することが重要である。これは，民間の利害関係者のうち十分に独立した一仲介者という意味だけではない。政府からある程度距離を置いている必要もある。そのような進行役は，政府の専門部局の職員がしばしばそうであるように，政府の現行政策に縛られるべきではない。実際，政府の専門部局は単独の利害関係者である場合が多い。進行役はそれと同時に，現在の経済政策に責任を負う規制当局の職員がしばしばそうであるように，規制の現状が絡んだ間接的な利害関係を持つべきではない。

また，進行役が経済全体を見渡せることも重要だ。狭く部分的な利益を超えて見渡し，あらゆる利害関係者の費用と便益に関する情報を引き出せなければならない。そうすることにより，経済全体にもたらす純利益に関し，見解の形成を促すのである。そのためには，そうした大局的な見解を持つことが可能となるような，分析能力が求められる場合がある。

最後に進行役は，確かな情報に基づく規制当局による対話が，透明性が高いという条件下で確実に行われるようにしなければならない。すべての利害関係者が一堂に会する必要はない。しかし，個々の利害関係者グループに他のグループの見解や主張を認識させ，彼らがよく考えて反応できるようにすることが重要だ。そのように透明性が高い条件下に限って，プロセスを繰り返すことにより，利害関係者が互いに学び，互いに理解を深め，今後とるべき最善策に関する共通の理解に収斂することができるのだ。

東アジアや南アジアの改革経験に関して近年発表された研究（Dee 2010, 2012）は，確かな情報に基づく規制当局による対話がしばしば，改革成功の一翼を担ってきたことを確認している。Dee（2010）は，東アジア地域の構造改

革に関して8つの事例研究を行った。そのうち2つは，民主主義が非常に発達した日本とオーストラリアに関するものであり，他の4つは，民主主義が発展途上にあるフィリピン，インドネシア，マレーシア，タイに関するものである。残り2つは，新興国であり，中央政府がさまざまな既得権者に対応しながら改革の権限を維持する必要もある，ベトナムと中国におけるものである。これらの研究では，いずれの事例でも，正規の政策レビューや確かな情報に基づく規制当局による対話を行う既存の組織が，多かれ少なかれ改革プロセスをサポートしてきたことが判明した。

ASEAN加盟国の中のそうした既存組織に関し，その特徴を考察するのは有益である。

同地域における計画機関の中には，政策レビューや確かな情報に基づく規制当局による対話を実施する性格，技能の他，権限さえ有しているものもある。ただし，どの機関もまだ，そのような権限を長期間にわたって行使したことはないようである。たとえば，フィリピンの国家経済開発庁は政府のさまざまな部門の中で，国内や地域の開発計画やプログラムをとりまとめている。同庁の理事会は，政府の主要部門で構成される閣僚レベルの会議であり，大統領が議長を務めている。同庁の事務局はさまざまな庁内委員会に対し，技術的および事務的な仕事を行っている。同庁は政府の政策実施状況について幅広い情報を持っており，政府が打ち出す政策に対して意見する能力がある。Llanto（2010）によれば，同庁は政策策定プロセスを主導する潜在力を有しているが，今まで発揮したことがない。同様に，インドネシアの国家開発計画庁は従来型の計画機関であり，詳細な政策レビューや確かな情報に基づく規制当局による対話を行うための，技術面に関する専門知識を持っている。しかし，Soesastro, Aswicahyono and Narjoko（2010）によれば，同庁はまだ，政策レビューに関してより積極的な役割を担ったことがない。さらにマレーシアも，計画プロセスを事前・事後の政策レビューに移行する可能性を秘めたもうひとつの国である。正規の計画メカニズムを持たない国々では，（税関や運輸といった専門部局ではなく，財務省や金融省などの）中央省庁が，政策レビューのメカニズムをうまくとりまとめている場合がある。

同様に，同地域周辺のシンクタンクはしばしば，構造改革を推し進めるうえ

で影響力のある，しかしながら間接的な役割を果たしてきた。たとえばフィリピン開発研究所は，独立した政策のレビュー，調査，分析を考案してきた。それらは，出版物，セミナー，ワークショップの他，議会のさまざまな委員会が開いた公聴会における証言といった形で公開されてきた。しかし，そうした情報は現在のところ，大規模な公式協議を行う際には提供されていない。同地域のその他の例としては，インドネシア戦略国際問題研究所，タイ開発研究所，同じくタイ財政政策研究所，マレーシア経済研究所，ベトナム中央経済管理研究所がある。これらの組織は，正式な政府体系の内外のどの範囲に位置するか，また彼らの貢献が政策策定プロセスにどの程度使われているかという点で異なる。しかし，どの組織も少なくともある程度は，独立した政策レビュー機関という特徴を持っており，そうした機能を果たしてきた。

1990年代と2000年代初めに南アジアで実施された改革のさらなる事例研究からは，政策レビューや確かな情報に基づく規制当局による対話を行う戦略が，厳しい政治環境のもとでさえ有益となりうることがわかる。政策レビューおよび分析プロセス，利害関係者の関与，連立の形成を通してのみ，南アジアの各国政府は改革のあらゆる取り組みを，強固な政治基盤に欠ける連立政府内に維持することができたと，Dee（2012）は結論付けている。政策提案の作成や分析そのものに弱い部分があった他，客観的で独立したレビューを提供し，既得権者に対応するにあたっては，研究者やシンクタンクがしばしば「行方不明」になった。しかしそれでもなお，改革は実施された。

政策レビューや確かな情報に基づく規制当局による継続的対話の規定を設ける改革プログラムは，相対的に時間がかかるかもしれないが，長期的に持続可能なものとなる可能性が高い。なぜなら，これらの戦略が単に改革の選択肢を特定するだけではなく，今後とるべき策に関するコンセンサスの形成を促すためである。

5. 問題を解決する価値があるか？

規制改革から得られる潜在的な経済的利益は巨大である。そうした情報は，ASEAN加盟国の物流や貿易円滑化に関してERIAが最近行った研究結果から

集めることができる。

　物流や貿易円滑化の優れた規制には求められるものが2つある。第1に，そうした規制には，国際貿易が効率的で一貫性を保つように管理する規制や手続きが必要である。効率的な規制は，目的を達成するのにそれほどの手間がかからない。一貫性を保つためには，異なる規制や手続きが互いに重複したり，ちぐはぐに機能しないことが必要である。第2に，そうした規制が優れた成果を上げるには，物流チェーン内のさまざまな結合を提供するサービスを通し，運営を効率化することが必要である。それはほとんどの場合，そうしたサービスを競合可能なものすることで確実に達成できる。

　物流や貿易円滑化の規制が不当な負担を強いる場合，輸出入の時間的費用や金銭的費用に悪影響を及ぼす。ASEANの経済界は，非効率で一貫性のない規制が強いる負担を特定する特異な位置付けにあり，物流や貿易円滑化分野でどの規制に過度な手間がかかるかに関し，すでに十分な証拠を提供している。

　世界経済フォーラムの「2012年貿易円滑化報告書」では，ASEAN加盟国で事業を営む大企業のCEOらが，貿易においてどの要素が最も問題になっているかを特定するよう求められた。CEOらは，（潜在市場の割り出しなどの）市場要素や（関税，非関税障壁，技術規格などの）明らかな貿易障壁に加えて，大きく見て規制要素も問題になっているとして特定した。また，「手間がかかる」輸入手続きが最も重要な要素となっており，回答者の20.6％が特定した。それ以外で大きな負担となっているのは，国際輸送に起因する高額な遅延費用（14.9％），国境における汚職（12.9％），国内輸送に起因する高額な遅延費用（11.7％）などである。ここで留意すべきは，不十分な規制も直接的に，あるいは必要なインフラ投資の妨げになることにより，国際・国内輸送費用を増加させうるという点である。

　ASEANの物流サービス提供者は輸出入に密接に関与しており，CEOらが特定したそうした問題の「箱を開ける」のを促すことができる。2007年には，ASEAN事務局が域内の物流サービス提供者の調査をサポートし，彼らは，(a)数多くの規制問題を特定した他，(b) そうした問題を相対的な重要度順にランク付けした。その一覧の主要項目を図7.5に示しているほか，さらなる詳細はDee（2013b）より入手可能である。

第 7 章　感動する ASEAN

図 7.5　ASEAN の物流サービス提供者が特定した「負担」

手間がかかる輸入手続き	輸送チェーンにおける結合の競合可能性
• 税関の電子データ交換システムがない • デミニミスルールがない • 輸入免許 • 現物検査の頻度 • 税関の不服申し立てがない • 通関に要する時間 • 税関の開庁時間 • 税関の内外差別的な手数料や検査慣習 • 税関書類の現地言語使用 • 等々	• トラック輸送の運営時間に対する制約 • 物流への資本参加に対する制約 • 物流免許に対する制約 • 航空輸送の沿岸航行に対する制約 • 荷役や倉庫保管における外資系航空会社に対する制約 • 解雇することが難しい • 通関代行サービスに対する制約 • 港湾関連サービスの取り扱いが独占されている • 等々

出典：De Souza et al.（2007）．

　ERIA の研究では，手間がかかるこれらの手続きが経済活動に及ぼすマイナスの影響を，2 段階のプロセスを用いて測定した。第 1 段階では，手間がかかるこれらの規制がどのくらい蔓延しているかを測定する，「厳しさ」指数の計算を行った。なお，同指数は，ASEAN の物流サービス提供者が示す相対的な重要度ランキングを反映し，加重して計算した。また，計量経済学的手法を用いて，インフラ，貿易金融，保証の可用性や質といったその他の要素が及ぼす影響を考慮して，輸出入に際して国内的にかかる金銭的費用や時間的費用に対し，この厳しさ指数が及ぼす影響を試算した。さらにこの分析の第 2 段階では，二国間の距離やそれぞれの国の規模といったその他の要素が及ぼす影響を考慮しながら，貿易取引の両側で国内的にかかる金銭的費用や時間的費用が二国間貿易量に及ぼす影響の試算を含めた。

　この結果からわかったのは，物流や貿易円滑化の規制を改善すれば，国内的にかかる貿易の金銭的費用や時間的費用を引き下げることができ，したがって貿易量を増やすことができるという点である。具体的にこの試算が示唆したのは，税関手続きが 10％改善し，物流チェーンの競合可能性が 10％高まれば，ASEAN の貿易量を 40％以上あるいは約 1,200 億米ドル増やすことができるというものである。この結果は，競合可能性が少なくとも関税手続きと同じくら

い重要であることも示した。具体的には，税関手続きの改善が貿易量の増加に15％貢献したのに対し，競合可能性の改善は25％貢献したのである。このように，両方の側面から規制を改善することが重要である。

6. 成し遂げることができるか？

ERIA 研究機関ネットワーク（RIN）は，ERIA の AEC スコアカードにおけるフェーズ III プロジェクトの一環として，物流や貿易円滑化の領域における選択肢というテーマに関する，確かな情報に基づく規制当局による一連の対話を促進するよう要請された。これらのシンクタンクは，政府内の計画機関と同じレベルのアクセスは持っていないが，効率的な進行役を担うのに必要な独立性や分析能力は持っている。シンクタンクが計画機関や中央政府機関と協力し，将来にわたってそうした対話を実施するのが，おそらく理想的なチームだろう。

ERIA 研究機関ネットワークは以下の事項を行うよう要請された。

- サービスや活動をひとつ取り上げる。
- その活動に関与しているすべてのプレーヤーを特定する。
- それらのプレーヤーに影響を及ぼすすべての規制を特定する。
- 個々の規制に関し，図 7.3 に示した主な質問を行う。具体的には，かかる規制が解決しなければならない問題は何か，かかる規制の目標は何か，現在の規制は実際にその目標を実現しているか，（その国の現在の発展状況を踏まえて）より良い方法があるかといった質問である。
- これらの質問に関する利害関係者との対話を促す（この対話は多くの場合，質問に続いて行われる）。

こうした対話の結果は，AEC スコアカードのフェーズ III プロジェクトにおける国別報告書で詳しく報告している。これらの国別事例研究が実証したのは，問題を認識して解決策を策定するにあたり，利害関係者の意見を収斂させ始めることができる**プロセス**についてである。そしてそれらのプロセスからは，成功を収めた改革の**内容**についても知見が得られた。プロセスと改革内容に関

する主な知見を，今後の教訓として10項目ずつ以下に示す。

プロセスに関する主な教訓

1. 確かな情報に基づく規制当局による対話は，今後とるべき策に関するコンセンサスを実際に形成することができる。
2. 確かな情報に基づく規制当局による対話は，問題の存在を確認することができる。
3. 確かな情報に基づく規制当局による対話は，問題を認識し，他の利害関係者に対してその問題への注意を促すことができる。
4. いくつかの問題では，（質問に続いて対話を行った場合は特に）ERIA研究機関ネットワークが使用可能な時間が短すぎたため，不足を補うべくさらなる対話が必要となろう。
5. いくつかの問題では，現在抱えている問題の根本的な原因に対処するため，対話を広げる必要があるだろうと認識する分析能力が求められる。
6. いくつかの問題では，（国や地方自治体）政府の異なるレベルにわたり，確かな情報に基づく規制当局による対話を行う必要があるだろう。
7. いくつかの問題では，確かな情報に基づく規制当局による対話が，継続的に協議できるような制度的メカニズムを必要とする領域を明らかにする。
8. 確かな情報に基づく規制当局による対話は，既得権者の特別な嘆願について議論する場を確実に提供することができる。しかし，重要なのは他者の意見も聴ける点である。
9. 確かな情報に基づく規制当局による対話は，既得権者にとっての新たな事業機会を明らかにし，したがって，調整プロセスを容易にすることができる。
10. 確かな情報に基づく規制当局による対話は，改革プロセスを容易にしうる，他の形の調整サポートを特定することができる。

改革内容に関する主な教訓

1. 実施予定の改革では，政府内に改革推進派がいる必要がある。法定委員会はこの機能を果たす選択肢のひとつである。

2. 既存の組織を改革推進派に引き込む機会がありうる。

3. 実施の権限や責任がなければ，調整機関は改革推進機関と同じではない。

4. 推進派の機関がなければ，利害関係者が「足を運ぶ」場所もない。

5. 戦略計画があれば誠に結構だが，実施することが重要である。

6. 良い知らせがある。

7. 税関は必ずしも責めを負うべきではない。

8. 通関プロセスを効率化するためには，税関が歳入創出機関ではなく，貿易円滑化機関として活動する必要がある。

9. 電子化は必ずしも有益ではない。部分的にしか実施されない場合は特にそうである。

10. 不十分な規制は必要なインフラ投資の妨げになりかねない。

ASEAN の 2015 年以降に向けた主な教訓は，透明性が高いという条件下で行う確かな情報に基づく規制当局による対話は，利害関係者が互いに学び，互いに理解を深め，今後とるべき最善策に関する共通の理解に収斂することができる議論の場を提供するというものである。したがって，規制問題に関する ASEAN の今後の作業プログラムには，それに役立つよう，確かな情報に基づく規制当局による対話を含めることができる。シンクタンクが計画機関あるいは中央政府機関と協力し，繰り返し行うそうした対話を進行するのが，おそらく将来の理想的なチームだろう。

7. 今後とるべき策

規制改革はもともと国内の問題であるため，調和のとれた単独行動主義アプローチをとるほうが交渉するより有効である。規制とは，国内の環境を踏まえて，その目標や優先事項を達成するための最善策を模索するものである。主なプレーヤーはほとんどの場合，既存生産者，新規参入する可能性がある企業，川上や川下工程を手掛ける生産者，消費者，不利な条件下にあるグループ，中央省庁といった国内勢である。これらグループ間の利害の不一致を解決するための駆け引きは，完全に国内のものである。ASEAN のサービス貿易改革の経

験からは，交渉を経て得られた貿易に関する約束が，国内改革に先行するので
はなく遅行する傾向があることがわかる。これは驚くことではない。そのため，
改革を妨げる国内政治上の障害は，最初に取り除かなければならない。
ASEAN の規制改革へのアプローチはこうした現実を認識すべきである。

　目標や里程標を設定するという AEC ブループリントのアプローチは，
ASEAN が調和のとれた単独行動主義を奨励するに当たって役立ってきた。こ
れは，「AEC ブループリントの実施状況に関する中間評価」（ERIA 2012a）が
示すとおりである。必要なのは，個々の ASEAN 加盟国が他の加盟国の要望
に応じて何かすべきだということではない。そうではなく，個々の加盟国が経
時的に何らかの改善を示すべきだという論理である。APEC は「ボゴール目
標」を掲げることにより，目標を設定するという同様のアプローチをとった。
しかし，目標とともに里程標を設定することにより，ASEAN のほうが APEC
より一歩踏み込んでおり，そのおかげで改革にさらなる勢いがついているとい
える。

　2015 年以降の規制アジェンダには，目標と里程標の両方を含めるべきであ
る。きわめて重要な目標は，**効率的で一貫性のある規制**を導入することである。
効率性については，規制が確実に競争促進的であり，目的と釣り合い，非差別
的であるようにすることにより，満たすことができる。

　目標は数値で設定することが可能である。物流や貿易円滑化の規制に関する
ERIA の実証研究が示すように，経済のあらゆる特定分野に適した規制対応負
担の測定基準や，経済的成果の評価基準がある。そのため，数値目標は，目標
とする負担の測定規模や成果の評価レベルとして規定できる。しかし，目的，
優先事項，環境が変わることから，効率的で一貫性のある規制が動く目標であ
ることに留意する必要がある。そのため，いかなる数値目標も条件付きにしな
ければならない。

　内容と同様にプロセスも重要であるため，2015 年以降の協議事項には，プ
ロセスへの約束を含めるべきである。重要なことにある意味では，それが決定
的な里程標となる。なぜなら，そうした約束が，それによって目標を達成する
ことができる行動指針を内包し，提示するためである。なお，プロセスには，
規制環境に関する定期監査の他，進捗状況や影響に関する期間評価を含めるべ

7. 今後とるべき策　　343

きである。ただし，そうした監査や評価は机上調査にとどまらず，それ以上の内容でなければならない。また，プロセスには，確かな情報に基づく規制当局による一連の定期的な対話も含めるべきである。これは，問題を特定し，技術的な解決策を提示するほか，改革に賛成するコンセンサスの形成を促すためである。

　里程標も数値で設定することが可能である。負担や成果の特定の大きさで目標を規定できるのとまったく同様に，それらの項目の定期的かつ経時的な改善度合いで里程標を規定できる。ただし，数値目標と同じ条件が数値的な里程標にも適用される。さらに，プロセス重視の里程標は行動指針を提示するが，数値的な里程標は提示しない。

　以上のような方法で規定した目標と里程標をもって，規制改革に関する（年次や隔年の）定期報告書が，期間中にあげた成果の評価結果を網羅する。そうした評価が，確かな情報に基づく規制当局による対話を今後どこで行い，役立てることができるかについての指針を提供しよう。この報告書は，かかる対話の実施状況とその結果も網羅することになる。分野別の監査や対話も徐々に持ち回りで網羅できるだろう。

　こうした報告書は，ASEAN 加盟国のピアレビューを目的としたものではない。むしろ，現在の規制制度における問題を特定してその解決に努めるに当たり，そして，今後とるべき最善策に関する国内利害関係者間の認識の違いを埋めるべく，民間部門に関与することが主な目的である。そのため，確かな情報に基づく規制当局による対話を高い透明性をもって実施し，それに続いて活動報告書を発表すること自体が，プロセスのきわめて重要な部分である。民間部門の見解に即応的であり，認識の違いを埋めることが，最終的な規制目標に向かって確実に前進するための最善策である。

第8章 ASEANおよびAECの2015年以降の前進： AECブループリントの2015年以降後継計画の 最重要点，まとめ，同計画への主な提言

　これまでの章では，公平で持続的な高成長という「ASEANの奇跡」を今後20年程度にわたって続けるための4本の柱，主な基盤，今後とるべき策の提言について詳細に述べてきた。この章では，AECブループリントの2015年以降後継計画への提言に重点を置きながら，これまでの章で述べてきた最重要点，まとめ，提言を集約する。この章の最後では，Itakura（2013）がこの研究のために行ったベースラインシミュレーションの結果に基づき，2025年ならびに2030年までに起こりうるASEAN経済の状況について言及する。

1. ASEANおよびAEC：進捗状況と課題

　ASEANは過去25年間，経済の著しい発展と転換を経験してきた。それは，（タイ，シンガポール，マレーシア，インドネシアを中心とした）加盟国の多くが高い経済成長と大幅な構造転換を遂げた，1985-1996年にかけてのASEANの「黄金の10年」で強調されるとおりである。1997-1999年に起きた通貨危機後の10年間，ASEANの1人当たりGDP成長率はより控えめなものとなり，1998-2011年の期間では名目金額ベースで3.7倍，購買力平価ベースで2.1倍へ拡大するにとどまった。また，過去10年前後の期間には加盟国の多くが大幅な構造転換も遂げている。1998-2011年にかけてのそうした構造転換は，CLMV各国の産業構造に占める工業の割合が8〜16％ポイントの範

囲で大きく上昇したほか，フィリピンの産業構造に占めるサービス業の割合が8.8％ポイント上昇する中で起こった。

同地域の着実な経済成長は，その総人口に占める貧困層の割合が1990年の45％から2010年には15.6％へ[1]，また，貧困ギャップ率が同期間に14％から3％へ著しく減少することにつながった。貧困層の急激な減少は，同地域の中産階級が大幅に増加したことと合致する。同地域の総人口に占める中産階級の割合は，1990年の約15％から2010年には約37％へ[2]（もしくは，中産階級のより厳格な定義に基づけば1990年の約10％から約27％へ[3]）2倍以上に拡大した。乳児死亡率，若年識字率，平均寿命，人間開発指数（HDI），学業終了見込児童数，といったその他の社会的発展指標も，特にCLMV各国で大幅に改善している。

ASEANに十全に機能する経済共同体を築くためにやるべきことは山積しているものの，過去10年間には，ASEAN経済共同体（AEC）に向けた経済統合を目指す同地域の取り組みにも大きな成果が見受けられた。ASEAN内の域内関税率は，ASEAN主要6か国では実質0％，全10か国の域内関税率の平均でも2012年時点でわずか0.68％しかなかった。ASEANサービスに関する枠組み協定（AFAS）の第8パッケージに基づくサービス自由化へのコミットメントが広がっているほか，ASEAN包括投資協定（ACIA）に基づく投資自由化へのコミットメントもとりわけ製造業で増えている。また，同地域の貿易円滑化制度も改善してきており，CLMV各国の輸入や通関，ASEAN6か国における国内シングルウィンドウの実施（ただし，シンガポールとおそらくマレーシア以外の国ではまだ不完全な実施にとどまっている），ASEAN統一関税品目分類表（Harmonized Tariff Nomenclature）の実施において著しい進展が見受けられる。航空業に関する制度も「ASEANマイナスX」方式に基づき，

---

1) 使用した貧困線は，2005年時点の物価で1人および1日当たり1.25米ドル（購買力平価ベース）。15.6％の試算にはミャンマーも含む。ASEAN7か国（ミャンマー，シンガポール，ブルネイを除く）の貧困率は14.2％。ミャンマーの貧困率は国内の貧困線をもとに算出。ミャンマー国内の貧困線は，ASEAN7カ国の貧困率算出に用いた，2005年時点の物価で1人ならびに1日当たり1.25米ドル（購買力平価ベース）とは異なる可能性がある。

2) 中産階級は1人および1日当たりの所得が3〜12米ドルと定義する。

3) 中産階級のより厳格な定義は，1人および1日当たりの所得が4〜30米ドルという，日本の経済産業省の定義に近いものである。

加盟国の多くで自由化されてきている。その他の ASEAN 地域協定の多くも計画通りの進捗を見せている。このようにやるべきことは山積しているものの，ASEAN のより深い経済統合に向けては，楽観視できる確固たる理由がある。

しかし，ASEAN にはまだ大きな課題が残されている。域内には 2000 年代後半まで引き続き約 9,500 万人の貧困層がいたほか，約 1 億 2,000 万人の限界低所得層もおり，後者については，2010 年前後の時点で 1 人および 1 日当たり 1.25 米ドル（購買力平価ベース）の所得を上回っていたものの，同 2 米ドル未満で生活していたのだ。これは，地域経済共同体を設立するにあたり，域内人口のそうした巨大セグメントの経済状態を十分考慮しなければならないことを意味している。加えて，豊かな加盟国と貧しい加盟国の差が依然として非常に大きく，加盟各国の所得格差がまちまちな状況となっている。同時に，ASEAN の競争力を向上させる必要もある。そのため，ASEAN が中国やインドといった大国に対して競争力をより高く保つためには，統合を進め，規模の経済を拡大し，産業集積度を高め，より革新的にならなければならないといえる。

さらに前述したように，十全に機能する AEC を築くプロセスはまだ終わっていない。それでもなお，ある著名な ASEAN 大使が示唆したように，AEC に関して重要なのはいってみれば AEC 2015 ではない。この先多くの課題が待ち受けていようとも，統合を進め，開放的で，競争力が高く，ダイナミックで，かつ強靭な地域を築くという熱意や勢いを保ち，それに伴う改革や制度構築の取り組みを続けることが重要である。こうしたプロセスが明らかに 2015 年以降も続いていく。

2. ビジョン，明示的な成果，枠組み

1997 年に次々と起きた経済危機のとてつもない不確実性に直面し，クアラルンプールで署名された『ASEAN ビジョン 2020』の中できわめて明確に述べられた ASEAN 首脳のビジョンは，現在の不安定なグローバル経済環境下で，2015 年以降も引き続き ASEAN に共鳴をもたらしている。ASEAN は引き続き，今や中産階級や高所得層を抱える高成長経済となっている東南アジア各国の協

定である。そして ASEAN は，ダイナミックに発展し，より包摂的であり，強靭で，持続可能であり，人間中心の経済共同体になることを目指している。さらに引き続き，強固であり，対外指向であり，グローバルにつながった地域である。

『ASEAN ビジョン 2020』は同地域において，より深い統合を目指すイニシアチブを活発にした。AEC，同地域に 3 つの共同体を築くという内容の ASEAN 憲章，ASEAN 連結性マスタープラン（MPAC）によって最もよく表現されるイニシアチブである。ASEAN の共同体構築は大きく前進し，2011 年 11 月 17 日に署名した「バ̇リ̇共̇和̇宣̇言̇ III：国際社会における ASEAN 共同体に関するバリ宣言」につながった。バリ共和宣言 III は ASEAN の共同体構築を補完し，拡大し，実際に強化している。これはこの宣言が，ASEAN が共有するビジョンのほか，逆に ASEAN の経済統合や共同体構築に向けた取り組みの進捗や成果に影響を及ぼす，世界のさまざまな懸念事項に対する協調的な行動に関し，明確に述べているためだ。

活力に満ち，強靭で，人間中心であり，包摂的であり，深く統合し，世界的に重要な ASEAN を築くという，首脳たちの揺るぎないビジョンや熱意は，同地域の統合，改革，制度構築，協力といった努力を引き続き活発にしてその勢いを維持すべく，高い目標を定義することによって最もよく生かさせる。この研究は，ASEAN が 2030 年までに，（極度の）貧困（すなわち，購買力平価ベースで 1 人および 1 日当たり 1.25 米ドルで生活している人々），若年識字率の低さ，子供の深刻な栄養失調を解消し，同地域の食料安全保障能力の著しい改善を目指すよう提言している。これは，同地域の現在の低所得国や下位中産階級国における公平で持続的な高成長，経済・投資環境指標の中のそれら遅れている加盟国の世界評価やランキングの著しい改善を求め，そうすることによって 2020 年代初めまでに世界の直接投資流入額に占める同地域のシェアを高め，RCEP の成功裏に締結・実施するというものである。

この研究では，首脳らのそうしたビジョンのほか，上記で議論し，本書の第 2A 章で詳しく述べた示唆に富む成果を達成するため，アセアンライジングの「ASEAN の奇跡」達成に向けた，4 本の柱と 1 つの基盤からなる枠組みを提言している。これら 4 本の柱である「統合され高度に競争可能な ASEAN」，

2. ビジョン，明示的な成果，枠組み

「競争力のあるダイナミックな ASEAN」，「包摂的で強靭な ASEAN の実現」，「グローバルな ASEAN」は，AEC ブループリントの 4 本の柱と類似しており，それらを発展させ，掘り下げたものである。さらに，この研究が提言する枠組みには，これら 4 本の柱を支える強固な基盤として，「感動する ASEAN」を含んでいる。そうした枠組みと本書の大部分は，2011 年 11 月にバリで開催された ASEAN サミットの期間中に，ERIA が ASEAN 事務総長とともにユドヨノ元大統領を通して ASEAN 首脳たちに提示した，ASEAN および AEC を2015 年以降前進させるためのジャカルタ・フレームワークを詳しく説明し，たたき台とし，掘り下げたものである。

　ここでは，これら 4 本の柱が互いに独立していない点に留意されたい。実際，4 本の柱は強く関連し合っている。そのため，4 本の柱を実現するのに必要な施策が決して容易でないことを考慮すれば，4 本の柱の中にそうしたバランスと好循環を見つけ出すことが，ASEAN と加盟国の主な課題であるといえる。そして，そうした施策が難しいものだからこそ，ASEAN と個々の加盟国が迅速に対応し，ASEAN の奇跡を実現するのに必要な規制改善や制度構築のプロセスに，さまざまな利害関係者を参加させるよう求められる。

　統合され高度に競争可能な ASEAN（第 1 の柱）は，力強く成長し，拡大し，ますます革新的となっている産業集積（第 2 の柱）とともに，はるかに大きな投資行動を呼び込み，国内・海外市場の両方でより高い競争力をもたらすものと期待できる。そして，そうした産業集積は，RCEP を成功裏に実現することにより，堅実に成長する巨大な東アジアとの結び付きを強めながら（第 4 の柱），より一層改善された投資環境や即応的な規制レジーム（感動するASEAN）下で進んでいる。こうした状況は，対外貿易の大幅な増加に加えて，最終的には経済成長率の上昇，さらにそれに続いて起こる貧困の解消につながるだろう。また，農業生産性の力強い伸び，中小企業の成長，成長センターと周辺地域の物理的連結性の向上，エネルギー効率の向上や緑化推進の努力，災害に対する強靭性の向上（以上はすべて第 3 の柱に含まれる）も，ASEAN の競争力，投資先としての魅力，活力を高めるのに寄与している（第 2 の柱）。そうした競争力や活力の高まりは，ASEAN の直接投資全体に占める割合の上昇や，これまでの各項で述べてきた貿易や GDP という形で，定量的に示され

ている。このように，この研究が提言する枠組みを構成する4本の柱とその基盤を実行すれば，これまでの各項で示してきた，望ましいと提言する，示唆に富む成果の達成につながるものと期待できる。

また，4本の柱は以下の前提で形作られている点にも留意されたい。すなわち，

- 産業の高い競争力や民間部門の活力が，ASEAN経済の成長や発展の核を成している。
- 所得の再分配や社会政策ではなく，主としてダイナミックな経済機能を通して，バランスがとれた包摂的な成長を追求すべきである。
- 弾力性や緑化推進を追求すれば，環境調和的な成長，エネルギー安全保障，食料安全保障の間の補完性を引き出す。
- ASEANの中心性は，ダイナミックで積極的な外交関係の中で維持すべきである。

2.1　第1の柱：統合され高度に競争可能なASEAN

ここでは，この柱に「単一市場と生産基地」という明示的なタイトルをつけていない点に留意されたい。これは，後者のタイトルがAEC 2015に対する不必要な警鐘を鳴らし，自由化へのはるかに大きな注目をもたらしてきたためだ。そのため，この研究が提言する第1の柱では，生産ネットワーク主導の発展・統合戦略に照らして，「単一市場と生産基地」を見直した。「単一市場」は，ASEAN加盟国の中に見受けられる異なる発展段階と両立しうるものとした。これは，「単一市場」が引き続き長期目標だが，高度に競争可能な市場や統合を進めるASEANが，それに向けた大きな一歩になるという意味だ。高度に競争可能な市場とは，（製品市場における）物品・サービスへの参入やそれらからの撤退のほか，（物品・サービス産業に投資したり，そこで事業を営むための）企業の参入や撤退が比較的容易な市場である。高度に競争可能な市場の極端な形態は，物品，サービス，労働者，資本が自由に行き来する「単一市場および経済」である[4]。その移行期間には，「生産基地の統合」やシームレスな

4)　ASEANでは「単一市場および経済」がよく使われるため，移行期間には「単一市場および生産

2. ビジョン，明示的な成果，枠組み　　　351

生産ネットワークを実現するための統合努力が優先され，サービス結合費用を減らすための制度的連結性，物理的連結性，規制制度の収斂に，より重点が置かれる。

　この研究が提言する第2の柱の中心要素である，地域の生産ネットワークに関し，さらに一層競争力が高いプラットフォームになるためには，ASEANはより深く統合しなければならない。これは，高度に競争可能なサービス，投資，保護貿易主義的でない非関税措置に加えて，シームレスな貿易円滑化，促進的基準適合性の調和，連結性の拡大と輸送のさらなる円滑化，熟練労働者の流動性拡大などの点における深い統合である。それらの領域の多くで進展が見受けられるが，やるべきことはまだ山積している。実際，2015年以降はより難しい課題が残っている。また，「単一市場と生産基地」から「統合され高度に競争可能なASEAN」への見直しでは，EU（欧州連合）（単一市場および生産基地の典型）に代えて，貿易や投資の主な競争兼補完相手としての中国とインドを基準としている。そのうえ，参考にしている枠組みはあまり思想的なものではなく（すなわち「自由な流れ……」であり），急速に変化する東アジアの政策にダイナミックに関連している。

　「統合され高度に競争可能なASEAN」の裏付けとして，本書のこれまでの章から抜粋した，AECブループリントの2015年以降の後継計画における，第1の柱のさまざまな要素に関する主な提言は以下のとおりである。

1. 非関税措置と非関税障壁

　関税の実質撤廃を受けて大きな政策課題となりつつあるのは，非関税措置である。これは，非関税措置が貿易保護手段になり，したがって非関税障壁になる可能性があるためである。非関税措置は，物品の国際貿易における数量や価格設定に影響を及ぼしうる規制を幅広くカバーし，はるかに透明性が低くて複雑である。そうした非関税措置の影響は，意図的なものではないかもしれないし，意図的なものかもしれない。実際に大半の非関税措置は，貿易保護ではなく，衛生や食品・環境の安全性といった領域の主たる目的を持っている。その

基地」が引き続き使われる場合があるが，大まかにいえば「統合され高度に競争的な」と解釈される。

ため，そうした非関税措置が国際貿易に対して不必要に悪影響を及ぼしたり，非関税障壁になることが確実にないようにするのが，現在の課題である。したがってこれが，評価や整備を実施するにあたって非関税措置を優先順位付けする際の基準となっている。

　非関税措置への取り組みを 2015 年以降推し進めるための主な提言は以下のとおりである。

a．**制度化した協議メカニズム**　ASEAN の経済統合と貿易結合が深まるにつれ，解決しなければならない事例が増える可能性がある。したがってASEAN は，そうした事例を調査し，ASEAN 貿易投資問題解決（ACT）の協議を十全に運用可能にするため，現在の「事例マトリクス」より継続的な組織を設立する必要があるかもしれない。

b．**非関税措置の効果的監視および透明性向上メカニズム**　ASEAN は，同地域における非関税措置の包括的リストを作成する出発点として，非関税措置の新たな多国間分類を世界全体で実施するよう強く求めることができる。これはその後，個々の ASEAN 加盟国において ASEAN 貿易リポジトリの一部を形成しうる。

c．**整備の優先順位付けのための非関税措置の分析**　民間部門からのフィードバックに基づく事例マトリクスや非関税措置の監視は，非関税措置の整備の優先順位付けでとりうるアプローチである。一方，主要産業に関する統計分析兼事例研究は，どの非関税措置がどの産業の価格を引き上げる重大な影響を及ぼしているかを示唆することができ，より体系的なアプローチとなる。そうした種類の分析結果は，事例研究や民間部門との協議とともに，実施しうる整備でどの非関税措置やどの産業を優先すべきかを決める基準となろう。

d．**貿易の技術的障害と衛生植物検疫への対処**　ASEAN が基準適合性プログラムや ASEAN 標準化・品質管理諮問評議会を通し，これらに対処している。

e．**調和のとれた国内規制改革としての非関税措置の整備**　非関税措置は国レベルでは，貿易交渉の視点ではなく規制改善の観点から，最もよく認識

できるかもしれない。したがって，非関税措置の整備とはまさしく，非関
税措置から便益を得ながら，民間部門の遵守費用を最小化することである。
そのため，非関税措置の評価にあたっては，非関税措置からの便益とそれ
に対する遵守費用のバランスの考察が含まれる。ASEAN 加盟国がこの評
価を行うにあたっては，十分な分析サポートがあるものと推測される。た
だし，そうしたサポートがない場合は，分析能力を養って確固たる評価や
整備を行うべく，能力開発や技術研修を行う必要がある。

2. 貿易円滑化および物流

　貿易円滑化および物流の効率化は，シームレスな生産基地および統合された
ASEAN にとって絶対必要であるほか，域内の生産ネットワークの競争力を高
めてうまく運営するためにも重要である。ERIA が 2011 年に実施した調査の
結果からは，同地域の民間部門の一番の懸念が貿易円滑化と物流であることが
わかる。ASEAN の貿易円滑化プログラムの主要要素は，（a）ASEAN 貿易円
滑化リポジトリの構築，（b）ASEAN シングルウィンドウの構築の2つであり，
どちらも付随する国レベルのイニシアチブを有している。これら2つの主要イ
ニシアチブの完全実施は，透明性が高く対話型の貿易関連規制・手続きのリポ
ジトリ，税関の電子化，許可（または認可など）の電子化，シングルウィンド
ウといった主要要素の観点から，特徴付けることができよう。

　「AEC ブループリントの実施状況に関する中間評価」の一環として，ERIA
が行ったこの民間部門調査の結果は，短期的に「やるべき」重要なことをいく
つか示唆している。同調査の結果には以下の事項が含まれる（ERIA 2012a,
Vol.1, pp.IV-16-17）。

- 拘束力のあるルールを構築するための，効果的で高度な権限行使システム
  に対する強いサポート。
- ASEAN 加盟国の多くでは，物品を迅速に通関させるため，不正な支払
  いや任意の支払いをしばしば求められると，かなりの割合の回答者が認識
  している。
- 税関・貿易手続＝の電子化や自動化のおかげで通関の平均所要時間が著し

く減少したと，回答者の大半が考えている。

　このような調査結果は，高度な権限行使システム，不正な支払いや任意の支払いの排除，税関や決済の電子化加速，国内シングルウィンドウなどをすべての加盟国で実施することが重要だと示唆している。ここで留意すべきは，国内シングルウィンドウの実施プロセスに，（貿易関連機関も含めた）企業のプロセスの効率化や（特に紙ベースの）書類要件の削減が含まれており，どちらも物品の輸出入にかかる時間をさらに削減することができる点だ。同様に重要なのは，物品の現物検査頻度の大幅な減少を促す，効果的かつ効率的なリスク管理システムの制度である。ラオスやミャンマーなどいくつかの加盟国では，書類の多さと現物検査頻度の相対的な高さの2つが大きく影響し，輸出入や通関に比較的長い時間がかかっている。ASEAN貿易リポジトリや国内貿易情報レポジトリの完全導入は，規則や規制の解釈における不一致を減らし，その結果，輸出入の不確実性，所要時間や，おそらく不適切な支払い事例も減らすものと期待できる。

　以上のような点に加えてさらに広い視野に立てば，ASEANにおけるシームレスな貿易円滑化制度の実現に向けて今後とるべき策には，以下の事項が含まれる。

　a）**手続きの標準化**　異なる開発レベルにある既存の国内シングルウィンドウを強化・標準化し，開発を促進する必要がある。

　b）**オンライン決済**　デビットカードやクレジットカードによるオンライン決済のメカニズムは，理想的には税関や租税／関税の支払いのみならず，技術を管理する政府機関の許可証発行にも使われるべきだ。

　c）**事務管理部門のデジタル化／サポートの文書化**　国のさまざまな分野の管理機関が文書をデジタル化して扱いやすくせず，物理的な形状のまま保持している場合，業務促進ツールを開発する取り組みはあまり歓迎されないだろう。あらゆるプロセスを自動化するICTの役割は重要である。

　d）**サポート文書のデジタル化**　共有しやすくするため，そして最終的にはやりとりする費用の削減につながるため，文書はデジタル化すべきである。

2. ビジョン，明示的な成果，枠組み　　　355

e）電子商取引法案の成立　電子商取引法案が成立すれば，ASEAN 加盟国が行ってきたあらゆる ICT 投資が十分に報われるだろう。この法案は，電子署名，電子記録証明，電子文書の適切な取扱方法に関する明確な責任を含んでいなければならない。

f）越境時の法令遵守を確実にするための，統合リスク管理の国境統制の導入　国境統制を導入すれば，積み荷の種類や同地域で積み荷を動かす貿易業者をきめ細かく統制できるだろう。同様に，出荷に伴って生じうるあらゆるリスクも分析できよう。

　上記に示した提言は，すべての ASEAN 加盟国（少なくとも主要港と空港）における国内シングルウィンドウの完全本格展開，ならびに ASEAN シングルウィンドウの試験プロジェクトを超えた範囲拡大を，多くの点で踏まえたものである。実際に，うまく運用されている ASEAN シングルウィンドウは，その効果的な法的枠組みとともに，現在の試験プロジェクトの範囲を拡大し，利害関係者や全加盟国向けの書類をより多く含むよう要求するだろう。

　加えて，以下のような事項も提言する。

g）事前通関および事前認可プログラムの使用奨励　これは，港湾やドライポートの混雑を緩和し，積み荷の物理的移動をより迅速に行えるようにするものだ。同時に，必要とされる情報が現地の許認可当局に前もって提出されるようにすれば，リスク評価や法令遵守を向上させることができよう。さらに，高度な権限行使を実施すれば，たとえば関税分類などの紛争を最小限にとどめる一助となりうる。それに関連して，実現可能であれば自己申告を導入する可能性を含め，原産地証明書のプロセスを整備することも重要となろう。

h）民間部門の関与　公共部門と民間部門が関わり合うための定期的な協議や議論の場は，シングルウィンドウの運営委員会ならびに技術委員会の設置を通して，国と地域の両方のレベルで設けるべきである。

i）物理的なインフラ整備　これは，積み荷の移動を促進するための，道路，空港，港湾インフラの存在／可用性を指す。たとえば ASEAN 加盟国間

の越境では，不十分なインフラに起因するトラックの長蛇の列が，実際に
民間部門の主な苦情のひとつとなっている。国内シングルウィンドウ／
ASEAN シングルウィンドウの効果的な導入や，とりわけ国境における通
関のためのインフラ改善には，ダウンタイムをなくすための信頼できる電
力やバックアップのほか，国境通過点の道路拡張や受付レーンの増設が含
まれる。

3. 基準適合性

ERIA の調査への民間部門からの回答者は，AEC に向けて貿易円滑化と物
流に次いで取り組むべき 2 番目に重要な領域が，基準適合性（S&C）だと考え
ている。これは，企業が他国に輸出するために，技術規制や基準の遵守費用や
適合性認証の取得費用を負担しているためである。ASEAN も同様に，AEC
をうまく運営するための，基準，技術規制，適合性評価をめぐる問題の重要性
をよく認識している。前述のように非関税措置の大半は，貿易の技術的障害と
衛生植物検疫の領域に存在している。

国内基準と国際基準・慣行・指針の調和，技術的必須要件と技術規制の調和，
ならびに適合性評価手続きの調和は，複雑で長く継続的なプロセスである。こ
のように，ASEAN の基準適合性への取り組みは 2015 年以降も続くだろう。

AEC ブループリントの 2015 年後継計画への提言には，以下の事項を含んで
いる。

a）**成果をあげるべくリソースを追加する**　AEC に向けた基準適合性の重
要性や複雑さを考慮すれば，成果をあげるべく，基準適合性により多くの
リソースを投入することが重要である。特に，ASEAN 事務局の基準適合
性領域のマンパワーを増やし，人員を補充することが重要である。**基準適
合性のためのハイレベルタスクフォース**は，おそらく経済統合のためのハ
イレベルタスクフォースと足並みをそろえて，「統合され高度に競争可能
な ASEAN」に向けた促進的基準適合性のためのビジョンと戦略の策定を
促し，政策の内容を高めるように提言する。

b）**優先統合分野の基準適合性を満たし，同分野の外に基準適合性を広げる**

まずは優先統合分野に集中するという決定により，ASEAN は限られたリソースをより有効活用できており，成果をあげつつある。同分野の基準適合性のボトルネックに十分対処するためには，やるべきことが山積している。それでもなお，同分野で成功すれば，それが基準適合性のイニシアチブを同分野の外に広げるベースとなりうる。このイニシアチブがカバーする分野の範囲を広げる際の主な問いのひとつは，優先統合分野と同様のアプローチをとるべきか，あるいは，**ASEAN の製品安全性に関する規制枠組みを構築する**といった「分野横断的な措置」をとるほうがいいかというものだ。

c）優先順位が高い障害を特定し，対処する　そうした障害と想定される経済的便益がそうした障害への対処に及ぼす影響に関する外部評価を行えば，優先的に対処する必要がある障害を決めるのに役立つだろう。このような評価には共通の手法を用いることができ，それが民間部門をかかるプロセスに関与させるメカニズムとして役立つ可能性もある。

d）民間部門が関与するメリットを最大化する　AEC のプロセスにおける民間部門の関与度合いはまちまちとなっている。基準適合性では，民間部門がいくつかの製品作業部会に積極的に関与しているが，他にはしていない。中小企業も関与不足の傾向にある。そのため，情報交換，フィードバックメカニズムの構築，プロセスのサポートといった点で，民間部門の関与拡大により注力することが重要である。

e）AEC がもたらす便益を明確にして伝達する　AEC がもたらす便益を全体として明確にすることに加えて，基準適合性イニシアチブがもたらす便益を明確にすることは，ASEAN 全体にわたる規制の収斂や規制と基準の調整につながるため，有益であるといえる。データの収集・分析や調査結果の発信への想定される投資は，基準適合性イニシアチブを着実に実行することの便益に関し，製造業者や供給業者を納得させるものだ。

f）能力開発における協力を強化する　経済発展で先行する国々は遅行する国々をプロセス全体に引き込む必要がある。そうすれば両者の分裂が深くなることはない。

4. サービスにおける競合可能性が高い市場

シミュレーションの結果から，ASEANにおけるサービス投資と貿易の障壁を減らすと，加盟国にとって大きな便益となりうることがわかる。さらに，たとえば物流および輸送，通信，金融といった現代的サービスが，生産ネットワークやバリューチェーンの接着剤となっている。そうしたバリューチェーンの川上では，質が高いサービスの使用を拡大する動きがあり，それらを生産の中に取り込んだり，あるいは，それらを求めてますます国内外に外部委託するようになっている。

効率的なサービス部門が重要であることを考慮すると，産業チェーンやバリューチェーンを向上させるとともに，物品部門や経済全体の競争力を高めるための政策的含意は，(a) サービス部門の競争可能性の促進（独占禁止施策も含める），(b) サービスへの公平なアクセスを維持する必要性，(c) 透明性の向上と幅広い利害関係者の関与拡大，(d) 同部門の市場の失敗に対処するスマートな規制といったものになる。

2015年ならびにそれ以降は以下の事項が関係してくる。

a．ASEANサービスに関する枠組み協定（AFAS）の第8パッケージを超えて（たとえば同協定の第10パッケージ），サービス自由化の範囲をさらに深め，広めていく。

b．15%の柔軟措置をより慎重に適用していく（ほか，同数値を2015年以降引き下げる）。

c．その他の市場アクセスや内国民待遇に関する制限を最小化する。

d．連結性が重要なサービス産業では，競争可能性の向上を選好すべきである。

金融サービス

同地域の金融統合に関しては，より計画的かつ慎重なアプローチが必要である。統合を進める金融市場は，国内金融サービスの提供という点で効率性や革新性を高め，同地域の投資配分を改善させる大きな投資対象となり，同地域により多くの投資を呼び込む。しかし，ASEAN加盟国の間の健全性規

制能力や制度が多岐にわたっているほか，同地域の金融安定インフラが不十分な点を考慮すれば，金融統合には大きなリスクがあるといえる。

ASEAN 加盟国の金融サービス自由化の実績はまちまちだが，ASEAN 銀行統合枠組み（ABIF）は 2020 年までの銀行部門の統合を目指している。銀行部門の統合は銀行サービスの自由化以上であり，協力や協調も伴う。これは，同部門では健全性の側面が重要であるほか，加盟国とりわけ BCLMV（ブルネイ，カンボジア，ラオス，ミャンマー，ベトナム）の金融安定インフラに大きな差がある点を踏まえたものである。加盟国がますます相互に関係し，それに伴って景気循環が同期するようになっているため，健全性も求められる。ASEAN がマクロ経済政策でより協調することも求められる。

EU から教訓を学んだ ASEAN は，銀行部門の統合に関してより慎重なアプローチをとっており，健全性規制の原則の調和，金融安定インフラの構築，BCLMV の能力開発，ASEAN 適格銀行（当初はおそらく子会社，その後は支店）の市場アクセスにより重点を置いている。

以上のことから，2015 年以降の ASEAN の金融サービスに対する主な提言は以下のとおりである（Wihardja 2013 より）。

a）**統合後のシステミックリスクやその伝染への対処も含めて，金融安定インフラを構築する**　これには，地域のマクロ健全性の監視・監督（AMRO の傘下），地域の危機管理プロトコル，地域決済システム，地域の金融セーフティネット（現在は CMIM に基づく），財産権保護のための法制度のほか，ASEAN 加盟国の間で課税情報を自動交換する可能性が含まれる。

b）**ASEAN 加盟国の間で健全性規制を調和させる**　参入障壁となる可能性があるものの，厳格な健全性規制は，強固で開かれた金融セクターの必須条件である。

c）**能力開発はきわめて重要**　これは特に，規制の差が大きい BCLMV 各国に関してそういえる。

d）**ASEAN 内，ならびに ASEAN+3（中国，日本，韓国）内でマクロ経済政策の協調を拡大する**

e）**ABIF のさまざまな側面や地域の金融統合に関する詳細な研究を行う**

地域内の金融連携を深めることのリスクとリターンという観点から，ABIF を実施するメリット，機会，費用，リスクを検証することが重要である。

5. 投資の自由化と競争政策

本書で目標とする高い経済成長率を達成するためには，高い投資率が欠かせない。同地域が競争基盤を強化し，ますます競争が激化する世界市場で技術を高度化させるべく，ASEAN は引き続き巨額の直接投資流入に依存している。これは，同地域が投資環境を維持し，確かに改善する必要があることを意味している。投資政策・制度をより自由化することにより，同地域の投資環境がさらに改善するものと期待できる。

投資自由化に向けて今後とるべき策は比較的単刀直入であり，**ASEAN 包括投資協定（ACIA）に基づく段階的な自由化プロセスを継続する**というものである。加盟国の中に強い政治的意思と全体的な推進力があれば，投資制限や障害の排除・緩和目的で ASEAN 自らが選択したモダリティーは，第 1 構成要素の明確な指針や CCI ピアレビューメカニズムの制度とともに，投資制限や障害の排除やその範囲・度合いの緩和を推し進める，強固で革新的な策であるといえる。

また，ERIA が行った「AEC ブループリントの実施状況に関する中間評価」は，第 2 構成要素に基づく最低の投資制限や障害のほか，第三者監視・リソース機関に何を含めうるかに関する指針を設けるように提言している（後者については ASEAN 事務局が望ましく，ERIA のような機関や ERIA の研究機関ネットワークメンバーが分析サポートを提供する可能性がある）。同地域の投資制度のさらなる段階的な自由化を推進するため，AEC 2015 を意図したそうした取り組みには，必要があれば改善しながら継続する価値が十分にある。

6. 競争政策

これは，自由化イニシアチブや促進イニシアチブを補完するものである。ますます統合を進める ASEAN において，競争政策はより現実の問題に直結するようになる。国内市場における行動だけでなく，越境行動に関してもそうい

える。競争政策の基本的目標は，国内と海外の両方で，あらゆる企業にとって公平な活動の場を確かなものにすることだ。

2015年以降の競争政策については，以下のような行動を提言する。

a）競争法の施行　2015年までに競争法を施行しないASEAN加盟国には，施行するよう働きかけ，技術的支援を提供する必要がある。

b）能力開発　より正式で制度化された能力開発アプローチをする必要がある。

c）競争政策のピアレビュー　ASEANにおける競争当局の業務執行実績にはかなりばらつきがあるため，競争法や競争政策のピアレビューを行い，それらをさらに改善することが有益である。

d）業務執行協力に関する取り決め　経済統合が深まるにつれ，業務執行協力のさらなる強化が重要になる。そうした強力には，一般情報の交換，事例取り扱いに関する指針，合同調査が含まれる。

e）競争中立性の評価とその実施　経済統合が深まるにつれ，ASEANは競争中立性を保つための調査を実施するか，あるいは委託すべきだと提言する。そうした調査は，政府が発行する金融保証，国庫補助，（国有企業や政府系企業への）企業助成金，政府調達といった問題に関するものである。

f）ダンピング防止と規制当局のガバナンス　ASEANにおける反ダンピング事例の評価や，（消費者福祉に重点を置く）競争政策と（企業に重点を置く）反ダンピング政策の間に生じうる不一致の評価を実施する必要があるかもしれない。また，物価統制などの政府規制が競争に及ぼす影響についても，調査する必要がある。

7. 熟練労働者の流動性

AECブループリントは，単一市場および生産基地の柱の一環として「熟練労働者の自由な移動」を含んでいる。しかし，ブループリントのこのような施策は「熟練労働者の管理された移動」をより連想させるものだ。したがって，主として（たとえば，技術能力の補完を通した）ASEANの競争力向上という点では，そしておそらくさらに重要なことに，人と人との連結性の主要要素と

しても，熟練労働者の流動性に着目するのが一番である。そのため，熟練労働者の流動性が，以下に議論する「連結する ASEAN」の一部を形成している。

2015 年以降も前進すべく以下に示す施策を提言する。

a．**第三次教育機関の間のより効果的な協力を奨励し，学生や職員の交流を促進する**　英語の使用が学生や職員の交流を促進する可能性がある。また，ASEAN は同時に，ヨーロッパのエラスムス計画やボローニャプロセスのようなプログラムを検討してもよい。それらのプログラムではそれぞれ，大学生が同地域の他の国にしばらく留学し，終了した講座の単位等を移動させることができ，移動先で同等の単位や学位が付与されるシステムである。

b．**専門職や熟練労働者の ASEAN への移動を自由化し，域内における雇用を促進する**　これに関連する施策としては，ビザ発行の円滑化，専門職や熟練労働者の雇用許可，雇用を統制する法的規制や政策的規制の透明性向上，ASEAN の技術能力認識枠組みの構築，雇用機会に関する情報ネットワークの改善，社会保障給付のポータビリティなどがある。

c．**ASEAN の中核的研究拠点を構築する**　ASEAN は，専門職や熟練労働者の資格や自由な移動に関する相互認識を持ち，中核的研究拠点の構築のほか，異なる国の異なるサービスやサブセクター向けのハブの構築を検討すべきである。

d．**相互認証協定のより効果的な実施**　EU のプロフェッショナルカードの ASEAN バージョンであり，ASEAN のいくつかの職業が検討対象となる可能性がある。

e．**熟練労働者の流動性に関する考え方を変える必要あり**　そのためには，国内の人材プールにさらなるシナジー効果をもたらすものとして，熟練労働者の流動性を認識しなければならないだろう。

8.　連結する ASEAN

連結性は，生産拠点としての，そしてさらに統一する ASEAN 市場を目指す「統合され高度に競争可能な ASEAN」の中心要素である。ASEAN はそれ

に関して3本柱の戦略からなる ASEAN 連結性マスタープラン（MPAC）を策定し，物理的連結性を向上させるための物理的インフラの開発，効果的な制度，制度的連結性を向上させるためのメカニズムやプロセスを強化しているほか，人と人との連結性を向上させるべく人々に力をつけさせている。貿易円滑化，非関税措置の整備，より促進的な基準適合性制度の構築に関する施策は，すべて ASEAN 内の制度的連結性を強化するものである。また，ASEAN は，輸送円滑化に関する複数の協定のほか，同地域の輸送インフラを改善する協調努力（たとえば，ASEAN ハイウェイネットワークやシンガポール昆明鉄道など）を通し，域内の物理的連結性を強化している。

　ASEAN には，ASEAN 戦略的交通計画（ASTP）と MPAC を通して域内の物理的連結性を構築するための，明確な戦略的行動がある。2015 年ならびにそれ以降の物理的連結性の課題は，基本的に実施絡みのものである。したがってたとえば，陸上輸送の円滑化に関する二大協定である，ASEAN 通過貨物円滑化に関する枠組み協定（AFAFGIT）と ASEAN 国際輸送円滑化に関する枠組み協定（AFAFIST）を実施可能にするためには，遅くともなるべく 2015 年までに第 2 プロトコルに署名することが重要となっている。また，航空輸送分野統合に向けたロードマップ（RIATS）は現在，ASEAN マイナス X 方式で実施されている。しかし，同ロードマップに基づく ASEAN 内の航空結合性は，インドネシアの参加なしでは完成どころではない。このように，インドネシアの政治経済をどのように改善すれば，なるべく 2015 年までに同ロードマップに参加できるかが課題となっている。一方，シンガポール昆明鉄道（SKRL）の建設は，2015 年以降に本格化するものと期待できる。

2.2　第 2 の柱：競争力のあるダイナミックな ASEAN
　ネットワーク化し，革新的な未来の世界に ASEAN が深くつながることが，「競争力のあるダイナミックな ASEAN」になるための原動力の中核である。しかし，ここで留意すべきは，加盟国のいくつかは生産ネットワークやサプライチェーンに取り込まれ，リチャード・ボールドウィンが第 2 のアンバンドリングと呼んだ動きによって解き放たれることなく，ネットワーク化した世界につながっている点である。また，ボールドウィン氏は，まさしく ASEAN が

高い経済成長と大幅な構造転換を遂げた黄金の 10 年である，1985-1995 年に第
2 のアンバンドリングが起こるとしていた点にも留意されたい。確かに
ASEAN，中国，メキシコは，地域の生産ネットワークに属する新興国であり，
第 2 のアンバンドリングが非常によく当てはまる典型となってきた。

　第 2 のアンバンドリングと生産ネットワークは工業化の触媒である。課題と
なっているのは，第 2 のアンバンドリングが決して，二重経済の「飛び地の工
業化」にはならないようにすることだ。AEC ブループリントの施策実施と本
書で提言した施策は，飛び地の工業化になるのを防ぐ助けとなる。実際，第 1
の柱と MPAC に基づく「統合され高度に競争可能な ASEAN」になるための
施策は，ASEAN 加盟国が地域の生産ネットワークに加わり，そのネットワー
クとともに成長するように促す。同時に，産業集積を進めて加盟国の技術力を
高める取り組みは，生産ネットワークへの加盟国の参加をより深いものとし，
そのネットワークからより多くの利益を生み出す。

　**このように，AEC ブループリントは地域統合を実現させるだけでなく，多
くの点で ASEAN の工業開発を促進している。**

　さらに多くの ASEAN 加盟国を地域の生産ネットワークにより深くつなげ
る取り組みには，加盟国がより多くの商品を手掛けたり，個々の加盟国のより
強固な産業集積や工業地帯を通してより深く関与したり，複数の加盟国や東ア
ジアの他の国々のそうした集積の間により深く入り込むにあたり，彼らの能力
を深めることも含まれる。ASEAN や中国の産業集積における成功談から得ら
れる教訓が数多くあり，それらを ASEAN のより多くの地域や国に当てはめ
ることができる。それにはまた，加盟国においてうまく作り上げた集積をベー
スとした産業戦略を策定し，実施することも伴う。

　したがってたとえば，成功している ASEAN の産業集積は，名が知られた
多国籍企業が主導していたり，輸出指向だったり，非常に良好ないしは優れた
インフラを有していたり，企業間の結合や暗黙知の伝達を積極的に奨励したり，
現地企業に技術的アドバイスや支援を提供したり，高度な研修所や専門的な研
修プログラムを持っている。また，成功している中国の産業集積は，輸出指向
であり，直接投資を積極的に誘致し，非常に良好ないしは優れたインフラを有
しているほか，技術能力の形成，品質保証，イノベーションに関して地方政府

2. ビジョン，明示的な成果，枠組み　　365

が強力に支援しているという特徴がある。

　競争力を高めてダイナミックに発展するためには，技術移転，技術適応，イ
ノベーションも非常に重要である。ミクロレベルでは，パートナー企業の技術
者との対面交流が，供給業者の監査や研修より多くの技術移転を促すことが，
ASEAN の研究からわかっている。さらに，多国籍企業との合弁企業とともに，
海外のバイヤーに対応したり，研究開発投資が多い現地企業は，他のタイプの
企業よりプロセス改善や製品改良を多く行う傾向がある。一方，マクロレベル
では，（直接投資，ライセンス供与，合弁企業，現地機関の研究やイノベー
ション部門における国内外企業との協力や共同開発を通して）技術移転やイノ
ベーションを促したり，IPR（知的財産権）を保護したり，競争を促進するた
め，効果的な政策メカニズムが重要であることが，シンガポールの成功体験か
ら明らかになっている。また，イノベーションや創造力の基盤をより強固で安
定したものにするためには，人材開発や増加傾向にある研究開発投資も今後非
常に重要となる。

　以上の点を踏まえて，「競争力のあるダイナミックな ASEAN」（第 2 の柱）
を 2015 年以降目指すための，そして AEC ブループリント 2015 年以降の後継
計画に向けた主な提言は，以下のとおりである。

　a）学習やパートナーシップの機会を創出すべく，地方政府の支援プログラ
　　ム（品質保証，ブランド構築，スキル開発に関する）のほか，産業集積の
　　計画，開発，実施（優先順位付け，結合，政策／規制／制度上の問題，労
　　働力開発，サプライチェーンの改善などを含む），あるいは技術移転プロ
　　グラムなどのような領域で，**ASEAN+3 の国々（中国，日本，韓国）と
　　ともに，産業を高度化させ，集積を進めるための地域協力プログラムを実
　　施する。**
　b）**より多くの現地企業が研究開発（R&D）に投資するよう奨励し，大半の
　　ASEAN 加盟国で国内の研究開発投資率を大きく引き上げる。**Machikita
　　and Ueki で述べているように，研究開発を行う現地企業では，技術移転
　　のほか，製品やプロセスの革新がより大きくなっている。さらに，技術を
　　高度化するためには，企業や政府が研究開発投資を増やす必要がある。

c）政府の促進プログラムでは，企業向けの国庫奨励金や技術集団向けの協調融資費用を活用することにより，**多国籍企業が選ばれた現地企業に対して，将来的な供給業者または下請け業者として技術を移転する**。このプログラムは，多国籍企業の品質基準を満たすべく現地企業が技術を高度化し，自身が革新的になる流れを促進しよう。こうした流れは，シンガポールなどの現地技術高度化プログラムに類似している。

d）**スキル形成，人材育成のほか，起業家精神を養う「有形・無形の大学」を拡充する**。これは，とりわけ工学，エンジニア，科学分野の正規教育において，質の向上や産学協力の拡大を求めるものである。また，ネットワークの結合強化，企業による工場労働者の増強やスキル形成の奨励のほか，（ペナン技能開発センターのような）人材開発をベースとした技術移転の制度化されたメカニズム，あるいは日本，ドイツ，フランスの協力を得て 1980 年代にシンガポールが設立した高度化技術研修機関の構築も求めている。

e）**技術移転，技術適応，イノベーションのための政策・制度環境を改善する**。これには，専門研究機関や研修プログラムを設けるための，いくつかの政府（と民間部門）による共同出資支援が含まれる。また，強力な IPR 保護も含まれる。実際に，WIPO-ASEAN（世界知的所有権機関 – ASEAN）の調査結果からは，特許，商標，工業デザインを出願するという判断に至った大きな決め手が，「違反を止めさせるより効果的な手段」であった一方，「整備され，より効率的な申請手続き」は商標の場合に限って大きかったことがわかる。

f）**AEC ブループリントの実施状況に関する中間評価（ERIA 2012a，Vol. II）の中の IPR に向けた提言の多くも，政府の促進プログラムを改善するための地域協力の拡大や IPR 問題に関する政策という点で，このセクションの提言となる**。すなわち以下のような提言である。

    a．ASEAN IPR アクションプランを完全実施する。

    b．現地のイノベーションを強化するため，中小企業の特別な取り扱い方法（たとえば，優先的検証や割引費用）を導入する。

    c．IPR に関する法律案作成や手続き実施における協力を継続する。

2. ビジョン, 明示的な成果, 枠組み   367

　　d．業務執行の質（たとえば, 特許出願から取得までの所要期間など）
　　　を監視すべく, 数値目標を導入する。

　　e．世界の主要な IP 協定に加盟する動きを加速する。

　　f．共同発明のほか, そうした動きへの現地企業の参加を増やすため,
　　　既存の法律を評価する。

　　g．地域レベルかつ比較可能な方法で, IPR 関連データを収集する。

　　h．IPR 問題に関し, 利害関係者への情報発信面での協力や, 利害関係
　　　者との関与を強化する。

g）投資や事業運営のための支援政策や制度環境を強化する。これには, こ
　れまでの章で議論した「統合され高度に競争可能な ASEAN」になるため
　の施策である, 幅広い領域が含まれる。また, （本書の第 7 章で議論した）
　ビジネスのしやすさの追求や, より即応的な規制制度という意味も含まれ
　る。それらを補完するものとして, 直接投資を積極的に誘致することも重
　要となる。

h）技術者などの熟練労働者や科学者の流動性拡大を促す。

**i）たとえば ASEAN 工学系高等教育ネットワーク（AUN-SEEDS Net）の
　ような, 同地域や加盟国の研究開発インフラを構築するため, 地域協力を
　拡大する。**

**j）進歩的な調査環境を創り出し, 研究開発における官民協力の拡大を奨励
　する。**

2.3　第 3 の柱：包摂的で強靭な ASEAN

　「包摂的で強靭な ASEAN」の柱は, AEC ブループリントの第 3 の柱である
「公平な経済発展を遂げる地域に向けて」と似ているが, それ以上の内容であ
る。この研究は, ASEAN の包摂性と強靭性に関連するいくつかの重要領域,
すなわち, 成長センターと周辺地域のつながりと開発格差の縮小, 中小企業育
成のための政策・制度の改善, 農業生産性の向上と ASEAN 加盟国における
食料安全保障の強靭性改善, エネルギー効率の補完性, 環境調和的なエネル
ギー, エネルギー安全保障と食料安全保障, 社会的セーフティネットと災害管
理の促進に重点を置いている。

最初の重要領域は，周辺地域や周辺国が成長センターとより一層つながり，彼ら自身が成長するという地理的包摂性である。連結性はそのインフラとともに，地理的包摂性にとって欠かせない。成長率の面でより融資可能なプロジェクトのために官民連携（PPP）を利用することにより，周辺地域を含めたそれほど融資可能ではないインフラに資金を回すことができ，結果として，周辺地域を成長センターに近づけることができよう。本書では，同地域でPPPを立ち上げることに絡んだ問題を議論し，後ほど列挙するような提言を行っている。

　ASEAN加盟国の中では，これまでのところ貧しい新規加盟国と豊かな既存加盟国の間の発展格差縮小という観点から，包摂性が議論されてきた。CLV各国は過去15年間，ASEANで最も高い経済成長を遂げていた。本書で議論している『ミャンマー総合開発ビジョン』により，ミャンマーは今後10年程度にわたり，ASEANで最も高い経済成長を確実に遂げられるようになる可能性がある。

　中小企業の育成は，AECブループリントの第3の柱における主要戦略のひとつである。中小企業はすべてのASEAN加盟国で経済実態の大部分を占めている。当然ながら，「競争力のあるダイナミックなASEAN」には「競争力が高く，ダイナミックな中小企業」が必要である。さらに，力強く成長する中小企業部門は，大半のASEAN加盟国で圧倒的に雇用を創り出しているものとして，包摂的な成長を目指す非常に重要な手段であるところ，雇用の力強い拡大に欠かせない。そのため，域内の中小企業に支援的な政策環境が重要である。ERIAはASEANの中小企業作業部会やOECDとともに，幅広い政策領域を踏まえた「ASEAN中小企業政策指標」を作成した。ERIAが行った研究の初期成果からは，真に中小企業に支援的な政策環境を整えるためには，ほとんどの加盟国でまだやるべきことが山積しており，特にCLM各国ではそう言えることがわかる。皮肉にも，ASEAN加盟国の最も豊かな3か国のうち2か国である，シンガポールとある程度マレーシアが，ベストプラクティスとなる中小企業制度の構築に向けて他の加盟国を先行している状況である。

　農業と食料安全保障も同様に，ASEANの包摂的な成長と強靱性にとって重大な懸案事項である。主として生産性の向上に依存した農業開発が，引き続きCLM各国の近い将来における成長の重要なけん引役と目されている。

2. ビジョン，明示的な成果，枠組み

ASEAN やアジアにおける食料の消費，マーケティング，生産で見受けられる絶え間ない変化は，CLM 各国のみならず ASEAN 加盟国のすべてに対し，インドネシア，フィリピン，マレーシア，タイ，ベトナムなどのかなり大きな農業部門とともに，課題と機会の両方をもたらしている。

生産性向上投資への注力拡大，米などの基本的食用作物の価格が乱高下するのを防ぐ貿易制度と輸出入国の行動基準，ミャンマーのような国々における市場アクセス拡大とより信頼できる借地権は，より包摂的かつ強靭な農業開発の道のりに向けた同地域の良い兆候である。

そして，食料安全保障はとりわけ 2007-2008 年の世界食料危機以降，首脳たちの主な懸念となっている。栄養不良率やライスボウル指標からは，ASEAN 加盟国の多くが大変な食料不足の状態にあり，食料安全保障への対応能力も引き続ききわめて限られていることがわかる。この調査は，個々の加盟国が食料安全保障をめぐる懸念に対応する能力を判断するメカニズムとして，ライスボウル指標を制度化することを目指している。

ASEAN と東アジアのエネルギー需要は，今後 20 年間にわたって著しく増加するだろう。なぜなら，これらの地域が世界経済成長の原動力となるためだ。これらの地域でエネルギー戦略と政策の賢明な組み合わせが見つけ出せれば，より強靭で環境調和的な ASEAN につながると同時に，一方では，域内と世界の経済成長見通しを引き上げ，気候変動シナリオの改善に寄与することができよう。そうした戦略と政策の賢明な組み合わせには，エネルギー効率，（特に島国における太陽光のような）再生可能エネルギーの利用拡大，（日本の二国間オフセットクレジット制度（BOCM）のような）クリーンな石炭利用技術（CCT）利用のインセンティブ制度，ASEAN 石油安全保障協定の運用が含まれる。

上記項目の大半はより環境調和的な ASEAN に寄与し，長期的に同地域の食料安全保障や社会的公正に役立つだろう。これは，同地域が極端な気象擾乱に対して非常に弱いためである。そうした擾乱は，フィリピンのビサヤ地方に壊滅的な被害を及ぼした大型台風ハイアンが典型的に示したように，貧しい人々に最も大きな打撃を与える傾向がある。ASEAN と東アジアが世界の中でも自然災害にさらされやすい地域であるという事実を，大型台風ハイアンが力

ずくで浮き彫りにした。2004 年のインド洋津波，ミャンマーに甚大な被害を
もたらした 2008 年のサイクロンナルギス，同じく 2008 年の中国四川地震，
2009 年の西スマトラ州パダン地震，2011 年の東北大震災と津波など，過去 10
年前後に起こった一連の大規模自然災害における直近の災害が，大型台風ハイ
アンだったにすぎない。

　ASEAN と東アジアが災害にさらされやすい点を考慮すれば，これらの地域
をより災害に強靭な地域にし，災害による人命の損失，財産の損失，経済や環
境への悪影響を大幅に減らすことが，基本的な課題である。物理的，社会的，
経済的，環境的脆弱性とハザードが接触すると災害リスクが高まる。そのため，
災害リスクの減少には，ハザードの性質とさまざまな脆弱性との接触に関する
深い理解，脆弱性と基本的な災害リスクファクターの削減，災害リスクの減少
が国や地方自治体の政策・計画に組み込まれ，その主流となっていることの確
認，早期警報システムの拡充や効果的な災害対応を含めた防災能力の強化など
を伴う。上記項目は，これらの地域を災害により強い地域にするための，「兵
庫行動枠組み 2005-2015」の中核をなしている。さらに，たとえば，災害が及
ぼす悪影響を最小限にとどめる保険制度の独創的な利用などを通して，市場，
政府，コミュニティの間の補完性を高めることも重要である。

　防災ならびに災害リスクの減少は，その多くを国や地方自治体の能力やイニ
シアチブに依存しているが，地域が担う側面も明らかにかなりある。ASEAN
は実際，ASEAN 防災委員会（ACDM）の設置，ASEAN 防災緊急対応協定
（AADMER）の署名，EAS の災害管理に関するチャアム・ホアヒン声明の署
名が典型的に示すように，総力をあげてそれらの課題に取り組んできた。中で
もチャアム・ホアヒン声明は，同地域を災害により強い地域にするほか，同地
域の災害対応をより効果的なものにするため，幅広い分野で協力と協調を強化
するという東アジア首脳会議の決意を表明したものだ。本書では，ASEAN と
東アジアが災害により強靭な地域となるべく，2015 年ならびにそれ以降とる
べき策についての主な提案を紹介している。

　最後に本書では，ASEAN 加盟国の多くが数ある社会的セーフティネット施
策のうち，たとえば失業給付，老齢年金，業務災害など，せいぜいやや効果的
なものを網羅するにすぎないと指摘している。加盟国の多くが人口高齢化の問

題に直面しているほか，加盟国が互いの統合や世界との統合を進めている関係
で，経済ショックに対してより脆弱になっているため，将来どのように社会的
セーフティネットの問題に対応するのかについて，同地域が検証するのはもっ
ともである。世界各国の経験からすると，ASEAN 加盟国は社会保障制度の効
率性と有効性を大幅に改善するため，堅固な健康保険制度，労働市場の関係に
依存しない効果的な移転メカニズムの構築，運営費用の抑制，既存の社会保障
制度の改革，統合型制度改革の課題への対応などに注力する必要があろう。し
かし，ここで留意すべきは，社会的包摂性の実現に向けて包摂的でダイナミッ
クな経済成長をもたらす，より重要度が高い戦略の次に来るものとして，社会
的セーフティネットを認識すべきだという点である。

　以上の点を踏まえた，「**包摂的で強靭な ASEAN**」**を目指す第 3 の柱に基づ
く，AEC ブループリントの 2015 年以降の後継計画のための主な提言**は，以下
のとおりである。

a) **ASEAN 中小企業政策指数を制度化する。**これは，ASEAN の中小企業
　　向け政策や制度環境を絶えず改善する，段階的でバランスがとれたプロセ
　　スのためのメカニズムである。特に興味深いのは，技術，金融アクセス，
　　中小企業のための容易で速やかな起業の領域である。

b) **官民連携（PPP）の枠組みに対する政府のコミットメントを強いものに
　　するほか，ASEAN 加盟国が PPP プロジェクトを選別，開発，管理する
　　能力を強化する。**これは，地域結合性や成長センターと周辺国のつながり
　　において，そのインフラ課題に対処するのに役立つものであり，以下の事
　　項が含まれる。

　　a．ASEAN 加盟国は PPP プロジェクトの開発投資を増やし，プロジェ
　　　クトの費用総額の最大 5 ～ 10％までとする。PPP プロジェクトは複
　　　雑になりうるため，専門家のアドバイスに対する支払いを開発投資の
　　　中に含める。

　　b．PPP の要領をまだ学習中の ASEAN 加盟国に対しては，大規模な
　　　プロジェクトを小規模で容易なプロジェクトに分割する。

　　c．PPP に関する ASEAN の中核的地域研究所（またはそれに類する

機関）を設立し，加盟国が PPP プロジェクトを選別したり，開発するにあたって地域の技術リソースとしてそれを支援すべく，金融などの分野で高い能力を持つ専門家を置く。

d．効率的な PPP インフラプロジェクトを開発し，実施するにあたり，それを可能にする堅固な法的環境，規制環境，制度環境を創り出す。そうするためには，PPP 部門がプロジェクトを前進させるのに必要な権限を持たなければならない場合がある。

c）ASEAN 加盟国の多くで貧困を解消し，農村と都市の格差を縮めるための主な戦略として，**堅固な生産性が主導する農業の成長を実現する**。これには以下の事項が含まれる。

a．とりわけ CLM 各国では，農業が依然として農村部の急速な経済発展の要となっているため，公共インフラ，研究開発，土地の所有権，農村部の信用供与が非常に重要である。

b．ASEAN-4 各国では，労働生産性の向上促進，農業生産における（主として高付加価値生産を目指す）効率的な資源配分，全体的な価格安定に重点が置かれている。

c．地域としての ASEAN では，米などの基本的食用作物の価格が乱高下するのを防ぎ，農業製品のサプライチェーン結合性を改善し，研究開発，食料安全保障，農家のためのリスク管理戦略における地域協力を拡大するため，協調的で信頼できる貿易政策体制の必要性のほか，輸出入を行う加盟国の行動基準が重要となる。

d）個々の加盟国が食料安全保障をめぐる懸念に対応する能力を判断するメカニズムとして，ASEAN 用ライスボウル指標を制度化する。

e）ASEAN と EAS は，**エネルギー安全保障と環境調和的な ASEAN** に向けて，省エネルギー，低炭素技術，再生可能エネルギーの促進の優先順位付けを行う必要がある。これは以下の事項などを伴う。

a．再生可能エネルギーに支援的な政策を促進し，それに応じて目標を設定する。そうした政策には，固定価格買取制度（FIT），再生可能エネルギー・ポートフォリオ基準（RPS），再生可能エネルギー開発の奨励金を含めることができる。

2. ビジョン，明示的な成果，枠組み 373

b．効率的な低炭素技術の利用や展開をサポートする枠組みを策定し，ASEAN がより手頃な費用で確実に，低炭素技術を促進するメカニズムにアクセスできるようにするための国際的な支援を求める。そうしたメカニズムの例は，日本の二国間オフセットクレジット制度（BOCM）である。

c．バイオ燃料の輸送への利用を促進する。これには，域内におけるバイオ燃料の自由貿易を確実にすることや，第 3 世代バイオ燃料の研究開発投資が含まれる。

d．新たな ASEAN 石油安全保障協定を実施するための資金提供も含めて，ASEAN 石油評議会（ASCOPE）に権限を持たせる。

f）**災害マネジメント**に関しては，ASEAN が以下の事項を行うよう提言する。

a．(a) 同地域の減災や緊急対応における地域協力の実行，(b) ベストプラクティス，経験，運用マニュアルに関する専門家，対応者，実務者間のネットワーク形成や共有，(c) 災害対応における適合性や効率性を高める標準的運用手続きの実行や改善をさらに強化する。

b．国の政策やプログラムに含まれる災害リスク減少を統合するほか，国や地方自治体の災害管理能力を強化するといった，ASEAN 加盟国の取り組みを加速させる。

c．複合的災害リスクを国や地域レベルで分散させる公的メカニズムを構築するほか，各国の災害リスクをカバーするため，複数の国でリスクプーリング制度やその資金源となる地域ファンドを丹念に作り上げる。自然災害の余波への対応を促すため，地域レベルの保険メカニズムを検証して実施する。

d．災害リスクデータ，モデル構築，保険を取り扱う地域センターを設立する。効果的でタイムリーな災害対応を行うべく，リスクに基づく保険料算定を強化し，リスク対応資金を手当てする適切な戦略を特定するにあたり，ハザードマップやハザードデータの可用性は非常に重要である。

g）**社会的保護**については以下の事項に重点を置く必要がある。

a．健全な財政的制約の中でより多くの人口をカバーできるようにする
優先順位付けと階層分け

b．堅固な健康保険制度の構築

c．効果的な移転メカニズムの構築

d．既存の社会保障制度のコスト削減効率化と近代化

2.4　第4の柱：グローバルな ASEAN

　グローバルな ASEAN の柱は，AEC ブループリントの第4の柱である「世界経済への完全統合に向けて」をさらに掘り下げ，国際社会において ASEAN が関心を寄せる問題を含めている。

　重点を置いているのは，プロセスや内容という観点からの RCEP や ASEAN 中心性，ASEAN 事務局を中心に ASEAN 機関を強化する必要性と加盟各国の主権という原則との綱引き，加盟国の意見を補完・補強すべく，ASEAN が国際社会のどこでどのように意見を発するのかといった点である。

　ASEAN にとって RCEP が重要なのは，東アジアとの統合を深めることがなお一層重要なためである。ASEAN と東アジアのより深い統合が ASEAN 加盟国にもたらす利益は，AEC 単体がもたらす利益より大きい。これは，ASEAN 経済が東アジア地域の生産ネットワークにきわめて深く結びついているほか，東アジアが ASEAN 単体よりはるかに巨大な市場であるという事実を反映したものである。また，AEC を目指すとともに，RCEP を通して東アジアの残りの国々との経済統合を深めるという，ASEAN の現在の戦略が適切であることを意味している。

　それと同時に，RCEP がもたらす利益の大半は，サービスの参入障壁が低くなることや，東アジアにおける物品やサービスの流れが容易になることから生じるといえる。これは，AEC の設立に向けたシミュレーション結果と同様である。AEC においてもそうであるように，これらの領域，特にサービスと物流は，交渉で議論を引き起こすことが予想される。それでもなお，第2のアンバンドリングがもたらすあらゆる利益は，効率的なサービス，貿易促進，物流なしでは実現できない。そのため，貿易円滑化を経済発展の手段にしているのと同程度に，地域経済統合の手段にもするためには，RCEP のサービスや貿易

円滑化に関する交渉において，考え方を変える必要があるかもしれない。

しかし，ASEAN 加盟国が RCEP の交渉に向けて一貫した枠組みとアプローチを持ち，それによって RCEP の交渉内容を形作ることが重要である。本書では，RCEP のアジェンダ作成に関する ASEAN への数多くの提言を，以下のように示している。

- 少なくとも 95％の関税撤廃目標を設定し，「共通の譲許」アプローチを採用し，広範囲にわたっていずれかを選択できる co-equal と呼ばれている緩やかな原産地規則を使用する。地域生産ネットワークの拡大や深まりを支援する共通制度の構築により重点を置く。
- 貿易保護目的で使われる傾向がある「コア非関税措置」を最小化する。
- ASEAN サービスに関する枠組み協定を，RCEP に基づくサービス自由化のモデルアプローチとして，数式に基づく方式も含めて活用する。
- 総合的な運用認定手続きを策定する。
- 明確で具体的な貿易円滑化プログラムを（ASEAN のように）導入し，FTA の活用問題に取り組む。
- RCEP の実施課題に関する合意，RCEP の紛争解決メカニズムなどの合意のほか，RCEP の透明性を向上させ，開かれた加盟条項を運用可能にするため，WTO の評価と同様の貿易政策評価を行う可能性を打ち出す。
- 経済発展で遅れている ASEAN 加盟国を支援するため，技術面や経済面における多大な協力を，RCEP の構成要素に確実に含めるようにする。

上記のような項目は一貫したアプローチの重要な要素となる。しかし，ERIA が以前に行った研究からは，上記のような項目に沿って一貫したアプローチをとることが，ASEAN 加盟国にとって言うほど容易ではないことが明らかになっている。それが ASEAN の大きな課題であり，東アジアの経済構造を形作るにあたり，ASEAN の中心性を維持できるかどうかにつながる。

進化していく東アジアの経済構造の中で ASEAN の中心性を向上させ，地域社会や国際社会で声高に ASEAN の意見を述べるためには，域内の統合を進めて加盟国間の団結を強める必要がある。また，ASEAN と APEC（アジア

太平洋経済協力）のイニシアチブに共通する部分や補完部分が多いことを考慮
すれば，ASEAN はその目的意識や政治的意思とは別に，APEC との**協力関係
を強化する**のがよいであろう。ASEAN と APEC が協力し，ともに学習する
分野には以下が含まれる。

- 貿易とビジネスの円滑化
- 基準適合性
- サプライチェーンと地域結合性の課題
- たとえば，規制改革，企業部門や公共部門のガバナンス，経済インフラや
  法的インフラの強化といった構造改革問題
- 地域経済統合の進捗状況や課題に対する社会の意識を高めるための透明性
  向上
- ASEAN のプロセスにおける民間部門の役割強化

しかし，ASEAN は今後，著しい制度的ジレンマに直面する。ASEAN が抱
える問題の一部は，降りかかる大きなジレンマ，すなわち，地域統合に向けて
効果的な地域制度を設ける必要性と，加盟各国の主権や地域の多様性維持をい
かに調和させるかというジレンマに，ASEAN が正面から対処してこなかった
点にある。それでも，ASEAN の中心性を維持し，国際社会で ASEAN の意
見を述べて影響を及ぼすという取り組みには，AEC の信頼できる実績のほか，
域内や東アジアとの経済統合を進めたいという加盟国の強い政治的意思が必要
である。

研究チームでは，ASEAN が直面する制度的ジレンマにかなりの部分まで対
処するため，今後とるべき策に関する主な提言をまとめて以下に示す。

- **柔軟な意思決定方式が適切な場合の活用**　センシティブでない問題に対し
  ては投票を実施し，センシティブな問題に対してはコンセンサスを維持す
  る。
- **独立した監視メカニズムの構築**　ASEAN 事務局ならびに第三者機関によ
  る AEC ブループリントの監視を強化する。ASEAN の統合プロセスにお

いて，トラック2とトラック1.5の機関を強化する。

- **加盟国による資金拠出への柔軟なルールの採用**　ASEAN インフラ基金のほか，APEC 事務局の資金調達が，加盟国による資金拠出の算定方式を見直すにあたって ASEAN が検討しうる，柔軟な資金拠出の実例である。
- **紛争解決とそのメカニズムの具現化**　紛争解決メカニズムを強化する。たとえば，独立した評価タスクフォースを設置するなど，非経済的分野の協定順守を強化するメカニズムを構築し，制度的制裁の導入を検討する。
- **ASEAN 事務局の強化**　事務局は，事務局であるのと同程度に技術の供給源であるべきである。ASEAN は分散化の手段として，ただし同時に事務局を強化するため，事務局とつながっているものの，ASEAN の他の集積地に拠点を置く専門機関の設立を検討する可能性がある。
- **民間部門の関与拡大**　本書では，民間部門が ASEAN の統合プロセスに大きな便益をもたらしうる，数多くの領域を示している。
- **ASEAN 組織ならびに機関の機能や関係の明確化**　たとえば，常任代表委員会が監督する MPAC の非常に重要な要素が組織の連結性である点を考慮すると，同委員会の役割がとりわけ経済政策の関連事項において不明瞭である。また，本書では包摂性と弾力性について数多く取り上げている。これは，経済共同体と社会・文化共同体の機関の間の調整拡大を求めるものである。ASEAN は，関係する共同体機関の中から共同委員会を設置する，OECD のアプローチを検討する可能性がある。

さらに，ASEAN 加盟国の間に存在する多様性の大きさを考慮すれば，ASEAN が EU 式の「共通の外交政策」を通して意見を述べることは難しい。ASEAN の意見やプラットフォームは，加盟国がアクセスできる，付加的で補足的な手段と認識するほうがよい。加えて，ASEAN 共通の意見やプラットフォームは最小公倍数のひとつではなく，規範を作り出し，それに繰り返し言及するものである。ASEAN はそのおかげで，地域社会や国際社会で規範的な力を強めることができる。

2.5 基盤：感動する ASEAN

この本書の枠組みには，以上のような4本の柱に加えて，それらの柱の基盤である「感動する ASEAN」が含まれる。

この基盤の大半は，スマートな規制や即応的な規制制度に向けた動きを伴いながら，同地域のビジネス・投資環境を改善していくことに関係する。ここで留意すべきは，民間部門が ASEAN の公平で持続的な高成長の主たる原動力である点である。そのため，ASEAN 加盟国は民間部門のために，良い結果をもたらすような魅力的なビジネス・投資環境を創り出す必要がある。

ASEAN 加盟国の大半は，グローバル競争力指標，物流パフォーマンス指標，ビジネス活動の容易度指標などの，ビジネス・投資環境指標の世界ランキングを著しく改善させている点に留意されたい。そして，UNCTAD（国連貿易開発会議）が集計しているように，多国籍企業による投資先の上位20位に加盟国の多くが入っている。にもかかわらず，加盟国の間には大きな差があり，対処すれば ASEAN をさらに一層魅力的な投資先にするであろう，（汚職などの）大きな懸念も残っている。

ASEAN 加盟国と ASEAN の投資魅力をさらに改善する重要な方法の1つは，賢い（スマートな）規制と即応的な規制制度を目指すというものだ。世界銀行と国際金融公社が「ビジネス環境の現状2014」の報告書でまとめた賢い（スマートな）規制は，**効率化した**（Streamlined），**重要な**（Meaningful），**適応可能な**（Adaptive），**適切な**（Relevant），**透明性が高い**（Transparent）規制のことを指す。ある意味，一連の「ベストプラクティス」規制と言えよう。2014年の同報告書が明らかにしたように，シンガポールが世界の「ベストプラクティス」の最先端国に最も近い一方で，他の多くの ASEAN 加盟国が埋めなければならないシンガポールとの規制上の差は大きいのが実状である。

規制のベストプラクティスを目指すというのは，基本的に規制を改善することである。本書の枠組みでは，即応的な規制制度の役割のほか，それと相関関係にある，確かな情報に基づく規制当局による対話について，ベストプラクティスの最先端国を目指して規制を改善する目的で今後とるべき策であるが，個々の ASEAN 加盟国が置かれている特有の環境を認識したものだと強調している。

2. ビジョン，明示的な成果，枠組み

即応的な規制や規制制度は，迅速な対応の ASEAN に必要不可欠な条件である。なお，即応的な規制制度は以下の行動を伴う。

背景を踏まえて考える　規制の理論を実際の参加者と「現地で」事前検証する。

積極的に耳を傾ける　利害関係者が発言する機会を与える。

抵抗する関係者を引き込む　彼らを尊重する姿勢を示し，彼らの抵抗を許容して，規制計画をいかに改善すべきかに関して学ぶ機会とする。

意欲を支援する　規制の理論的解釈に関する共通の理解を形成し，規制を遵守する能力や意欲を養うのに，サポートや教育を使う。

リソースが乏しい国では，業界団体や非政府組織といった**パートナーの広範なネットワークを取り込み**，規制の計画や実施（たとえば，業界ベースの認定プログラムの策定や業界ベースの訓練）に関与させる。

学ぶ　いかに首尾よく，またどのような費用をかけて成果を達成したかを評価し，学んだ教訓を伝える。

確かな情報に基づく規制当局による対話は，即応的な規制制度を確かなものにすることができる。ERIA のプロジェクトが AEC を監視するなかで，ASEAN 加盟国や地域の規制改善ならびに一貫性を支援する ERIA 研究機関ネットワークの研究チームが，個々の加盟国において関係する機関や利害関係者と，個々の国が関心を寄せる特定の規制問題に関する，規制当局による対話の進行役を務めた。確かな情報に基づく規制当局による対話は，利害関係者が互いに学び，互いに理解を深め，今後とるべき最善策に関する共通の理解に収斂できるように意図されている。

その結果からわかるのは，透明性が高い形で，いくつかの分析の確かな情報に基づき，経済全般の視点に立ち，先入観を持たずに行う規制当局による対話が，規制環境の改善に際して改善余地がある領域を明らかにすることにより（そしてある程度のコンセンサスを形成することにより），確かに有益になりうるという点だ。なお，改善余地がある領域としては，運営問題，調整問題のほか，規制の矛盾さえ挙げられる。確かな情報に基づく規制当局による対話は，

1回限りではなく，継続して定期的に行うのが理想的である。

提言した **2015 年以降の規制アジェンダ**は，主としていくつかの目標や里程標の設定と，確かな情報に基づく規制当局による対話の実施で構成されている。規制改革はもともと国内の問題であるため，**協調した単独行動主義**アプローチをとるほうが交渉するより有効である。目標や里程標を設定するという AEC のアプローチは，ASEAN が協調した単独行動主義を奨励するにあたってよく役立ってきた。そのため，グローバル競争力指標，物流パフォーマンス指標，ビジネスのしやすさ指標などにおいて，2020 年代初めまでにすべての加盟国が世界ランキングの上位半分に入り，大半の加盟国が上位 3 分の 1 に入るという，本書の第 2 章で提言した目標を検討することができる。さらに本書では，個々の加盟国における規制環境の進捗状況や影響に関する期間評価の提出に，各国が合意するよう提言している。

内容と同様にプロセスも重要であるため，2015 年以降のアジェンダには，プロセスへの約束も含めるべきである。確かな情報に基づく規制当局による対話は，即応的なプロセスをもたらし，テクニカルな解決策を提示するだけでなく，利害関係者を関与させ，改革に賛成するコンセンサスの形成を促す。政府，企業，その他の利害関係者の間で行う規制当局による対話は，調査機関や学術機関のような独立した媒介機関が進行する必要がある。規制当局による対話は，個々の規制の効率性や（一連の）規制の一貫性を評価するように意図されている。

3. アセアンライジング：まさに ASEAN が楽しむべき時

ASEAN 加盟国の間の政治的意思や協調した努力を考慮し，また，これまでの章で詳しく説明し，この章で要約している範囲の政策，規制改革，制度構築，地域協力イニシアチブを実施する際の民間部門の支援を踏まえて，ASEAN は企業部門や他の利害関係者に対し，大きな成長機会をもたらしている。ASEAN 地域にとって最良の時期は，ある意味でこれから訪れることになる。

ASEAN 地域は 2025 年までに約 6 億 8,500 万人，2030 年までには 7 億 2,000 万人の人口を抱えるだろう。ASEAN 加盟国の大半で 1 人当たりの所得が力強

3. アセアンライジング：まさに ASEAN が楽しむべき時　　　381

表8.1　1人当たり GDP ならびに GDP 成長率の予想

	1人当たり GDP (米ドル，2007年物価レベル)				実質 GDP 成長率 (累積ベース，2007年 = 100)			
	2025年		2030年		2025年		2030年	
	低	高	低	高	低	高	低	高
カンボジア	1,523	1,825	2,090	2,671	243	310	396	534
インドネシア	4,598	6,285	5,971	9,127	191	298	293	501
ラオス	2,272	2,392	3,249	3,484	341	364	572	621
マレーシア	12,831	15,849	15,694	20,906	137	193	205	307
フィリピン	3,589	4,772	4,657	6,857	195	292	310	504
シンガポール	57,065	64,411	65,277	76,942	97	123	134	176
タイ	6,714	8,204	8,211	10,777	87	128	128	199
ベトナム	1,986	2,717	2,605	3,987	185	289	281	483
その他の東南アジア諸国	1,567	1,567	2,165	2,165	216	216	345	345

出典：Itakura (2013).

く伸びることにより，同地域における極度の貧困（すなわち，購買力平価ベースで1人当たり1日1.25米ドル以下で生活している人々）は，2025-2030年のいずれかの時点で過去の出来事となるだろう。表8.1 は，本書の第2A章で提示した経済成長率目標をベースとし，ダイナミックな GTAP（グローバル貿易分析プロジェクト）モデルを用いた，ASEAN 加盟国の1人当たり所得の予想範囲（2007年の物価レベル）を示している。世界銀行の現行分類を用いると，表8.1 は以下のような事項を示唆しているといえよう。

- 少なくとも加盟国3カ国（ブルネイ，マレーシア，シンガポール）が高所得国の分類に入るだろう。タイについても，第2A章で提示した控えめな成長率を実際の成長率が大幅に上回れば，その分類に入る可能性がある[5]。
- 少なくとも加盟国2か国（インドネシアとフィリピン）が上位中所得国の分類に入るだろう（ただし，フィリピンについては，これまでの実績より著しく高い成長率を維持するという条件付き）。ベトナムについても，非常に高い投資率が寄与してはるかに高い成長率を遂げることができれば，

---

5)　カンボジア，ラオス，ミャンマーにおいて高成長率と賃金上昇が見込まれることから，タイが依存できる予備労働力ははるかにひっ迫する。そのため，タイは高成長率を達成するため，技術力や人材を著しく高度化する必要があるかもしれない。

382 第8章 ASEAN および AEC の 2015 年以降の前進

表 8.2 累計ベースの投資の成長率

	投資の成長率 (累計ベース,2007 年 =100)			
	2025 年		2030 年	
	低	高	低	高
カンボジア	538	708	849	1,168
インドネシア	473	882	633	1,288
ラオス	367	415	607	698
マレーシア	451	619	596	880
フィリピン	1,255	1,870	1,729	2,902
シンガポール	402	492	477	619
タイ	275	406	348	553
ベトナム	55	143	109	251
その他の東南アジア諸国	996	991	1463	1,448

出典：Itakura (2013).

その分類にほとんど入るレベルになるか,実際に入る可能性がある[6]。
- 所得が低い加盟国(カンボジア,ラオス,ミャンマー)の 1 人当たり実質
GDP は,2007 年実績との比較で 2030 年までに少なくとも 3 倍,あるい
は 5 倍にさえなると予想される。

この表で示した 1 人当たり GDP と GDP 成長率は,多くの ASEAN 加盟国
にとって明らかに意欲的なものだ。そのため,表 8.2 に示した投資の成長率予
想を見るほうがよい。おそらく最も特筆すべきは,少なくとも過去 20 年間の
ほとんどの期間,多少とも精彩を欠いた実績を考慮したフィリピンの投資の成
長率だろう。表 8.2 のフィリピン(や他の加盟国)における投資の成長率は,
表 8.1 に示した意欲的な GDP 目標を達成するのに**必要な**成長率として見るほ
うがよい。これは,フィリピンの 2007 年の投資が GDP に占める割合(約
15%)がきわめて低く,同年のベトナムの突出した投資率実績(GDP に占め
る割合が 41%)とは際立って対照的なためだ。要するにフィリピンは,国内
に存在する極度の貧困を 2025-2030 年の間に解消するのに必要な,高い経済成

6) ベトナムでは,きわめて高かった投資率(2007 年の投資が GDP に占める割合は 41%)が,
2000 年代の全要素生産性におけるマイナスの伸びにつながった。このモデルで用いたベトナムの成
長率が低いのは,きわめて高い投資率に直面した結果,投資の成長がより緩慢となるためである。

3. アセアンライジング：まさに ASEAN が楽しむべき時　　　383

表 8.3　累計ベースの輸出入量の成長率

	輸出量の成長率 (累計ベース，2007 年 =100)				輸入量の成長率 (累計ベース，2007 年 =100)			
	2025 年		2030 年		2025 年		2030 年	
	低	高	低	高	低	高	低	高
カンボジア	315	380	454	588	202	257	295	396
インドネシア	205	214	308	369	258	382	360	575
ラオス	422	451	691	758	415	467	686	791
マレーシア	119	158	186	261	195	253	280	384
フィリピン	283	316	509	617	341	441	527	734
シンガポール	87	112	123	163	143	179	185	242
タイ	103	133	159	221	136	183	190	270
ベトナム	220	317	305	488	157	233	231	368
その他の東南アジア諸国	97	100	169	173	443	446	682	685

出典：Itakura (2013).

長率の目標を達成するためには，**投資環境を大幅に変えて投資率を著しく引き上げることに全力を注がなければならない**。カンボジア，インドネシア，（モデルの中では「その他の東南アジア諸国」という不完全な名称で示している）ミャンマー[7] も，第 2A 章で提示した成長率目標を達成するためには，投資率を著しく引き上げなければならない。なお，このような成長率目標とは前述のように，同地域に存在する極度の貧困を解消するのに必要な成長率である。

　表 8.3 は，2007 年を基準年とした累計ベースの輸出入量の伸びを示している。多くの ASEAN 加盟国では，1990 年代や 2000 年代の実績と比べればわずかでしかないが，今後 20 年間，輸出の対 GDP 比率と輸入の対 GDP 比率がさらに上昇するだろう。輸出の対 GDP 比率が上昇するのは，主に機械および重工業中間財の総生産量に占める輸出の割合が上昇するためであり，特にインドネシア[8] とタイではそういえる。後述する表 8.4 に関する考察からわかるように，

---

7)　その他の東南アジア諸国には，ブルネイ，ミャンマー，東ティモールが含まれる。ブルネイや東ティモールの少ない人口をミャンマーの人口が凌駕している点を考慮すれば，表 8.1 および表 8.2 の GDP や投資は，ミャンマーの数字をより反映しているといえる。GTAP では，データが不足している関係で，ブルネイ，ミャンマー，東ティモールの独立したモデルを持っていないため，これら 3 か国を一括りにしている。

8)　インドネシアについては，軽工業やその他製造業でも，現在に比べて著しく輸出指向が強まる見通し。

表 8.4 部門別生産量が各国の GDP に占める割合の予想

No.	部門	部門別生産量が各国の GDP に占める割合の予想							
		カンボジア		インドネシア		ラオス		マレーシア	
		低	高	低	高	低	高	低	高
1	農業および農産物加工品，天然資源およびエネルギー	32	40	22	23	49	49	15	16
2	軽工業，その他製造業	23	15	4	2	3	2	1	1
3	重工業中間財	3	4	15	15	10	11	17	17
4	機械工業	5	5	10	9	1	1	24	23
5	公益，運輸，通信	7	7	7	6	10	10	9	9
6	貿易，金融，ビジネスサービス	11	11	14	15	9	9	22	22
7	建設およびその他サービス，公共サービス	19	19	28	31	19	19	12	12
		100	100	100	100	100	100	100	100

No.	部門	部門別生産量が各国の GDP に占める割合の予想									
		フィリピン		シンガポール		タイ		ベトナム		その他の東南アジア諸国	
		低	高	低	高	低	高	低	高	低	高
1	農業および農産物加工品，天然資源およびエネルギー	11	12	9	9	15	17	38	42	31	31
2	軽工業，その他製造業	2	1	0	0	4	3	12	7	2	2
3	重工業中間財	7	7	13	12	14	14	8	8	3	3
4	機械工業	41	38	21	22	30	29	7	7	7	7
5	公益，運輸，通信	7	7	15	14	8	8	9	9	10	10
6	貿易，金融，ビジネスサービス	15	15	24	24	18	18	11	11	19	19
7	建設およびその他サービス，公共サービス	17	19	18	19	12	13	15	16	28	28
		100	100	100	100	100	100	100	100	100	100

出典：Itakura (2013).

　機械および重工業中間財の製造を手掛ける業界が GDP に占める割合も，ほとんどの加盟国で上昇しよう。なお，表8.3 は，これまでのところ非常に開かれた ASEAN 加盟国，すなわち，マレーシアとシンガポールでは，国内需要が拡大してはるかに大きな総需要のけん引役になるだろうと示唆しているようだ。

　ASEAN 加盟国で今後 20 年程度の期間にわたって見込まれる力強い成長率は，加盟国の経済構造に生じるであろういくつかの変化を暗示している（表8.4 参照）。最も注目すべき変化は，重工業中間財（基本的に化学，卑金属，金属工業）と機械工業（自動車，電気機器，非電気機器など）の GDP に占める

3. アセアンライジング：まさに ASEAN が楽しむべき時   385

割合が，多くの加盟国で上昇する点だ。そうした傾向は，フィリピン（機械工業），インドネシア（両方），マレーシア（重工業中間財），タイ（機械工業）で特に顕著である。一方，天然資源をベースとした部門や製造業（たとえば，農業および農産物加工品，鉱業および選鉱，繊維および繊維製品，エネルギーをベースとした産業）は，引き続き多くの加盟国の主要部門である。とりわけ，ラオス，カンボジア，（おそらく）ミャンマー，ベトナムのほか，程度の差はあるがインドネシアではそういえる。（単純作業の）労働集約型製造業は，この表では主に衣料品および履物（軽工業）とその他製造業で構成されており，カンボジアのほか，程度の差はかなりあるがベトナムが，同地域の主要プレーヤーになるであろうことがわかる[9]。特にカンボジアでは，そしてベトナムでさえ，低成長シナリオより高成長シナリオのほうが，労働集約型である軽工業とその他製造業が GDP に占める割合が下がり，農業や天然資源をベースとした産業が GDP に占める割合が上がる点は興味深い。これは，賃金が上昇するにつれ，（単純作業の）労働集約型製造業が比較優位性を失い，たとえば衣料品や履物より資本集約的な傾向が概して高い，農業や天然資源をベースとした加工産業の方が選好されることを暗示している。また，この表からは，シンガポールとマレーシアが，貿易，金融，ビジネスサービスに最も依存するASEAN 加盟国となるであろうことがわかる。

　表8.4 に示した部門別の対 GDP 比率の見通しが，基準年である 2007 年前後の（投入産出表が示すような）経済構造のほか，主として賃金が上昇するにつれて徐々に起こる，部門間のリソース再配分の影響を織り込んだモデルに基づいている点を，強調しておかなければならない。そうしたモデルは，技術や投資面で大きな影響を及ぼしうる事象を十分捉えていない。したがってたとえば，ベトナムは近年，電子製品や電気製品の組み立て拠点として台頭しつつあるが，入手可能な 2007 年の投入産出データはそうした事象を十分捉えていないだろ

---

9)　ミャンマーももう 1 つの主要プレーヤーとなりうる。しかし，（ブルネイ，東ティモールとともに）ミャンマーの信頼できるセクター別データや投入産出データが不足している点を考慮すれば，このモデルの中の「その他の東南アジア諸国」の経済構造は，その大部分は，いくつかの比較対象国を「合成」した構造をベースとしている可能性が高い。したがって，その他の東南アジア諸国のセクター別シミュレーション結果から，ミャンマーやブルネイに関する意味のある洞察を得ることはおそらくできないだろう。

う。そのため，ベトナムの機械工業の GDP に占める割合は，表8.4 のモデル
シミュレーション結果が示す数値より著しく大きくなる可能性がある。同様に，
フィリピンの投入産出データは，業務プロセスの代行サービスが同国で急拡大
している状況を十分捉えていないだろう。したがって，貿易，金融，ビジネス
サービスの対 GDP 比率はこの表が示す数値より高くなり，機械工業の対 GDP
比率は低くなる可能性がある。以上のことから，この表は基本的に，今後 20
年程度の期間に現実のものとなりうる，ASEAN 加盟国の経済構造を示唆する
ものだと認識するほうがよい。

　表8.4 はたとえ暗示的でしかないとしても，それでもなお，経済成長を受け
て，また，開かれた統合経済という ASEAN の目標と照らして，経済構造の
変化は避けされないことを示している。しかし，そうした経済構造の変化は，
痛みを伴わないスムーズな道のりではない。そのため，そうした経済改革プロ
セスをうまく管理できれば一番よい。

　議論の余地はあるかもしれないが，ASEAN 加盟国の多くは，予算面や制度
面の支援とともに主な利害関係者が合意した，ロードマップや工業開発計画と
いったメカニズムを通し，自国の経済改革を管理してきた。表8.4 を使って一
例を挙げると，フィリピンは国内の貧困解消に向けた経済成長率目標を達成す
るため，加盟国の中で最も大規模な投資・経済改革を行わなければならないだ
ろう。具体的には，投資率の大幅な引き上げ（と，ひいては良い結果を大いに
もたらすような投資環境を創り出す必要性）とは別に，これまでのところ低迷
する製造業部門を表8.4 が示すような状況から引き上げ，フィリピンの製造業
の GDP に占める割合の大幅上昇といった形の本格回復を実現する必要がある。

　興味深いことにフィリピンでは過去 1 年間，政府とともに業界のプレーヤー
も積極的に関わり合い，詳細な産業ロードマップを策定する真剣なプロセスが
行われてきた。また，（ERIA 研究機関ネットワーク（RIN）のメンバー機関で
ある）フィリピン開発研究所の研究者が，実際には過去 1 年間，さまざまな
ロードマップの集約や統合の責任を担ってきたのだが，その人物が最近になっ
て政府内のトップの役職に昇進し，それらロードマップの実施を管理する責任
を担うようになった点も興味深い。

　フィリピンのそれらの産業ロードマップは，ASEAN（そした東アジア）の

統合に向けた準備事例や構造改革プロセスの管理事例として，研究する価値が
あろう。Aldaba（2013）はフィリピンに対し，さまざまな製造業ロードマップ
を統合する新たな産業政策を提示した。注目すべきことに，その新たな産業政
策は ASEAN の統合を所与のものと見なしており，それらのロードマップは，
いかにしてより多くの投資を呼び込むか，拘束力のある制約に対処すべく，い
かにして調整や円滑化を強化するか，産業の高度化に向けて同国の比較優位性
に従い，いかにして民間部門に適した環境を創り出すかに重点を置いている
（Aldaba 2013, slide 2）。さらに，フィリピンの構造改革ロードマップは，世界
的に競争力のある製造業部門を目指し，3段階で構成されており，既存産業の
能力を再構築し，競争優位性がある新興産業を強化する第1段階から始まる。
続く第2段階では，付加価値の高い活動，投資，川上業界にシフトするほか，
業界や企業，とりわけ大企業と中小企業をつなげたり，統合させる。また，自
動車や機械などえり抜いた多くの産業で，地域生産ネットワークへの参加を促
すことなどが第3段階に含まれる。

　このロードマップでは，産業ごとに目標や戦略的行動を設定しており，それ
らには，サプライチェーンやバリューチェーンに存在する格差を業界ごとに埋
める，国内市場の基盤を業界ごとに拡大する，人材開発や技術能力向上の研修
を業界ごとに行う，中小企業の育成やイノベーションを奨励するといった特定
の行動が含まれる。このロードマップの実施を監督しているのは，フィリピン
大統領が委員長を務める国家運営委員会，産業ロードマップ策定小委員会，産
業諮問機関である。また，産業諮問機関は，えり抜いた産業それぞれの調整，
情報共有，監視，政策策定の場となっている。政府機関の大きな集まりがこの
ロードマップの実施に関与し，国家運営委員会の院長を務めているのが大統領
であることから，それら機関の間の調整も想定される（詳細については Aldaba
2013）。

　上記に要約したフィリピンの製造業ロードマップは，包括的かつ詳細であり，
利害関係者が計画や策定に深く関与しているほか，明確で強力な政府の支援も
受けている。将来的な ASEAN（そして東アジア）の開かれた統合に向けた要
件を満たすべく，自国の構造改革をよりうまく管理する目的で，独自のロード
マップを策定する必要があるかもしれない他の ASEAN 加盟国にとっても，

おそらく模範となりうるものだろう。

　最後に，2030年までには，高所得国となるASEAN加盟国が3〜4カ国，高中所得国となる加盟国が2〜4カ国あるだろう。また，3〜4カ国の加盟国も確実に，上位中所得国となる途中にいるだろう。そのような成果こそ，4本の柱と1つの基盤からなる「感動するASEAN」の枠組みが目指し，「ASEANの奇跡」のストーリーが表現するところである。2030年までに約7億2,000万人の人口を抱えるASEANは巨大市場である。ほとんどの加盟国が掲げる高い経済成長率目標をもってすれば，力強く拡大する巨大市場である。ASEANはこのような機会を提供しており，最良の時期はこれから訪れることになる。加盟国はそれゆえに，「統合され高度に競争可能なASEAN」，「競争力のあるダイナミックなASEAN」，「包摂的で強靭なASEAN」，「グローバルなASEAN」に向けた改革，制度整備，共同体構築の勢いを維持している。したがって，まさにASEANが楽しむべき時，アセアンライジングなのだ。

補論 1 ASEAN 変遷の概要：ASEAN の戦略的 政策ニーズと対話国の貢献

西村　英俊

1. はじめに

　ASEAN は，1967 年設立当初のシンプルな組織から大きく進化し，現在の姿，すなわち迅速に成長するダイナミックかつ経済的に統合された地域構想の推進役となっている。ASEAN が地域および世界に対して影響力を持つようになり，ASEAN 独自のアイデンティティを徐々に確立してきた進化の過程を理解するためには，その歴史を経済的な観点から深く掘り下げる必要がある。ASEAN の驚くべき発展は対話国によって支えられてきた。この 50 年間にわたる ASEAN の発展において，対話国は重要な役割を果たしている。

　本補論では，ASEAN の進化の概要を紹介し，対話国の重要な貢献について論じる。ASEAN の歴史は，対話国が果たした役割の説明なくしては完結しないだろう。ASEAN の対話国は 1970 年代以降，かつて「東のバルカン半島」と呼ばれた地域の平和，安定，進歩を実現する手段となり，ASEAN の新興と成功を支援してきた。対話国は危機の際には不可欠な外交支援を提供し，経済的，社会的および文化的なイニシアチブを支援し，後には統合の取り組みも支援している。こうした支援により，ASEAN は東アジアの経済および政治・安全保障のアーキテクチャーにおいて，ますます中心的な役割を果たすようになっている。ASEAN の成功の一因は，対話国の強力かつ時宜を得た継続的な支援によるものである。

2. ASEAN 設立後の最初の 20 年間

2.1 戦略的政策ニーズ：政治的な安定と地域の平和の追求

ASEAN は 1967 年 8 月 8 日，国内および二国間の紛争に巻き込まれていたインドネシア，マレーシア，フィリピン，シンガポールおよびタイにより，主に地域の和解促進を目的として設立された。当時はまだ経済統合の構想はなかった。各国の首脳ではなく，外務大臣が紛争の回避および解決，ならびに平和のために必要な条件の整備に協力して取り組んだ。

ASEAN の設立を公式に宣言した 1967 年のバンコク宣言では，ASEAN の目的の一部を次のように述べている。

1. 東南アジア諸国の共同体の繁栄と平和の基礎を強化するために，平等と連帯の精神のもとに進める共同作業を通じて，地域の経済的成長，社会的進歩および文化的発展を加速させる。
2. 域内諸国の関係においては正義と法の支配を尊重し，国際連合憲章の原則を順守し，地域の平和と安定を促進する。

ASEAN 設立直後からの 10 年間は，各国外相の討議を中心とした育成の期間であった。この話し合いのプロセスは，国家間の相違と紛争の和解において一定の成功を収め，加盟国間の関係に改善をもたらした。

この最初の 10 年間における注目すべき成果は，1971 年 11 月 25 日から 26 日，マレーシアのクアラルンプールにおける ASEAN 外相による東南アジア平和・自由・中立地帯宣言の採択である。これは以下のバンコク宣言の原則へのコミットメントを再確認するものであった。

> 「ASEAN 加盟国が地域の経済的，社会的安定を強化することおよび平和的で継続的な国家の発展を確保することの基本的な責任を共有すること。ASEAN の人々の理念および熱望に応じ国益を保護するために形式を問わず外国の干渉から ASEAN の安定と安全を確保することを決意すること」

2. ASEAN 設立後の最初の 20 年間

1976 年 2 月 24 日，インドネシアのバリにおける第 1 回 ASEAN 公式首脳会議において採択された ASEAN 共和宣言（バリ・コンコード I）および東南アジア友好協力条約（TAC）により，こうした安定と平和の基盤はさらに固められた。ASEAN 共和宣言は政治的な安定の追求を最重要視し，「加盟国および ASEAN 地域の安定は，国際的な平和と安全保障に対する重要な貢献である」と述べている。政治的安定の追求には次に挙げる目的および原則が含まれた。

- 各国の安定にもたらされる脅威の除去。
- 「平和，自由および中立地帯」の設立。
- 貧困，飢餓，疾病および文盲の除去。
- 域内不和の解決においてもっぱら平和的手段をとること。
- 相互尊重および互恵を基礎とした平和的協力の推進。
- 地域アイデンティティと，強力な ASEAN 共同体の発展。

2.2 ASEAN ウェイ

ASEAN 共和宣言採択と同日，TAC も採択された。TAC では，ASEAN 共和宣言をさらに強化しながら，ASEAN ウェイを支えることになる ASEAN の基本原則が明確に述べられている。ASEAN ウェイとは，ASEAN の合意による意思決定，柔軟性，および形式張らない方法を表現する言葉である。これらの原則が ASEAN 加盟国同士の関係を形づくり，1990 年代以降は ASEAN と ASEAN 以外の国々との関係を方向付けている。

- すべての国の独立，主権，平等，領土保全および主体性の相互尊重
- すべての国が外部から干渉され，転覆されまたは強制されることなく国家として存在する権利
- 相互の国内問題への不干渉
- 意見の相違または紛争の平和的手段による解決
- 武力による威嚇または武力の行使の放棄
- 締約国間の効果的な協力

これらの原則を守ることは，加盟国が自国の国家建設および国家の安定に対する国内の脅威を緩和することに集中する余裕を互いに与え合うことを意味する。安定した国家が安定した地域をもたらす。これが，ASEAN が最初の 10 年間に重点を置いたことである（バンコク宣言では「地域の平和と安定」という表現が使われている）。原則の順守が，国境問題をいくつか抱えながらも加盟国に平和をもたらし，経済転換の基礎を構築し，加盟国間のつながりを深め，ASEAN は次の 10 年間に発展することとなった。

2.3　戦略的政策ニーズ：経済の強靭性と工業化の追求

　第 1 次オイルショックと食料危機により ASEAN の連携強化が求められた。ASEAN の最初の試練は 1973 年のオイルショックであり，これは ASEAN 地域の食糧危機のきっかけとなる恐れもあった。このため，単なるパートナーシップに留まらない協調的な行動と連帯感が必要となった。

　こうして，1975 年 11 月 26 日から 27 日にかけて開催された ASEAN 経済大臣会合（AEM）のスピーチにおいて，インドネシアのスハルト大統領は具体的な地域協力の必要性を強調した。これは，1976 年 2 月の第 1 回 ASEAN 首脳会議のわずか 3 か月前のことであった。スハルト大統領は，「経済協力では，国および地域の強靭性を強化しながら，開発の取り組みを促進することを目指すべきである。各加盟国の経済の強靭性は，食糧の世界経済危機の観点から強化すべきである。地域全体の食糧生産を増加させるために，主要食糧の供給と生産における協力を加速させなければならない」と述べた。さらに，こうした原則をエネルギーにも適用し，エネルギーの供給と生産における緊密な協力体制を築くことが，世界的なエネルギー危機に直面した際の地域の経済強靭性を高めるとも述べた（ASEAN Secretariat 1988a, p.178）。注目すべきは，1975 年時点でスハルト大統領が述べた強靭性が，今や ASEAN の重要な関心事となっていることである。

　第 1 回 ASEAN 首脳会議では，ASEAN 首脳は世界の不安定な経済発展を目の当たりにして，外相会議に加えて ASEAN の経済大臣たちも協力する必要があるとの判断を下した。こうして，加盟国のより緊密な経済協力を促進するために，ASEAN 経済大臣会合（AEM）が設立された。同会議は特に，災害，

基礎食品やエネルギーの不足といった危機の際に援助を行い，主要一次産品の
生産における協力を図る。また，大規模な工業プロジェクト，加盟国内の特恵
貿易協定，ならびに一次産品および経済に関する国際問題への共同の取り組み
を構築することの協力も目指した。

　ASEAN 地域の大部分が一次産品の輸出国であり，当時世界の一次産品市場
と価格が不安定であったことから，加盟国による大規模な工業プロジェクトお
よび特恵貿易協定が重視された。加えて当時，社会経済および政治の二分化，
いわゆる南北問題が広く認識されるようになり，国連においても盛んに討議さ
れていた。こうした不公平な経済秩序下では，北側の北米，西欧および東アジ
アの先進国は工業製品を製造し，一方南側のアフリカ，アジアおよび中南米の
開発途上国は，農作物や鉱物を提供する資源基盤として利用された。このため，
ASEAN 地域の市場を足場とする工業化戦略と，先進国の市場経済への依存度
削減に対する暗黙の了解があった。

　域内の工業化を支援し，ASEAN の安全保障に向けた ASEAN 内の協力を
強化するために，AEM は国連の提言に沿ったイニシアチブを採用した。これ
には ASEAN 工業化プロジェクト，ASEAN 工業補完，ASEAN 特恵貿易協定
が含まれた。残念ながら，これらは期待したような成果をあげられなかった。
その一因は，インドシナ半島の不安定な政情と，ASEAN 加盟国が経済の優先
事項に同意しなかったからである。

2.4　海外投資促進の幕開け

　ここで，最終的に ASEAN の海外投資および統合の促進に貢献することに
なる中国，および円・ドル為替レートの変遷に目を向ける必要がある。

　毛沢東の文化大革命が終わりを告げた 1976 年，中国は経済の成長や発展に
おいて大きく後れをとっていることに気がついた。その後の 10 年間，共産党
は進歩した西洋文明と近代的な技術を学び，経営スキルと技術を高めるために
海外直接投資（FDI）を利用しようとした。中国は積極的に FDI を求め，経済
特区を通じて FDI に対する優遇措置を講じた。これが中国の 21 世紀の奇跡に
つながった。この奇跡は最終的に，ASEAN の統合に向けた動きに大きな圧力
をかけることとなった。

394 補論1 ASEAN 変遷の概要：ASEAN の戦略的政策ニーズと対話国の貢献

　次の大きな進展は，1985 年にフランス，ドイツ，日本，イギリスおよびア
メリカの財務大臣と中央銀行総裁が調印したプラザ合意であった。これも
ASEAN の経済および地域協力・統合の将来に大きな影響を与えることとなっ
た。この調印の 30 年前，日本は世界の中でも急速に成長した経済のひとつで
あった。けれども日本は欧州共同体，特に貿易赤字が大きかったアメリカとの
激しい貿易摩擦に苦しんでいた。アメリカと西欧諸国は日本に対し，徹底的か
つ抜本的な構造改革の着手を求めた。このため，プラザ合意を通じて，変動相
場制の円は 1985 年の 1 ドル当たり 238 円から，1986 年には 168 円，1988 年に
は 128 円となった。

　この極端な為替の動向により，特に日本の製造セクターにおいて，日本の投
資および FDI の両方が ASEAN，ヨーロッパおよびアメリカを対象とした機
会を求めるようになった。この円高の結果，日本は深刻な不況に陥った。しか
し，日本は独自のものづくり精神を発揮して，ASEAN の工業化と経済競争力
を強化した。ちょうどこの頃，情報技術とインターネットの出現に支えられて，
生産工程をさまざまな構成要素に分割し，さまざまな地域に分散させる「第 2
のアンバンドリング」の ASEAN における発展が始まった。

　第 3 回 ASEAN 首脳会議が 1987 年 12 月 14 日から 15 日，フィリピンのマ
ニラで開催された。ここで，後に AEM の成功と堅実な経済成長をもたらす重
要な政策変更があった。「集団的輸入代替および資源開発政策」から「集団的
外資活用および輸出促進政策」への移行が決められた。これは本質的に，各加
盟国の比較優位性に基づいた輸出志向の製造業への転換を意味した。FDI と
輸出の確保が堅実な経済成長の触媒として機能し，1980 年代末頃から 1990 年
代半ばまでの期間は，ASEAN の奇跡と呼ばれる ASEAN の黄金時代となった。

　1987 年にマニラで発表された第 3 回 ASEAN 首脳会議共同コミュニケを以
下に引用する。

　　　「各国首脳は，資本流入と現代的な技術の効果的な源泉としての海外投
　　資の役割を認識しながら，ASEAN 諸国における投資機会の促進に対する
　　各自のコミットメントを再確認し，ASEAN 地域に海外直接投資を誘致す
　　る対策を採用し，ASEAN 内の投資を促進する」

3. ASEAN と対話国の関係

3.1 最初の 10 年間：設立と育成

ASEAN の最初の 10 年間にはまだ，対話国制度は確立していなかった[1]。1970 年代初期，ASEAN と国際機関や外国政府との関係は一時的，非公式かつ試験的なものであった。ASEAN 加盟国は，非植民地化，民族自決または外部権力の干渉からの解放という哲学に従って各自で政治的な問題に対処するうえで最善を尽くした。ASEAN は当初，外部権力からの干渉を受けないことを強調していたため，ASEAN が 1970 年代初期に関係を築いていたのは，当時メジャーパワーとはみなされていなかったオーストラリア，欧州共同体，日本および国連であったことは意外なことではないであろう。

国連はこの最初の 10 年間，ASEAN に重要な貢献を果たした。ASEAN と国連の関係は，国連開発計画（UNDP）で協力した 1970 年代初期に始まった。UNDP は ASEAN の経済協力を援助する 2 年間のプログラムを後援し，これが後に ASEAN が工業開発，農業・林業，輸送，金融および財政・保険サービスにおける協力を進めるうえでの基盤となった。UNDP チームは 1973 年，「戦略的政策ニーズ：経済の強靱性と工業化の追求」の項で述べたイニシアティブ，ASEAN 工業化プロジェクト，ASEAN 特恵貿易協定および ASEAN 工業補完の基礎となる重要な 3 つの政策を提言した。AEM はこの国連の政策提言を受け入れ，これらは 1970 年代後半および 1980 年代の ASEAN 経済協力の中心項目となった。

1970 年代初期のオーストラリア，欧州共同体および日本との対話はほとんどが非公式で一時的なものであった。ASEAN と欧州委員会の非公式会議は1972 年 6 月に始まり，1973 年 9 月まで続いた。1974 年 9 月にインドネシアのジャカルタで開催された第 3 回非公式会議において，ASEAN と欧州委員会は，対話と協力の強化，および協力の可能性のあるすべての領域を調査するための

---

1) この制度下における関係は，定期的なコンサルティングによる協力を提供する分野別対話国から，より広範な分野に協力し，政府職員も幅広く関与する完全な対話国または戦略的国まで多岐にわたる。後者は最も包括的なパートナーであり，安全保障協力も含まれる。

メカニズムとして機能する ASEAN－欧州委員会共同研究グループの設立に合意した（ASEAN Secretariat 1988b）。1978 年 11 月の ASEAN と欧州経済共同体（EC）の閣僚会議において，閣僚は 2 つの地域グループの関係強化における，この研究グループの作業を認めた。これには当時まだ進行していた 2 つのグループ間の長期的な協力下の研究も含まれた（ASEAN Secretariat 1988c）。

同様に，ASEAN とオーストラリアの経済協力は，1974 年 4 月にオーストラリアのキャンベラで開催された ASEAN 各国事務局およびオーストラリア政府高官の会議により始まった。1977 年 5 月にインドネシアのスラカルタ（ソロ）で開催された第 3 回会議までに，食糧，教育，消費者保護および貿易に関する 5 つの共同プロジェクトが進められ，対話には改めて ASEAN・オーストラリアフォーラムという名称が付けられた（ASEAN Secretariat 1988d）。

日本と ASEAN の協力は 1973 年 11 月の日本－ASEAN 合成ゴムフォーラムが最初であった。その結果として，新しいタイプの試験，開発研究所および ASEAN 内のゴム研究センターの強化に向けた資金援助が行われた（ASEAN Secretariat 1988e）。

3.2 設立 10 年目からの次の 10 年間：ASEAN 対話国の制度化

ASEAN の次の 10 年間で，ASEAN 対話国制度が確立された。1977 年 8 月，マレーシアのクアラルンプールにおける第 2 回 ASEAN 首脳会議開催中に，ASEAN 首脳はオーストラリア，日本およびニュージーランドの首相と初めて会合を持った。オーストラリアと日本はその後，ASEAN 設立 10 年目からの 10 年間で，ASEAN との協力を飛躍的に拡大した。比較的規模は小さいがニュージーランドも同様であった。欧州共同体とアメリカ，規模は小さいながらカナダも ASEAN との協力をかなり拡大したが，政府首脳が顔を合わせることはなかった。

これら対話国の多くは，ASEAN 諸国と二国間の関係も結んでいた。ただし，ASEAN 自体への支援がきわめて重要であり，東南アジアの平和と安定の維持および繁栄の構築において，ASEAN がますます積極的な役割を果たすようになっていると認識されていた。このことは，ASEAN との会議後，オーストラリア，日本およびニュージーランドが表明している（ASEAN Secretariat

3. ASEAN と対話国の関係 397

1988f-h)。他の対話国もこの考えに同意した。

ASEAN の歴史上最も重要な外交の成果は，1991 年のパリ協定締結による
カンボジア問題の解決である。国連は，インドシナ半島全体の問題に加えて，
カンボジアの問題にきわめて大きな支援を提供したが，これは ASEAN の外
交および安全保障の進展にとって非常に重要なことであった。欧州共同体もカ
ンボジアおよびこれに伴う難民の問題に関して，ASEAN を熱心に支援した。

カンボジア問題に加えて，1980 年代における ASEAN とパートナー，特に
欧州共同体との対話は常に，世界の経済環境とりわけ ASEAN の輸出企業に
影響を与える一次産品価格の下落についてであった。ASEAN と欧州共同体と
の対話は，1980 年の ASEAN－欧州共同体協力協定の締結により深まった。
投資促進，人材育成，科学技術，エネルギー，観光および違法薬物関連の問題
に関する共同のイニシアティブが立ち上げられた。開発途上国から欧州共同体
への輸出に対し低い関税率を適用する欧州共同体の一般特恵関税制度について
も定期的に話し合われ，欧州共同体・ASEAN ビジネス協議会も設立された[2]。

ASEAN とオーストラリアの関係は 1970 年代後半に飛躍的に拡大した。
1977 年の第 2 回 ASEAN 首脳会議において，マルコム・フレーザー首相が他
の事項と合わせて，共同開発プロジェクトへの資金提供および ASEAN 加盟
国に対する二国間援助を 3 倍に増やすことを発表し，ASEAN とその加盟国へ
の支援を一層強化した。この援助も ASEAN 内での調達を増加させるため，
制限が緩められていった。ASEAN 関連プロジェクトに対するオーストラリア
の資金援助は，ASEAN 設立 10 年目からの 10 年間で着実に増えていった。
オーストラリアの ASEAN 地域協力プロジェクトへの資金提供のコミットメ
ントは 1977 年の約 1,000 万オーストラリアドルから，1986 年には 10 倍に増え，
約 1 億オーストラリアドルとなった。

1970 年代末頃および 1980 年代のオーストラリアと ASEAN のプロジェクト
は食料，消費者保護，教育および人口に重点が置かれていた。貿易と投資促進
に力を入れる一方，市場アクセス，一般特恵関税制度の特典および航空問題に
ついても定期的に話し合われた。政府レベルの協力イニシアチブを補完する重

---

2) 1970 年代および 1980 年代の ASEAN と欧州共同体の対話および協力に関する情報は ASEAN 事
務局より得た（ASEAN Secretariat 1988b）。

要な機能として，民間セクターのための ASEAN－オーストラリアビジネス協議会も設立された[3]。

ASEAN 設立 10 年目からの 10 年間における ASEAN と日本の関係に目を向けてみると，1977 年 8 月にマレーシアのクアラルンプールで開催された第 2 回 ASEAN 首脳会議において，福田赳夫首相（当時）が ASEAN 首脳と会合を持ったことが大きな契機となった。日本は，軍事大国とはならず，ASEAN 諸国と緊密な関係を構築し，日本と ASEAN は対等なパートナーとなるという約束を示した。この 3 つのコミットメントは福田ドクトリンとして知られるようになった（Sunaga 2017）。次に日本は，ASEAN 工業化プロジェクトに対し，譲許的融資による 10 億米ドルおよび技術援助を提供した。3 番目として，日本は ASEAN 内の文化協力に関する共同研究を提言した。このイニシアチブは最終的に，ASEAN 間の文化協力を促進する ASEAN 文化基金につながった。日本はまた ASEAN の青少年に奨学金も提供した。

日本－ASEAN フォーラムの後援により，ASEAN と日本の協力は，工業化，貿易・投資，科学技術および人材の分野で大きく発展した。ASEAN および日本の双方の外務大臣，経済大臣および科学技術大臣が参加するハイレベル会合では，国際経済，日本の市場アクセス，人材育成および技術移転が話し合われた。1980 年には，東京に貿易，投資および観光を促進するための日本アセアンセンターを設立する合意が締結された[4]。

ASEAN は，設立 10 年目からの 10 年間に，カナダ，ニュージーランドおよびアメリカとも関係を築いた。ASEAN とカナダの関係は，非公式には 1975 年にフィリピンのマニラで開催された 2 つの会議により始まり，一方公式には ASEAN とカナダの対話プロセスは 1977 年 2 月の経済協力に関する会議により始まった。その後，1981 年に ASEAN とカナダは協力協定を締結し，1982 年 6 月に設立された ASEAN－カナダ共同協力委員会を通じて協力が実行された。最も重要なことは，カナダが非政府組織の地域人材育成，奨学基金および ASEAN 衛星通信システムに資金援助を行ったことである。ニュージーランド

---

3) 1970 年代および 1980 年代の ASEAN とオーストラリアの対話および協力に関する情報は ASEAN 事務局より得た（ASEAN Secretariat 1988d）。
4) 1970 年代および 1980 年代の ASEAN と日本の対話および協力に関する情報は ASEAN 事務局より得た（ASEAN Secretariat 1988e）。

郵 便 は が き

恐縮ですが
切手をお貼
りください

112-0005

東京都文京区
水道二丁目一番一号

勁 草 書 房
愛読者カード係 行

（弊社へのご意見・ご要望などお知らせください）

・本カードをお送りいただいた方に「総合図書目録」をお送りいたします。
・HP を開いております。ご利用ください。http://www.keisoshobo.co.jp
・裏面の「書籍注文書」を弊社刊行図書のご注文にご利用ください。ご指定の書店様に
　至急お送り致します。書店様から入荷のご連絡を差し上げますので、連絡先（ご住所・
　お電話番号）を明記してください。
・代金引換えの宅配便でお届けする方法もございます。代金は現品と引換えにお支払
　いください。送料は全国一律100円（ただし書籍代金の合計額（税込）が1,000円
　以上で無料）になります。別途手数料が一回のご注文につき一律200円かかります
　（2013 年 7 月改訂）。

愛読者カード

50449-7　C3033

ERIA ＝ TCER アジア経済統合叢書第 1 巻

本書名　アセアンライジング

ふりがな
お名前　　　　　　　　　　　　　　（　　　歳）

ご職業

ご住所　〒　　　　　　　　お電話（　　　）　　—

本書を何でお知りになりましたか
書店店頭（　　　　　　　書店）／新聞広告（　　　　　　　新聞）
目録、書評、チラシ、HP、その他（　　　　　　　　　　　　　）

本書についてご意見・ご感想をお聞かせください。なお、一部を HP をはじめ広告媒体に掲載させていただくことがございます。ご了承ください。

◇書籍注文書◇

最寄りご指定書店

市　　町（区）

書店

（書名）	¥	（　　）部
（書名）	¥	（　　）部
（書名）	¥	（　　）部
（書名）	¥	（　　）部

※ご記入いただいた個人情報につきましては、弊社からお客様へのご案内以外には使用いたしません。詳しくは弊社 HP のプライバシーポリシーをご覧ください。

3. ASEAN と対話国の関係

の ASEAN に対する援助は 1975 年に始まり，ASEAN 設立 10 年目からの 10 年間，主に農業と林業に重点を置いて続けられた。

ASEAN とアメリカの対話は，1977 年 9 月に始まった。まさに，ASEAN 首脳がオーストラリア，日本およびニュージーランドの首相と会った 1 か月後のことであった。この対話プロセスも ASEAN 設立 10 年目からの 10 年間，熱心に続けられた。討議では，国際経済問題および国際貿易，特に多角的繊維協定と国際熱帯木材協定が話題に上ることが多かった。

ただし，1980 年代に交わされた ASEAN 各国とアメリカとの二国間パートナーシップのほうが重要視されていた。アメリカの ASEAN への投資は，1983 年には 1980 年と比較して 50％以上増加し，約 73 億米ドルとなった。1980 年に ASEAN－アメリカビジネス協議会が設立された後は，民間セクターも ASEAN とアメリカの話し合いに参加するようになった。協力は，農業，エネルギー，公衆衛生，学術的研修・研究，海洋科学，教員養成，麻薬取り締まりおよび中小企業（SME）支援の分野において行われた。二国間の政策課題は，一般特恵関税制度の特典，カリブ地域イニシアチブおよび海運・投資促進に関連するものであった。

全般的に見て ASEAN 設立 10 年目からの 10 年間は，主要なパートナーとの公式の対話プロセスが堅実なスタートを切り，拡大していった時期であった。ASEAN のパートナーが協力を行う分野を拡大することにより，地域機関としての ASEAN の強化に大きく寄与したことは明らかである。さらに ASEAN は，インドシナ半島の政治・安全保障が不安定であった 10 年間，パートナーから外交上の支援を得て前進することができた。

ただし，1990 年代初期に世界規模の重要な地理的および経済的な出来事が一気に起こり，ASEAN の地域協力を次のレベルへと押し上げる，すなわち協力から統合へと転換する後押しとなった。ASEAN 設立から 20 年が経過し，その後時間が経つにつれ，ASEAN と数を増す対話国との関係に，統合がより大きな活力をもたらすこととなった。

4. ASEAN 設立 20 年目からの次の 20 年間

4.1 戦略的政策ニーズ：重要な国際的変化への適応
世界および地域の画期的な変化

ASEAN 設立 20 年目からの 10 年間に，世界規模の画期的な出来事がいくつか起こった。1991 年に冷戦が終結し，1993 年には欧州連合（EU）が設立，1994 年にはアメリカが独自の経済圏として北米自由貿易協定を設定した。特に注目すべきは，1993 年にアジア太平洋経済協力フォーラムによる初の首脳会議が開催されたことである。ヨーロッパはこれに参加しなかった。

この期間にはまた，ASEAN 諸国の経済に直接影響を及ぼした，いくつかの大きな変化があった。中国の社会主義市場経済の宣言，世界貿易機関（WTO）の設立，および生産ネットワークの第 2 のアンバンドリングである。

この時期，ASEAN 加盟国は 1984 年にブルネイが加盟し 6 か国となっていたが，世界中で先進国が非常に強力な経済グループを創設していた。ASEANへの FDI が増加し，堅調な経済成長を後押ししていたが，ASEAN 首脳はこれだけでは十分でないことを認識していた。ASEAN が自身のアイデンティティと経済的地位をこれ以上失うことがないよう，何かをする必要があった。

この時点で，当時中国で起こっていたことに注意を払う必要がある。1989年の天安門事件後，中国は大規模なインフラ整備を強力に推し進め，FDI を誘致し，さらに重要なことには，1992 年に新たな経済パラダイムとして社会主義市場経済を宣言した。このモデルは，中国における海外からの投資が共産党によって守られることを強く暗示していた。中国の経済的ポテンシャルが明らかとなり，人民元レートが 33％下がったことが投資家を引き付け，中国はFDI において ASEAN の強力なライバルとなった。

こうした世界経済の構造変化に対処するため，ASEAN 首脳は 2 つの歴史的な意思決定を行った。ASEAN 自由貿易地域（AFTA）の創設と，インドシナ諸国およびミャンマーの加盟により ASEAN を 10 か国に拡大することである。

AFTA は，1992 年 1 月 28 日にシンガポールで開催された第 4 回 ASEAN首脳会議において正式に創設された。この AFTA 創設の決定が，1990 年代か

4. ASEAN 設立 20 年目からの次の 20 年間   401

ら 2000 年代および 2010 年代，最大現在までの統合の深化と共同体構築の触媒
となったことは明らかである。AFTA は，1993 年から 2008 年までに域内の
関税を 0 ～ 5％に引き下げることを公約とした。これは共通効果特恵関税制度
として知られている。続いてすぐに AFTA 下において，投資，サービスおよ
び基準・適合性など統合に関連するイニシアチブが実施された。
　第 4 回 ASEAN 首脳会議の共同声明では，以下のように述べられている。

　　「冷戦終結以降に起きた重大かつ国際的な政治および経済の変化，およ
　びこれらの ASEAN への影響を踏まえ，以下を宣言する。
　　－ASEAN は域内の平和と繁栄を守るため，より高いレベルの政治およ
　び経済協力へと進むものとする。
　　－ASEAN は，先進国による大規模かつ強力な経済グループ形成に対応
　して，特にオープンな国際経済体制を推進し，域内の経済協力を促進する
　ことにより，ASEAN の集団的利益を守る手段を常に探求するものとす
　る」

　インドシナ諸国とミャンマーを ASEAN に迎え入れる歴史的な意思決定も
また，課題があったにもかかわらず，最終的にはサクセスストーリーとなった。
新たに加盟した 4 か国の中では，最初にベトナムが 1995 年に，その後 1997 年
にラオスとミャンマーが，1999 年にはカンボジアが加盟した。新規加盟国は
自国を経済的に開放する国内改革により，1990 年代末頃から 2010 年代中頃ま
で ASEAN における成長のリーダーとなった。この成長は，ASEAN の経済
的な統合アジェンダ，ドナー国の支援および海外投資の急増によって促進され
た。
　しかしながら，ASEAN の拡大は課題も引き起こした。規模が大きくなった
ASEAN は多様性も増し，異なる開発段階にある各国の発展格差を解消し，集
団的利益を検討する必要に迫られた。ASEAN は設立 30 年目からの 10 年間に，
ASEAN 統合のためのイニシアチブの一環として，新規 ASEAN 加盟国が
ASEAN 統合の要求に適合できるよう手助けし，これに対処した。より重要な
ことはおそらく，ASEAN の対話国が新規加盟 4 か国に対し，二国間および

ASEAN の両方を通じて相当な資金援助と技術援助を提供したことであろう。

4.2 戦略的政策ニーズ：ASEAN の奇跡と危機

　ASEAN 首脳が 1992 年に AFTA 創設を決定したとき，ASEAN は加盟 6 か国のうち 4 か国の成長率が世界上位に位置する黄金時代，いわゆる「ASEANの奇跡」の只中にいた。1990 年代に入る頃，ASEAN は開発途上国への FDIにおいて最大のシェアを獲得していた。さらに，開発途上国の全海外貿易においても大きなシェアを獲得していた。このため，予想される EU や北米自由貿易協定などの台頭に対応する，地域協力ではなく，地域統合に向かう意思決定は，これまで採用してきた域外に目を向けた自由化政策が実を結んでいるという自信の高まりをある程度反映していた。

　ASEAN の成功に寄与した重要な要因は，情報技術とインターネットの出現による，1980 年代後半の生産ネットワークの第 2 のアンバンドリングの拡大であった。前述したように，プラザ合意により ASEAN 全体の生産ネットワークが普及したが，日本においては，投資家がビジネス機会を外部に求めるようになったために経済的なスランプに陥るきっかけとなった。その結果，ASEAN に対する輸出志向の FDI が急増した。

　日本の ASEAN への投資が主であった一方，台湾および韓国の投資も労働集約型製造業に流れ込んだ。西欧の企業による投資も，特にエレクトロニクスにおいて，域内の生産ネットワークが深化，拡大するにつれ流入するようになった。結果として，ASEAN において工業製品の輸出の急増とめざましい経済成長が見られ，1980 年後半から 1990 年代中頃の「ASEAN の経済の奇跡」の一例となった。

アジア通貨危機と ASEAN アイデンティティの高まり

　けれども，こうした黄金時代に続いて，1997 年と 1998 年にアジア通貨危機が起こった。世界は ASEAN を，クローニーキャピタリズムすなわち縁故資本主義によって経済が破綻したと非難した。ただし，破綻の原因は，先進国のヘッジファンドがタイの脆弱な金融制度を攻撃したことであった。アジア通貨危機が発生したとき，この経済ショックは，すぐに ASEAN の生産ネットワー

クに悪影響を及ぼした。たとえば，タイの自動車産業は深刻なダメージを受け，生産が急落した。しかしながら，ASEANの生産ネットワークは深刻なダメージを受けながらも3年後に回復し，その強靱性を証明した。

1997年はまた，ASEAN設立30周年の年であり，ASEAN首脳がASEANの基本的な方向性を示すものとしてASEANビジョン2020を宣言した年でもあった。ASEANのねらいは，平和で域外に目を向けた互いを思いやる集団として，より緊密な経済統合を推進することであった。ビジョン2020はまた，ASEAN加盟国が縁故資本主義者ではなく，AFTAを基盤としたさらなる貿易と投資の自由化を通じて経済統合を加速させることにより，通貨危機に対処することを主張する，ASEANなりの方法であった。私はこれを「ASEANアイデンティティの覚醒」と呼んでいる。

このビジョンを実現するための行動計画が策定された。最初の行動計画は，ベトナムで開催された第6回ASEAN首脳会議で採択されたハノイ行動計画であった。この計画は最終的に1980年代後半以降のブループリント，より最近では2016年から2025年のブループリントにつながる，より包括的な戦略の始まりであった。

4.3 戦略的政策ニーズ：ASEAN共同体およびASEAN中心性に向けて

1997年から1998年の通貨危機の大きな影響のひとつは，ASEANから他国，特に中国とアメリカへの海外資本流出であった。これに加えて，ASEANの再び海外投資を引き付けたいというニーズが，共同体の構築，および，その後のASEAN経済共同体の実現を2020年から2015年に繰り上げるというASEANの決定を後押しした。

通貨危機の良い面での影響は，北東アジアの3か国，中国，日本，韓国を，ASEANにより接近させたということであった。1997年12月のASEAN 30周年記念の首脳会議に，ASEAN議長国のマレーシアのゲストとしてこの3か国が招待され，初のASEAN＋3首脳会議が開催された。アジア通貨危機後，国際通貨基金が厳しい融資条件を突きつけた際，この3か国は深刻な状況にあるASEAN加盟国を支援した。このことは，東アジア経済共同体の形成の萌芽とみなせるであろう。

1998年10月3日，新宮澤構想が表明された。これは，通貨危機に見舞われたアジア諸国を支援し，国際金融資本市場の安定化を図るためのものであった。アジア諸国の実体経済回復のための中長期の資金支援として150億ドル，経済改革促進に向けた短期の資金支援として150億ドルが準備された。

さらに1999年の第3回ASEAN＋3首脳会議では，各国首脳は，当面マクロ経済上のリスク管理，コーポレートガバナンス，地域の資本移動，銀行・金融システムの強化，国際金融システムの改革，ならびにASEAN＋3の枠組みを通じた東アジアにおける自助・支援メカニズムの強化に焦点を当てながら，利益を共有する金融，通貨，および財政問題に関する政策対話，調整，および協力を強化することについて意見の一致を見た。これには進行中のASEAN＋3の財務大臣，中央銀行総裁，官僚による対話も含まれ，これが2000年5月5日にタイで行われた第2回ASEAN＋3蔵相会議におけるチェンマイ・イニシアチブのマルチ化につながり，最終的には2014年10月のASEAN＋3マクロ経済リサーチオフィス（AMRO）設立に至った。同機関は，加盟国のマクロ経済状況，財務健全性，マクロ経済リスクおよび財務脆弱性を分析し，チェンマイ・イニシアチブのマルチ化の実施支援を目的とするものである。

ASEAN＋3は，ASEANとASEAN＋1自由貿易協定（FTA）を始動させ，さらにASEANと＋6でもFTAが結ばれた。これによりASEANを東アジア統合イニシアチブの中心へと押し出した。ASEANと＋3か国の緊密な関係は政治・安全保障レベルでも急拡大し，東アジア首脳会議は，当初はASEAN＋6か国が参加し，後にロシアとアメリカも参加するようになった。このように，ASEAN設立30年目からの10年間は，危機に始まり，その後ASEAN共同体の実現に向けて大きく動き出し，東アジアにおいてASEANが中心性を示し始めた時期であった。

中国の台頭

この時期，中国では何が起こっていたのか。中国の資本勘定は厳しく規制されていたため，中国がヘッジファンドの攻撃にさらされることはなく，アジア通貨危機が中国経済に深刻な影響を与えることはなかった。中国は，この時期を利用し，アジア通貨の安定維持の名目のもと，自国の金融規制を強力に維持

すると宣言した。中国が精力的にFDIを招き，中国は世界の工場となった。

　さらに詳しく見てみると，中国は，経済特区において輸出向けに買い入れ資材を加工するという，加工貿易制度を十分に活用していたことがわかる。当時，中国の貿易のほぼ半数はこの制度のもとで行われており，これが中国の民間セクターが製造ノウハウを蓄積する助けとなった。

　この段階では，中国においてFDIの結果として製造されたほぼ全製品が輸出されていた。FDIにより経済特区において製造された品物を国内市場で販売することは法律的にできなかった。国内で販売する品物にもFDIが利用できるようになったのは後年になってからであった。

　中国はまた，非常に分断されていた。中心部から離れた省のトラックは近隣の省に乗り入れることができなかった。各省は別個に規制を課しており，ある省で承認されたFDIが他の省では厳しく制限されていた。中国国民であっても簡単に会社を設立することができなかった。FDIを必要とする事業活動には政府の許可が必要であった。一部の分野では，中国企業よりもFDIのほうが優遇され，特典が与えられていた。

　しかし，状況は劇的に変わった。20年間にわたるFDI黄金時代の結果，ビジネスのノウハウを蓄積することができ，2002年に江沢民（Jiang Zemin）国家主席が，2020年までに全面的小康社会（いくらかゆとりのある社会）を実現すると発表した。江沢民は，2020年までに国内総生産（GDP）を2001年の1兆人民元から4倍の約4兆人民元にすると述べた。1人当たりのGDPは2020年までに約3,000米ドルを目標とし，この目標実現の基盤として2001年にWTOに加盟した。

ASEAN共同体に向けて

　アジア通貨危機後，中国の見事な成果と目標を踏まえ，ASEAN首脳はASEANの各種制度を改善する必要があることを認識した。ブルネイで開催された第7回ASEAN首脳会議は，年1回のASEAN首脳会議開催を求めた点で非常に重要であった。

　ASEAN首脳は変わり続ける国際情勢を考慮して，迅速かつ協同して行動する必要性を実感していた。2003年9月3日，AEMは以下を発表した（ASEAN

Secretariat 2003）。

> 「地域統合のプロセスは今後も，企業の合併，拡大および産業調整に重要
> な影響を与え続ける。地域生産ネットワークは，このプロセスおよび地域
> 統合の支援において引き続き重要な役割を果たしていく」

世界の新たな経済グループによりもたらされた課題に対処するために，
ASEAN は単一市場と生産基地の基本構想を採択した。ASEAN は貧困削減の
ためには，生産ネットワークの強化，雇用創出およびスキル構築が不可欠であ
ると確信している。このため，単一市場と生産基地は目標または対策として，
ASEAN 経済共同体構想に盛り込まれている。

　2003 年 10 月 7 日，ASEAN 首脳会議において ASEAN 首脳は第 2 ASEAN
共和宣言（バリ・コンコード II）に署名した。これは 2020 年までに，3 本の
柱である ASEAN 政治・安全保障共同体，ASEAN 経済共同体，ASEAN 社
会・文化共同体から成る ASEAN 共同体を実現することを約束するものであっ
た。

　ASEAN は EU と比較されることが多いが，ASEAN は 1 人当たりの GDP，
宗教，政治体制などが，EU と比べて非常に多様であることに注目すべきであ
る。EU の単一市場では労働移動は主として経済問題とされてきた。ASEAN
では経済のみならず社会・文化の問題でもある。EU は比較的同質で管理しや
すかったため，単一市場を目指すことができるが，ASEAN の場合には，この
ような戦略は発展格差を狭める解決策とはならない。このように，ASEAN が
3 つの共同体の構築を決めたということには，それを説明する内部論理が存在
するのである。

ASEAN 中心性に向けて

　ASEAN 中心性への道のりは，政治・安全保障面から始まった。まず 1987 年，
第 3 回 ASEAN 首脳会議において，ASEAN の最も重要な平和条約である
TAC の加入資格が ASEAN 域外国に開放された。2003 年，中国が域外国とし
て初めて条約に加入し，条約の重要性を示すうえで大きく貢献した。中国に続

いてインドも 2003 年に加入，2004 年には日本とロシア，2005 年にはニュージーランドとオーストラリアが加入した。アメリカは 2009 年に加入し，アメリカのアジア重視の象徴となった。EU は 2012 年，地域共同体として初めて加入した。

だが，ASEAN が中心性を初めて大きく示したのは，ほぼ間違いなく ASEAN 地域フォーラム（ARF）であろう。このとき ASEAN は，東アジアおよび太平洋地域の多国間の安全保障に関する対話と協力のハブとなった。ARF の設立に続いて ASEAN は 1991 年にカンボジア（カンプチア）問題を終結させた。1994 年 7 月，初の ARF 外相会合が開かれ，17 か国および EU の外相がバンコクに集まり，アジア・太平洋地域の政治・安全保障について討議した。ARF は現在も継続しており，域内の安全保障協力のイニシアチブを創出している。

ASEAN の「黄金の 10 年間」の最盛期である 1996 年，バンコクでアジア欧州会合（ASEM）の第 1 回会合が開催された。最初の参加は，EU 加盟 15 か国（当時），欧州委員会，ASEAN 7 か国（当時），中国，日本，韓国であった。以降，ASEM は非常に大きく拡大し，インド，パキスタン，バングラデシュ，ロシア，モンゴル，オーストラリア，ニュージーランド，スイス，クロアチア，カザフスタンなどが次々と参加した。現在 ASEM には 50 か国以上，および欧州委員会と ASEAN 事務局の 2 機関が参加している。

地域における ASEAN 中心性の非常に重要な領域として浮上したのは「ASEAN プラス」協定で，マレーシアの外交と，1997 年から 1998 年の危機に対する地域対応に強く依拠するものであった。当時のマレーシア首相であるマハティール・モハマド首相が，先進国における大規模かつ強力な経済グループへの対応策として，ASEAN の拡大を提唱した。東アジア経済コーカス（East Asia Economic Caucus: EAEC）構想が浮上し，その加盟国として中国・日本・韓国が加わることが期待された。1996 年 2 月に大阪で第 1 回 ASEAN ＋3 経済大臣会合が開催され，前述したように，1997 年に第 1 回 ASEAN ＋3 首脳会議が開催された。

1997 年から 1998 年の危機の余波を受けながら回復を目指す中で，2002 年 11 月 4 日，カンボジアにおいて第 8 回 ASEAN 首脳会議が開催され，中国，

日本，韓国から ASEAN 共同体の構築を支援するさまざまな提案がなされた。これには，日本の東アジア開発イニシアチブ，韓国の東アジア・ビジョングループ，および ASEAN－中国包括的経済協力枠組み協定が含まれる。

ASEAN＋6 か国，すなわちオーストラリア，中国，インド，日本，韓国およびニュージーランドは TAC への加入に加えて，さまざまパートナーシップ協定および ASEAN と協力するための行動計画すべてに署名している。

例を挙げると，2003 年の日本－ASEAN 特別首脳会議において，「新千年期における躍動的で永続的な日本と ASEAN のパートナーシップのための東京宣言」および 2004 年から 2010 年の日本－ASEAN 行動計画が発表された。これは ASEAN と日本の対話関係が戦略的パートナーシップに進んだことを示している。

加えて，ASEAN＋6 か国すべてが，現在 ASEAN との二国間 FTA を締結しており，東アジア地域包括的経済連携（RCEP）に向けた交渉が進められている。RCEP は現時点（2017 年）で交渉中の FTA の中では世界最大の規模で，現行の二国間 FTA 全体を改善するものとなる。ASEAN＋1 FTA および RCEP では，ASEAN が推進役とハブ両方の役割を務めており，明確に ASEAN の中心性が確立されている。

さらに，第 10 回国連貿易開発会議に合わせて，バンコクにおいて 2000 年 2 月 13 日，初の ASEAN－国連首脳会議が開催された。

現在，「ASEAN プラス」首脳会議および東アジア首脳会議はすべて，年次 ASEAN 首脳会議および関連する首脳会議の一部として開催されている。こうして ASEAN は，東アジア地域の安全保障，外交，経済に関する対話および協定のハブとして機能している。

リーダーシップの観点から見た ASEAN の中心性はもう少し複雑である。実際，集団的リーダーシップとして捉えることが最適であると思われ，ASEAN の経済的影響力が中国や日本と比べて小さいことを踏まえると，そのほうが適切であろう。にもかかわらず，参加および対立する関係者の間をとりもつ ASEAN の対話者としての役割は変わらない。このように多くの面において，ASEAN の中心性はこれまでよりも抑制された方法ながらも，現在も発揮されている。

4.4 対話国の貢献：設立 20 年目以降

1990 年代以降，ASEAN と対話国との関係は深度も範囲も大幅に拡大している。実際に，対話国は地域の平和，安全保障および繁栄構築のパートナーである。ほぼ間違いなく，ASEAN 共同体構築におけるこれまでの成功はある程度，対話国が提供してきた素晴らしい支援，特に ASEAN が経済的統合および共同体構築を推進してきた 1990 年代初期以降の支援によるものであろう。ASEAN の対話国の多くは，初期の分野別および機能別の協力から戦略的なパートナーシップへと成熟している。戦略的パートナーシップでは，政治・安全保障協力，経済協力，社会・文化協力および開発協力のあらゆる領域を幅広く網羅し，定期的な二国間首脳会議まで上げて討議する。

日本

日本は，ASEAN の対話関係構築の好例である。日本は，対話の深度と範囲を大きく拡大しており，須永和男 ASEAN 大使は 2017 年 5 月に行った講演のタイトルを日本と ASEAN の関係について「戦略的パートナーを超えた」としたほどであり，実質的には同胞関係（Brotherhood）のようなパートナーシップであるとしている（Sunaga 2017）。日本は ASEAN の統合と共同体構築の取り組みにおいて大きな存在感を示している。その理由の一部は，日本が ASEAN にとって主要な貿易パートナーであり，また日本企業とその地域生産ネットワークが域内の経済の自由化と統合に重要な市場推進力を提供しているからである。

経済協力における日本の ASEAN に対する貢献は，連結性向上のためのインフラ（ハードおよびソフト）に向けられている。ASEAN が進める加盟国における発展格差の解消に合致するように，特にメコン地域に配慮されている。幹線道路，港，電力および工業・経済地区を含むインフラの大部分は，ASEAN 加盟国向けの非常に低い金利の非常に長期の融資によって実現している。ソフトインフラ投資には関税の整備が含まれる。連結性における日本の貢献は，域内の経済，海上および航空回廊の構想に沿ったものであり，ASEAN 内の地域生産ネットワークの向上を支援している。

日本と ASEAN は，ASEAN 連結性調整委員会および日本による連結性支

援タスクフォースを通じて，連結性に関わる協力のためのプラットフォームを確立している。2011 年以降，日本は ASEAN の連結性強化に向けて 33 件の最重要プロジェクトを実施している（ASEAN Secretariat 2017a）。加えて，2013年 12 月に開催された日本 – ASEAN 特別首脳会議において，新たに 37 件の最重要プロジェクトが発表された。2015 年以降，日本による ASEAN のインフラ支援は，域内のサプライチェーン，シームレスな物流，人の移動などの強化を目指す「質の高いインフラパートナーシップ」形成に貢献する政策のもとで行われている（ASEAN Secretariat 2017a）。

　日本による ASEAN との経済協力イニシアチブは連結性に留まらない。ASEAN 中小企業庁作業部会と協力した中小企業開発，ASEAN 関税調整委員会と協力した関税，エネルギー大臣会合および日本経済産業省と協力したエネルギー，日本 – ASEAN 交通大臣会合下の協力による輸送に関するものなど，多数のイニシアチブを行っている。こうしたイニシアチブのほとんどが，2000年代初期から定期的に会合を開き，調整を行っている。

　日本の ASEAN に対する経済協力は，1990 年代初期に始まった。実際，日本と ASEAN の同胞関係構築は，AEM と日本の経済産業省の前身である通商産業省（MITI）との協力関係をもって嚆矢とする。通商産業省の行った貢献が日本の ASEAN への貢献の方法の先鞭をつけ，ASEAN 加盟国の 6 か国から 10 か国へ拡大することに貢献した。1992 年にマニラにおいて，非公式な昼食会として初の日本 – ASEAN 経済大臣会合（AEM-METI）が行われ，後に公式な会合となった。初期の会合で話し合われた主な議題は，ASEAN に新規加盟が期待されるカンボジア，ラオス，ミャンマー，ベトナム（CLMV）が，既存の加盟国と比べて世界と共有できる共通経験が非常に少ないことであった。ASEAN 首脳は，ASEAN の加盟をインドシナ諸国に拡大するためには，これらの国々の加盟を後押しし，新規加盟国と既存加盟国との間に見られる発展格差解消を支援する作業部会の設立が必要であることを認識していた。このため，1994 年の第 3 回 AEM-METI 経済大臣会合において，インドシナ経済協力作業部会（ベトナムの ASEAN 加盟時に CLM 作業部会に名称を変更）が設立された。その後この作業部会は，1997 年に AEM-MITI 経済産業協力委員会（AMEICC）となり，タイを含めた ASEAN メコン地域の産業高度化に重点を置くように

4. ASEAN 設立 20 年目からの次の 20 年間　　411

なった。AEM-MITI の支援が産業高度化を力強く支援し，また強力な政策に支えられて，さまざまな階層の裾野産業からなる充実した産業集積がメコン地域に形成され，後の第 2 のアンバンドリングの堅固な基盤となった。

　ASEAN に対する日本の社会・文化面での貢献も重要である。卓越したイニシアチブのひとつは，ASEAN の青少年を対象とした交流事業である「21 世紀東アジア青少年大交流計画」である。この事業により，2007 年から 2017 年に ASEAN 各地の 30,000 人の青少年が日本を訪れ，日本の 2,000 人の青少年が ASEAN を訪問した（Sunaga 2017）。これは，ASEAN と日本双方が重点を置く一体感および相互の尊敬と理解を育成するための人と人との交流の考え方を反映したものである。もうひとつの重要なイニシアティブは「ASEAN 工学系高等教育ネットワークプロジェクト」で，2017 年中頃時点で，ASEAN の上位 26 校および日本の主要大学 14 校が参加している。同プロジェクトは，ASEAN における工学系の教育および研究のキャパシティビルディングに非常に役立っており，2017 年中頃時点の合計で，1,300 件近くの修士号および博士号取得の奨学金，約 213 件の共同研究プロジェクト，700 件以上の教授および研究者の短期訪問が行われている。同プロジェクトのねらいはキャパシティビルディングおよび学術的なネットワーキングの促進だけでなく，地域の共通課題を共同で解決し，産学連携を強化することである。ASEAN 地域の技術面の高度化に向けた質の高い工学系教育および研究の重要性は決して小さくなく，学者および科学者の間の人と人との交流の増加も同様である（Sunaga 2017）。

　上記以外に，ASEAN の社会・文化共同体に寄与する日本と ASEAN の重要なイニシアチブは防災に関するもので，「ASEAN 防災緊急対応協定」の支援プロジェクトを通じ，ASEAN 防災人道支援調整センターと協力して実施されている。主に生物多様性，持続可能な都市，環境教育の領域に含まれる，公衆衛生，環境および気候変動に関するイニシアティブや文化，芸術および ASEAN 共同体構築の認識向上を目的としたプログラムもある（ASEAN Secretariat 2017a）。

　政治・安全保障協力では，ASEAN が主導する ARF，東アジア首脳会議，拡大 ASEAN 国防大臣会議（ADMM プラス）への参加はもちろんのこと，日本は ASEAN のサイバー犯罪を含むテロリズムおよび組織犯罪との闘いを支

援している。また同様に，インドネシア，マレーシア，フィリピン，タイおよびベトナムなどの ASEAN 加盟国の防衛力の構築および海事問題にも重要な貢献を果たしている。防衛協力の大部分は二国間協力であるが，日本は ASEAN 全体を網羅した協力を提案しており，現在検討が続けられている。

オーストラリアとニュージーランド

1997 年，クアラルンプールにおける第 2 回 ASEAN 首脳会議開催中，オーストラリアとニュージーランドの首脳も ASEAN 首脳と会合を持ち，ASEAN に対する貢献を大幅に拡大した。関係の深まりは，オーストラリアの「包括的関与（comprehensive engagement）」という表現によく表れている。オーストラリアの包括的関与には，ASEAN－オーストラリア経済協力プログラム（第 3 フェーズ）を，経済的および商業的ポテンシャルを十分に有するいくつかの大規模かつ戦略的で長期的なプロジェクト，および民間セクターの投資を促進するより小規模なプロジェクトに集中するために再構成することが含まれた。1990 年代初期から中期の ASEAN 経済の急拡大および ASEAN とオーストラリアの貿易，投資関係の拡大を踏まえると，この再構成は妥当であった。ASEAN－オーストラリア経済協力プログラムは，7 か年（2002 年から 2008 年）の ASEAN－オーストラリア開発協力プログラム（AADCP）に変更され，第 1 フェーズに 4,500 万オーストラリアドルの予算があてられた。AADCP の主な目的の 1 つは，ASEAN 経済共同体への道程における地域政策立案のための知識とエビデンスの改善を図ることであった。質の高い経済研究とエビデンスベースの政策提言の重視は，AADCP の第 2 フェーズ（2008 年から 2019 年）においても継続されている。政策の重点は，サービス，投資，消費者保護，農業，連結性および金融統合に置かれている。2017 年 4 月時点で，49 件のプロジェクトが完了し，20 件のプロジェクトが AADCP 第 2 フェーズ下で進行している（ASEAN Secretariat 2017b）。AADCP は ASEAN 事務局とオーストラリアが共同で実施している。

2009 年の ASEAN－オーストラリア－ニュージーランド自由貿易協定（AANZFTA）の締結に伴い，オーストラリアとニュージーランドは，AANZFTA 経済協力支援プログラム（2010 年から 2018 年）を立ち上げた。こ

れは，ASEAN各国がAANZFTAによる恩恵を最大化できるよう手助けし，地域統合を支援することを目的としていた。2017年初期には，AANZFTA経済協力支援プログラムに代わる新しい10か年協力プログラムの作成作業が進められた。関連する活動として，オーストラリアとニュージーランドが二国間の経済関係を深めた経験に基づいて，ASEANおよびその加盟国に助言を提供することを目的としたASEAN 経済緊密化協定自由貿易圏（ASEAN-CER（Closer Economic Relations））統合パートナーシップフォーラムがある。

オーストラリアとニュージーランドも日本と同様に，CLMVに特化したプログラムを実施している。これらのプロジェクトは，統合の支援および発展格差の解消を目的としている。オーストラリアは，低所得の女性が金融サービスを利用できるようにするほか，民間セクター促進のための規制整備，越境貿易および輸送の改善，ならびに政策立案者のキャパシティビルディングを目的としたプログラムを実施している。ニュージーランドは，政府職員向けの英語研修および事業計画作成の研修を提供している（ASEAN Secretariat 2017c）。プログラムは日本と比べると少なめであるが，日本がメコン地域で重点を置いているインフラおよび制度関連のプロジェクトを補完する重要なものである。

社会・文化協力の面では，オーストラリアとニュージーランドはどちらも，「ASEAN防災緊急対応協定」のもとで災害リスク管理に資金援助を提供している。ニュージーランドは，ASEAN防災人道支援調整センターも支援している。オーストラリアとASEANはまた，大規模な共同教育プログラムを実施しており，2016年だけでもエンデバー奨学金（Endeavor Scholarship）をはじめとする奨学金や助成金により，ASEANの900人の学生がオーストラリアで学び，ASEAN地域には2,000人以上のオーストラリアの学生がいる。さらに，これまでに42人のオーストラリアの学生が奨学金を受け，ASEANで学んできた。2017年には，オーストラリアで学ぶASEANの学生のために約1,500件の奨学金が授与される予定である（ASEAN Secretariat 2017b）。オーストラリアはまた，ASEAN資格参照の開発およびASEANの保健開発アジェンダにも支援を提供している。

政治・安全保障面では，オーストラリア，ニュージーランドともARF，ADMMプラスおよび東アジア首脳会議の強力な支援者でありパートナーであ

る。両者はまた，ASEAN によるテロリズム，暴力的な過激主義および人身売買を含む越境犯罪との闘いを支援している。

EU

EU（当時は欧州経済共同体）は，1977 年より ASEAN の対話国であり，ASEAN 初の地域対地域の対話国である。共同活動は，おのずと統合に重点が置かれ，2000 年代初期，特に 2007 年の「EU–ASEAN の強化されたパートナーシップに関するニュルンベルク宣言（Nuremberg Declaration on ASEAN-EU Enhanced Partnership）」採択以降，関係が大幅に深まっている。同宣言は，3 つの ASEAN 共同体実現の目標に寄与する共同活動に重点を置いている。

EU による ASEAN 地域統合支援（ASEAN Regional Integration Support from the EU: ARISE）プログラムは EU と ASEAN の合同事業の中で最大のものであった。これは ARISE プラスに引き継がれ，2020 年まで実施が続けられる。ARISE と ARISE プラスは，ASEAN の特定のニーズに対話国が応えた好例である。ARISE は「AEC 経済共同体ブループリント 2025」の一部を形成する開発イニシアチブのニーズに焦点を当て，越境貿易の円滑化に大きく貢献した。ARISE プラスはこれらの計画の実施における課題に重点を置いている。

ASEAN と EU の社会・文化協力に関しては，教育，科学・技術，災害，移動・国境および統計のキャパシティビルディングの分野で共同の取り組みが実施されている（ASEAN Secretariat 2017b）。ただし近い将来，気候変動と防災に力を入れるようになるであろう。

EU と ASEAN の最も重要な政治・安全保障協力は，EU の TAC 加入である。EU はまた，ARF および ASEAN 拡大外相会議 10＋1 会合にも参加し，制度および共同体構築に資金援助を提供している。

アメリカ

ASEAN とアメリカの対話関係は 1977 年，第 2 回 ASEAN 首脳会議および ASEAN–オーストラリア，ASEAN–日本，ASEAN–ニュージーランドの首脳会議の直後に始まった。ASEAN の他のパートナーと同様，アメリカとの関係も 1990 年代以降着実に拡大している。ただし，アメリカの TAC 加入はオ

バマ政権下の 2009 年 7 月で，アジアへの強力な方向転換を示している。2010年初期，アメリカは対話国として初めて，駐在大使を据えた ASEAN 代表部を開設した（ASEAN Secretariat 2017e）[5]。

ASEAN とアメリカの関係において，政治・安全保障協力が大きな位置を占めるようになってきている。ASEAN 地域の平和，安定，安全保障の維持におけるアメリカの役割を話し合う会議が，さまざまなレベルで定期的に開催されている。取り上げられるテーマは，海洋安全保障，核拡散防止，サイバーセキュリティ，越境犯罪などである。

しかし，多くの領域にわたる相当な支援にもかかわらず，トランプ政権のASEAN に対するコミットメントには不安が伴う。ASEAN や，ASEAN 地域の多国間の経済および政治・安全保障アジェンダに対する考えが不透明であり，中国の積極性が増していることにより一層不透明になっている。

経済協力は貿易促進，中小企業開発および規準認証のハーモナイゼーションを重視してきた。アメリカはまた，貨物の通関手続きの迅速化を図るプロジェクトである ASEAN シングルウィンドウの開発および試験における ASEANの重要なパートナーである。さらに 5 か年の共同エネルギープログラムも展開している（United States Mission to ASEAN 2015）。加えて，ASEAN の財務省および中央銀行の代表者とアメリカ財務省の代表者による年次会議も，アメリカの金融およびマクロ経済政策の世界への影響を考えると，ASEAN にとって有益である。

アメリカと ASEAN の社会・文化協力で注目すべきは，東南アジア若手リーダーイニシアチブである。これは，ASEAN におけるリーダーシップ育成を強化し，地域および世界の問題に対する若手リーダーの関与を深め，アメリカとASEAN の人と人との交流を高めることを目的としている。アメリカはさらに，ASEAN における女性の地位向上，国境を越えた課題，特に気候変動と越境犯罪への対処，および天然資源管理，生物多様性保全，テロ対策の研修実施にも取り組んでいる。また，災害対応にも資金援助を提供している。

---

5) ASEAN とアメリカの関係に関する本項の情報の多くは ASEAN 事務局より得た（ASEAN Secretariat 2017e）。

中国

ASEAN と中国の対話関係は 1991 年 7 月，クアラルンプールで開催された第 24 回 ASEAN 外相会議に銭其琛（Qian Qichen）外相が出席したときに始まった。1996 年 7 月までに，中国は ASEAN の（分野別ではなく）完全な対話国となった。それ以降 ASEAN と中国の関係は，政治・安全保障面では長引く懸念を抱えながらも，劇的に拡大している。

ASEAN と中国の関係の急激な拡大の典型例は，貿易および投資面である。中国は ASEAN 最大の貿易パートナーとなっており，ASEAN−中国自由貿易地域は開発途上国の中で最大規模である。中国の ASEAN 大使は，1991 年と比べて 2016 年は，ASEAN と中国の貿易が 56 倍，投資は 355 倍となったと述べている（Bu 2017）。

膨大な数のイベントやイニシアチブがこの非常に大きな拡大を支えている。2004 年以降，中国の南寧市において毎年，ASEAN と中国の製品を紹介する博覧会が開かれており，ビジネスおよび投資に関する首脳会議も年 1 回開催されている。中国は農業研修を支援し，技術，特に人材，インフラおよび規制，さらに衛生・植物衛生の問題，基準適合性，輸送に関して ASEAN と協力して取り組んでいる。まさにこの関係の深さを示すのが，2017 年初期に締結された航空輸送協定で，ASEAN 内の 37 都市と中国内の 52 都市を，1 週間当たり 5,000 便近くの直行便で結んでいる（ASEAN Secretariat 2017f）。

中国はまた，CLMV の開発にも参加しており，ASEAN 内の発展格差解消の目標に向けて取り組んでいる。ここでの中国の援助は主に，カンボジアの平和回復後の 1992 年にアジア開発銀行が開始した大メコン圏地域（GMS）で行われている。中国は補助金，低金利融資，および鉄道，電力供給網，メコン河航行を含むインフラ支援を提供している（Cheng 2013）。

政治・安全保障面では，前述したとおり ASEAN と中国の関係はより複雑である。1990 年代初期より南シナ海の問題が議論されている。ASEAN と中国は 2002 年 11 月，南シナ海における平和で友好的な調和のとれた環境促進に向けた，「南シナ海における関係国の行動に関する宣言（Declaration on the Conduct of Parties in the South China Sea)」に署名した。しかし 2016 年，中国の主張に反する裁判所判断が下され，緊張が高まった。問題は今も残っている。

ASEAN と中国は，南シナ海における行動規範について合意に達せられるよう努力を続けている。

他にも中国は，ASEAN に対し重要な外交支援を提供している。1997 年から 1998 年のアジア通貨危機では人民元の切り下げを行わず ASEAN を支援した。中国はまた，2003 年に対話国として初めて TAC に加入し，これにより TAC の重要性が高まった。さらに 2003 年，中国は ASEAN + 1 FTA を始動させ，ASEAN の企業に対し，中国の活況な市場への早期アクセスを実現させた。その結果，特に一次産品の ASEAN から中国への輸出が急増し，アジア通貨危機からの回復の助けとなった。

ASEAN と中国は他の領域でも関係強化を続けている。社会・文化面では，公衆衛生，教育，青少年の交流・協力，文化・芸術，環境保護，防災，メディアおよび科学技術において協力が実施されている（ASEAN Secretariat 2017f）。

インド，韓国，ロシア

インド，韓国およびロシアは比較的最近，対話国となった[6]。韓国は 1989 年に分野別対話国となり，1991 年に完全な対話国の地位を得た。インドは 1992 年に分野別対話国となり，1995 年に完全な対話国の地位を得た。ロシアは 1991 年 7 月，副首相が ASEAN 外相会議に出席した際に公式な関係が始まり，1996 年に完全な対話国の地位を得た。

インド

政治・安全保障面では，インドは ASEAN が主導する ARF，ASEAN 拡大外相会議 10 + 1 会合，ADMM プラス，東アジア首脳会議などの会議や対話に参加している。インドはまた，メコン－ガンガ協力およびベンガル湾多分野技術経済協力のための構想にも参加している。

ASEAN とインドの経済協力は，ビジネスの見本市や会議を通じて，ビジネスの連携を拡大させる機会を創出すること，さらに幹線道路プロジェクト，環境調和的な技術，共同研究開発，農業および林業に重点を置いている。

ASEAN とインドの協力は，社会・文化面においても，人材育成，科学技術，

---

6) 本セクションの情報の多くは ASEAN 事務局の資料より得た（ASEAN Secretariat 2017g-i）。

人的交流，教育，農業・食料安全保障，生物多様性，防災，エネルギーなど幅広いテーマにわたって拡大している。ASEAN－インド基金およびASEAN－インドグリーン基金はあらゆる協力プロジェクトに資金を提供している。その他のイニシアチブには，定期的な学生，メディアおよび若い農場経営者の交流，シンクタンクのネットワークなどがある。インドはまた，起業家および英語研修のプロジェクトにより，ASEAN統合に向けたイニシアチブの実施を支援している。

韓国

政治・安全保障協力では，韓国はTACへの加入に加えて，ARFの1994年の発足以降，またADMMプラスにも積極的に参加している。韓国は国際テロリズム，越境犯罪および麻薬対策に関してASEANを支援している。さらに，ASEAN＋3および東アジア首脳会議にも参加している。

ASEANと韓国は，経済協力に向けて作業部会を立ち上げ，ASEAN韓国経済協力基金を通じて，2017年初期の時点で60件のプロジェクトの実施を承認している。さらにASEANと韓国は，輸送，連結性（シンガポールと昆明市を結ぶ鉄道および域内の内陸水路という2つのミッシングリンクの建設を支援する可能性がある），情報・通信技術，科学技術においても協力している。ビジネスの連携は，ASEAN－韓国ビジネス協議会が促進している。

ASEANと韓国の社会・文化協力は，さまざまな領域において活発に行われている。メディア交流プログラム，新しいASEAN－韓国映画コミュニティ，ASEANの児童向け図書館の研修，ASEAN大学ネットワークにおける韓国研究のための奨学金プログラム，ASEAN－韓国サイバー大学の設立などが挙げられる。さらにASEAN－韓国センターがASEAN展示会やASEAN食のフェスティバルなど22件の主要プロジェクトを実施している。同様に重要なのは，社会福祉・開発，劣化した熱帯雨林生態系の回復，および科学ベースの防災プラットフォームの促進におけるASEANと韓国の協力である。韓国はまた，ASEAN統合に向けたイニシアチブに資金援助を提供している。

ロシア

　ロシアも ASEAN が主導する ARF，ASEAN 拡大外相会議 10＋1 会合，ADMM プラス，東アジア首脳会議などの会議や対話に参加している。ロシアは，貿易・投資，エネルギー（2015 年から 2016 年に再生可能エネルギーの共同事業），農業・食糧安全保障（2016 年から 2017 年に 2 件のプロジェクトが計画されている），および科学・技術（数件のプロジェクトを開発中）における経済協力のロードマップと作業計画を策定している。また，観光に関するコンサルティングとフォーラムも行っている。

　ASEAN とロシアの社会・文化協力は芸術・文化およびユースサミットに重点を置いている。防災関連の協力も始まっており，その他に食糧安全保障，気候変動，中小企業，教育，技術などの領域の協力の可能性が検討されている。

　最後に，他にも数多くの国や機関，たとえば国際連合，アジア開発銀行，経済協力開発機構（OECD），東アジア・アセアン経済研究センター（ERIA）などが，主要な対話国ほど包括的ではないが，ASEAN を手助けしていることを述べておくべきだろう。要約すると，この 25 年間に，ASEAN の成長と前進を確実に手助けする協力イニシアティブが爆発的に増加した。

5. まとめ

　ASEAN は設立から 50 年間で，地域紛争の解決に協力して取り組む 5 か国の組織から，多面的な地域共同体を構築する多様な 10 か国の集団へと成熟した。ASEAN の成長は域内・域外両方の事件に影響を受け，これらが，ASEAN がその役割，その目的およびその将来を検討し，再評価するきっかけとなった。ASEAN は直面する課題に対応しながら，単に対応するだけでなく，契機を自ら形成し，さらに野心的な目標を実現するために必要な能力を開発した。

　ASEAN はこれまでの道のりを，加盟国の強い決意をもって，また世界中の対話国の多数の貢献に支えられて進んできた。これら対話国は惜しみなく ASEAN に応え，数多くのさまざまな方法で ASEAN の変化し続けるニーズと目標に貢献してきた。長い年月をかけて関係は深まり，強化され，さらに

ASEAN が尊敬と信用を集めるにつれ，ASEAN は地域開発において中心的な役割を果たせるようになった。

ASEAN はそのすべての人々のために，繁栄した持続可能な将来を築くことを約束し，共通の目標と戦略を開発しながら，多様なニーズに応えようと努力している。ASEAN にはこうした目標の実現に取り組む，優秀で意欲にあふれた人材が数多くそろっている。ASEAN のコミットメントと対話国の支援により，ASEAN は，経済，政治・安全保障および社会・文化の共同体構想に向けて課題を克服し，成功を勝ち取り続けていくであろう。

補論**2**　ERIA ストーリー

西村　英俊

1. 始まり

　東アジア・アセアン経済研究センター（ERIA）は，東アジア首脳会議（EAS）の首脳による全会一致の決議によって創設された。EAS は，これに先立ち，2007 年にセブにおいて，地域のための経済シンクタンクおよび研究機関の設立に合意していた。日本は，ERIA の誕生にあたって顕著な役割を果たした。日本の二階俊博経済産業大臣が，こうした国際機関の設立を初めて提案したのは，2006 年 8 月のことだった。

　ERIA の本格的な国際研究組織としての正式な立ち上げは，2008 年 6 月 3 日のジャカルタでの ASEAN 事務局での創立理事会でのことである。2 年間にわたる計画，協議，および試験的研究プロジェクトによって，ERIA の成功を確信し，ASEAN 経済共同体（AEC），およびより広範な地域統合の双方への貢献に必要な専門知識を確保できる状態まで漕ぎつけることができた。

　2008 年の ERIA の正式な立ち上げにあたって，16 か国の EAS 創設諸国，つまり ASEAN 10 か国とその他 6 か国（オーストラリア，中国，インド，日本，韓国およびニュージーランド）のトップクラスの政府高官，産業界の役員および専門家，そして当時の ASEAN 事務総長スリン・ピッツワン（Surin Pitsuwan）が，綿密な経済分析と政策提案による地域共同体の構築を目指すこの組織の理事の座に就いた。

　筆者の役割は，多くの対外的責任を伴う，主要な指導的役割である事務総長（さらに第 2 期として 2013 年から 5 年間）を務めることであった。これには，

ERIA の役割と拡大する能力を発信するための，積極的な姿勢，ダイナミズム，およびエネルギーが必要とされた。

ERIA の目標は，明確に設定されていた。それは，開かれた独立性のある研究機関となり，ASEAN と東アジアの諸国にとって共通の財産となることであった。ERIA は，ASEAN の政策立案者と強力な絆を維持し，発展させ，AEC を後押しする原動力となり，さらなる一体化を進めることを目指した。

ERIA は，この地域の首脳や閣僚たちにとっての具体的で目に見える行動指向の提言につながる政策分析および調査の実施を担った。また，政策立案者たちにとっての対話の場の提供や，キャパシティビルディングの改善も求められた。

より具体的には，ERIA は，主に以下の 3 つの領域での研究を担うことになった。経済統合の強化，発展格差と貧困の縮小，および持続可能な開発の実現，に関する課題である。これらは，AEC としての目標でもあった。

2. 9 年を経た ERIA とその後

ERIA は活動開始から 10 年近くが経過し，現在もジャカルタを拠点とし，その本部は ASEAN 事務局（ASEC）内で，スナヤン地区の別館に所在している。ERIA は常勤で 12 名以上のエコノミストや研究者を雇用しており，研究機関，大学，政策立案者，および企業に広がるグローバルネットワークを有している。

日本は，ERIA の予算に対する主要な財務的貢献を行っており，さらにオーストラリアやインド，ニュージーランド，ならびに ASEAN 加盟諸国（AMS）からも資金が提供されている。

過去 9 年間にわたり，ERIA は，地域において戦略的な重要性を持つ幅広い問題に関する調査とキャパシティビルディングを行ってきた。これには，エネルギー，非関税措置（NTM），グローバリゼーション，社会的保護，災害マネジメント，自由貿易協定（FTA），テクノロジー，インフラ開発，および中小企業（SME）が含まれ，そのすべてにおいて ASEAN と東アジアとの統合と公正でダイナミックな発展を深めることを目標としていた。

2. 9年を経たERIAとその後   423

　さらにERIAは，ASEAN，ASEAN首脳会議，およびEASのプロセスに対する一種のシェルパ（準備担当役）としての役割を果たしている。ERIAは，ASEANの議長国が成果を達成できるように，シンポジウムやセミナー，ならびに関心を引く特別な研究によってサポートし，また，カンボジア，ラオス，ミャンマーのそれぞれが議長国を務めた際に，特別なキャパシティビルディングを実施している。

　このように，たとえばERIAは，2011年に開催された大規模なシンポジウムにおいて議長国としてのインドネシアをサポートし，2015年以降のASEANを前進させるための報告書についてもサポートを実施し，それによって「AECブループリント2025」の分析的準備を活性化させた。また，ERIAとインドネシアは，中小企業に関する大規模なシンポジウムも主催し，ASEAN中小企業ワーキンググループ（SMEWG）による，ASEANの中小企業政策指標の取り組みを活性させた。さらに最近では，ERIAは，ミャンマーとラオスがそれぞれASEAN議長国を務めた期間において，『ミャンマー総合開発ビジョン』および『ラオスアットザクロスロード：産業開発戦略2016-2030』の作成をそれぞれ支援した。

　そして，2017年にはASEAN 50周年の一部として，フィリピン政府とERIAは，3つのASEAN共同体に対する一連のアウトリーチ活動と併せ，ASEANの発展，実体および将来に関する5巻の書籍を発刊するプロジェクトを手掛けた。またERIAは，議長国としてのフィリピンを支援し，フィリピンが議長国を務めるにあたっての成果のひとつとして，ASEAN貿易円滑化合同諮問委員会（ATF-JCC）によるASEANシームレス貿易円滑化指標（ASTFI）の作成に対する支援も実施している。

　さらにERIAは，国際的な協議においてもASEANに貢献しており，たとえば，2013年12月のバリでの世界貿易機関（WTO）閣僚会議に先立ち政策提案を行い，地域統合における貿易関税以外の要素の重要性を強調した。

　今やERIAは，この地域における主要な経済シンクタンクとなっている。「2016 Global Go To Think Tank Index」では，国際経済シンクタンクの中で第32位にランキングされ，ASEANとEASの首脳からは，引き続きその重要な取り組みを続けるようにと繰り返し奨励されている[1]。首脳たちは，地域間

題に関する ERIA の専門能力，知的・分析サポート，ならびに，上記で説明した活動や取り組みが良い実例であるように，ERIA が調査やその他の活動という形で ASEAN 議長国に対して提供している支援を高く評価すると述べている。

首脳たちは，ERIA が AEC の実現，東アジア包括的経済連携（RCEP）の交渉，制度的，物理的および人と人との間の連結性，エネルギーおよび食の安全，中小企業の強化，ならびに地域における規制管理システムとビジネス環境の強化の実現を支援するために果たしている重要な役割にも言及している。

2014 年の理事会声明において，ERIA の理事たちは，より存在感を深めることに加えて，シェルパおよびシンクタンクという二元的役割に関して，加盟各国により大きな支援を提供したいという願望を強調した。彼らは，既存の専門能力に立脚し，一方で新たな調査領域に手を広げ，既存パートナーとの協調を最大化するという意図の概要を示した。2016 年には，ERIA 理事会は，当機関の調査部局に加え，本格的な政策デザイン部局を設置することによって ASEAN と EAS に対する ERIA の政策支援機能を大幅に強化した。

総括すると，ERIA の最初の 10 年間は，その内部研究能力と研究ネットワークの顕著な拡張，幅広い領域における調査研究の急増，ASEAN との連携の強化，および ASEAN 議長国を務める ASEAN 加盟国への強力なサポートが示された期間であった。

3. ERIA の研究プロジェクト

ERIA の役割をより詳細に説明するには，ERIA が取り組んできた主要な研究の一部を例として取り上げるのが有効だろう。それらによって，ERIA が実際にどのように活動しているか，研究プロジェクトがどのように開始され発展していくのか，それらはどのように発表されるのか，そして，どのように情報として議論，政策や政策文書に役立てられるのか，が示されている。ERIA の追加的活動，すなわちメディア対応，セミナー，シンポジウムおよびハイレベル会合が，どのように研究および成長を続ける ERIA の知識基盤に生かされ，

---

1) （訳注）2017 年の Index では，24 位に位置付けられた。

3. ERIA の研究プロジェクト　　　425

地域全体の知的な議論を深めているのかを見ていきたいと思う。

3.1　連結性

ERIA の最初の大きな仕事で，実際に公式の使命となったのが，アジア総合開発計画（CADP）であった。2008 年 9 月のアメリカの投資銀行リーマン・ブラザーズの破綻による，その後の不景気が当地域，特に ASEAN を破綻させる恐れから，EAS の首脳たちは ERIA，アジア開発銀行（ADB），および ASEC に対応策の策定を要請した。彼らは，大メコン圏イニシアチブのような，産業とインフラを開発するためのサブリージョンのイニシアチブを調整，促進，改良，および評価し，民間セクターの役割を強化するため基本計画の迅速な作成を共同で担った。この基本計画は，経済統合と地域市場の拡大に向けた取り組みを倍加させる当地域の決定を反映したものとなっている。

CADP は，EAS の首脳の求めに対する ERIA の回答であった。CADP が注目に値する理由は 3 つある。第 1 に，生産ネットワークの空間的な応用に利用することにより，東アジア全体でのインフラ開発と産業成長を融合させるための一体化した枠組みを提供することである。この枠組みは，東アジアでの開発プロセスに関する新たに統合され，発展段階に応じた視点を示している。第 2 に，CADP は，アジア経済研究所 – ERIA の斬新な経済地理シミュレーションモデル（GSM）を利用して，厳選されたインフラプロジェクトへの投資または貿易円滑化（または障壁の軽減）による，地方レベルでの地域経済への経済効果を定量化した。そして，第 3 に，CADP は当地域諸国における 700 件の主要インフラプロジェクトのデータを収集し，CADP の分析フレームワークに基づき，これらのプロジェクトの優先順位付けを行った。

CADP は，東西回廊など，国家を横断する回廊の普及，および東アジアの物理的インフラ開発計画に組み込むことに貢献した。ERIA チームは，CADPにおいてリスト化されたいくつかのインフラ計画のフィージビリティ・スタディの準備にも協力した。CADP は，日本による ASEAN へのインフラ支援にも間違いなくある程度の影響を及ぼした。

GSM の手法は，CADP 自体と同等に重要であり，インドネシアの国家開発計画であるインドネシア経済開発加速化・拡大マスタープラン（MP3EI）の策

定にも重要なサポートを提供した。インドネシアの経済担当調整省は，ERIA に対し，6つの回廊，つまりインドネシア経済開発回廊としても知られるインドネシアの6つの地帯における，経済および社会開発の実施について助言を求めてきた。本質的に，これは先進的な地域と遅れをとっている地域の連結性を，港湾，発電，新たなプロジェクト開発基金，および地域マスタープランを通じて向上することによって実現されると考えられた。この調査は，インドネシアの国家開発計画に組み込まれた。

CADP は，インフラ開発と連結性に関する地域協力のために提案されたフレームワークとして捉えることが最もふさわしい。なぜならば，その実現に関する包括的な責任または権限を有する地域機関が存在しないからである。とはいえ，CADP は ERIA が生み出した付加価値の非常に良い実例を提供している。そして CADP は，強固な分析フレームワークに基づいており，新しいアプローチと適切な方法論を用い，ERIA が主要な AMS に対し開発計画の助言を提供することを可能にしている。この ERIA のフレームワークと方法論は，ほとんど主流といえるものになっており，その他の取り組みや分析にも利用されている。

その他の重要な ERIA の連結性関連プロジェクトは，ASEAN 連結性マスタープラン（MPAC）である。ERIA は ASEC と協力して MPAC の初版を作成した。これには，連結性の3本柱のコンセプトが含まれていた。物理的な連結，制度上の連結，および人と人との連結である。さらに重要ことは，MPAC の認知度を高め，円滑に運営するため，ERIA は年次の ASEAN 連結性シンポジウムへの支援を提供してきた。ASEAN の対話国も，MPAC の実行に対する支持を表明してきた。

ASEAN と東アジアの連結性に対する ERIA の強い関心と継続的な支援は，適切に実施され，以下のように表明されている。

> 「より多くの地域が連結されるほど，より包括的な成長が適切かつ効果的な地域協力によって達成できるようになる。教育，人材，規制政策などにおける協力を通じた制度上の連結性は，地域統合のためのきわめて重要な手段になりうる」[2]

3. ERIA の研究プロジェクト   427

「競争力と強靭な ASEAN 共同体を確立するために，私たちは ASEAN 連
結性マスタープラン（MPAC）実行の重要性を明言している。MPAC は，
経済成長を促進し，開発格差を縮小し，より深い社会・文化の理解，およ
び人々の移動性に寄与する。」[3]

ASEAN は，中国の国内連結性と生産ネットワークの変革が，いかに中国経済
を十分に好転させたかを目の当たりにしてきた。また，1990 年代後半におけ
る通貨危機からも教訓を学んできた。その期間には，問題に対処するために域
内での共同行動が実施された。このため，ASEAN は連結性がいかに地域の安
定と強靭性を支えるかを理解している。
　アジア太平洋経済協力（APEC）フォーラムが，MPAC の物理的，制度的お
よび人と人の間の連結性という 3 本の柱を採用したということは，注目に値す
る。また，中国の「一帯一路」構想，およびインドと日本によるアジア・アフ
リカ成長回廊が，CADP および MPAC とともに，まさに連結性の概念がまる
で国際経済協力の主たる柱として全面的に開花したかのように，大々的に連結
性を打ち出していることも特筆すべきである。

3.2　AEC に向けての進捗状況のモニタリング，ならびに AEC および 「ASEAN 社会・文化共同体ブループリント 2025」の作成

　ERIA が手掛けた主要な研究および政策サポートの 2 つ目は，AEC のモニ
タリングとレビュー，および AEC に対する提言，ならびにブループリントの
施策の実行に関するものである。これは，ERIA の存在意義が，ASEAN の統
合の取り組みを支援することであることを考えれば，当然なことである。
　「AEC ブループリント 2015」は，2007 年 11 月 20 日の第 13 回 ASEAN 首
脳会議で署名され，2015 年までの地域経済統合の基本を規定している。この
文書には，ブループリントの実行に向けた進捗状況は，AEC スコアカード・
メカニズムの作成を通じてモニタリングするべきであると記載されている。
　ERIA – AEC スコアカード・プロジェクトは，ASEAN 経済大臣会合（AEM）

---

2)　2014 年 5 月 30 日，インドネシア，ジャカルタでの，第 7 回 ERIA 理事会会合による声明。
3)　2014 年，ミャンマー，ネピドーにおける第 25 回 ASEAN 首脳会議による議長声明。

の要請に応える形で大規模に実行された。ERIA は，2010 年にこの作業に着手し，2014 年までの 4 年間における毎年の段階で実行し，その進行とともに改善を行うことを計画した。

　原則的にコンプライアンス・モニタリング・メカニズムである公式な AEC スコアカードを補完するため，ERIA は，このプロジェクトに分析的アプローチを導入し，自由化と円滑化に関連するいくつかの重要な AEC の施策に重点を置いた。ERIA は，点数化の手法を開発し，それを ASEAN 加盟 10 か国の研究と分析において一様に適用した。このスコアカードは，政策立案者が AEC に向けた進捗状況の実際の現場での実績を把握し，AEC ブループリントに規定された実行手法の遵守をモニタリングし，実行上の差異を評価することを可能にした。このように，かなりの部分において，ERIA スコアカードは公式な AEC スコアカードを補完するものとなった。

　この 4 年間の段階を経たスコアカードは，AEM が 2012 年に ERIA に実施を要請したプロジェクトである，AEC ブループリントの実施の中間評価に役立つことが証明された。

　AEM の要請に基づき，中間評価はレビューおよび分析の対象とする部門のリストを拡張した。中間評価と 4 年間の段階を経た AEC スコアカードは，次のプロジェクトの重要な土台となった。このプロジェクトは，ASEAN を 2015 年に向けて前進させることに関するもので，その主要な成果である *ASEAN Rising：ASEAN and AEC Beyond 2015*（本書序章・第 1 章〜第 8 章）と題された刊行物によってよく知られている。

　ASEAN は，アセアンライジング・プロジェクトの成果を利用して「AEC ブループリント 2025」を作成した。さらに，このプロジェクトは，『2015 年以降の ASEAN 社会・文化共同体（ASCC）の枠組み作り』（Framing the ASEAN Socio-Cultural Community［ASCC］Post 2015）に関する ERIA と ASEC の共同プロジェクトに対するインプットにもなった。ERIA と ASEC プロジェクトの成果は，「ASCC ブループリント 2025」の作成に活用された。

　上記に列挙した AEC および ASCC プロジェクトの進展は，ERIA の主たる研究におけるひとつの大きな特徴を示すことを意図している。つまり，ASEAN で進行中の統合への努力と結び付いた継続性と進展である。それまで

のプロジェクトの成果が，その後のより大きなプロジェクトの構成要素となった。一連の研究，およびより大きなプロジェクトで取り扱った，さらに広範な問題による知識の蓄積が，ERIA への信頼性をもたらし，ERIA 研究の重要なクライアント，すなわち ASEAN の各機関そのものによる「AEC および ASCC ブループリント 2025」の作成において有用であることが証明された。

　一連の AEC 関連の研究と ASCC プロジェクトは，ERIA の研究手法のもうひとつの主要な特徴も示している。これらの研究は，ERIA と協力している地域研究機関のネットワークである「研究機関ネットワーク（RIN）」のメンバーである ASEAN 諸国の研究機関との継続的な連携に依存している。中期レビュー，ならびにアセアンライジングおよび ASCC プロジェクトのケースでは，ERIA は，大規模な個人専門家およびスペシャリストの集団（主に当地域から，一部はその他の地域から）と連携している。このネットワーク手法は，ERIA の研究調査およびアウトリーチ活動に幅広く，かつ集中的に活用されている。

　大部分の RIN のメンバーは，ASEAN 加盟国の主要な研究機関であり，その多くが政府の政策立案者との強いつながりを持っている。このため，その研究成果は，ASEAN の問題に関与する ASEAN 加盟国の高官によって高く評価されている。AEC 関連研究のひとつの前向きな副産物は，すべての国内研究機関が，AEC の施策実行に関する進捗状況と課題についての共通理解を得られることである。これは特に，ASEAN 加盟国が ASEAN の議長国となるときに，政策立案者およびその ASEAN 加盟国内の市民に対して情報の普及を促すことにつながっている。

　ERIA の研究成果および報告書を ASEAN のブループリントおよび作業計画へのインプットに変換するには，ASEAN 経済統合に関するハイレベルタスクフォース（HLTF-EI）や ASEC の ASCC 部門などの，ASEAN の主要機関との定常的な連携を必要とした。ERIA にとって，こうした ASEAN の主要機関に対して，定期的に研究結果を提示し，これらのブループリントや作業計画の作成とレビューに必要なインプットを提供する機会を与えられたのは，幸運なことであった。「AEC ブループリント 2025」の施策のうち，ERIA がインプットを提供したものには，即応的な規制，優良な規制実施，生産性改善のさらな

る重点化，バリューチェーンまたは生産ネットワーク，イノベーション，ブループリントにおける強靭性と包摂性の取り込みおよび明確化，などがある。

「ASCC ブループリント 2025」については，「2015 年以降の ASCC の枠組み構想」プロジェクトの多くの洞察がこの文書に取り込まれた。このような取り組みは，ASEC の ASCC 部門および主要な ASCC 高官による，同プロジェクトのテクニカル・ワークショップへの密接な関与によって促進された。「2015年以降の ASCC の枠組み構想」報告書には，国際連合（国連）の持続可能な開発目標（SDGs）に基づく指標とともに，ASEAN がさまざまな指標を目標と併せて作成するという提案が含まれていた。このように，たとえば，ERIA は ASEAN アイデンティティの意識の向上に向けて推進すること（組織としてのアイデンティティから共同体としてのアイデンティティへの移行）の重要性を強調し，そのために ASEAN が「ASEAN 認知度，親近感，および参加に関する指標」を作成することを提案した。ブループリントそのものには指標は含まれていないが，ASEAN 社会・文化共同体に関する調整会議（SOCCOM）によって議論された，ASCC に対するその後の実施およびモニタリング・プログラムには，ERIA が提案した指標と目標が含まれている。

3.3 ASEAN の祝賀：ASEAN@50

すでに説明したとおり，ERIA は，ASEAN 議長国の活動，または取り組みのうち，ERIA と議長国との間でその年に実施することに合意したものについて，支援を行っている。2017 年については，フィリピンが議長国となったが，ERIA とフィリピン政府は，ASEAN 50 周年を記念する ASEAN@50 における大規模な出版物とアウトリーチ（publication-cum-outreach）プロジェクトに合意した。実際には，このプロジェクトの準備は，2015 年後半にフィリピン ASEAN 代表部とともに開始され，そのコンセプトは，2015 年 10 月に開催された 2017 年 ASEAN 議長国のための第 1 回政府全体計画ワークショップの間に提示された。

出版物は，ASEAN の発展，実体および未来に関する 5 巻で構成された。各巻は，ASEAN 首脳，閣僚，および政府高官の ASEAN についての省察と経験（第 1 巻），ASEAN 市民にとっての ASEAN の意義に関する調査結果（第 2

巻），ASEAN と AMS における変革と統合（第3巻），ASEAN の政治・安全保障および社会・文化共同体の構築に関する専門家の小論と論説（第4巻），および2025年以降の AEC に関する論説（第5巻）という構成になっている。このように，これらの巻は，ASEAN の全容を網羅している。

これは，一義的には記念刊行物であり，新たな境地を切り開くことを意図したものではない。その代わり，これらの巻は，読者に，特に未来の読者に，ASEAN の発展，重要性および未来に関する洞察とより深い理解をもたらすことを期待されている。また，将来の学生や研究者にとって，ASEAN に関する重要な資料となることも期待されている。この小論は，第1巻に含まれることになり，そこには ASEAN 各政府の元首脳や現首脳たち（大統領および首相）および高官（閣僚，ASEAN 事務総長）によるエッセイも掲載されている。

このプロジェクトはアウトリーチも構成要素となっており，フィリピンの3つの都市で開催される3つの公開シンポジウムと2017年10月19日に開催されるハイレベルフォーラムが含まれている。このフォーラムは，ASEAN 諸国の政府の元首脳数名によるパネルディスカッションと，政府高官および専門家によるパネルディスカッションで構成された。この全5巻は，このフォーラムにおいて正式に刊行された。

3.4 エネルギー

エネルギーは，この地域の成長する経済が直面する数多くのさまざまな課題，その多様なエネルギー需要，供給特性，および一次産品の価格変動に対する脆弱性によって，ERIA の主要な優先研究対象のひとつとなった。東南アジアにおけるエネルギー需要は，高度な経済成長と社会開発のため，近年飛躍的に上昇している。ERIA とパリを拠点とする国際エネルギー機関（IEA）は，2015年の共同レポートにおいて，2015年から2040年までに地域における需要が80％上昇すると予測している。

ERIA がエネルギー分野を重視するのは，当地域のエネルギー政策立案者による調査研究要請の増加に応えたものでもある。実際に，ERIA が最も奥深く地域の政策プロセスに関与してきたのは，エネルギー分野といってもよい。これは，各国エネルギー担当省庁の政府高官によって構成されたワーキング グ

ループである，EAS エネルギー協力タスクフォースの要請に従ったものである。

ERIA は，エネルギー（および環境）関連の研究および政策サポートについて，幅広い問題を対象に，活発に活動してきた。ERIA は，以前からエネルギー関連の研究は手掛けていたが，エネルギー分野での協力を強化し，地域内でのエネルギー安全保障を向上させるため，2012 年に専門のエネルギーユニットを設置した。現在，この部門には，9 名の常勤の専門家とサポートスタッフが在籍し，エネルギーに関する研究は年を追って増加している。2017 年には，エネルギーは ERIA の研究の約 40%，つまり全 52 件の研究プロジェクトのうち 21 件を占めた。これらの 21 件の研究プロジェクトは，テーマ別に以下の 4 つの分野に分類される。地域のエネルギー供給および需要の見通し作成，エネルギー安全保障の向上，省エネおよび環境保護，基本情報および知識の向上である。

エネルギーユニットは，2011 年の ASEAN 首脳会議の後，間もなく設置された。EAS は，すべてのメンバーの利益に適う具体的な研究テーマを ERIA に委任した。この地域のエネルギー市場の多様性にかかわらず，EAS 各国はさらなる共通の目的を共有している。安全かつ持続可能な方法によるエネルギー供給の開発，電力化率の向上，再生可能エネルギーの普及およびエネルギー効率の奨励，温室効果ガス排出抑制やエネルギー構成における持続可能な石炭依存への言及，現在も電力を利用できない数多くの人々への電力供給である。

ERIA は，エネルギー統計のキャパシティビルディング，石炭火力発電所における排出規制の改善，スマートシティ，国境を越えた電力取引，市場価格への移行，エネルギー補助金の撤廃など，具体的な国のニーズに応えてきた。

2015 年，ERIA のエネルギーユニットは，化石燃料補助金が東南アジアにおいて 510 億米ドルに上るという，2013 年の IEA－ERIA の共同調査結果への直接の回答として，エネルギー補助金撤廃の影響に関する報告書を発行した。この例は，ERIA の国際パートナーシップの重要性と，研究結果に基づきそれを活用する能力を如実に表すものである。

その他の提言として，エネルギー安全保障を強化する機会として，送電網相互接続に注目を当てた 2015 年の報告書がある。これに続き，ERIA のエネル

3. ERIA の研究プロジェクト

ギーユニットは，さまざまなテーマの中で，特にサブリージョンレベルでの多国間の送電網相互接続システムの実現可能性，および再生可能エネルギーの送電網接続への統合に焦点を当てている。

ERIA は，エネルギー政策協議やハイレベル政策フォーラムを主催，参加し，「中長期エネルギー政策研究の EAS ロードマップ」を含め，EAS エネルギー大臣会合用の資料を作成し，このロードマップに従いさらなる研究を実施することを計画した。EAS エネルギー大臣は，EAS エネルギー協力タスクフォースの 3 つの主要なワークストリーム，すなわちエネルギー効率，再生可能エネルギー，および輸送機関用のバイオ燃料に対する ERIA の貢献を高く評価した。

この地域でのエネルギー分野の重要性，および対応が必要な幅広い問題を考慮し，2014 年に ERIA のエネルギー研究実施のためのサポートネットワークとして，エネルギー研究機関ネットワーク（ERIN）が設立された。これは，EAS およびエネルギー閣僚に歓迎された。ERIN のメンバーは，16 の EAS 諸国および ASEAN エネルギーセンター（ACE），ならびに，2016 年に加入したアメリカとモンゴルのトップクラスのエネルギー研究機関で構成されている。ERIN の目的は，各国固有のデータ，アウトリーチ研究成果，および新たな研究プロジェクトに対する提案について，ERIA のエネルギー関連活動を支援することである。また，ERIN は，4 つの主要な政策分野であるエネルギー効率，より安価な再生可能エネルギー，化石燃料のクリーンな利用，および安全な原子力エネルギー利用に対する独自の政策提案も行っている[4]。2017 年 10 月までに，8 件の共同研究が実施されている。

ERIA のエネルギー分野での協力は，アジアの外へも広がっている。ERIA は，IEA と 2 件の東南アジアエネルギーアウトルックの共同作業を手掛けた。高く評価された 2013 年の最初のエネルギーアウトルックに続き，2015 年には，IEA および関連する ASEAN 閣僚の双方からの依頼により，第 2 弾が実施された。ERIA は，IEA，国際再生可能エネルギー機関（IRENA），および ADB

4）（訳注）ERIA は第 1 回東アジアエネルギーフォーラムを 2017 年 8 月に開催し，開催地であるフィリピンのボホールにちなんで，「ボホールリフレクション」を発表した。その中では，この地域の増え続けるエネルギー需要に対応するために，化石燃料の効率的な利用の重要性について言及した。同内容は，第 11 回東アジア首脳会議の議長声明にも反映されて，世界的にも大変画期的な内容となった。

によるグローバル報告書の相互評価にも参加し，持続可能なエネルギーおよび
地域の能力構築プログラムに関する複数の国際協議にも貢献してきた。ERIN，
ACE およびその他の国際パートナーとの協力関係およびパートナーシップは，
継続しており，さらに拡大している。

3.5　非関税措置

　2012 年における ERIA の AEC 中間評価の作業は，AEC2015 および単一市
場と生産基地という目標に向け，ASEAN が緊急的優先事項として NTM に取
り組む必要性を強調するものとなった。

　ASEAN 諸国は，ほぼすべての関税を撤廃していたものの，これによる
ASEAN 内の貿易と統合の活性化は十分ではなかったため，NTM の背景にあ
る意図にかかわらず，NTM の拡大およびその効果を理解する必要性に関心は
シフトしていた。

　しかし，NTM およびその影響に関するデータと分析は，あまりにも不足し
ていた。これは，政策立案者，貿易交渉者，および開発機関が，最大の効果を
目標とした取り組みを行うための必要な手段と分析データを持っていなかった
ことを意味している。

　このため，2014 年後半に ERIA は，国連貿易開発会議（UNCTAD）と提携
し，すべての ASEAN 加盟国での NTM に関する調査を実施した。その目的は，
欠落しているデータを包括的な公開データベースによって補うことであった。

　UNCTAD は，NTM および貿易透明性イニシアチブに関する世界的な取り
組みを主導し，地域のパートナーと協働している。この場合は，地域での専門
知識と各国との結び付きを理由に，ERIA がそのパートナーとなっている。
ERIA と UNCTAD は，共同プロジェクト調整役であり，ERIA は ASEAN 全
体の各国とのパイプ役を果たし，UNCTAD は，トレーニングの提供，および
データの品質管理を行った。ERIA と UNCTAD は，最終的な共同分析と提案
を作成した。

　その結果は，2000 年代と 2010 年代における ASEAN での顕著な NTM の増
加を示している。同時に分析結果が示したことは，NTM の数と ASEAN 加盟
国の貿易規制および実績の間には 1 対 1 対応の関係がないことであった。いず

3. ERIA の研究プロジェクト

れにしても，貿易保護の手段としてのその不透明さと，そのように利用されることの潜在性を考慮し，ERIA と UNCTAD の調査は，透明性の重要性を強調している。さらに，NTM に対する最善策は，貿易交渉ではなく（あまりに甚だしい貿易保護的な非関税措置は別として），国内規制環境の改善によって対応することである。

　結論として，ERIA と UNCTAD は，各国が強力な内部分析能力，ならびにすべての既存および提案された国内規制を検討し，選別する権限を有する規制監督機関または国内経済諮問委員会を設置することを提言した。この委員会は通常，相互に調整することなくさまざまな機関によって起案される規制に関する品質管理機構としての役割を果たすものである。ひとつの機関によって強制される規制が他の規制への影響をもたらすことがある。たとえば，環境保護は競争力に波及する。しかし現在，ほとんどの国家は，こうした問題を解決するメカニズムを有していないのである。

　こうした機関は，問題と矛盾を適切に，かつ共通の利益のために解決する能力を有し，最終的に国内競争委員会と統合され，公共部門と民間部門の両方に対応するリソースと影響力を持たせる必要がある。

　これは，カンボジア，ミャンマー，およびラオスが最近採用した方向性である。

　ERIA と UNCTAD は，ASEC や HLTF-EI などの地域機関にも国内経済諮問委員会の設置の奨励と調整を行うことを求め，それらの機関の職員に対する共通のトレーニングを提供している。これは，技術レベルでの地域協力の環境づくりを促進するものである。このような国家間の技術協力が，その次には，規制の集約化，貿易の活性化，および最終的な統合の促進につながるのである。

　ERIA と UNCTAD のチームは現在，「プラス 6」の諸国を含めるべく，NTM データベースの拡張を進めている。NTM プロジェクトが，ERIA が ASEAN に提供するもうひとつのサービスを指摘していることは注目に値する。つまり，ASEAN にとって大きな政策的な重要性を持つデータベースを作成するべく，国際機関（この場合は UNCTAD）と協力することである。ERIA と UNCTAD は現在，NTM の関税等価を推定し，いわゆる「規制間の距離」または ASEAN 加盟国間における NTM の重複の程度を判定するべくデータの

分析を手掛けている。「AEC ブループリント 2025」が NTM への取り組みを優先化しているため，この分析結果は ASEAN にとって重要な政策的価値を持つであろう。

　一方で ASEAN によって作成されている ASTFI は，各 ASEAN 加盟国での NTM に関して，さまざまな指標の中でもすぐに利用可能で使いやすい最新の情報であることが必要条件として含まれている。ASEAN による優れた規制慣行の実施は，NTM への対応にも役立つことが期待できる。

3.6　ASEAN+1 自由貿易協定のレビューおよび RCEP 交渉プロセスへのサポート

　ASEAN 内の統合と貿易に向けて努力を重ねる一方で，ERIA はアジア・太平洋地域のその他のパートナーとの貿易問題にも取り組んでいる。ASEAN は，中国，日本，オーストラリア，ニュージーランド，韓国，インドの各国と FTA を結ぶ一方で，RCEP を含むより広域 FTA の交渉も行っている。

　ERIA は，ASEAN+1 FTA に関連する研究をいくつか実施し，RCEP に対し分析および技術的サポートを提供してきた。ERIA の FTA に関する研究には，関税撤廃による ASEAN 加盟国への経済的影響，および国際貿易分析プロジェクト（GTAP）によって開発された動学モデルを利用した RCEP の貿易取引費用の削減に関する試算が含まれている。また，さまざまな ASEAN+1 FTA，および各国の FTA へのコミットメントを精査するための大規模な研究調査が実施された。この研究は，各 FTA および各国の取り組み間の共通点，重複，および相違について焦点を当てている。この研究では，RCEP 交渉の中心となるいくつかの領域に関する重要な提言を提供した。たとえば，関税撤廃への野心レベル，貿易に適した原産地規則，投資の自由化などである。ERIA の研究成果は，RCEP 交渉の初期に周知された。ERIA の研究チームとメンバーは，RCEP 交渉に随時関与した。

　ERIA は，RCEP 交渉への技術的支援も提供した。交渉において有用であることが認められた FTA 研究成果に加え，ERIA は RCEP の経済協力段階の準備も集中的に支援した。ERIA が RCEP に提供した最新の技術支援には，神戸 RCEP 交渉に合わせた当地域の厳選された優秀な研究者たちと RCEP 交渉者

によるトラック1.5の円卓交渉の開催が含まれる。またERIAは，RCEPの議長がこれらの特定の交渉を決着に向けて進めるための助力として，原産地規則に関する技術的専門家を派遣した。RCEP交渉は，2017年第3四半期現在も継続中であり，2018年まで続く見込みとなっているが，2017年における意義ある成果と，2018年における素晴らしい結論がもたらされることが期待されている。

FTAの研究およびRCEPへのサポートは，ERIAモデルとでもいうべき内容を強調している。ERIAは，先見的，戦略的研究を実行し，これがASEANにとって有用であることが証明された結果，ERIAはASEANおよび対話国が交渉中に重要な分析，技術的インプットおよび助言の提供を通して，ERIAを活用するように促した。このようにして，ERIAは自らがASEANと対話国に対して有用であることを証明したのである。

3.7 中小企業の育成

「中小企業の成功とその育成が，当地域の長期的で持続可能な成長に不可欠である」[5]

中小企業は，ASEAN内の企業の約10分の9を占めているため，きわめて大きな成長の原動力となる。ASEANの統合が，この地域の大多数の人々の利益をもたらすうえで，中小企業はその最前線となり，その中心に位置するチャネルとなっている。これは，ERIAが中小企業の育成に対する取り組みを進めるという理解に基づいている。

ERIAは，中小企業の強化，育成，政策策定，および地域全体での競争力，ならびにAECの構築における中小企業の役割をどのように支援すべきかをテーマとする数多くの協議やシンポジウムの開催準備に関わってきた。その研究の主題は，特に技術移転，金融へのアクセス，中小企業イノベーションに対する制約と決定要因などを対象としている。

さらにERIAは，ASEAN中小企業WGとともに，ASEAN中小企業政策指標を開発するという，重要な事業を手掛けている。この共同事業の起源は，

---

5) 2013年9月11日のシンポジウム「SME Development and Innovation Towards a People-Centered ASEAN Community」における筆者のスピーチ。

2011 年に ERIA とインドネシアの中小企業担当省で共催した，中小企業に関するシンポジウムに遡る。ERIA は，経済協力開発機構（OECD）の中小企業政策指標の作成に関わる専門家を特別講演者として招待した。中小企業 WG の議長国であるインドネシア，ERIA，および OECD による議論の結果，OECD および ASEAN 中小企業 WG と共同で，ASEAN 中小企業政策インデックスの作成に関する ERIA プロジェクトを立ち上げることとなった。

2014 年 6 月に発行された報告書は，中小企業育成政策および ASEAN 加盟国による中小企業育成に関するいくつかの重要な分野での実行状況を評価および評点付けした。これには，金融へのアクセス，技術，ならびに起業家精神および起業に関する教育が含まれている。現在，ASEAN，中小企業 WG，ERIA および OECD は，中小企業政策指標の更新，改善作業中であり，それを「AEC ブループリント 2025」のもとで改訂版の中小企業戦略的行動計画に，より忠実に沿ったものとすることを目指している。

結論として，同報告書は，ASEAN 地域における中小企業育成に対するより包括的なアプローチの必要性を強調し，特定の分野を対象とする介入と併せた，継続的な全体の改革を求めている。規制改革および簡素化を提言し，人材への投資，企業育成サービスの提供，より良好な金融へのアクセス，および技術移転の促進を提案するものとなっている。

同報告書の公表後 2014 年 11 月に，EAS 議長は，中小企業の強化に関する取り組みも含め，AEC の実現に向けた作業継続に対する決意について ERIA を賞賛した。

3.8　ASEAN シームレス貿易円滑化指標

このプロジェクトは，フィリピン政府との協議に対応して開始されたもので，2017 年におけるフィリピンの議長国としての成果のひとつとすることを目標としていた。これは，ERIA と 2017 年にフィリピンが議長国を務める ASEAN 貿易円滑化共同協議会（ATF-JCC）による重要な共同での取り組みへと形を変えて行われた。

これは，ASEAN 地域において貿易が円滑化されている程度を測定する ASEAN 固有の指標セットである。主として，ASEAN 加盟国による輸出入を

円滑化する政策，規制および手続の策定と導入を支援するために作成されたものである。

これらの指標は，インドネシアの税関，貿易省およびフィリピン貿易産業省の協力のもと，ERIA，ATF-JCC および ASEC によって作成され，完成した。指標の作成には，集中的な小規模ワークショップと，本格的な ATF-JCC ワークショップが関与した。

ASTFI は，2017 年 9 月 7 日に AEM によって承認された。ERIA は ATF-JCC と共同で，2020 年までに貿易取引コストを 10％削減するという AEM の目標を視野に，ASTFI をデータとして投入し，ASTFI 変数と貿易取引コストとの関係を分析するための基礎研究を実施しすることとしている。

3.9 社会的保護および災害強靭性

1990 年代後半と 2008 年の経済危機は，東アジア諸国における社会的保護，すなわち年金，医療，労働災害保障，および社会支援などの不足を浮き彫りにした。ERIA は，研究と刊行物によって，これに対応した。

ERIA は，東アジアにおける社会的保護を扱った論文および書籍をいくつか発行した。主な刊行物は，ルートレッジ（Routledge）社から出版された次の 2 冊の書籍である。*Strengthening Social Protection in East Asia*（2015）は，東アジアにおける社会的保護の現状について，幅広い視点から包括的なレビューを提示している。*Age Related Pension Expenditure and Fiscal Space: Modelling Techniques and Case Studies from East Asia*（2016）は，老齢年金支出と，その資金を供給するために必要な財政的余地の関係を取り扱うとともに，資金調達方法とさまざまなリスク共有措置の組み合わせを体系化している。

いずれの書籍も，東アジアの加盟国の社会的保護および財政政策の専門家により作成された。現在 ERIA は，東アジアの発展途上国における「社会的保護の床」（SPF）をテーマとした 3 冊目の書籍を作成中である。この書籍では，既存の推計方法に関して批判的な見方を示し，財政的な余裕を生み出すための従来にない取り組みや，持続可能な開発目標の要求に従って SPF を採用するための，各国に固有の提案を検討している。これらは，これまでに社会保障の分野では触れられてこなかった問題である。

災害リスク管理および軽減も，この地域での国内災害の多さを考慮し，ERIA が積極的に取り組んでいる分野である。2012 年 11 月 20 日プノンペンにおいて，EAS 首脳会議の首脳たちが，「東アジア首脳会議開発イニシアチブに関するプノンペン宣言」を発表した。この宣言において首脳たちは，災害軽減を地域協力における優先分野として強調し，開発および支援イニシアチブにおける ERIA の役割を確認した。

　これに先立ち ERIA は，すでに災害の影響に関する研究に着手しており，災害による経済および福祉への影響をテーマとした報告のための論文を作成した。この報告は，国内改革のための政策改善を提案し，また地域協力の可能性を探ることも目的としている。

　それ以来 ERIA は，インドネシア政府および日本政府が災害に対する国家の強靭性を取り巻く問題への認識を高めることを目的としたシンポジウムを開催するうえでの支援に取り組んできた。特に ERIA は，2016 年 11 月 5 日の「世界津波の日」に，日本政府とインドネシア政府，国連国際防災戦略（UNISDR）事務局，OECD，および国際協力機構（JICA）との協力により，ジャカルタでシンポジウムを開催し，国連総会による「世界津波の日」の指定を記念するいくつかのイベントの結果を共有した。出席者たちは，経験とベストプラクティスを共有し，政策立案者に対する提案を作成した。

　ERIA は，災害マネジメントにおける ASEAN と日本の協力をはじめとした課題や ERIA の役割について議論する ASEAN 議員会議（AIPA）と日本の国会議員の間での対話など，その他のイベントも主催した。

　さらに ERIA は，災害がもたらす東南アジアのサプライチェーンの発展への影響に関する研究も実施し，事業継続計画の検討，宇宙開発技術や国境を越えた情報プラットフォームの利用，および自然災害に関する政策インデックスの作成に取り組んだ。

　2015 年 8 月 24 日の第 7 回日本－メコン経済大臣会合で行ったプレゼンテーションにおいて，筆者は ERIA の研究が「メコン産業開発ビジョン」のより深い理解に貢献するであろうという希望を述べさせていただいた。

　私は，大メコン圏地域のインフラ開発の大幅な進展と，そのさらなる潜在力を背景として述べ，一方で群生化した産業活動が自然災害に対して脆弱である

ことを強調した。

　上記で述べたとおり，ERIA は，特に貧困者が最も影響を受けやすい災害に対する強靭性を測定するために，アセアンライジングで新たな指標と目標の開発を求めた。現在 ERIA は，自然災害に対する脆弱性と強靭性に関する指標を開発中である。そのレポートでは，現在の指標開発方法をレビューし，都市の強靭性を評価する測定可能な方法を提供することとしている。この指標は，最初の試みとしてインドネシアの 50 大都市に適用される。

3.10　グローバリゼーションと技術移転

　ERIA は，ASEAN と東アジアへの政策支援に深く関与しながらも，地域での研究ネットワークを持つ内部研究者に，直近の政策支援の検討とは関係なく，より基礎的な研究を行うことも奨励してきた。ERIA の研究者は，グローバリゼーションの影響とこれに対する調整，および技術移転に関する企業の役割に注力してきた。この研究の主な焦点は，工場，企業，または産業のミクロレベルを対象とし，その研究手法には，ミクロ計量経済学的手法，または集中的なケーススタディを使用している。

　これらのより学術的な研究結果の多くは，きわめて洞察に溢れたものであった。これらは，より政策指向の研究のマクロレベルのアプローチに対し，強固なミクロレベルでの基礎を提供する。また，開放性およびグローバリゼーションによる課題と機会に，企業がどのように対応するべきかについて，新しく新鮮な洞察をもたらす。たとえば，韓国の中小企業がイノベーションを行うことを可能にするために必要かつ重要な要因は，世界の至る所から情報に容易にアクセスできることである。これらの研究は，技術移転におけるエンジニアやバイヤーの役割など，企業間の技術移転の性質に関するより深い理解を提供している。

　このように，たとえ結果が学術的で，研究が学術誌で発表されていても，その成果は深く政策に関わっている。これらは，ERIA の研究のマクロ的な提案に対し，強固なミクロの基礎を提供している。ERIA 研究とは，生産性と技術力向上を生み出すために，新たな方法を提案するものである。

4. ERIA のパートナーシップ，提携，アウトリーチ，刊行物，および キャパシティビルディング

4.1　パートナーシップと提携

　ここまで述べたように，ERIA の強みの源泉は，その内部の職員だけではなく，設立当初から築き上げてきた現地，地域および世界でのパートナーシップにもある。前述のとおり，ERIN は，ERIA の取り組みをサポートするエネルギー研究機関のネットワークであり，ERIA のパートナーネットワークである RIN をモデルとしている。RIN は，16 か国の EAS 諸国の一流の研究機関によって構成されており，国の情報を提供し，ERIA に研究テーマや政策提案を助言し，ERIA の研究を広め，ERIA のキャパシティビルディングの取り組み支援を行っている。RIN は，独自の年次報告書を発行しており，2017 年 3 月の最新版では，RCEP の進捗に向けての議論と提案を行っている。

　画期的な研究に関するその他のパートナーシップには，前述の IEA，UNCTAD および OECD とのパートナーシップがある。2017 年 4 月，ERIA と OECD は，複数の政策分野における協力に関する 2014 年の覚書を更新した。これについて ERIA は，地域的および国際的に，新たな研究分野に関与することを予見させる進展だと考えている。また両当事者は，すでに述べたとおり，ASEAN 中小企業政策指標についても順調に協力を進めてきた。UNCTAD と ERIA は，ASEAN のための NTM データベースの更新と分析にも順調に協力してきており，2017 年現在は，その他の東アジア諸国に取り組んでいる。この共同の取り組みは，ASEAN および RCEP 地域の統合の課題のためにきわめて重要なものである。

　こうしたパートナーシップは不可欠であり，ERIA の理事会はその重要性を強調してきた。理事たちは，ERIA が ASEC，ADB，世界銀行，OECD，APEC，国連機関などの関連機関や情報機関と，いずれも多国間で，ならびに ERIA 加盟国内および増えつつある地域外の研究機関とも，引き続き協力することを期待している。

　個人的には，筆者は政府の首脳，大使，高官，専門家および学者，国際団体

やメディアの方々と定期的に会い，ERIA の業務や能力を説明し，私たちの考えを伝え，議論できることを光栄に感じている。こうした議論は，ERIA の本拠であるジャカルタだけではなく，地域全体や世界中で行われている。昨年（2006 年）だけでも，筆者は持続可能なエネルギーおよびガスの成長のための技術，継続中の地域の課題，ラオスの開発ビジョン，地域連結性，および電力送電網相互接続など，非常に多岐にわたるテーマについて議論する機会に恵まれた。こうした議論は，ASEAN，東アジア，およびその他の地域のさまざまな国の著名な方々との間で行われた。

4.2 アウトリーチ，刊行物およびキャパシティビルディング

ERIA は，コミュニケーション，キャパシティビルディングおよび出版部門の増強によって，アウトリーチ活動を強化してきた。これは，地域統合の成功は，一般による受け入れと利用にかかっているという事実を反映している。ASEAN や東アジアのような多様な地域において，地域のより多くの人々に，地域統合と政策改革イニシアティブを理解，評価してもらうことは，実際きわめて難しい。

ERIA のアウトリーチ部門は，刊行物，イベント，およびコミュニケーション資料を作成してきた。書籍や研究報告書からポリシーブリーフおよび討議資料に至るまで，すべての刊行物は，ERIA のウェブサイトから無料で入手可能であり，また前述の NTM の対話式データベースも同様である。また，ERIA は月次で 2 種類のニュースレター，*ERIA Frames* と *East Asia Updates* も発行している。

さらに ERIA には，ジャカルタの別館オフィスに情報センターがあり，研究者，政策立案者，およびその他の ERIA への来客がすべての ERIA の研究刊行物にアクセスするために利用できる。これは，調査結果と政策提案を，より幅広い人々が利用できるようにするという，ERIA の目標をサポートすることを目的としている。さらに，すべての刊行物を収載していることに加え，情報ミーティングルームまたは，小規模な議論やその他の行事の場としても利用できる。

また，アウトリーチチームは，ジャカルタや地域全体の各所でイベントやセ

ミナーを主催している。主要なイベントのひとつである Editors' Round Table
が，2012 年以来毎年主催されている。これは，ASEAN 首脳会議の前に議長
国と協力して開催され，通常は ASEAN の事務総長が出席する。これは，当
地域の一流編集者が，ASEAN の報告で対応することを望む主要な課題にハイ
ライトをあてるための，非公式な会合とすることを目的としたものである。

　ERIA のメディアとのつながりと露出は，明らかに増加しており，ソーシャ
ルメディアとモバイル機器のユーザーも対象としている。ERIA のメディアへ
の露出は，数多くのジャーナリストとの関係と発表された意見記事の増加に
よって，2016 年度から 2017 年度の間に 37％増加した。

　さらに，ERIA のキャパシティビルディング・プログラムは，政策関連資料
に関する認識および理解の向上，新たな発想，および技術援助の提供を通して
より良い政策を策定しようという，政府高官の取り組みをサポートしている。
このサポートは，政府高官が ERIA 研究，またその概念的な枠組みと手法を
理解するためのワークショップ，高官との対話，および技術的援助に参加する
機会を通して提供される。カンボジア，ラオス，ミャンマーおよびベトナムの
政府高官らが，これらの活動に参加しており，そのすべてが地域の経済統合を
サポートすることを目的としている。

5. ERIA の未来：ERIA 2.0

　2016 年 3 月，ERIA の理事たちは，ERIA のそれまでの作業を評価し，将来
に向けてその役割を検討し再設定するため，東京にて特別理事会を招集した。
検討された議題には，ERIA の加盟諸国との関係強化，および政策立案者との
より密接で深い関係構築の必要性が含まれていた。

　研究の観点からは，理事らは ERIA にその政策焦点の定期的見直しを求め
る一方，引き続き，経済統合の深化，開発格差および貧困の縮小，ならびに持
続可能な開発の実現という，3 本の柱のもとで幅広いテーマに対応することも
要求した。

　さらに理事たちは，開発問題，および開発目標，ならびに ERIA が取り組
んだことのないテーマへの研究対象の拡大，キャパシティビルディング活動の

拡張，ビジネス部門へのより深い関与，およびその政策に関する作業の理事への伝達の改善を提案した。

東京での会議に引き続き，2016年6月の理事会でERIAの新たな計画が提示された。「ERIA 2.0: ERIAの中期作業計画」には，再活性化されたERIAの新たな方向性と今後3年から5年の作業の概要が示されている。

新たな作業計画には，新しいERIAの複数の役割が記載されており，厳密な研究能力に基づき，政策関連の問題に向けたその役割の拡大を議論している。

現在ERIAは，その拡大の段階から品質向上の段階に移行しつつあり，それによって研究，能力構築，ならびにアウトリーチおよびコミュニケーションに関する既存の能力を強化することを目指している。

ERIAは引き続き，その使命である3本の柱のもとで幅広い研究対象への対応を続ける。ただし，その直近の今後における研究は，サービス産業，NTM，イノベーションおよびエネルギーを焦点としたものになる。

また，理事会の要請に応じ，ERIAは政策立案者との対話のために，政策ワークショップなどの新たな正式ルートも設置した。政策立案者とのより密接な連絡は，ERIAが政策立案者に必要とされる研究のニーズをより的確に理解し，ERIAが独自の研究成果を彼らに届けることを可能にする。

重要なこととして，ERIAの新たな計画には，2016年に実施された政策デザイン部局の立ち上げも含まれていた。これは，ERIAの研究成果を取り込み，それによって具体的な政策を作成し，その一方で，既存の政策イニシアチブに着目することによって研究テーマを作成するものである。この部局の焦点は，中小企業，イノベーションおよび産業，FTAや経済連携協定を含む貿易・投資，インフラ（官民連携と公共の両方を含む），優良な規制実施（NTMを含む）である。

結論としてERIAは，これまでの成果および当地域における知的議論と政策立案に対する貢献を誇りにしている。しかしERIAは，その栄誉に慢心することなく，将来に向けて多くの課題を課している。ERIAは今後数年間，引き続きこうした課題に取り組み，より密接なASEAN経済統合および東アジアの経済発展という共通の目標に向け，さらに懸命な取り組みを進めていく。

参考文献

Adam, S. (2010), *Intelectual Property Rights, Innovation and Economic Growth in Sub-Saharan Africa*, Third Biennial Conference of the European Consortium on Political Research Standing Group on Regulatory Governance on "Regulation in an Age of Crisis", Dublin: ECPR.

AIFDR Design Document (2009), *Australia-Indonesia Partnerships. Design document: Australia-Indonesia Facility for Disaster Reduction*, 1 January 2009-30 January 2013. Available at: http://aid.dfat.gov.au/countries/eastasia/indonesia/Documents/aifdrdesign-doc-pd.pdf

Aldaba, R. M. (2013), *AEC 2015 and Philippine New Industrial Policy*, Makati: PIDS.

Amcham (2013), *ASEAN Business Outlook Survey 2014*, Singapore: Amcham Singapore.

Anas, T. and D. Narjoko (2013), *Regional Comprehensive Economic Partnership: Strategic for Market Driven Facilitating Regional Initiatives*, Paper prepared for ERIA's Explicating Jakarta Framework project (mimeo).

Ando, M. and F. Kimura (2005), "The Formation of International Production and Distribution Network in East Asia", in Ito, T. and A. K. Rose (eds.), *International Trade in East Asia*, Chicago: University of Chicago Press.

Ando, M. and F. Kimura (2009), "Fragmentation in East Asia: Further Evidence", ERIA Discussion Paper 2009 no.20, Jakarta: ERIA.

Ando, M. and F. Kimura (2013), "What Are the Opportunities and Challenges for ASEAN?", ERIA Discussion Paper 2013 no.31, Jakarta: ERIA.

Andrews, M. (2008), "Creating Space for Effective Political Engagement in Development", in Odugbemi, S. and T. Jacobsen, *Governance Reform Under Real-World Conditions: Citizens, Stakeholders and Voice*, Washington, D.C.: The World Bank, pp.95-113.

APEC (2004), *2004: Trade Facilitation and Trade Liberalization: From Shanghai to Bogor*, Singapore: APEC Economic Committee Report.

APEC (2011), *Annex D - Strengthening Implementation of Good Regulatory*

Practices, Leaders Declaration, Honolulu, Hawaii, United States, 13 Nov. 2011. Available at: http://www.apec.org/Meeting-Papers/LeadersDeclarations/2011/2011_aelm/2011_aelm_annexD.aspx

ARIC ADB (2013), Asia Regional Integration Center, ADB, Integration Indicator. Available at: http://aric.adb.org/integrationindicators

Armstrong, S. (2011), *China's Partisipation in the Trans-Pacific Partnership*, East Asia Forum 11 December 2011. Available at: http://www.eastasiaforum.org/2011/12/11/china-participation-in-thetrans-pacific-partnership/

Arndt, S. (2002), "Production Sharing and Regional Integration", California: Claremont Colleges Working Papers.

ASEAN Secretariat (1988a), Joint Communiqué of the First ASEAN Economic Ministers Meeting, Jakarta, 26-27 November 1975. In *ASEAN Document Series 1967-1988* (third edition).

ASEAN Secretariat (1988b), Joint Statement Informal Meeting of ASEAN Ministers and Vice President and Commissioner of the European Commission. Jakarta, 24-25 September 1974. In *ASEAN Documents Series 1967-1988* (third edition).

ASEAN Secretariat (1988c), Joint Declaration of the ASEAN-EC Ministerial Meeting, Brussels, 21 November 1978. In *ASEAN Document Series 1967-1988* (third edition).

ASEAN Secretariat (1988d), Meeting of the ASEAN Directors-General and Officials of the Australian Government, Surakarta, 24-25 May 1977. In *ASEAN Document Series 1967-1988* (third edition).

ASEAN Secretariat (1988e), Joint Statement of the Meeting of the ASEAN Heads of Government and the Prime Minister of Japan, Kuala Lumpur, 7 August 1977. In *ASEAN Document Series 1967-1988* (third edition).

ASEAN Secretariat (1988f), Joint Statement of the Meeting of the ASEAN Heads of Government and the Prime Minister of Australia, Kuala Lumpur, 7 August 1977. In *ASEAN Document Series 1967-1988* (third edition).

ASEAN Secretariat (1988g), Joint Statement of the Meeting of the ASEAN Heads of Government and the Prime Minister of Japan, Kuala Lumpur, 7 August 1977. In *ASEAN Document Series 1967-1988* (third edition).

ASEAN Secretariat (1988h), Joint Statement of the Meeting of the ASEAN Heads of Government and the Prime Minister of New Zealand, Kuala Lumpur, 8

August 1977. In *ASEAN Document Series 1967-1988* (third edition), p. 545.

ASEAN Secretariat (2003), Joint Media Statement of the 35th ASEAN Economic Ministers Meeting, Phnom Penh, Cambodia, 2 September 2003. In *ASEAN Document Series*, 2003.

ASEAN Secretariat (2007), *ASEAN Petroleum Security Agreement*, Signed on March 1, 2009. Available at: http://www.ascope.org/images/stories/apsa.pdf

ASEAN Secretariat (2008), *ASEAN Economic Community Blueprint*, Jakarta: ASEAN Secretariat. Available at: http://www.asean.org/archive/5187-10.pdf

ASEAN Secretariat (2009), *Roadmap for an ASEAN Community 2009-2015*, Jakarta: ASEAN Secretariat.

ASEAN Secretariat (2011), *Master Plan on ASEAN Connectivity*, Jakarta: ASEAN Secretariat.

ASEAN Secretariat (2013a), *ASEAN Economic Community in Chartbook 2012*, Jakarta: ASEAN Secretariat.

ASEAN Secretariat (2013b), *ASEAN Community in Figures 2012*, Jakarta: ASEAN Secretariat. Available at: http://www.asean.org/images/2013/resources/statistics/web_ACIF2012_e-publish.pdf

ASEAN Secretariat (2017a), "Overview of ASEAN–Japan Dialogue Relations", *ASEAN Secretariat's Information Paper Series*, 8 March 2017, Jakarta.

ASEAN Secretariat (2017b), "Overview of ASEAN–Australia Dialogue Relations", *ASEAN Secretariat's Information Paper Series*, April 2017, Jakarta.

ASEAN Secretariat (2017c), "Overview of ASEAN–New Zealand Dialogue Relations", *ASEAN Secretariat's Information Paper Series*, April 2017, Jakarta.

ASEAN Secretariat (2017d), "Overview of ASEAN–EU Dialogue Relations", *ASEAN Secretariat's Information Paper Series*, April 2017, Jakarta.

ASEAN Secretariat (2017e), "Overview of ASEAN–United States Dialogue Relations", *ASEAN Secretariat's Information Paper Series*, March 2017, Jakarta.

ASEAN Secretariat (2017f), "Overview of ASEAN–China Dialogue Relations", *ASEAN Secretariat's Information Paper Series*, June 2017, Jakarta.

ASEAN Secretariat (2017g), "Overview of ASEAN–Republic of Korea Dialogue Relations", *ASEAN Secretariat's Information Paper Series*, March 2017, Jakarta.

ASEAN Secretariat (2017h), "Overview ASEAN–India Dialogue Relations", *ASEAN Secretariat's Information Paper Series*, February 2017, Jakarta.

ASEAN Secretariat (2017i), "Overview ASEAN–Russia Dialogue Relations",

ASEAN Secretariat's Information Paper Series, July 2017, Jakarta.

Asher, M. and F. Zen (2013), *Social Security System and Fiscal Policy Response in China, India, Indonesia*, ERIA Research Project (fourthcoming).

Asian Development Bank (2013), "Sector Assessment (Summary): Trade and Industry (Small and Medium-Sized Enterprises)". Available at: http://www.adb.org/sites/default/files/44057-013-ssa.pdf

Baldwin, R. (2006), "Better Regulation in Troubled Times", *Health Economics, Policy and Law*, 1 (3), pp.203-207.

Baldwin, R. (2011), *Trade and Industrialisation After Globalisation's 2nd Unbundling: How Building and Joining a Supply Chain are Different and Why It Matters*, Cambridge: NBER.

Baldwin, R. and J. Black (2008), "Really Responsive Regulation", *The Modern Law Review*, 71 (1), pp. 59-94.

Banerjee, A. and E. Duflo (2007), "What is Middle Class about the Middle Classes around the World", Massachussetts Institute of Technology Department of Economics Discussion paper, December.

Bank, W. (2011), *Lessons for Reformers: How to Launch, Implement, and Sustain Regulatory Reform*, Washington, D.C.: IFC and The World Bank.

Best, M. H. (1999), *Cluster Dynamics in Theory and Practice: Singapore/Johor and Penang Electronics*, Malaysia: ISIS.

British Petroleum (BP) (2012), *Statistical Review of World Energy*, London: BP.

Braithwaite, J. (2011), *The Essence of Responsive Regulation*, Vancouver: University British Columbia.

Briones, R. (2013), *Towards Enhanced Food Security in ASEAN: After rice, Which Commodity Next?* Makati: PIDS.

Bu, X. (2017), *Towards a Closer ASEAN–China Community of Shared Future*. Seminar on "ASEAN at 50: A New Chapter for ASEAN–China Relations", 14 July 2017, Jakarta.

Cadot, O., E. Munadi and L. Y. Ing (2013), "Streamlining NTMs in ASEAN: The Way Forward", ERIA Discussion Paper 2013-24. Jakarta: ERIA.

Cheng, J. (2013), "China–ASEAN Economic Co-operation and the Role of Provinces", *Journal of Contemporary Asia*, 43(2), pp. 314-337.

Chia, Y. (2011), "Free Flow of Skilled Labor in the ASEAN Economic Community", in Urata, S. and M. Okabe (eds.), *Toward a Competitive ASEAN Single Market:*

Sectoral Analysis, ERIA Research Project Report 2010-03, Jakarta: ERIA, pp.205-279.

Damuri, Y. R. (2013), "Service Sector Development And Value Chain Upgrading And Competitiveness Of The Goods Sector", Paper prepared for the ERIA research project (mimeo).

De Souza, R., M. Goh, M. Gupta and L. Lei (2007), *An Investigation into the Measures Affecting the Integration of ASEAN's Priority Sectors Phase 2: the Case of Logistics*, Singapore: REPSF Project No. 06/001d, ASEAN Secretariat.

Dee, P. (2010), *Institutions for Economic Reform in Asia*, London and New York: Routledge.

Dee, P. (2012), *Services Liberalization: Impact and Way Forward*, Report prepared for the ERIA. Jakarta: ERIA.

Dee, P. (2013a), "Does AFAS have Bite? Comparing Commitments with Actual Practice", mimeo a paper prepared for the ASEAN Economic Community Mid Term Review, ERIA. Available at: https://crawford.anu.edu.au/pdf/staff/phillippa_dee/2013/does-afashave-bite.pdf

Dee, P. (2013b), *Regulatory Structures in Logistics and Trade Facilitation in ASEAN - Current State of Play and Ways Forward*, Jakarta: ERIA.

Dee, P. (2013c), *Responsive Regulation*, ERIA (mimeo).

Desker, B., M. A. Caballero and P. Teng (2013), "Thought/Issues Paper on ASEAN Food Security: Towards a more Comprehensive Framework", ERIA Discussion Paper 2013-20, Jakarta: ERIA.

Djakov, S., C. Freund and C. S. Pham (2006), "Trading on Time", Bank Policy Research Working Paper 3909, Washington, D. C.: The World Bank.

Drahos, P. (2004), *Towards an International Framework for the Protection of Traditional Group Knowledge and Practice*, UNCTAD-Commonwealth Secretariat Workshop on Elements of National Sui Generis Systems for the Preservation, Protection and Promotion of Traditional Knowledge, Innovations and Practices and Options for an International Framework, Geneva: UNCTAD.

Dutta, S. and B. Lanvin (2013), *The Global Innovation Index 2013: The Local Dynamics of Innovation*, Geneva, Ithaca, Fountainebleau: Cornell University, INSEAD, WIPO.

Dutta, A. and S. Sharma (2008), *Intelectual Property Rights and Innovation in Developing Countries: Evidence from India*, Washington, D. C.: IFC and The

World Bank.

ERIA (2010a), *The Comprehensive Asia Development Plan*, Jakarta: ERIA.

ERIA (2010b), *ASEAN Strategic Transport Plan 2011-2015*, Jakarta: ERIA.

ERIA (2012a), *ASEAN Economic Community Blueprint Mid-Term Review: Integrative Report Volume I & II*, Jakarta: ERIA.

ERIA (2012b), *ASEAN Economic Community Blueprint Mid-Term Review: Executive Summary*, Jakarta: ERIA.

ERIA (2013a), *Asian Potential of Biofuels Markets*, Jakarta: ERIA.

ERIA (2013b), *Study on the Strategic Usage of Coal in the EAS Region*, Jakarta: ERIA.

ERIA (2013c), *ASEAN SME Policy Index*, Jakarta: ERIA

ERIA (2013d), *Myanmar Comprehensive Development Vision. Submitted to Myanmar Government*, ERIA.

Fargher, J. (2012), *Australia Indonesia Facility for Disaster Reduction: Independent Progress Review*, Jakarta: AIFDR and BNPB.

Farrell, D., U. Gersch and E. Stephenson (2006), "The Value of China's Emerging Middle Class", *the McKinsey Quarterly Special Edition*, pp. 61-69.

Fink, C. and K. Maskus (2005), "Why we Study Intelectual Property Rights and What We Have Learned", in Fink, C. and K. Maskus, *Intellectual Property and Development: Lessons from Recent Economic Research*, Washington, D.C.: The World Bank, pp.1-18.

Fukunaga, Y. (2013), "ASEAN MFN and TPP", ERIA (mimeo).

Fukunaga, Y. and I. Isono (2013), "Taking ASEAN+1 FTAs towards the RCEP: A Mapping Study", ERIA Discussion Paper Series 2013-02, Jakarta: ERIA.

Fukunaga, Y., D. Narjoko, I. Isono and P. Intal (2013), "ASEAN as Fulcrum of East ASIA Integration", ERIA (mimeo).

GFDRR (2012), *Advancing Risk Financing and Insurance in ASEAN Member States: Framework and Options for Implementation*, Washington, D.C.: The World Bank.

Gourdon, J. and A. Nicita (2012), "Non-Tariff Measures: Evidence from Recent Data Collection", in Cadot, O. and M. Malouche (eds.), *Non-Tariff Measures - A Fresh Look at Trade Policy's New Frontier*, London/Washington, D.C.: Centre for Economic Policy Research/The World Bank.

Grabosky, P. (1995), "Counterproductive Regulation", *International Journal of the*

Sociology of Law, 23 (4), pp.347-369.

Guerard, Y., M. G. Asher, D. Park and G. B. Estrada (2012), "Reducing Disparities and Enhancing Sustainability in Asian Pension Systems", *Lee Kuan Yew School of Public Policy Research Paper*, No. 12-15, Singapore.

Hall, B. H. (2010), "Patent Protection and Technology Transfer- Help or Hindrance?", *the KDI Conference on Intellectual Property for Economic Development: Issues and Policy Implications*, Seoul: KDI.

Handayani, S. (2010), *Enhancing Social Protection in Asia and the Pacific: The Proceedings of the Regional Workshop*, Mandaluyong City, Philippines: Asian Development Bank.

Hansakul, S. and W. Keng (2013, june 14), *ASEAN Economic Community (AEC) A Potential Game Changer for ASEAN Countries*, DB Research Current Issues Emerging Markets.

Harvie, C., D. Narjoko and S. Oum (2013), "Small and Medium Enterprises' Access to Finance: Evidence From Selected Asian Economies", ERIA Discussion Paper 2013-23, Jakarta: ERIA.

Hawke, G. (2013), *Economic Integration with Asia: Bridging the Divide*, Melbourne: Asialink, Sidney Myer Asia Center, the University of Melbourne.

Hew, D. (2013), AEC Beyond 2015 and APEC Post-Bogor Goals: Exploiting Synergies, 4th Final Workshop on ASEAN Beyond 2015, Manila: ERIA/PIDS.

Hill, R. C. and K. Fujita (2007), "'Detroit in Asia': Ideology, the State, and Regional Development Policy in Thailand", Workshop on Neoliberalism in East Asia, Singapore: NUS, pp. 22-55.

Hu, A. G. (2009), *The Strategic Use of Intelectual Property to Enhance Competitiveness in Select Industries in ASEANI*, Geneva: WIPO.

IEA (2012), *IEA Wind Energy Outlook*, Paris: IEA.

IEA and ERIA (2013), *South East Asia Energy Outlook: World Energy Outlook Special Report*, Paris: IEA.

Intal, P. (2010), "The Growth of the Middle Class in East Asia", Paper presented at the ERIA RIN Forum, *Toward the Development and Deepening of Community Building in East Asia*, Nara, Japan, 4 July.

Intal, P., D. Narjoko, H. Lim and M. Simorangkir (2011), "ERIA Study to Further Improve AEC Scorecard and Trade Facilitation", *ASEAN Trade Facilitation Forum*, Manado: ERIA.

Intal, P., et al. (2011), "Scoring System, Results and Analysis: Investment Liberalization and Facilitation" (mimeo), Research Institute for ASEAN and East Asia (ERIA), Jakarta.

Intal, P., S. Oum and M. Simorangkir (2011), *Agricultural Development, Trade & Regional Cooperation in Developing East Asia*, Jakarta: ERIA.

IRENA (2012), "Renewable Energy Technologies: Cost Analysis Series", IRENA Working Paper Volume 1- Power Sector, Issue 4/5 Solar Photovoltaics, Bonn: IRENA.

Isono, I. and S. Kumagai (2012), *The Proposed Cilamaya New International Port is a Key for Indonesian Economic Development: Geographical Simulation Analysis*, ERIA Policy Brief, No. 2012-05.

Isono, I. and S. Kumagai (2013), *Dawei revisited: Reaffirmation of the importance of the project in the era of reforms in Myanmar*, Jakarta: ERIA Policy Brief, No. 2013-01.

Itakura, K. (2012), *Impact of Liberalization and Improved Connectivity and Facilitation in ASEAN for the ASEAN Economic Community Mid Term Review*, Jakarta: ERIA.

Itakura, K (2013), *ASEAN Prospects beyond 2015: A baseline Simulation with GTAP*, Paper prepared for the project, ERIA.

Kanwar, S. (2013), *Innovation, Efficiency, Productivity, and Intelectual Property Rights: Evidence from A BRIC Economy*, Delhi: CDE, Delhi School of Economics.

Kemitraan (2009), *Design Document: Australia-Indonesia Facility for Disaster Reduction 2009-2013*, Jakarta: Kemitraan.

Kimura, F., H. Phounim and B. Jacobs (eds.) (2012), *Energy Market Integration in East Asia: Renewable Energy and its Deployment into the Power System*, Jakarta: ERIA Research Project Report 2012-26.

Kimura, F., T. Kudo and S. Umezaki (2011), "ASEAN- India Connectivity: A Regional Framework and Key Infrastructure Project", in Kimura, F. and S. Umezaki (eds.), *ASEAN India Connectivity: The Comprehensive Asia Development Plan, Phase II*, ERIA Research Project Report 2010, No.7, Jakarta: ERIA.

Kimura, S. (ed.) (2013), *Analysis on Energy Saving Potential in East Asia*, Jakarta: ERIA Research Project Report 2012-19, Jakarta: ERIA.

Koh, J. and I. Hogg (2012), *ASEAN Economic Community Blueprint Mid Term Review: Implementing the ASEAN Single Window*, ERIA (mimeo).

Koh, J. and A. F. Mowerman (2013), "Towards a Truly Seamless Trade Facilitation Regime in ASEAN Beyond 2015", ERIA Discussion Paper 2013-09, Jakarta: ERIA.

Koopman, R., W. Powers, Z. Wang and S.-J. Wei (2010), "Give Credit Where Credit Is Due: Tracing Value Added in Global Production Chains", Cambridge: NBER Working Paper No. 16426.

Kudo, T. (2013), *Growth Strategy for Myanmar - New Reality, New Opportunities and New Challenges*, 2nd meeting of Working Groups for Myanmar Comprehensive Development Vision (MCDV), ERIA.

Kudo, O., S. Kumagai and S. Umezaki (2013), "Making Myanmar the Star Growth Performer in ASEAN in the Next Decade: A Proposal of Five Growth Strategies", ERIA Discussion Paper 2013-19, Jakarta: ERIA.

Kumagai, S., T. Gokan, I. Isono, K. Hayakawa, K. Tsubota and S. Keola (2013), *Geo Economic Dataset for Asia*, IDE-JETRO.

Kutani, I. (ed.) (2012a), *Study on Effective Investment of Power Infrastructure in East Asia through Power Grid Interconnection*, ERIA Research Project Report 2012-23, Jakarta: ERIA.

Kutani, I. (2012b), *Study on the Development of an Energy Security Index and an Assessment of Energy Security for East Asian Countries*, ERIA Research Project Report 2012-24, Jakarta: ERIA.

Lee, C. and Y. Fukunaga (2013), "Competition Policy Challenges of Single Market and Production Base", Jakarta: ERIA Discussion Paper No.2013-17, Jakarta: ERIA.

Lee, C. J. and S. Urata (2013), "Interaction among AEC, RCEP, TPP, and WTO", Paper prepared for ERIA's Explicating Jakarta Framework Project (mimeo).

Lim, H. (2013a), *Government Policies, Technology Transfer, and Innovation in Singapore: Lessons and Recommendations for ASEAN Beyond 2015*, Singapore: Singapore Institute of International Affairs.

Lim, H. (2013b), "Singaporean Perspective on the WTO Ministerial and Asian Integration", in Fukunaga, Y., J. Riady and P. Sauve (eds.), *The Road to Bali: ERIA Perspectives on the WTO Ministerial and Asian Integration*, Jakarta: ERIA Research Project Report 2012-31, pp.50-59.

Lim, T. L., G. Powel and A. Chng (2012), *Catching The ASEAN Wave*, Accenture Outlook: The Journal of High Performance Business.

Llanto, G. (2010), "The Policy Development Process and the Agenda for Effective Institutions in the Philippines", in Dee, P. (ed.), *Institutions for Economic Reform in Asia*, London and New York: Routledge, pp.88-105.

Machikita, T. and Y. Ueki (2013), "Who Disseminates Technology to Whom, How, and Why: Evidence from Buyer-Seller Business Networks", Jakarta: ERIA Discussion Paper 2013-26, Jakarta: ERIA.

Majuca, R. (2013), "Managing Economic Shocks and Macroeconomic Coordination in an Integrated Region: ASEAN Beyond 2015", ERIA Discussion Paper 2013-18, Jakarta: ERIA.

MRCS (2010), *MRC Hydropower Database*, Vientiane: Mekong River Commission.

Mundlack, Yair, Donald F. Larson, and Rita Butzer (2002), "Determinants of Agricultural Growth in Indonesia, the Philippines, and Thailand," Policy Research Working Paper No.2803, World Bank.

Nakata, H., Y. Sawada and M. Tanaka (2010), "Entropy Characterisation of Insurance Demand: Theory and Evidence", RIETI Discussion Paper Series 10E-09, Tokyo: RIETI.

Narjoko, D. A. and R. B. Herdiyanto (2012), "Evaluating ASEAN Framework Agreement on Services (AFAS)" (mimeo), Jakarta: Economic Research Institute for ASEAN and East Asia (ERIA).

OECD (2009), *SME Policy Index 2009*, Paris: OECD.

OECD (2013), *OECD Economic Outlook*, Paris: OECD.

Okabe, M. and S. Urata (2013), "The Impact of AFTA on Intra-AFTA Trade", ERIA Discussion Paper 2013-05, Jakarta: ERIA.

Pasadilla, G. A. (2011), *Social Security and Labor Migration in ASEAN*, Tokyo: ADB Institute.

Pettman, S. (2013), *Standards Harmonisation in ASEAN: Progress, Challenges and Moving Beyond 2015*, Jakarta: ERIA Discussion Paper Series 2013-30, Jakarta: ERIA.

Poapongsakorn, N. and I. Nitithanprapas (2013), *Whither ASEAN Agriculture*, Bangkok: Thailand Development Research Institute.

Randall, T. (2012), *Wind Innovations Drive Down Costs, Stock Prices*. Available at: http://go.bloomberg.com/multimedia/wind-innovationsdrive-down-costsstock-prices/

Raschky, P. and S. Chantarat (2013), *Natural Disaster Risk Financing and Transfer in ASEAN Countries*, ERIA Discussion Paper (fourthcoming).

Rasiah, R. (2002a), *Systemic Coordination and Human Capital Development: Knowledge Flows in Malaysia's MNC Driven Electronic Clusters*, Maastricht: The United Nations University INTECH.

Rasiah, R. (2002b), "TRIPs and Industrial Technology Development in East and South Asian Economies", *European Journal of Development Research*, 14 (1), pp.171-199.

Rasiah, R. (2013), "Stimulating Innovation in ASEAN Institutional Support, R&D Activity and Intellectual Property Rights", ERIA Discussion Paper 2013-28, Jakarta: ERIA.

Reyes, C. and A. B. Mandap (2011), "Poverty Belts and Vulnerability Zones in the Philippines: Implications for Crisis Management in the ASEAN Region", in Intal, P., S. Oum and M. Simorangkir (eds.), *Agricultural Development, Trade & Regional Cooperation in Developing East Asia*, Jakarta: ERIA, pp. 557-601.

Sawada, Y. and S. Oum (2012), "Economic and Welfare Impacts of Disaster in East Asia and Policy Responses", in Sawada, Y. and S. Oum (eds.), *Economic and Welfare Impacts of Disaster in East Asia and Policy Responses*, ERIA Research Project Report 2011-8, Jakarta: ERIA, pp.1-25.

Sawada, Y. and F. Zen (2014), "Disaster Management in ASEAN", ERIA Discussion Paper 2014-03, Jakarta: ERIA.

Schutter, O. D. and M. Sepulveda (2012), *Underwriting the Poor A Global Fund for Social Protection*, Geneva: OHCHR Briefing Note.

Schwab, Klaus (2013), The Global Competitiveness Report 2013-2014, Geneva: The World Economic Forum.

Schwab, Klaus (2011), The Global Competitiveness Report 2011-2012, Geneva: The World Economic Forum.

Schwab, Klaus (2010), The Global Competitiveness Report 2010-2011, Geneva: The World Economic Forum.

Schwab, Klaus (2009), The Global Competitiveness Report 2009-2010, Geneva: The World Economic Forum.

Schwab, Klaus (2008), The Global Competitiveness Report 2008-2009, Geneva: The World Economic Forum.

Shishido, H., S. Sugiyama and F. Zen (2013), "Moving MPAC Forward: Strengthening Public Private Partnership, Improving Project Portofolio and in Search of Practical Financing Schemes", ERIA Discussion Paper 2013-21, Jakarta: ERIA.

Soesastro, H., H. Aswicahyono and D. A. Narjoko (2010), "Economic Reforms in Indonesia after the Economic Crisis", in Dee, P. (ed.), *Institutions for Economic Reform in Asia*, London: Routledge.

Soesastro, H. A. (2010), "Economic Reforms in Indonesia after the Economic Crisis", Dee, P. (ed.), *Institutions for Economic Reform in Asia*, London and New York: Routledge, pp. 106-120.

Subramanian, U. (2012), *Less Time, More Trade: Results from an Export Logistics Model*, Washington, D. C.: Investment Climate Department, World Bank Group.

Subramanian, U., W. Anderson and K. Lee (2005), "Measuring the Impact of the Investment Climate on Total Factor Productivity: The Cases of China and Brazil", Washington, D.C.: World Bank Policy Research Working Paper.

Sukegawa, S. (2013), "Improving Further the Investment Climate in ASEAN", Paper prepared for the Project, JETRO.

Sukma, R. (2013), *ASEAN Beyond 2015: The Imperatives for Further Institutional Changes. 4th Final Workshop on ASEAN Beyond 2015*, Manila: ERIA/PIDS. Available at: http://dirp4.pids.gov.ph/DPRM/dprm11/wpcontent/uploads/2013/11/sukma.pdf

Sunaga, K. (2017), *Can Japan Remain Relevant to ASEAN? – Beyond Strategic Partners*. www.asean.emb-japan.go.jp/files/000258429.pdf

Supawat, Rungsuriyawiboon and Wang Xiaobing (2009), "Agricultural Productivity Growth in Traditional and Transitional Economies in Asia," *Asian-Pacific Economic Literature*, Vol. 23, No. 2, pp. 52-72, November 2009.

Suzuki, S. (2003), "Linkage Between Malaysia's FTA Policy and ASEAN Diplomacy", in Okamoto, J. (ed.), *Whither Free Trade Agreements? Proliferation, Evaluation and Multilateration*, Tokyo: IDE.

Syngenta (2012), *The Rice Bowl Index Translating Complexity into an Opportunity for Action*, Singapore: Frontier Strategy Group.

Tambunan, T. (2006), *Development of Small and Medium Scale Industry Cluster in Indonesia*, Jakarta: Kadin Indonesia- JETRO.

Tay, S. (2013), *Growing an ASEAN Voice?: A Common Platform in Global and*

Regional Governance, ERIA Discussion Paper 2013-19, Jakarta: ERIA.

Techakanont, K. (2011), "Thailand Automotive Parts Industry", in Kagami, M. (ed.), *Intermediate Goods Trade in East Asia: Economic Deepening Through FTAs/ EPAs*, Bangkok: Bangkok Research Center, IDE-JETRO.

Techakanont, K. (2012), "New Division of Labor Between Thailand and CLMV Countries: The Case of Automotive Parts Industry", in Ueki, Y. and T. Bhongmakapat (eds.), *Industrial Readjusment in the Mekong River Basin Countries: Toward The AEC*, Bangkok: Bangkok Research Report, IDE-JETRO.

The Conference Board (2013), *2013 Productivity Brief: Key Findings*, New York: The Conference Board, Inc.

The World Bank (2009), *Clusters for Competitiveness: A Practical Guide and Policy Implications for Developing Cluster Initiatives*, Washington, D.C.: International Trade Department, The World Bank.

The World Bank (2013), *Doing Business 2013: Smarter Regulation for Small and Medium-size Enterprises*, Washington, D. C.: The World Bank and the International Finance Corporation.

The World Bank and the International Finance Corporation (2013), *Doing Business 2014: Understanding Regulations for Small and Medium-size Enterprises*, Washington, D.C.: The World Bank and IFC. Available at: http://www. doingbusiness.org/~/media/GIAWB/Doing%20Business/Documents/Annual-Reports/English/DB14-Full-Report.pdf

Tsen, J. K. (2011), *Ten Year of Single Windows Implementation: Lesson Learned for The Future*, Global Trade Facilitation Conference 2011 Connecting International Trade, United Nations.

Tullao, T. S. and C. J. Cabuay (2013), "Education and Human Capital Development to Strengthen R&D Capacity in ASEAN", ERIA Discussion Paper 2013-36, Jakarta: ERIA.

UNCTAD (2009), *Development Impact of Commodity Exchanges in Emerging Market*, New York and Geneva: UNCTAD.

UNCTAD Stat (2013), *Integration Indicator*. Available at: http://unctadstat.unctad. org/TableViewer/tableView.aspx

UN Data (n.d.), World Bank Data, *Povcalnet-World Bank*. Available at: http:// iresearch.worldbank.org/PovcalNet/index.htm?0

UNDP (2013), *The Rise of the South: Human Progress in a Diverse World*, New York. Available at: http://hdr.undp.org/en/2013-report

UNESCAP (2012), *Statistical Yearbook for Asia and the Pacific 2012*, Bangkok: UNESCAP.

UNISDR (2005), *Hyogo Framework for Action 2005-2015: Building the Resilience of Nations and Communities to Disasters*, World Conference on Disaster Reduction, Kobe: ISDR.

United States Mission to ASEAN (2015), *The United States Mission to ASEAN Brochure.* https://asean.usmission.gov/wp-content/uploads/sites/77/2016/05/2015-12-21-USASEAN-Brochure-FINAL.pdf

University of Tokyo (2013), *MCDV Strategic Paper on Integrated Energy Policy: Improving Energy Access in Myanmar*, Paper prepared for MCDV project.

Vergano, P. R. (2009), *The ASEAN Dispute Settlement Mechanism and its Role in a Rules-Based Community: Overview and Critical Comparison*, Asian International Economic Law Network (AIELN) Inaugural Conference, Tokyo: University of Tokyo.

Vo, T. Nanh (2013), "Engendering Industrial Clusters and SME Development in ASEAN" (mimeo).

Warr, P. (2011), "Household Implications of Production and Price Shocks in Indonesian Agriculture", in Intal, P., S. Oum and M. Simorangkir (eds.), *Agricultural Development, Trade & Regional Cooperation in Developing East Asia*, Jakarta: ERIA, pp.511-556.

Wihardja, M. M. (2013), "Financial Integration Challenges in ASEAN beyond 2015", ERIA Discussion Paper 2013-27, Jakarta: ERIA.

Zeng, D. Z. (2011), "How Do Special Economic Zones and Industrial Clusters Drive China's Rapid Development?", Policy Research Working Paper No. 5583, World Bank.

索　引

アルファベット

AEC　→　ASEAN 経済共同体

AEC スコアカード　307, 339

AEC ブループリント　29, 83, 91, 162, 166, 172, 207, 209, 210, 364
　　——実施の中間評価　428

AEC ブループリント 2015　427

AEC ブループリント 2025　414, 428, 429, 436

AEM-MITI 経済産業協力委員会（AMEICC）410

AFTA　→　ASEAN 自由貿易地域

AIFDR（オーストラリア—インドネシア防災デザイン文書）　247

APEC　→　アジア太平洋経済協力

APSA（ASEAN 石油安全保障協定）　266, 280, 283

ARF　→　ASEAN 地域経済フォーラム

ASCC ブループリント 2025　428, 430

ASCOPE（ASEAN 石油評議会）　267, 280, 283, 373

ASEAN+1 FTA　34, 77, 106, 109, 287, 404, 436

ASEAN+3 緊急米備蓄（APTERR）　85, 88, 242

ASEAN+3 首脳会議　34, 290, 403

ASEAN+3 マクロ経済リサーチオフィス（AMRO）　153, 359, 404

ASEAN@50　430

ASEAN IPR アクションプラン　366

ASEAN 域内関税（CEPT）　29

ASEAN インフラ基金（AIF）　309

ASEAN ウェイ　391

ASEAN 黄金の 10 年　3, 172, 238, 345

ASEAN—オーストラリア—ニュージーランド

自由貿易協定　412

ASEAN 議員会議（AIPA）　440

ASEAN 基準適合性プログラム　128

ASEAN 共和宣言　391
　　第 2——　406

ASEAN 銀行統合枠組み（ABIF）　152, 359

ASEAN 経済共同体（AEC）　28, 46, 119, 141, 346, 403, 406, 412, 421

ASEAN 経済大臣会合（AEM）　392

ASEAN 憲章　304, 305, 315, 348

ASEAN 工学系高等教育ネットワーク（AUN-SEEDS Net）　202

ASEAN 高速道路網　157

ASEAN 国際輸送円滑化に関する枠組み協定（AFAFIST）　156, 363

ASEAN サービスに関する枠組み協定（AFAS）33, 47, 146, 204, 289, 291, 346, 358

ASEAN 災害マネジメント委員会　246

ASEAN 事務局（ASEC）　143, 293, 308, 374

ASEAN シームレス貿易円滑化指標　438

ASEAN 社会・文化共同体（ASEAN Socio-cultural Community）　29, 307, 406

ASEAN 自由貿易地域（AFTA）　28, 306, 400-403

ASEAN 首脳会議　34, 51, 52
　　第 1 回——　391, 392
　　第 3 回——　394
　　第 4 回——　400, 401

ASEAN 政治・安全保障共同体（ASEAN Political Security Community）　29, 307, 406

ASEAN 石油安全保障協定　369

ASEAN 戦略的交通計画（ASTP）　156, 160, 363

ASEAN 大学ネットワーク（AUN） 161,
162, 202
ASEAN 単位互換システム（ACTS） 162
ASEAN 単一海運市場 160
ASEAN 単一航空市場 159
ASEAN 地域フォーラム（ARF） 407, 411,
417-419
ASEAN 中小企業政策指標 60, 212, 213, 437,
438
ASEAN 中小企業発展のための政策ブループリ
ント（APBSD） 212
ASEAN 中小企業発展のための戦略的行動計画
（SAPASD） 212
ASEAN 中心性 34, 93, 285, 289, 374, 403,
406, 408
ASEAN 通貨貨物円滑化に関する枠組み協定
（AFAFGIT） 156, 363
ASEAN 適格銀行（QAB） 152, 359
ASEAN 統一関税品目（AHTN） 291, 346
ASEAN 統合イニシアチブ（IAI） 210, 221
ASEAN 統合食料安全保障（AIFS）の枠組み
106, 242
ASEAN 特恵関税協定（PTA） 28
ASEAN の奇跡 57, 91, 234, 319
ASEAN ビジネスアウトルック調査 2014
32, 94, 131, 324
ASEAN ビジネス諮問委員会 311
ASEAN ビジネス投資サミット（ABIS）
311
ASEAN ビジョン 2020 28, 32, 34, 52, 110,
347, 348, 403
ASEAN 標準化・品質管理諮問評議会（ACCSQ）
128, 140
ASEAN 複合一貫輸送枠組み（AFAMT）
156
ASEAN 物品貿易協定（ATIGA） 121, 125,
242, 291, 301
ASEAN 貿易情報リポジトリ（ATR） 127,
289
ASEAN 包括投資協定（ACIA） 31, 346, 360
ASEAN 防災緊急対応協定（AADMER）

248, 370, 411, 413
ASEAN 防災人道支援調整センター（AHA セ
ンター） 61, 248, 250, 411, 413
ASEAN マイナス X 方式 32, 158, 305, 346,
363
ASEAN 連結性調整委員会（ACCC） 312
ASEAN 連結性マスタープラン（MPAC）
100, 155, 160, 162, 207, 274, 312, 348, 363, 426
ATIGA → ASEAN 物品貿易協定
CLMV（カンボジア・ラオス・ミャンマー・ベ
トナム） 6, 177, 221
EAS 災害マネジメントに関するチャアム・ホ
アヒン声明 246, 248, 370
EU → 欧州連合
FAO（国連食糧農業機関） 242
GATS → サービス貿易に関する一般協定
GMS（大メコン圏地域） 274
GTAP → グローバル貿易分析プロジェクト
IAI → ASEAN 総合イニシアチブ
ICT 232, 355
ICT 革命 167
IGCC（石炭ガス化複合発電） 268
IPR → 知的財産権
MPAC → ASEAN 連結性マスタープラン
OECD → 経済開発協力機構
NAFTA → 北米自由貿易協定
NTM データベース 442
ODA（政府開発援助） 234
PPP → 官民連携
R&D → 研究開発
RCEP → 東アジア地域包括的経済連携
RCEP 交渉の基本指針および目的 301
RIN → 研究機関ネットワーク
SWOT 190
TAC → 東南アジア友好協力条約
TPP → 環太平洋パートナーシップ
UNCED（国連環境開発会議） 283
UNISDR（国連国際防災戦略） 246, 436
WTO 33
WTO 法諮問センター（ACWL） 297

索　引　　463

ア 行

アウトソーシング　154
アジア欧州会合（ASEM）　407
アジア開発銀行　416, 419
アジア総合開発計画（CADP）　115, 425
アジア太平洋経済協力（APEC）　28, 132,
　213, 312, 375, 400
アジア太平洋自由貿易圏（FTAAP）　295
アジア通貨危機　3, 5, 402, 403, 405, 417
異常災害債券（CAT ボンド）　249
一帯一路　429
イノベーション　38, 43, 83, 93, 101, 116, 166,
　192, 199, 218, 364, 437, 441
医療保険制度　253
インキュベーター　218
インダストリーアラインメントファンド
　（Industry Alignment Fund）　206
インドシナ経済協力作業部会　410
インドネシア戦略国際問題研究所　336
運輸革命　167
衛生植物検疫　123, 126, 301, 352
栄養不足蔓延率　84, 86
エネルギー安全保障　60, 93, 105, 106, 257,
　265, 280, 367, 432
エネルギー安全保障に関するセブ宣言　257,
　280
エネルギー研究機関ネットワーク（ERIN）
　433, 442
エラスムス計画　163, 362
エンジェル投資家　218
オイルショック　392
欧州連合（EU）　28, 96, 97, 162, 400, 402, 414
オーストラリア―インドネシア防災デザイン文
　書　250
オープンシステムネットワーク　200, 202
オープンスカイ政策　159
オンライン納付制度　136

カ 行

海運サービス　160
カイゼン　200

学業終了見込児童数　346
拡大貧困率　62
化石燃料　106, 257, 280
カボタージュ　159
カリコム単一市場経済（CSME）　96, 97
カリブ海諸国災害リスク保険機構（CCRIF）
　249
環境調和的な成長　93, 108
環太平洋パートナーシップ（TPP）　109,
　286, 301
官民連携（PPP）　201, 232, 234, 368, 370
気候変動　242, 414, 415
技術移転　197-199, 217, 364, 441
技術管理政府機関　138
技術伝播　166, 167
技術ラダー（技術的発展段階）　197
基準適合性　33, 47, 99, 156, 164, 313, 351, 356,
　416
技能のスピルオーバー効果　185
逆 U 字仮説　41
逆 U 字曲線　72
強靭性　38, 60, 84, 107, 247, 257, 349, 368, 437
競争政策　33, 100, 154, 360
緊急時米備蓄制度　242
均等化発電原価（LCOE）　278
金融アーキテクチャー　310
金融安定化アーキテクチャー　153
クズネッツ曲線　72
グラビティモデル　132, 239
クリーンな石炭利用技術（CCT）　258, 269,
　282
グローバルイノベーション指標（Global
　Innovation Index）　59, 81, 166, 192, 203
グローバル競争力指標（GCI）　59, 81, 320,
　378
グローバルな ASEAN　92, 108, 285
グローバルバリューチェーン　173, 195, 222
グローバル貿易分析プロジェクト（GTAP）
　60, 108, 119, 381
経済協力開発機構（OECD）　213, 312
経済地理シミュレーションモデル（GSM）

425

限界非貧困者　25, 39

研究開発（R&D）　18, 38, 195, 204, 206, 365

研究機関ネットワーク（RIN）　339, 386, 429,
　442

原産地規則（ROO）　288, 301

原産地証明書　137, 355

健全性規制　152, 359

コア非関税措置　122, 288

航空輸送分野統合に向けたロードマップ
　（RIATS）　158, 363

高効率発電所　269

公式為替レート　223

高所得者層　23

高所得国　15

構造改革　313, 394

高中所得国　16

購買力平価　23, 62, 348

国際エネルギー機関（IEA）　89, 266, 431

国際再生可能エネルギー機関（IRENA）
　433

国内海運サービス　160

国民所得勘定　10

国連開発計画（UNDP）　395

国連貿易開発会議（UNCTAD）　122, 378,
　434

黒海経済協力機構（BSEC）　44, 79

固定価格買取制度（FIT）　279, 283, 372

固定資本形成　14

コーポレートガバナンス　211, 404

孤立した工業化（enclave industrialisation）
　166

サ　行

災害強靭力指数　61

災害マネジメント　107, 245, 422, 440

再生可能エネルギー　108, 271, 283, 372

再生可能エネルギー・ポートフォリオ基準
　（RPS）　279, 283, 372

サービス貿易に関する一般協定（GATS）
　33, 289

サービスリンクコスト　112

産業クラスター　38, 93, 101, 179, 187, 190,
　220, 230
　中国の――　184

産業構造改革　7

産業集積　112

自然災害　245

ジニ係数　41, 58, 75

地熱発電　274

社会の発展指標　346

社会の保護　422

社会保障　251

社会保障制度　251, 374

若年識字率　346, 348

ジャストインタイム　38, 114, 168, 180

自由経済　226

熟練労働者　27, 100, 101, 161, 361

準司法的制度　305

準貧困層　209

消耗性疾患罹患率　62

食料安全保障　33, 60, 61, 84, 93, 105, 241, 348,
　367

所得格差　22

所得分配の不平等　40

シリコンバレー　182, 191

シンガポール昆明鉄道（SKRL）　363

シンガポール－ジョホール電子産業クラスター
　181, 183

シングルウィンドウ　29, 164
　ASEAN――（ASW）　29, 47, 132, 135, 291,
　313, 352
　国内――（NSW）　29, 46, 132, 135, 291,
　313, 346

新興アジア　5

新再生可能エネルギー（NRE）　258

水力発電　274

スハルト　392

成果指標　57

税関手続き　313

政策デザイン部局　424, 445

政策レビューメカニズム　333

生産ネットワーク　5, 13, 95, 101, 112, 119, 151, 165, 177, 358, 400
成人就学年数　27
世界銀行　5, 249, 327
世界金融危機　3
世界経済フォーラム　337
世界食料危機　369
世界津波の日　440
世界貿易機関（WTO）　35, 125, 295, 400, 405
絶対的貧困　62
セブ宣言　89
セーフティネット　105
全要素生産性　43, 166, 238
早期警報システム　247, 370
相互認証協定　164, 362

タ　行
第1のアンバンドリング　167
タイ開発研究所　336
タイ財政政策研究所　336
タイ東部臨海地域　181
第2のアンバンドリング　102, 165, 167-170, 172, 363, 394, 400, 402
太平洋地域のカタストロフィー・リスク評価およびファイナンシング・スキーム（Pacific Catastrophe Risk Assessment and Financing Scheme）　251
大メコン圏地域（GMS）　416, 436
太陽光発電　274
対話国　396, 409, 417, 419
多国籍企業　116, 198, 200, 201
単一市場と生産基地　95, 96, 119, 350, 351, 406
チェンマイ・イニシアチブ　290
──のマルチ化（CMIM）　153, 359, 404
知的財産権（IPR）　33, 116, 207, 218, 365, 366
中間層　94
中産階級　346
中所得国のわな　166
中所得者層　19, 22, 23
中長期エネルギー政策研究のEASロードマッ

プ　433
超臨界圧発電所　269
低所得者層　23, 25
電子商取引　137, 218, 313, 355
ドイツ－シンガポールインスティチュート（GSI）　205
東西経済回廊　158
投資GDP比率　13
東南アジアエネルギーアウトルック　261, 433
東南アジア平和・自由・中立地帯宣言　390
東南アジア友好協力条約（TAC）　391, 406, 408, 414, 417, 418

ナ　行
二国間オフセットクレジット制度（BOCM）　270, 282, 369, 373
日中韓FTA（CJK-FTA）　286
日本－シンガポールインスティチュート（JSI）　205
乳児死亡率　27, 346
人間開発　27
人間開発指数（HDI）　346
ネガティブリストアプローチ　146

ハ　行
バイオ燃料　271, 279, 280, 373
　第3世代の──　280
発展格差　7
バリ共和宣言III　54, 315, 348
バリューチェーン　38, 43, 102, 151, 166, 358
バンコク宣言　390
反ダンピング　154
比較優位　8
東アジア経済コーカス　407
東アジア研究グループ（EASG）　34
東アジア自由貿易協定（EAFTA）　34, 286, 290
東アジア首脳会議　34, 290, 411, 417-419, 421
東アジア地域経済回廊　224
東アジア地域包括的経済連携（RCEP）　34,

60, 77, 109, 285, 290, 299, 348, 408, 424, 436
東アジアビジョングループ（EAVG）　34
東アジア包括的経済連携（CEPEA）　34,
　286, 290
非関税障壁　121, 122, 253
非関税措置（NTM）　38, 46, 99, 121, 156, 164,
　293, 351, 422, 434
ビジネス活動の容易度指標　59, 81, 83, 320,
　323, 378
兵庫行動枠組み　60, 246, 370
開かれた加盟条項　298, 299
貧困ギャップ率　19, 22, 25, 346
貧困層　209
貧困撲滅　23
貧困率　19, 64
風力発電　274, 275
福田ドクトリン　398
物流パフォーマンス指標　59, 81, 226, 229,
　320, 378
フラグメンテーション　112, 169
プラザ合意　5, 172, 394, 402
フランス－シンガポールインスティチュート
　（FSI）　205
紛争解決メカニズム（DSM）　295, 305, 377
平均寿命　346
閉鎖経済　226
ベトナム中央経済管理研究所　336
ペナン技能開発センター（PSDC）　183, 189,
　201, 366
ペナンの電子産業クラスター　181
ベンチャーキャピタル　218
貿易円滑化　29, 60, 120, 130, 156, 164, 239,
　291, 313, 337, 346, 351, 352, 374
貿易結合度　35
貿易自由化　14
貿易政策検討メカニズム（TPRM）　298

貿易転換　298
貿易の技術的障害　123, 126, 301, 352
北米自由貿易協定（NAFTA）　28, 109, 400,
　402
ボゴール目標　312, 342
保護主義　86
保護貿易　122
ポジティブリストアプローチ　146
ボローニャプロセス　163, 362

マ　行
マイクロファイナンス　218
マキラドーラ　175
マレーシア経済研究所　336
見えない大学　200
ミャンマー総合開発ビジョン（MCDV）
　223, 368
メコン・インド経済回廊　158

ヤ　行
「闇市場」為替レート　223
優先統合分野　144, 356
輸入代替　170

ラ　行
ライスボウル指標　61, 84, 85, 244, 369, 372
ライセンス契約　198
ラテンアメリカ統合連合（LAIA）　44, 99,
　102
連結性　100, 228, 251, 313, 351, 362, 409, 424,
　425
　シームレスな──　101
　制度的──　351
　人と人の──　427
　物理的──　116, 156, 351

編・監訳者紹介

西村英俊（にしむら　ひでとし）
1952 年大阪生まれ。1976 年東京大学法学部卒業。通商産業省入省。1981 年 7 月米国イェール大学大学院修了（MA）。現在，東アジア・アセアン経済研究センター事務総長。早稲田大学客員教授，武蔵野大学国際総合研究所フェロー，インドネシア・ダルマプルサダ大学客員教授。専門，東アジア経済統合，産業政策。主要著作，『ASEAN の自動車産業』（勁草書房 2016 年，小林英夫と共著）、『アセアン統合の衝撃』（ビジネス社 2016 年，小林英夫，浦田秀次郎との共著）、「東アジア経済統合と進むべきアセアンの道」『早稲田大学アジア太平洋討究』22 巻，2014 年，「東南アジア自動車部品企業の現状と地域統合」『自動車部品産業研究所紀要』第 9 号，「輸出自主規制に関する一考察」『通商政策研究』No.6，1983 年，ほか。

監訳者紹介

浦田秀次郎（うらた　しゅうじろう）
1950 年埼玉県に生まれる。スタンフォード大学経済学部大学院 Ph.D 取得，ブルッキングズ研究所研究員，世界銀行エコノミストを経て，現在，早稲田大学大学院アジア太平洋研究科教授，東アジア・アセアン経済研究センター（ERIA）シニア・リサーチ・アドバイザー。専攻，国際経済学。主要著作，『国際経済学入門（第 2 版）』（日本経済新聞出版社，2009 年），『日本の TPP 戦略：課題と展望』（共編著，文眞堂，2012 年），『アジア地域経済統合』（共編著，勁草書房，2012 年），ほか。

訳者紹介

植木　靖（うえき　やすし）
1999 年アジア経済研究所（IDE-JETRO）入所。国際連合ラテンアメリカ・カリブ経済委員会（UNECLAC）（2002 ～ 05 年），IDE-JETRO バンコク研究センター（2007 ～ 12 年），東アジア・アセアン経済研究センター（ERIA）（2014 ～ 18 年）勤務を経て，現在，アジア経済研究所開発研究センター主任研究員。大阪大学博士（国際公共政策）。

岩崎総則（いわさき　ふさのり）
2012 年京都大学法学部卒業。2014 年京都大学大学院法学研究科法政理論専攻修士課程修了。日本学術振興会特別研究員（DC1）（2014 年～ 2016 年）を経て、現在、東アジア・アセアン経済研究センター（ERIA）シニア・リサーチ・アソシエイト。

ERIA=TCER アジア経済統合叢書 第1巻
アセアンライジング
2018年10月15日　第1版第1刷発行

編著者　西村　英俊
監訳者　西村　英俊
　　　　浦田　秀次郎
　　　　植木　靖
訳　者　岩崎　総則
発行者　井村　寿人

発行所　株式会社　勁草書房
112-0005 東京都文京区水道2-1-1　振替 00150-2-175253
（編集）電話 03-3815-5277／FAX03-3814-6968
（営業）電話 03-3814-6861／FAX03-3814-6854
日本フィニッシュ・牧製本

© NISHIMURA Hidetoshi　2018

ISBN978-4-326-50449-7　Printed in Japan

JCOPY ＜(社)出版者著作権管理機構委託出版物＞
本書の無断複写は著作権法上での例外を除き禁じられています。
複写される場合は、そのつど事前に、(社)出版者著作権管理機構
（電話 03-3513-6969、FAX03-3513-6979、e-mail:info@jcopy.or.jp）
の許諾を得てください。

＊落丁本・乱丁本はお取替いたします。
http://www.keisoshobo.co.jp

ERIA=TCER アジア経済統合叢書（全10巻）
西村英俊・浦田秀次郎・木村福成 監修

　東アジア・アセアン経済研究センター（ERIA）における研究成果を日本語で紹介するシリーズ。グローバル・ヴァリュー・チェーンの高度な利用を中心に据えた開発戦略を実践するASEAN・東アジアの現状を，最新の理論動向を踏まえながら分析し，将来に向けての課題を議論する。学術的発信のみならず，広くASEAN・東アジアで実務に携わる方々の参考に資することを目指す。

　当面考えている内容は以下の通りである。

第1巻　アセアンライジング　　　　　　　　　　　　　　　　5,800円 50449-7
西村英俊 編

第2巻　アジア総合開発計画：物的インフラ整備
木村福成・植木靖 編

第3巻　ASEAN・東アジアの自由貿易協定網
浦田秀次郎・Lurong Chen 編

第4巻　グローバリゼーションと企業活動
浦田秀次郎・Dionisius Narjoko 編

第5巻　技術とイノベーション
木村福成・植木靖 編

第6巻　タイ・プラス・ワンの企業戦略　　　　　　　　　　4,500円 50438-1
石田正美・山田康博・梅崎創 編

第7巻　ASEANの自動車産業　　　　　　　　　　　　　　4,500円 50423-7
西村英俊・小林英夫 編

第8巻　東アジアにおける貧困撲滅と社会保障
木村福成・Fausiah Zen 編

第9巻　自然・人為的災害と経済開発
木村福成・澤田康幸 編

第10巻　東アジアにおける省エネルギーと緑の成長
木村福成・木村繁 編　　　　　＊表示価格は2018年10月現在。消費税は含まれておりません。